지은이 허버트 L. 로잇블랫 Herbert L. Roitblat

클라우드 기반의 이메일 관리 및 보안 전문 기업인 마임캐스트(Mimecast)의 수석 데이터 과학자다.
그는 이 책에서 인공지능(AI)에 대한 현재의 계산적 접근방법, 즉 튜링 테스트, 기계학습, 신경망에 대해서 자세하게 다룬다. 또한 지각, 유추, 모호성, 상식, 창의성 등 자연지능을 구성하는 요소들에 대해서도 구체적으로 설명한다.

옮긴이 고현석

《경향신문》, 《서울신문》에서 과학, 국제, 사회 분야의 기사를 썼다. 지금은 수학, 자연과학, 우주과학, 인지과학 분야의 책들을 우리말로 옮기고 있다. 연세대학교 생화학과를 졸업했으며 《느끼고 아는 존재》, 《보이스》, 《측정의 과학》, 《세상을 이해하는 아름다운 수학 공식》, 《의자의 배신》, 《제국주의와 전염병》, 《외계생명체에 관해 과학이 알아낸 것들》, 《과학이 만드는 민주주의》, 《코스모스 오디세이》, 《페미니즘 인공지능》, 《인지 도구》 등을 번역했다.

알고리즘만으로는
부족하다

Algorithms Are Not Enough: Creating General Artificial Intelligence
by Herbert L. Roitblat
Copyright © 2020 by The Massachusetts Institute of Technology
All rights reserved.
This Korean edition was published by Hyungju Press in 2023
by arrangement with The MIT Press through KCC(Korea Copyright Center Inc.),
Seoul.

이 책은 (주)한국저작권센터(KCC)를 통한 저작권자와의 독점계약으로
형주출판사에서 출간되었습니다. 저작권법에 의해 한국 내에서
보호를 받는 저작물이므로 무단전재와 복제를 금합니다.

알고리즘만으로는 부족하다

글쓴이 허버트 L. 로잇블랫
옮긴이 고현석

1판 1쇄 인쇄 2023. 9. 15.
1판 1쇄 발행 2023. 10. 5.

펴낸곳 형주 | **펴낸이** 주명진
표지·편집 디자인 예온

신고번호 제 333-2022-000002호 | **신고일자** 2022. 1. 3.
주소 부산광역시 해운대구 마린시티 2로 38 2동 2710호
전화 051-513-7534 | **팩스** 051-582-7533

ⓒ Hyungju Press, 2023

ISBN 979-11-977647-6-9 03400

Algorithms
Are Not Enough

알고리즘만으로는 부족하다

일반 인공지능 창조를 위한
새로운 접근법

허버트 L. 로잇블랫 지음 | 고현석 옮김

→ 차례

들어가는 말

1장 ■ **서론: 인공지능과 자연지능** • 11
인간 지능의 발명 • 19
계산지능 • 23
자연지능 • 24
일반지능에서 "일반"이라는 의미 • 28
특화된 지능, 일반지능, 초지능 • 31

2장 ■ **인간 지능** • 41
지능 테스트 • 44
문제 해결 • 47
통찰 문제 • 66
인간 지능의 특이한 속성 • 77
결론 • 87

3장 ■ **물리적 기호 시스템: 지능에 대한 기호 차원 접근** • 89
튜링 기계와 튜링 테스트 • 92
다트머스 여름 회의(1956년) • 100
표현 • 104
일반지능의 정의 • 125
결론 • 128

4장   계산지능과 기계학습 · 131

전문가 시스템의 한계 · 132
확률 추론 · 137
기계학습 · 140
기계학습의 종류 · 144
퍼셉트론과 퍼셉트론 학습규칙 · 151
기계학습의 시작 · 156
강화학습 · 169
요약: 기계학습 시스템의 예 · 171
결론 · 173

5장   인공지능에 대한 신경 네트워크 차원 접근 · 175

신경망의 기본 · 181
돌고래 바이오소나의 예 · 186
전뇌 가설 · 196
결론 · 206

6장   인공지능의 최근 발달 상황 · 209

왓슨 · 217
시리와 그의 친척들 · 221
알파고 · 231
자율주행 자동차 · 237
포커 · 242
결론 · 247

7장	**지능의 구성요소** · 251
	지각과 패턴 인식 · 254
	모호성 · 258
	지능과 언어 · 261
	상식 · 272
	상식 표현 · 276

8장	**전문성** · 287
	전문성의 원천 · 300
	IQ와 전문성 · 301
	유동성 지능과 결정성 지능 · 303
	전문성의 획득 · 306

9장	**지능의 구현과 TRICS** · 321
	일반지능의 표현 · 346
	결론 · 353

10장	**알고리즘: 사람에서 컴퓨터로** · 355
	최적의 선택: 알고리즘을 이용한 인간의 행동 유도 · 369
	게임이론 · 391

11장 ≡ **로보포칼립스의 가능성** • 395

초지능 • 399
초지능에 관한 우려 • 403
세상과 상호작용해야 할 때 • 413

12장 ≡ **일반지능** • 429

지능의 정의 • 431
일반지능의 구현 • 435
일반지능의 창의성 • 467
발달하는 일반지능 • 469
전뇌 모방 • 471
유추 • 473
일반 인공지능 구현을 위한 스케치 • 488

참고문헌 • 493
찾아보기 • 520

→ 들어가는 말

1950년대부터 사람들은 인간의 지능과 비슷한 수준의 처리 능력을 가지는 기계를 만드는 것이 곧 가능해질 것이라는 생각에 흥분과 두려움을 동시에 느껴왔다.

현재 우리는 특정한 문제들을 인간의 지능과 비슷한 수준 또는 그 이상으로 정확하게 풀 수 있는 기계를 만드는 데 성공한 상태지만, 일반지능은 아직 만들어내지 못하고 있다. 이 책에서 나는 특정한 문제 해결에 특화된 지능뿐만 아니라 일반지능을 만들기 위해서 필요한 것이 무엇인지에 대한 내 생각을 이야기할 것이다.

일반 인공지능general artificial intelligence이 만들어지기를 고대하는 사람들도 있지만, 일반 인공지능이 인류를 멸종시킬 수 있다고 우려하면서 두려움을 나타내는 사람들도 있다. 이런 기계는 스스로 자신을 개선할 수 있는 능력을 가지게 되고, 사고 능력의 발달을 통해 인간의 지능을 곧 뛰어넘어 결국 인간의 지능을 크게 능가하게 될 것이라는 두려움, 컴퓨터의 지능이 발달하면 인간은 컴퓨터의 애완동물이 되고 말 것이라는 두려움이다. 이들은 가장 낙관적으로 생각해도, 지능을 가진 컴퓨터는 결국 인간을 무시하게 될 것이고, 최악의 경우 컴퓨터는 자원을 얻기 위해 인간과 경쟁하는 과정에서 인간을 유해한 존재로 생각해 멸종시키려 할 것이라는 두려움을 가지고 있는 사람들이다.

이 두 가지 견해는 모두 근본적으로 심각한 문제가 있다. 우리가 특화된 지능을 만들 수 있게 하는 도구로는 일반지능을 만들 수 없기 때문이다. 일반지능을 만들 수 있는 새로운 도구를 우리가 고안해낸다고 해도 그 도구로는 스스로 폭발적인 개선이 가능한 지능을 결코 만들어낼 수 없을 것이다. 나는 이 책에서 기계지능을 개선해도 기계가 주도하는 걷잡을 수 없는 혁명이 일어날 수 없는 이유에 대해 설명할 것이다. 기계지능의 개선은 사람들이 하는 일의 종류를 변화시킬 수는 있지만, 인류의 생존을 위협하지 못할 것이다. "로보 아포칼립스Robo-apocalypse"(로봇으로 인한 인류의 파멸) 같은 일은 일어나지 않을 것이다.

이 책은 컴퓨터나 심리학, 인공지능에 대한 많은 지식이 없는 일반 독자들도 쉽게 읽을 수 있게 쓴 책이다.

이 책은 지능에 관심이 있는 사람들, 자율 기계를 만드는 방법에 대해 더 많은 것을 알고 싶은 사람들, 이런 기계들이 "기술적 특이점 technological singularity"이라는 갑작스럽고 폭발적인 기술적 발달을 통해 세계를 언젠가 장악할지도 모른다고 걱정하는 사람들을 위해 쓴 책이다(미리 말하지만, 그런 일은 일어나지 않을 것이다).

나는 일반 인공지능을 만드는 일이 가능하다는 것을 독자들이 알았으면 한다. 하지만 일반 인공지능은 당장 만들 수 있지도 않으며 일부 학자들의 주장처럼 위험하지도 않다는 것도 독자들이 알았으면 한다. 이 책에서 나는 새로운 관점을 제시하고, 그 관점에 대해 알기 쉽게 설명할 것이다.

이 주제가 중요한 이유는 인공지능이 너무 멍청하거나(예를 들어, 얼굴 인식) 우리가 신뢰하기에는 너무 빠른 속도로 똑똑해지고 있는 현재 상황에서 어떤 형태로든 인공지능을 통제해야 한다는 목소리가 끊임없이 제기되고 있고 있기 때문이다. 이 책은 정책을 다루는 책은 아니다. 하지만 좋은 정책을 만들어내려면 컴퓨터의 실제 능력과 잠재 능력이 어느 정도인지 있는 그대로 파악해야 한다. 뒤집어서 말하면, 일반 인공지능 개발이 진전되려면 지능과 뇌의 속성 그리고 일반적인 지능을 가진 행위주체가 풀어야 하는 문제들의 속성에 대해 현재 우리가 모르는 것이 밝혀져야 한다고 할 수 있다.

앨런 튜링Alan Turing이 1950년대에 이런 말을 한 적이 있다. "우리는 가까운 미래밖에 내다보지 못하지만, 그동안 해야 할 일들이 많다는 건 안다."

1. 서론: 인공지능과 자연지능

이 책 전체의 내용을 개괄하는 서론에서는 인공지능이 새로운 것이 아니며,
사람들은 적어도 5만 년 동안 지능 도구들을 만들어왔다는 사실을 다룰 것이다.
새로운 것은 이 지능 도구들을 컴퓨터 형태로 사용하는 방법이다.
일반적으로 "지능"이라는 말은 학교에서 습득하는 높은 차원의 인지 기능을 뜻하지만,
이런 지능의 습득은 이미 존재하는 자연지능이라는 토대에 의존한다.
즉 일반지능은 자연지능과 높은 차원의 인지 기능의 통합에 의존한다.

우리가 보통 지능이라고 하면 논리나 추리와 같이 학교에서 습득하는 높은 차원의 지적 기능을 의미하며, 이러한 기능의 정점은 알버트 아인슈타인에게 노벨물리학상을 안겨 주었다.

일반적으로 인공지능은 컴퓨터상에서 실행되는 과정들을 뜻한다. "인공지능"이라는 말을 처음 사용한 사람은 존 매카시John McCarthy다. 매카시는 1956년 여름 미국 다트머스 대학에서 열린 컴퓨터의 인간의 지적 기능 모방에 관한 회의에서 인공지능이라는 용어를 처음 사용했다. 하지만 인공지능은 이 개념보다 더 넓은 의미의 개념이다. 인공지능은 정보 처리를 위한 조직적이고 체계적인 접근방법이며 그 정보 처리 과정이 기계에서 이뤄지든, 종이 위에서 이뤄지든, 뇌 안에서 이뤄지든 상관없이 인공지능이라고 할 수 있기 때문이다. 예를 들어, 이 과정 중 하나인 대수학algebra 과정은 사람들을 체계적으로 생각하게 만들어 이전에는 풀 수 없었던 수학

문제들을 풀 수 있게 해준다.

체계적인 과정의 발명은 최소한 지난 5만 년 동안 인간 지능의 발달을 유도해왔다. 이 모든 과정들은 인간에 의해 발명됐다는 점에서 컴퓨터나 우주선만큼 인공적이다. 지난 5만년 동안 인간이 기술을 발달시켜 번성할 수 있었던 것은 바로 이 과정들 덕분이다.

하지만 지능이 이런 높은 수준의 지적 기능들로만 구성된다는 주장은 틀린 주장이다. 지능은 그 이상의 것들을 필요로 하기 때문이다. 아인슈타인의 지능이 뛰어났다고 생각되는 것은 수학 방정식을 체계적으로 푸는 능력이 아니라 새로운 아이디어를 만들어내는 능력과 그의 방정식에 담긴 세계에 대한 새로운 시각 때문이다. 예를 들어, 아인슈타인의 방정식 중 가장 잘 알려진 $E=mc^2$은 극도로 간단하고 풀기도 쉬운 방정식이지만, 이 방정식에는 이론물리학에서 지금도 중요한 역할을 하고 있는 매우 우아한 아이디어가 담겨있다. 이 방정식은 에너지와 질량이 완전히 다른 형태일 수 있지만 그 둘 사이의 관계는 변하지 않는다는 아이디어를 담고 있다.

아인슈타인을 뛰어넘은 기존의 지식들을 논리적으로 재조합하는 능력이 아니라 그 지식들을 뛰어넘었다는 데 있다. 아인슈타인은 기존의 관찰결과들로부터 물리 법칙을 추론하는 데 그치지 않고 특정한 관찰결과가 나올 것이라고 예측해냈기 때문이다. 아인슈타인의 업적은 자신이 알고 있는 지식들을 초월해 새로운 사실을 예측했다는 데 있다. 아인슈타인의 지능을 비롯한 인간의 지능은 체계적이고 논리적인 사고 그리고 통찰insight을 가능케 하는 비논리적인 사고를 둘 다 필요로 한다.

이렇게 상호보완적인 두 가지 사고 능력을 정확하게 표현할 수 있는 말을 찾기는 쉽지 않다. 하지만 대략적으로 이 두 능력은 각각 직관intuition과 숙고deliberation라는 말로 표현할 수 있다. 누구나 가지고 있는 자연지능과 교육 또는 훈련을 필요로 하는 인공지능이라는 말로, 또는 생물학적 지능과 계산 지능computational intelligence이라는 말로 표현할 수도 있다. 노벨 경제학상 수상자인 대니얼 카너먼Daniel Kahneman은 빠른 사고와 느린 사고라는 표현을 사용하기도 했다.

인간의 자연지능은 아기가 태어난 지 몇 시간 안에 엄마의 얼굴을 학습할 수 있게 만드는 지능이며, 복잡한 방을 가로지를 수 있게 하거나 빨래를 갤 수 있게 해주는 지능이기도 하다. 인간의 진짜 자연지능은 비이성적이고 감정적이며 부분적으로 하위기호적subsymbolic이다. 진짜 자연지능은 증거에 거의 의존하지 않으며 빠르게 결론을 내린다.

이와는 대조적으로, 발명된 인공지능은 성인들이 복잡한 아이디어에 대해 감정적이지 않은 방식으로 생각하도록 만든다. 발명된 인공지능은 이성적이고 체계적이며 상징적이지만, 이 인공지능에도 한계는 있다. 인공지능은 사람들이 주의 깊게 추론하고, 상징 형태의 정보를 이해하고, 예를 들어 양자물리학 문제 같은 복잡한 문제를 풀 수 있게 해주는 도구들을 제공한다.

논리적인 측면에서 볼 때 자연지능은 지름길을 제공한다고 할 수 있다. 자연지능은 인간이 이상한 행동을 하게 만드는 주요 원인이지만, 인간이 생각에 빠져 길을 잃지 않으면서 빠르게 변화하는 세상에 반응할 수 있게 만들기도 한다.

존 매카시, 마빈 L 민스키Marvin L. Minsky, 너새니얼 로체스터Nathaniel Rochester, 클로드 섀넌Claude Shannon이 참여한 다트머스 여름 회의의 목표는 추상화abstraction(복잡한 자료, 모듈, 시스템 등으로부터 핵심적인 개념 또는 기능을 간추려 내는 것)를 할 수 있고, 문제를 풀 수 있으며, 자신을 개선할 수 있는 일반 인공지능을 만들어내기 위한 연구 수행이었다. 당시 이들은 이런 일반 인공지능을 만들 수 있는 방법은 사고의 속성을 최대한 정확하게 기술해 기계가 사고를 모방할 수 있게 만드는 것이라고 생각했다.

참석자들은 다트머스 회의가 이런 목표에는 훨씬 미치지 못했다고 말했지만, 이 회의가 인공지능 연구 분야에서 매우 중요한 전환점을 제공한 것만은 사실이라고 할 수 있다. 실제로 당시의 참석자들은 높은 수준의 인지 기능과 관련된 과제들에 집중했다. 참석자들은 지능이 이성적이며, 의도적이며, 목표지향적이라고 생각했다. 예를 들어, 앨런 뉴얼Allen Newell, 존 클리포드 쇼John Clifford Shaw, 허버트 사이먼Herbert Simon은 수학적 정리를 증명하는 프로그램을 연구했다. 이들이 만든 "논리이론가Logic Theorist" 프로그램은 인간 성인의 문제 해결 능력을 모방하기 위한 것이었는데, 이 경우에 인간 성인은 수학 전문가를 뜻했다. 이 프로그램은 알프레드 노스 화이트헤드Alfred North Whitehead와 버트런드 러셀Bertrand Russell의 책 『수학 원리Principia Mathematica』 제2장에서 언급된 정리 52개 중 38개를 증명해 냈으며, 이 프로그램의 증명 방식 중 일부는 매우 새로운 형태였다.

허버트 사이먼은 대학원생들에게 자신과 앨런 뉴얼이 크리스마스 휴일 동안 "비수치적으로 생각할 수 있는 컴퓨터 프로그램을 만들어 철학의 오래 된 문제인 심신문제mind-body problem(인간의 몸과 마음이 서로 어떻게 상호작용하는지에 대한 문제)를 해결했으며, 물질로 구성된 시스템이 마음의 속성을 가질 수 있는지 설명하는 데 성공했다"고 말한 것으로 알려진다. 이들이 컴퓨터 안에 마음이 존재할 수 있다는 것을 보여주기 위해 컴퓨터의 정리 증명 능력을 선택한 것은 정리 증명 과정이 기본적인 사실 또는 공리axiom들의 작은 집합(예를 들어, 기호들)에 적용될 수 있는 행동들의 작은 집합(예를 들어, 기호 치환)으로 구성되는 단계적 과정으로 이미 확실하게 정의돼 있다는 점에서 적절한 선택이었다. 실제로 이들이 쓴 책은 수학의 기본적인 속성들을 증명하기 위한 것이었고, 수학적 공리들과 그 공리들에 적용할 수 있는 컴퓨터 연산에 대해 자세히 다루고 있다.

지금 생각해보면, 뉴얼, 쇼, 사이먼의 논리이론가 프로그램은 『수학 원리』의 기호 논리symbolic logic를 약간 더 발전시킨 결과로 보이지만, 당시에 논리이론가 프로그램은 계산지능의 엄청난 진전 결과로 받아들여졌다. 실제로 이들의 접근방법은 그 후 수십 년 동안 이뤄지는 연구 대부분에 지대한 영향을 미쳤다. 화이트헤드와 러셀은 자신들이 제시한 수학적 정리를 증명하기 위한 단계적인 방법에 대해 논했지만, 논리이론가 프로그램은 이들의 방법을 항상 그대로 따르지는 않았다. 이 프로그램은 새로운 방식으로 화이트헤드와 러셀의 정리를 증명했기 때문이다. 사이먼과 그의 동료들은 이렇게 새로운 방식을 발견했다는 것에 지나칠 정도로 중요성을 부여하긴 했지만, 이 새로운 방식 자체는 계산지능 발전의 전환점이 된 것이 사실이며, 지금도 이 방식은 널리 사용되고 있다.

오늘날 우리는 게임을 하거나, 질병을 진단하거나, 인간의 수준을 넘어서는 일들을 수행할 수 있는 컴퓨터 시스템을 가지고 있다. 컴퓨터 시스템이 이런 능력을 가지게 될 때마다 계산지능은 한 단계 더 진화해 일반 인공지능이라는 목표에 더 가까워졌다고 생각되고 있다. 사람들은 메모리를 조금 더 확보하고 프로세서를 더 빠르게 만들 수 있다면 결국 일반지능을 만들어낼 수 있다는 생각을 하고 있다.

초기에 이런 진전들이 이뤄진 후 수십 년 동안 많은 것들이 변했지만, 변하지 않은 것이 두 가지 있다. 하나는 소수의 과정들이 일반지능 개발의 필요조건과 충분조건이 될 것이라는 지나치게 단순한 생각이다. 1950~1960년대의 컴퓨터는 속도가 매우 느렸고, 완전한 지능을 만들기에는 너무 제약이 많았다. 따라서 연구자들은 "장난감 수준의" 문제들을 해결하는 데 만족해야 했다. 이 연구자들의 실수는 컴퓨터 시스템을 인간 지능 수준으로 끌어올리는 데 제약은 크기와 속도밖에 없다고 생각한 것이었다.

이들의 또 다른 실수는 자신들이 연구하는 문제들이 일반지능이 풀어야 하는 문제들을 완전히 대표한다고 생각한 것이었다. 이들은 비교적 설명이 쉬운 확실한 단계들과 평가하기 쉬운 특정한 해법들로 구성된 "장난감 수준의" 문제들에 집중했다. 이런 문제들은 "경로 문제path problem"라는 말로 설명할 수 있는 문제들이다. 이런 문제들은 시스템이 구현할 수 있는 모든 "움직임"으로 구성되는 "공간"에서 경로를 찾아내야 풀 수 있는 문제들이다. 이런 문제는 특정한 움직임들의 조합으로 풀리며, 컴퓨터의 역할은 실제로 문제를 풀 수 있는 가능한 움직임들을 통해 특정한 경로를 찾아내는 것이다. 계산지능은 특정한 움직임들의 집합과 문제를 푸는 데 필요한 움직임들의 순서(경로)를 찾아내는 과정이다.

이런 문제들에 대해 설명하는 또 다른 방법은 주데아 펄Judea Pearl의 곡선 맞춤curve fitting 개념을 이용하는 것이다. 펄의 생각을 쉽게 표현하자면, 이런 문제들을 푸는 과정은 이용 가능한 입력 값을 원하는 출력 값에 매핑mapping시킬 수 있는 함수를 찾는 과정으로 구성된다. 이 방식은 통계적 예측을 형성하는 방법 중 하나였다고 할 수 있다. 이런 매핑 과정은 매우 복잡하며, 입력 값과 출력 값 사이의 관계를 만들어낼 수 있는 선택 또는 추측의 수가 어마어마하게 많다. 하지만 이 방식은 현재 존재하는 계산지능 시스템 모두가 지금도 사용하는 방식이기도 하다. 하지만 모든 문제가 이런 종류의 문제는 아니며, 모든 문제가 경로 문제인 것도 아니다.

계산지능 분야에서 현재까지 이뤄진 극적인 진전은 컴퓨터의 문제 해결 능력 범위에서 시스템을 만들어낸 시스템 설계자들의 천재성에 기인한다. 이 시스템들은 사람들이 과제를 수행하는 방식과 동일한 방식으로 과제를 수행할 필요가 없으며, 일반적으로 그렇게 하지도 않는다. 컴퓨터 과학자들이 주데아 펄의 추측 방식으로 과제들을 단순화시키는 방법을 찾아냈기 때문이다. 이 시스템들은 특정한 과제를 사람들보다 더 잘 수행할 수 있지만, 그 이유는 이 시스템들의 과제 수행 능력이 인간의 과제 수행 능력보다 뛰어나기 때문이 아니라, 인간의 지능과 비슷한 지능을 필요로 하지 않는 문제들을 풀 수 있는 다른 방법들을 시스템 설계자들이 찾아냈기 때문이다. 식기세척기는 우리가 손으로 설거지를 하는 것보다 더 깨끗하게 그릇을 세척할 수 있지만, 그렇다고 해서 식기세척기가 식당 직원의 지능에 가까운 지능을 가진 기계를 만들 수 있는 가능성을 보여주는 것은 아니다.

질병을 진단하고, 음성을 이해하고, 자동차를 운전하는 기계학습 시스템이 지능적이 아니라고 말하는 것은 아니다. 하지만 이런 기계학습 시스템은 일반적인 의미에서가 아니라 특정한 목적 면에서만 지능적이다. 특정한 목적을 뛰어넘는 지능을 만들려면 현재 상태에서 대처되고 있지 않는 문제들을 해결할 수 있어야 한다. 인간의 지능과 비슷한 지능을 만들려면 우리가 이용할 수 있는 도구들을 가지고 이런 지능을 만드는 법을 생각해거나 새로운 도구들을 만들어내야 한다. 현재의 도구들로 일반지능을 만들려는 시도는 있었다. 하지만 현재까지 이 시도 중에서 어느 것도 성공하지 못했다. 이보다 더 가능성이 높은 방법은 일반지능을 가진 유일한 예인 인간이 어떻게 일반지능을 구현하는지 이해하고 모방함으로써 일반지능을 만드는 방법이다. 결국 기계의 일반지능은 특정한 방식 면에서 인간의 일반지능과 비슷하지 않을 수는 있지만, 처리 능력의 범위 면에서는 인간의 일반지능과 비슷해야 하기 때문이다.

인간 지능의 발명

수천 년 동안 우리 인간은 점점 더 복잡한 인공적 사고 도구를 발명해왔다. 하지만 인간의 자연지능은 별로 변화하지 않았다. 우리가 구석기인들보다 더 지능적인 이유는 우리가 구석기인들의 자연지능과 발명된 인공지능을 수천, 수만 년 동안 결합해왔다는 데 있다.

언어의 발명 그리고 그 뒤를 이은 문자의 발명은 인간의 지적인 도구상자에 더해진 가장 중요한 도구였을 것이다. 언어 능력은 어떤 방식으로든 타고나는 것이라고 주장하는 사람들도 있다. 하지만 언어는 10만~5만 년 전 사이에 출현해 호미니드 hominid(현생인류와 인류의 직계 조상인 오스트랄로피테쿠스, 호모 에렉투스 등을 통칭하는 말)의 능력을 엄청나게 확장시킨 것으로 보인다(Gabora, 2007). 뇌는 언어 처리를 하기 시작하면서 언어 처리를 하지 않는 같은 뇌에 비해 특히 정보를 저장하고, 활동을 조율하고, 경험을 전달하는 능력이 높아졌다(Clark, 1998). 언어 능력, 특히 구문 능력은 초기 인류들이 사용할 수 있는 인지과정의 종류가 폭발적으로 증가한 것과 관련이 있다.

"단어는 도구"라고 주장한 윌리엄 캘빈William Calvin은 언어를 사용하기 전에도 인간은 단어를 말할 수 있었을 것이라고 추측했다. 복잡한 문장이나 과거 또는 미래를 나타내는 문장은 구사하지 못했지만 간단한 표현을 하기 위해 단어를 사용했을 것이라는 추측이다. 초기 인간들은 기본적인 사고들은 할 수 있었겠지만 그 사고들을 조합할 수 없었기 때문에 이미지나 가설 또는 가능성에 대한 사고는 할 수 없었을 것이다. 하지만 언어가 발명된 후에 인간의 지적인 능력은 확실하게 변화하기 시작했다.

현생인류가 유럽으로 이주한 것은 약 4만 3000년 전이다. 독일 남부의 슈베비셰 알프Schwäbische Alb에서 발견된 동굴벽화와 동굴 벽에 새겨진 모양 그리고 악기는 이 시기(3만 3000~4만 3000년 전)에 만들어진 것이다. 프랑스 아르데슈 강 유역의 쇼베 동굴Chauvet cave에서 발견된 동굴벽화도 3만 2000년 전에 그려진 것으로 추정된다. 일부 인류학자들은 이런 동굴벽화의 구조와 세부적인 내용을 볼 때 그림을 그린 사람들의 정신세계가 비교적 높았다는 것을 알 수 있다고 주장한다. 프랑스 남서부의 라스코 동굴벽화는 약 2만 년 전에 그려진 것으로 생각된다. 이 시기에 인간은 망자를 땅에 묻고, 옷을 만들고, 구덩이를 파서 동물을 잡는 등 복잡한 사냥전략을 세우기 시작했다. 아시아에서는 인도네시아 술라웨시 섬의 동굴벽화가 약 3만 5000년 전에 그려진 것으로 여겨진다. 보루네오 섬의 동굴 벽화는 약 4만 년 전에 그려진 것으로 최근 밝혀졌다. 이 동굴벽화는 구석기인들이 주변 환경을 상징적으로 표현하는 능력이 있었다는 것을 보여준다.

구석기시대 인공지능을 보여주는 인공물은 거의 남아있지 않지만, 남아있는 인공물 중 일부는 그 인공물을 만든 사람들의 세계를 보여준다. 이 인공물들은 당시의 사람들이 그들의 세계를 지리적으로 그리고 어쩌면 정신적으로 탐색하는 데 도움을 주었을 것이다. 예를 들어, 이 인공물 중 일부는 지리적 탐색에 중요했을 별자리들에 대해 묘사하고 있다. 동굴벽화를 그린 사람들은 사슴이나 들소 같은 동물을 그림으로써 이런 동물을 사냥하기가 쉬워진다고 믿었을지도 모른다.

(약 1만1000년 전에 시작된) 중석기시대 사람들도 달력처럼 계산 요소가 확실한 인공물을 만들었다는 증거가 있다. 달력은 농사에서 확실히 중요한 역할을 하지만, 수렵채집인들에게도 중요한 역할을 했을 것이다. 예를 들어, 새와 동물의 이동 시기를 측정하거나 직접 관찰이 불가능한 먼 거리에 있는 익은 열매를 채집하는 데 도움을 주었을 것이다.

당시의 달력은 천체, 특히 달의 움직임을 기록하기 위해 돌이나 뼈에 홈을 파거나 선을 새겨 만든 형태였다. 영국 남부의 스톤헨지 (5000년 전) 같은 거대한 구조물이나 그보다 훨씬 오래된 스코틀랜드의 애버딘셔Aberdeenshire의 달력 구조물(약 1만 년 전)도 천문학 계산기 역할을 했다. 애버딘셔 구조물은 길이 50미터에 이르는 호arc를 따라 땅에 변화하는 달의 모양으로 구덩이들을 판 형태다. 이 호는 동지 때 해가 뜨는 지점을 기준으로 하고 있어 매년 음력이 태양력에 맞춰 보정될 수 있도록 만든다.

아일랜드 미스 주의 보인 강 근처에는 뉴그레인지Newgrange라는 신석기시대 달력 구조물이 있다. 약 5000년 전에 지어진 이 구조물은 태양광이 통로 바로 위 "루프박스roof box(채광창)"를 통해 석실을 비출 때가 동지임을 나타내고 있다.

인간이 동굴벽화에서 시작해 행성 간 우주선을 만들 정도로 발달한 이유는 수많은 세대를 거치면서 점점 더 정교한 지적 활동을 가능하게 한 사고 도구들을 발명해왔기 때문이다. 이런 사고 도구들로는 다음과 같은 것들을 들 수 있다.

- 수학(약 4000년 전에 시작됨)
- 논리(약 2600년 전에 시작됨)
- 알고리즘(약 800년에 시작됨)
- 디지털 컴퓨터(약 80년 전에 시작됨)

이런 발명들은 모두 수많은 다른 발명과 발견을 유도했으며, 다시 이 발명과 발견은 인간의 지능을 더욱 발달시켰다. 이런 도구들이 없다면 인간의 생각은 불완전하고, 비이성적이고, 편향되기 쉬울 것이다. 사람들은 희망적 사고와 불완전한 정보에 의지해 성급한 결론을 내리며, 결정은 문제에 대한 답이 옳은 답인지보다 답을 얼마나 쉽게 얻을 수 있는지에 기초해 이뤄지기 때문이다.

한편 발명된 사고 도구들은 사람들이 체계적이고 효과적으로 생각하는 것을 가능하게 만든다. 이 사고 도구들은 발명된 것이기 때문에 인간의 지적인 성취를 가능하게 하는 인공적인 도구라고 할 수 있다. 우리의 정규 교육체계는 논리 사용 방법을 훈련시키는 등의 방식으로 인간의 지적인 성취를 강화하는 데 필요한 이 인공지능 도구들을 제공하기 위해 설계된 것이다.

인간은 사고를 위한 인공물을 사고 과정에 편입시킴으로써, 즉 더 인공적이 됨으로써 더 지적인 존재가 됐다. 또한 이런 인공물들은 반드시 필요한 존재다. 이런 인공물이 없다면 인간의 지적 능력이 제한될 것이기 때문이다. 이런 인공물들 자체는 특별히 지능적일 필요는 없지만, 이런 인공물들은 인간의 사고를 더 체계적이고, 효과적이고, 정밀하게 만드는 데 도움을 준다.

계산지능

지난 60여 년 동안 컴퓨터 과학자들은 지능적인 컴퓨터를 만들기 위해 다양한 시도를 해왔으며, 계산 일반지능의 발명이 곧 이뤄질 것이라고 예측해왔다. 컴퓨터 과학자들이 추구하는 계산 일반지능은 인간의 지적 능력과 동일하거나 인간의 지적 능력을 뛰어넘는 수준의 컴퓨터 시스템을 말한다. 비교적 최근까지도 이런 노력의 대부분은 내가 앞에서 언급한 인공지능의 다른 특징들에는 특별한 관심을 기울이지 않은 채 내가 인공지능이라 일컫은 체계적인 지적 도구들을 모방하는 데에만 집중돼 왔다.

1956년에 허버트 사이먼은 일반 컴퓨터 지능이 10~20년 후면 만들어질 것이라고 주장했다. 2016년에 마크 저커버그Mark Zuckerberg는 계산지능이 5~10년 안에 가능해질 것이라고 주장했다. 하지만 이런 낙관적인 예측들과는 반대로, 계산지능은 특화된 능력을 수없이 많이 갖추게 됐지만, 일반 지능은 여전히 만들어지지 않고 있다.

현재도 일반지능이 만들어지지 못하고 있는 이유 중 하나는 인간이 이뤄낸 모든 것이 근본적으로 생물학적 능력(예를 들어, 지각 능력)에 의존한다는 인식이 없이 제한된 과제들에만 집중했기 때문이다. 이런 방식의 집중을 하게 된 이유는 여러 가지이지만, 가장 핵심적인 이유는 지능이 체스나 질병 진단 같은 능력들로 주로 구성된다는 맹목적인 믿음에 있다. 이런 접근방식은 숙고 능력이 지능의 핵심 기능이며, 모든 종류의 지능은 숙고와 관련된 능력으로 환원될 수 있다는 암묵적인 가정에 기초한다.

이런 숙고 능력은 인간의 지능을 증폭시키는 능력이지만, 숙고 능력만으로 일반지능이 만들어지는 것은 아니다. 일반지능은 개별적인 과제 수행을 위한 특수 목적 알고리즘들 외에도 많은 요소들로 구성되기 때문이다. 특정한 알고리즘이 효과가 있는 이유는 이 알고리즘이 복잡한 문제를 계산으로 풀 수 있는 간단한 문제로 환원시키기 때문이다. 하지만 특정한 알고리즘이 의존하는 창의성inventiveness은 인간이 제공하는 것이다.

자연지능

최근까지 사회과학, 특히 경제학은 사람들이 근본적으로 이성적이라고 생각했다. 이성적인 사람들은 어떤 경우에나 신중하고 깊게 생각하며, 자신의 이익을 우선시한다. 이성적인 사람들은 최대한 효율적인 방식으로 자신의 목적을 추구한다. 이성적인 사람들은 정보, 기회, 제약을 모두 고려해 최대한의 행복을 얻으려고 한다. 요약하면, 탐욕은 좋은 것이며, 우리는 사람들이 탐욕스러울 것이라고 기대한다는 뜻이다. 이 관점에서 사고는 논리적인 자기 이익에 확실히 기반을 둔다.

이 관점에 따르면, 어떤 사람이 자신의 이익을 위해 이성적으로 행동하지 않는다면 그 이유는 그 사람의 사고 과정, 즉 논리적 판단이 감정에 의해 오염됐기 때문이다. 비이성적인 선택은 실수이며, 이 실수로 어떤 사람의 행동 전체를 예측할 수는 없다. 인공지능 연구는 불행히도 이런 관점의 영향을 상당히 많이 받고 있다.

뉴얼, 사이먼, 쇼의 논리이론가 프로그램은 공리(환원이 불가능한 기본적인 논리적 가정)와 연산으로 시작해 논리적 증명으로 끝난다는 점에서 순수하게 논리적이다. 실제로 뉴얼과 사이먼은 물리적 기호 시스템 가설을 주장했다. 이 가설에 따르면 지능을 만들어내는 필요충분조건은 기호를 조작하는 물리적 시스템이다.

이런 접근방식과는 대조적으로, 이른바 모라벡의 역설 Moravec's paradox(사실 모라벡의 역설은 역설이 아니지만, 관용적으로 역설이라고 부른다)은 컴퓨터가 높은 수준의 추론을 수행하는 것은 비교적 쉽지만 2살짜리 아이의 기술을 계산적으로 구현하는 것은 극도로 어렵다는 것에 주목한다. 실제로, 숙고 기술은 설명하기도 쉽고, 컴퓨터로 구현하기도 쉽지만, 복잡한 방을 가로질러 걸어갈 수 있는 컴퓨터나 빨래를 갤 수 있는 로봇을 만드는 일은 아직도 이뤄지지 않고 있다.

1980~1990년대의 계산신경망 computational neural network에 대한 관심 폭발로 인해 인공지능에 대한 생물학적 접근방식이 강화됨에 따라 이 분야에서 어느 정도 진전이 이뤄지긴 했다. 높은 수준의 숙

고 규칙 대신에 신경망은 단순화한 뉴런과 비슷한 모델을 이용한다. 또한 신경망은 언어의 단어 같은 기호들을 기초로 작동하지 않고 시뮬레이션된 뉴런들 사이의 연결 관계를 이용한다. 현재는 이른바 딥 러닝deep learning(심층학습) 모델로 진화한 신경망은 계산지능 발달에 매우 큰 역할을 했지만, 이 신경망으로도 일반지능 구현은 전혀 가까워지지 않고 있다. 신경망을 비롯한 기계학습 형태들은 AI의 작동이 AI에 대한 기대와는 달리 입력 값을 출력 값에 매핑하는 복잡한 함수에 의해 이뤄진다는 것을 더 분명하게 드러냈다. 한스 모라벡Hans Moravec을 비롯한 일부 학자들에 따르면, 간단한 신경망을 시뮬레이션하는 것이 여러 가지 규칙들을 따르는 것보다 훨씬 더 많은 계산을 필요로 한다고 주장하지만, 주데아 펄Judea Pearl 같은 학자에 따르면 결국 신경망 시뮬레이션이나 규칙을 따르는 것 모두 계산 기능에 불과하다.

자연지능의 핵심은 문제 공간problem space을 구축하는 확실한 능력이다. 단순히 이미 구축된 문제 공간에서 경로를 찾는 능력이 아니다. 하지만 자연지능에는 다른 특징들도 있다. 자연지능은 문제에 대한 최적의 해법을 찾아내는 것과는 관련이 없다. 오히려 자연지능은 도저히 "옳다고 증명할 수 없는" 결론을 성급하게 그리고 자의적으로 내리는 것과 관련이 있다.

인공지능이 알고리즘 성격을 가지는 데 비해 자연지능은 휴리스틱heuristic(발견법, 스스로의 체험 또는 경험을 통해 배우고 발전하는 방법) 성격을 가진다. 알고리즘은 특정한 입력 값이 언제나 그에 대응하는 출력 값을 만들어내는 단계들의 집합이다. 반면, 휴리스틱은 주먹구구와 비슷하며, 대부분의 경우 효과가 있지만, 그렇지 않을 때도 있다. 아기는 태어난 지 몇 시간 만에 엄마를 알아볼 수 있지만, 컴퓨터가 물체의 범주를 식별할 수 있으려면 수천 번의 예제 학습이 필요할 수 있다. 하지만 아이를 동물원에 데려가 솜사탕을 사준다면 그 아이는 다음에 동물원에 갈 때에도 솜사탕을 기대할 것이다.

계산지능으로 모델링된 지적인 능력과는 달리, 내가 자연지능이라고 말한 기본적인 인지 기능들 대부분은 인간이 아닌 다른 종들도 가지고 있다. 닭이나 오리 같은 조성조precocial bird(부화 직후부터 스스로 먹이를 먹을 수 있는 조류)는 태어난 지 몇 시간 안에 부모를 식별할 수 있다. 덤불어치를 비롯한 일부 조류는 바위 밑이나 바위 틈새에 씨를 저장한 다음 몇 달이 지나 씨를 저장한 곳이 눈에 덮인 상태에서도 정확하게 그 장소를 찾아낸다. 볼프강 쾰러Wolfgang Köhler는 침팬지들이 특정한 종류의 통찰 문제를 풀 수 있다는 것을 보여줬다. 이 실험에서 침팬지들은 시행착오를 통해 학습을 하지 않고, 손이 닿지 않는 먹이를 잡기 위해 막대 2개를 연결시키거나 상자를 쌓는 모습이 관찰됐다.

개미에서 곰 그리고 침팬지에 이르기까지 많은 동물들은 다른 특성들이 통제될 때 작은 수량(보통 1개~4개 또는 6개)에 반응할 수 있다는 것이 밝혀졌다. 개를 비롯한 일부 동물은 훈련을 통해 최대 1000개 정도에 이르는 물체의 이름을 학습할 수 있으며, 음성 명령에 따라 해당 물체를 선택할 수 있다.

인간의 자연지능 또는 동물의 자연지능은 해당 종의 인지 능력에서 중요한 역할을 한다. 하지만 인간이 현재까지 이룬 모든 지적인 업적은 타고난 지능 외에도 현재 수준의 지적인 기능에 이르기 위해 발명된 추가적인 사고 도구들을 이용했기 때문에 가능했다.

인간의 자연지능은 교육받은 인간들에게서 자연지능이 만들어 내는 이상한 행동과 실패 사례 또는 심리적 발달을 중심으로 주로 연구돼왔다. 인간의 자연지능은 인간이 업적을 이루는 데 필요한 원천으로는 거의 생각되지 않았기 때문에, 우리는 자연지능이 지능에 미치는 편향적인 효과와 자연지능이 지능을 제약하는 사례는 많이 알고 있지만 자연지능의 긍정적인 기여에 대해서는 거의 아는 것이 없다. 하지만 자연지능은 인간의 일반지능에서 결정적으로 긍정적인 역할을 할 가능성이 매우 높으며, 우리가 자연지능에 대해 지금보다 더 잘 알게 된다면, 계산지능에서도 중요한 역할을 맡을 가능성이 높다. 자연지능이 없었다면 인간은 사고 도구들을 발명하지 못했을 것이다. 또한 자연지능이 없어 인간이 초기 심리학자들의 주장처럼 시행착오 학습에 머물렀거나 현대의 기계학습에서처럼 답이 정해진 labeled 예제들의 반복적인 수행에 머물렀다면 인간은 지금처럼 기능을 하지 못했을 것이다.

일반지능에서 "일반"이라는 의미

일반지능은 얼마나 일반적이어야 할까?

아인슈타인은 매우 성공적인 이론물리학자였다. 아인슈타인은 태양광 발전의 기본 원리인 광전효과에 관한 연구로 노벨상을 받았지만, 상대성 이론이 미친 영향은 광전효과 연구가 미친 영향보다 훨씬 컸다. 하지만 이렇게 머리가 좋은 아이슈타인도 모든 것을 다 잘하지는 않았다. 예를 들어, 아인슈타인은 수학을 매우 효과적으로 이용하기는 했지만 뛰어난 수학자는 아니었다. 아인슈타인은 체스를 아주 잘 두었을지 모르지만, 바둑을 잘 두었을 가능성은 매우 낮다. 내 생각에는 아인슈타인이 TV 퀴즈쇼에 나갔다면 별로 잘했을 것 같지 않다.

사람들의 학습능력, 이해 능력, 분석 능력, 해석 능력 그리고 환경에 적응하는 능력은 개인차가 크다. 하지만 이 모든 능력 모두가 같은 능력은 아니다. 아인슈타인은 피아노와 바이올린을 잘 연주했을지는 모르지만, 그의 연주 실력이 이츠하크 펄먼Itzhak Perlman이나 모차르트의 연주 실력과 비슷할 정도는 아니었을 것이다. 요요마는 대단한 첼리스트지만, 물리학 학술지에 논문을 발표하지는 않았다. 지적인 성취는 일, 시간, 사람에 따라 달라질 수 있다. 다양한 분야에서의 사람들의 능력들은 서로 상관관계를 가질 수 있지만, 즉 어떤 일을 잘하는 사람이 다른 일들도 잘할 수 있지만(제2장 참조), 특정한 일을 잘한다는 것이 다른 일들도 반드시 잘한다는 것을 뜻하지는 않는다.

지능은 수많은 종류의 능력을 포함하는 복잡한 개념이다. 심리학자들은 한 세기 전부터 지능을 측정해왔지만, 심리학자들의 주요 관심은 지능이 만들어지는 메커니즘을 규명하는 것이 아니라 사람들 사이의 차이를 알아내는 것이다. 최초의 지능 테스트는 학교에서 특별한 관심을 기울여야 하는 학생들을 찾아내기 위해 설계되었으며, 목표는 학습 또는 다른 지적인 성취를 위한 개인의 적성을 전체적으로 예측하기 위한 것이었다. 지능 테스트에는 어휘, 유추 능력, 이미지 처리 능력, 추론 능력 등에 대한 테스트가 포함된다. 이 모든 테스트는 성공을 위한 일부 수단들과 상관관계를 가지는 것으로 밝혀진 상태다.

일반적으로 지능 테스트에는 특정한 능력을 측정하기 위한 다양한 하위 수준 테스트들이 포함된다. 일반지능이라는 개념은 이런 하위 테스트들의 결과가 상관관계를 가지는 경향이 있다는 관찰결과에서 도출된 것이다. 예를 들어, 어떤 사람이 이미지 회전을 필요로 하는 테스트에서 좋은 결과를 보인다면 그 사람은 어휘 테스트에서도 좋은 결과를 보일 가능성이 높다는 생각이 일반지능의 개념이다.

하위 테스트 결과들 사이의 이런 상관관계는 일반지능을 나타내는 "G 인자G factor"라는 말로 부른다. 여기서 G는 특정한 종류의 일반지능이 존재한다는 것을 나타낼 수 있다. 예를 들어, G는 어떤 사람들은 다른 사람들에 비해 뇌가 강력하기 때문에 결과가 좋다는 것을 나타낼 수 있다. 하지만 달리 생각하면 G는 통계적 상관관계만을 나타낸다고 볼 수도 있다. 바꿔 말하면, 실제로 지능은 그렇게 일반적이지 않으며, 하위 테스트들은 특정한 능력을 제대로 구분해 내지 못할 수도 있다는 뜻이다. 즉, 다양한 하위 테스트들은 특화된 능력들의 중첩되는 부분들을 평가하는 테스트들일 수 있다.

예를 들어, 시력이 좋지 않은 사람은 다양한 테스트에서 결과가 좋지 않을 수 있다. 하지만 그 이유는 그 사람이 시력이 좋은 사람보다 머리가 좋지 않기 때문이 아니라, 문제를 읽는 데 어려움을 느끼기 때문이다. 불안감이 심한 사람은 모든 테스트에서 좋은 결과를 보이지 못할 수 있으며, 침착한 사람은 모든 테스트에서 좋은 결과를 보일 수 있다. 테스트를 치르는 것도 그 자체가 하나의 능력일 수 있다. 상관관계를 만드는 것은 이런 연관 요소들이지 일반지능이 아닐 수 있다는 뜻이다.

지능 테스트의 하위 테스트 결과들의 상관관계가 실생활에서의 활동 능력을 그대로 나타낸다고 볼 수는 없다. 아인슈타인이나 요요마의 능력을 생각해보면 알 수 있다. 이 두 사람 모두 자신의 분야에서는 매우 뛰어나고 성공적인 인물이지만, 이 두 사람의 능력은 겹치지 않는다. 한 분야에서의 지적 우월성이 다른 분야들에서의 지적 우월성을 보장하지는 않는다. 다음 장에서는 지능 테스트 결과들에서 나타나는 상관관계들의 속성에 대해 다룰 것이다. 인간의 지능에 비추어 볼 때, 결국 일반 인공지능은 사람들이 생각하는 것만큼 일반적이지 않을 수 있다.

특화된 지능, 일반지능, 초지능

현재까지의 계산지능 프로그램은 체스 두기, 뇌 손상 진단, 퀴즈 풀기 같은 단일 과제 수행에 대부분 집중되고 있다. 한때 체스 두기는 인간의 지적 능력의 절정을 보여주는 예로 생각됐다. 체스는 전략 사용 능력, 다른 사람들의 의도를 읽는 능력, 상황에 대한 깊은 분석 능력을 보여준다고 여겨졌었다. 이런 측면에서 체스 두기라는 문제를 푸는 것은 일반지능에 다가갈 수 있는 시점을 크게 앞당길 수 있을 것으로 생각됐다. 체스 두기는 수많은 종류의 높은 수준의 인지 기능을 필요로 하는 행위이기 때문이다. 실제로, 컴퓨터가 체스를 두려면 상대방을 평가하고 그 사람의 의도를 이해하고, 상황을 분석해야 한다.

실제로 더글러스 호프스태터Douglas Hofstadter는 『괴델, 에셔, 바흐Gödel, Escher, Bach』에서 "체스 경기에서 모든 사람을 이길 수 있는 프로그램은 존재할 수 있다. 하지만 그 프로그램은 체스만을 위한 프로그램이 아닐 것이다. 그 프로그램은 일반지능을 가진 프로그램일 것이며, 사람들만큼이나 변덕스러울 것이다."라고 말했다. 또한 이 책에서 호프스태터는 "'체스 둘래?'라는 질문에 이 프로그램은 '아니, 체스는 이제 지겨워. 시에 대해 이야기하자.'"라고 말할 것이라고 썼다(Hofstadter, 1979, 1999, p.678).

하지만 실제로 일어난 일은 정반대의 일이었다. 높은 수준의 체스 실력을 가진 컴퓨터 프로그램이 현재 존재하지만, 이 프로그램은 시에 대해 이야기할 수 있는 능력은 없다. 체스를 두는 프로그램이 설계된 방식은 심오한 심리학적 기능이나 일반지능과는 전혀 관계가 없다. 오히려 체스 프로그램은 가능한 말의 움직임들을 일종의 가지들이 달린 나무tree(트리) 형태로 만드는 간단한 특수 목적 방법에 의존한다. 이 방법은 알고리즘이 이 가지들을 탐색해 체스에서 이길 수 있는 움직임들을 찾아내는 방법이다. 체스 프로그램 개발자들은 체스 말의 움직임을 선택하는 문제를 나뭇가지들 중에서 선택을 하는 간단한 문제로 환원시킨 것이었다.

과거에 바둑 두기는 컴퓨터의 능력을 벗어나는 일로 생각됐었다. 체스 프로그램 개발에 성공적으로 사용된 방법이 바둑에는 효과가 없었다. 바둑은 돌을 둘 수 있는 경우의 수가 엄청나게 많기 때문에 체스 프로그램에서처럼 나무 형태로 돌을 둘 수 있는 경우의 수를 배치하기에는 너무 복잡했기 때문이었다. 하지만 결국 컴퓨터 과학자들은 또 다른 특수 목적 알고리즘을 구축함으로써 세계적 수준으로 바둑을 둘 수 있는 시스템을 구축하는 데 성공했다.

체스나 바둑을 두는 프로그램을 개발하는 데 동원된 지식은 비슷한 구조를 가진 다른 문제들을 푸는 데 도움을 준다는 점에서 매우 소중하다. 바둑 프로그램을 개발한 딥마인드DeepMind 팀은 휴리스틱 접근방식을 이용해 바둑돌을 두는 위치를 선택하기 위한 나뭇가지의 수를 줄이는 방법을 사용했다.

특수 목적 계산지능에 대한 이런 환원주의적 접근방법이 선택되고 있다는 것을 생각하면 현재까지 일반지능 개발에 진전이 별로 없는 것이 놀라운 일은 아니다. 또 다른 형태의 특수 목적 알고리즘을 만드는 것은 매우 지적인 행위이지만, 그런 특수 목적 알고리즘들을 모두 결합한다고 해도 일반지능을 만들 수는 없을 것이다.

컴퓨터 과학은 고슴도치를 만드는 데는 효과적이었지만 아직 여우를 만들지는 못하고 있다. 고대 그리스의 시인 아르킬로코스는 "여우는 많은 것을 알지만, 고슴도치는 중요한 것 하나를 알고 있다."라는 말을 한 적이 있다. 현재의 계산지능 시스템들은 특정한 일에는 매우 뛰어나지만 그 시스템들 중 어떤 것도 일반성 수준에는 미치지 못하고 있다. 또한, 이런 특수 목적 시스템들을 결합해 언젠가 일반지능을 만들 수 있을 것이라고 생각할 수 있는 근거도 없다. 고슴도치를 아무리 많이 만들어도 그 고슴도치들로부터 여우를 만들 수는 없다.

인간의 일반지능을 비롯한 일반지능은 매우 어려운 주제다. 하위 테스트 결과들에서 상관관계가 나타나는 것은 뇌의 효율성이 원인일 수 있지만, 그 상관관계는 통계적인 인공물에 불과할 수도 있다. 아인슈타인의 뇌가 다른 사람들보다 더 좋았다면 그는 다른 사람들보다 모든 것을 더 잘했어야 하지만, 아인슈타인의 재능은 제한적이었다. 사람들의 지능은 테스트 결과가 아니라 성공과 실패에 의해 측정되며, 전문성을 구축하는 데 필요한 특정한 종류의 경험들의 보유 여부에 매우 크게 의존한다.

뇌의 효율성은 우월한 인간 지능의 원인은 아니지만, 기계지능을 개선하는 데는 역할을 할 수 있을 것이다. 컴퓨터는 매년 속도가 빨라지고, 얼마 전까지 실용성이 없을 정도로 느렸던 과정들이 현재는 실용성 면에서 볼 때 매우 빨라진 상태다. 하지만 이런 진전의 대부분은 컴퓨터가 풀어야 하는 문제들을 더 잘 이해하게 됐기 때문에 가능했다. 더 강력한 컴퓨터는 오래된 방법들을 더 빠르고 실용적으로 만들지만, 일반지능을 만드는 데 기여하지는 않는다. 일반지능은 컴퓨터의 능력과는 근본적으로 다른 무엇인가를 필요로 한다. 예를 들어, 자동차는 단순히 속도가 빨라진 말이 아니다.

일기예보를 예로 들어보자. 일기예보는 시간이 지나면서 놀라울 정도로 정확해지고 있다. 2015년의 5~7일 후 일기예보 정확성은 1965년의 1일 후 일기예보 정확성과 거의 같은 수준이 됐다(Stern & Davidson, 2015). 이렇게 정확성이 높아진 데에는 계산능력이 확실한 기여를 했지만, 훨씬 더 중요한 원인은 데이터가 더 좋아졌다는 데 있다. 즉, 기상관측장비가 더 많아졌고 동적 모델이 더 좋아졌기 때문이다. 컴퓨터 능력 자체의 개선은 예측 과정의 속도만을 빠르게 만들 뿐이지만, 데이터의 개선과 모델의 개선은 컴퓨터의 예측을 더 가치를 가지게 되는 미래로 확장시킨다.

일반지능의 이런 제약들에 대해 생각할 때, 나는 우리가 일반 인공지능을 곧 만들게 되고, 그 일반 인공지능이 영화 〈터미네이터〉의 인공지능 '스카이넷'처럼 지구에서 인류를 대체할 것이라는 일부 철학자들을 비롯한 사람들의 우려가 이해가 안 된다.

모든 똑똑한 인간의 지적인 활동 수준을 크게 능가하는 기계를 초지능 기계ultraintelligent machine라고 정의하자. 기계의 설계는 이런 지적 활동 중 하나이기 때문에 초지능 기계는 훨씬 더 나은 기계를 설계할 수도 있다. 그렇게 되면 "지능의 폭발intelligence explosion"이 분명히 발생할 것이고, 인간의 지능은 크게 뒤처질 것이다. 따라서 최초의 초지능 기계는 인간이 만들어야 할 마지막 발명품이다.(어빙 존 굿Irving John Good, 1965)

굿의 가설은 새로운 문제 해결 방법을 만들어내는 능력은 기존의 문제 해결 방법을 이용하는 능력과 같다는 가정에 의존한다. 하지만 새로운 문제와 기존의 문제는 근본적으로 서로 다르다. 예를 들어, 아인슈타인의 유명한 방정식을 푸는 것은 이 방정식이 나타내는 이론을 생각해내는 것과 전혀 다른 일이다. 체스나 바둑을 두기 위해 나무 구조를 탐색하는 것은 이 게임들을 나무 구조로 나타낸다는 생각을 하는 것과 전혀 다른 일이다. 우리는 나무 구조 탐색을 위한 방법을 계산하는 법을 알지만, 이 게임들을 나무 구조로 만들 수 있다는 통찰을 하게 해주는 과정을 구축하는 법은 아직 알지 못한다.

잘 구조화되고 알려진 문제들을 푸는 것은 메뉴, 즉 가능한 해결방법 중에서 최적의 해결방법을 선택하는 과정이다. 이 해결방법들은 이산형discrete일 수도 있고 수치형numerical일 수도 있지만, 모든 기계학습은 이런 형태의 기본적 구조를 가진다. 기존의 계산지능에서 사용되는 것 같은 특수 목적 알고리즘들은 점점 더 복잡한 문제들을 풀 수 있는 능력이 강화되고 있지만, 새로운 관점에서 어떤 것을 만들어내는 능력은 아직도 가지지 못하고 있다. 현재까지의 연구결과에 따르면 새로운 것을 만들어내려면(예를 들어, 과거에 예측하지 못했던 새로운 방식의 설계를 하거나, 새로운 과학적 패러다임을 만들어 내거나, 새로운 형태의 표현representation을 만들어내려면) 알려진 공간에서의 최적화 능력과는 다른 능력들이 필요하다. 현재 우리는 새로운 표현을 만들어낼 수 있는 컴퓨터 시스템을 구축하는 법에 대해 아는 것이 전혀 없지만, 일반지능이 구현되기 위해서는 컴퓨터 시스템이 새로운 표현을 만들어내는 능력을 반드시 가져야 한다.

초지능 기계가 통제 불가능할 정도로 진화할지도 모른다는 두려움의 일부는 일관성이 없는 사고실험들에서 비롯된 것이다. 예를 들어, 닉 보스트롬Nick Bostrom은 최대한 많은 종이 클립을 만든다는 목표가 부여된 인공지능 기계에 대해 상상한다. 이 기계는 어떤 방식으로든 초지능을 갖게 돼 자신의 능력을 개선함으로써 훨씬 더 지능적으로 종이 클립을 만들게 되고, 주어진 목표에 따라 최대한 많은 종이 클립을 만들기 위해 모든 것을 종이 클립으로 만들게 된다. 그 과정에서 세계를 멸망시킨다.

나는 이 사고실험이 별로 설득력이 없다고 생각한다. 컴퓨터가 종이 클립을 만드는 것이 어처구니없다고 생각해서가 아니다. 나는 이 사고실험이 인공지능 기계가 초지능을 갖게 될 것이라고 가정한다는 점과 종이 클립을 만든다는 하나의 일에만 집중한다고 가정한다는 점에서 그렇다고 생각한다. 보스트롬이 상상하는 인공지능 기계는 넓은 범위에서 지능적인데도, 즉 뛰어난 일반지능을 가지고 있는데도 어처구니없이 종이 클립을 만드는 일에만 집중한다. 이 인공지능 기계가 그렇게 지능적이라면 이 기계는 자신이 종이 클립을 만드는 데 집중하는 이유를 분석할 수 있을 것이다. 이런 분석 능력이 없다면 이 기계는 초지능을 가졌다고 생각하기 힘들며, 이렇게 뛰어난 지능을 가진 기계가 하나의 일에만 그렇게 집착한다는 것도 상상하기 힘들다.

보스트롬의 사고실험이 유용한 실험이 아닌 이유는 이 외에도 많다. 이 주제에 대해서는 뒤에서 더 깊게 다룰 것이다. 지금은 종이 클립을 만들도록 설계된 컴퓨터는 스스로를 개선할 수 있는 기능이 없다는 점만 짚고 넘어가자. 바둑을 두기 위한 용도로 만들어진 컴퓨터는 체스를 둘 때는 아무 소용이 없는 것처럼 이 클립을 만드는 컴퓨터도 컴퓨터의 계산지능과 컴퓨터 자체를 개선하는 데는 아무 소용이 없다. 이런 문제들은 모두 서로 다른 문제이며, 현재 상황에서 또는 컴퓨터가 하나의 형태에서 다른 형태로 진화할 수 있다고 보는 보스트롬의 사고실험에서 이 문제들을 연결시킬 수 있는 기술은 존재하지 않는다. 컴퓨터는 종이 클립을 만드는 문제 공간을 더 잘 탐색하는 법을 배울 수는 있지만, 그 문제 공간에는 컴퓨팅 자체를 개선할 수 있는 것은 아무것도 존재하지 않는다. 또한 체스를 두는 컴퓨터가 체스에 질려 시를 읽게 만들 수 있는 방법도 현재로서는 존재하지 않는다. 이런 능력을 가진 컴퓨터를 만들려면 현재 사용되고 있지 않는 또는 현재로서는 상상되고 있지 않는 접근방식이 필요하다.

현재 초지능은 존재하지 않으며 AI에 대한 현재의 접근방식으로는 초지능에 접근할 수 없다. 초지능 AI를 만들려면 우리가 지금까지 생각하지 못했던 접근방식이 필요하다. 이는 초지능을 만드는 것이 불가능하다는 뜻이 아니라, 우리가 초지능을 만들 수 있는 적절한 방향으로 아직 들어서지도 못하고 있다는 뜻이다. 초지능을 구현하기 위해서는 사람들이 만들어내는 새로운 접근방식이 있어야 한다.

이 책의 목표는 일반지능을 만들기 위해 무엇이 필요한지에 대한 이해를 제공하는 것이다. 이 책은 연구를 위한 로드맵이지만, 그 연구의 결과에 대한 보고서는 아직 아니다.

인공지능에 대해 현재의 미디어들은 우리가 일반지능을 곧 만들어낼 수 있으며, 통제가 불가능해질 초지능이 처음에는 우리의 일자리를 위협하고 그 뒤에는 우리의 아이들을 위협할 것이라는 믿음을 심어주고 있다.

현재의 계산지능이 이전에 인간이 했던 수많은 일들을 해낼 수 있는 능력이 있는 것은 사실이지만, 현재의 계산지능은 과거에는 존재하지 않았던 새로운 일자리들도 만들어내고 있다. 현재의 계산지능은 인간의 수많은 일자리를 없애거나 일 자체를 변화시킬 수 있지만, 그 과정에서 경제를 파괴하지는 않을 것이다. 다만 경제를 변화시키기는 할 것이다.

보스트롬의 종이 클립 사고실험에서처럼 폭발적인 속도로 자기개선을 하는 초지능이 세계를 파괴할 가능성도 전혀 없다. 기계학습은 더 속도가 빨라질 수 있다. 하지만 궁극적으로 기계학습은 새로운 것이 실제로 효과가 있을지 없을지에 대한 사람들의 생각에서 비롯되는 피드백에 의존한다. 5일 후의 날씨에 대한 일기예보가 맞는지 확인하려면 5일을 기다려야 한다. 오래된 데이터는 날씨 예측을 하는 방법을 학습하는 데 필요한 유용한 정보가 되지만, 일기예보는 실제로 미래에 날씨가 어떻게 변할지 우리에게 알려줄 때만 가치가 있다. 컴퓨터가 더 빨라진다고 해도 그 컴퓨터는 날씨 변화를 조금이라도 더 빠르게 만들 수 없으며, 시스템이 자신을 개선할 수 있는 속도는 컴퓨터의 계산 속도뿐만이 아니라 데이터가 나타나는 속도에 의해서도 제약을 받는다.

일반지능 학습과 관련된 이 모든 문제를 우리가 다 해결한다고 해도 일반지능이 자신의 능력을 진화시키는 속도는 컴퓨터의 처리 능력이 아니라 사람들이 피드백을 제공하는 속도에 의해 제약을 받는다. 인류가 현재 상태의 지능을 발명하는 데도 5만년이라는 시간이 걸렸다. 일반지능 그리고 초지능을 발명하기까지 또 얼마나 시간이 걸릴지는 아무도 모른다.

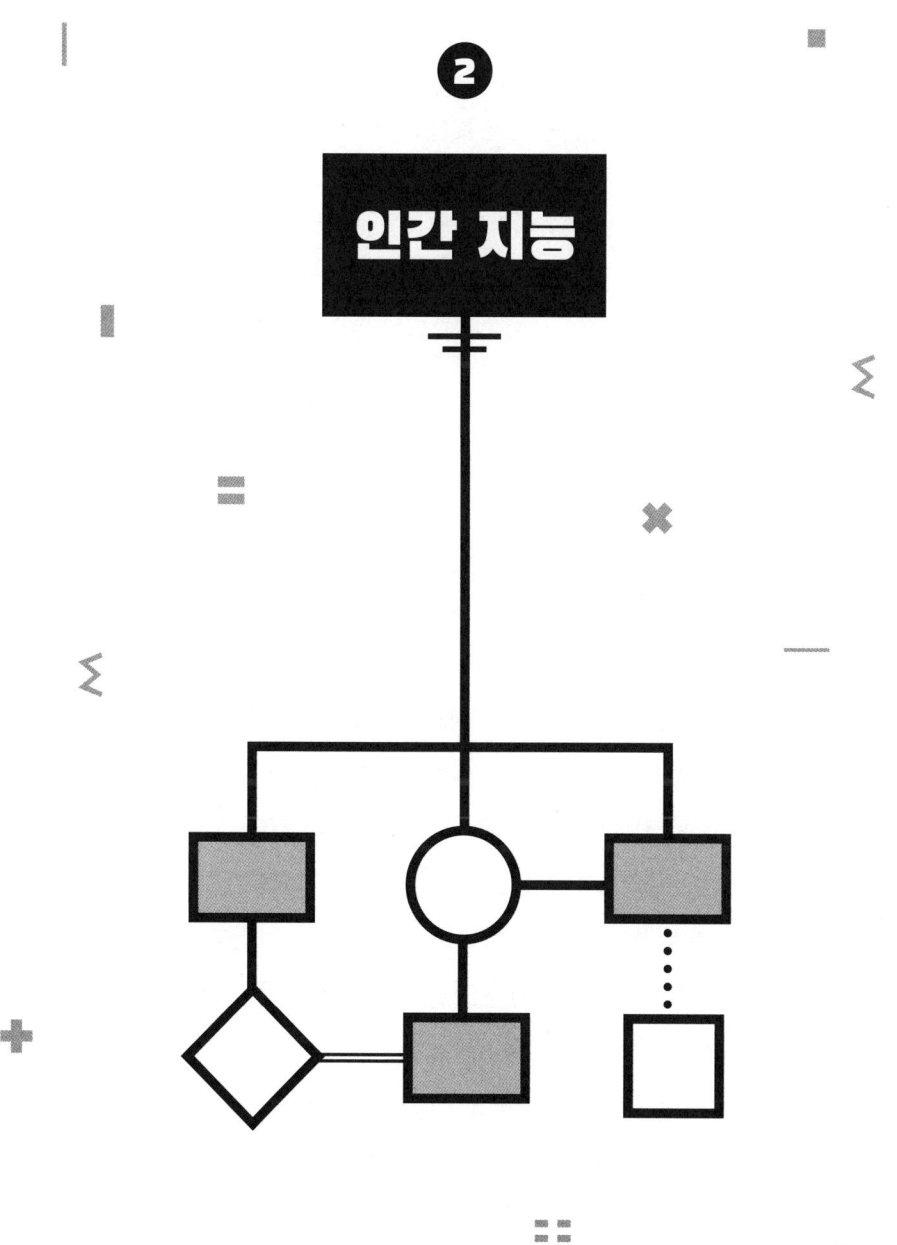

이 장에서는 인간이 지능적이라는 것이 어떤 뜻인지 다룰 것이다. 컴퓨터는 같은 문제들을 똑같은 방식으로 풀 필요가 없지만, 인간 지능이 어떤 문제를 푸는지는 이해해야 한다. 일반지능은 인간이 풀 수 있는 범위의 문제들과 같은 범위의 문제들을 풀어야 한다. 따라서 이 범위를 이해하는 것이 일반지능을 만들기 위한 핵심적인 과정이다.

인간의 지능은 우리가 가장 잘 알고 있는 지능 시스템의 예다. 계산지능 초기인 1956년 다트머스 회의 직후의 목표는 인간 지능을 기계에서 시뮬레이션할 수 있도록 정밀하게 인간 지능의 모든 측면을 설명하는 것이었다. 하지만 그때 이후로 지금까지 이 분야의 연구자들 대부분은 계산지능을 실제로 적용할 때 사람들의 문제 해결 방식을 똑같이 모방할 필요가 없다는 것을 알게 됐다. 오히려 연구자들은 지능 과제의 복잡성을 줄여 컴퓨터가 수행할 수 있는 과제로 만드는 방법을 찾아냈다. 이와는 대조적으로, 일반지능은 이런 환원주의 방식으로는 실현이 불가능해 보인다. 실제로 일반지능은 우리가 가진 일반지능의 가장 좋은 예, 즉 인간의 일반지능에 대한 더 깊은 이해에 의해서 가능해질 것으로 보인다.

서론에서 언급했듯이, 인간의 지능이라는 개념은 높은 수준의 인지 기능과 연관된 일, 즉 평범한 우리가 할 수 없는 일, 예를 들어,

뛰어난 지능으로 우리의 존경을 받는 사람들이 이론물리학을 연구하거나, 위대한 음악을 작곡하거나, 뛰어난 실력으로 체스를 두는 일에 집중돼 있다. 이런 일들은 사람들이 시간을 거치면서 만들어낸 일이며, 일반적으로 이런 일을 하기 위해서는 정규교육이 필요하다.

이런 지적인 과정은 인간 지능의 기초일 뿐만 아니라 본질적으로 인간 사고의 기초라고 오랫동안 생각돼오고 있다. 조지 불George Boole은 『사고의 법칙The Law of Thought』(1854년)이라는 유명한 책에서 아리스토텔레스의 『오르가논Organon』(옮긴이: 아리스토텔레스가 쓴 논리학 책들을 뜻하며, 서양 논리학의 기초로 생각된다)을 인용한다. 아리스토텔레스는 이 저작들에서 3가지 기본적인 법칙(동일률identity, 모순율non-contradiction 그리고 배중률excluded middle)이 논리와 사고의 핵심적인 기초라고 주장했다. 존 스튜어트 밀John Stewart Mill은 후에 경제적 인간economic man이라고 불리게 된 개념을 제시했는데, 경제적 인간은 부를 추구하기 위해 이성적인 결정을 하는 인간을 말한다.

우리는 사람들이 언제나 이런 논리적인 사고에 기초한 관점이 제시하는 체계적인 방식으로 행동하지는 않는다는 것을 잘 알고 있다. 하지만 사람들이 체계적으로 행동하지 않는 이유는 사고 과정에 감정이 개입되기 때문이다. 앞으로 살펴보겠지만, 체계적이지 않은 행동은 인간의 사고가 가진 문제점이 아니라 인간 지능을 가능하게 하는 핵심적인 특징으로 보는 것이 적절하다.

인간이 지능적이라는 것이 어떤 뜻인지에 대해서 현재 시점에서는 통일된 견해가 존재하지 않는다. 셰인 렉Shane Legg과 마커스 허터Marcus Hutter(2007)는 지능에 대해 70가지 정의를 내리기도 했다. 이 정의들 대부분은 이성적인 사고를 하는 능력, 추론 능력, 계획 능력, 문제 해결 능력 같은 높은 수준의 정신 기능과 추상적으로 생각하는 능력, 빠르게 배울 수 있는 능력, 복잡성을 이해하는 능력 등을 강조한다. 이런 능력들은 서양사회에서 성공할 수 있게 해주는 능력이다. 따라서 지능 테스트에서도 이런 능력들이 측정된다는 것은 우연한 일이 아니다.

지능 테스트

인간 지능에 관한 연구는 주로 사람들의 개인적인 차이를 이해하기 위한 연구였다. 예를 들어, 20세기 초반에 알프레드 비네Alfred Binet는 프랑스 교육부의 의뢰를 받아 효과적인 교육을 받기 위해 더 많은 도움을 받아야 하는 학생들을 구별해내는 작업을 했다. 비네와 그의 동료 테오도르 시몽Theodore Simon은 지능의 구성요소들을 나타낸다고 자신들이 생각한 특징들을 평가하는 테스트를 고안했다. 언어 능력, 기억 능력, 추론 능력, 지시에 따르는 능력, 새로운 연관관계를 학습하는 능력 등을 평가하는 테스트였다. 이들은 학생이 이미 받은 교육의 양과는 상관없는 측정 수단을 사용하고자 했기 때문에 특정한 사실 같은 확실한 지식을 테스트하지 않았다. 이들이 사용한 측정 수단은 곧 다른 목적을 위한 지능 테스트들로 확산됐다.

비네는 자신이 만든 지능 테스트의 한계에 대해서 인식하고 있었다. 또한 그는 테스트 결과를 하나의 점수로 표시하는 것은 학생의 실제 지능을 제대로 나타낼 수 없다는 것도 알고 있었다. 하지만 이 점수는 학생의 학업 성적에 대한 예측을 상당히 정확하게 해냈다. 이와는 대조적으로, 찰스 스피어먼Charles Spearman(1904)은 지능이 일반지능을 적절히 테스트함으로써 측정될 수 있는 단일한 특성이며 지능은 하나의 숫자로 나타낼 수 있다고 주장했다.

대부분의 지능 테스트는 겉으로 보이는 개인의 여러 능력을 측정한다. 스피어먼은 하나의 하위 테스트에서 점수가 높은 사람이 다른 하위 테스트들에서도 점수가 높으며, 하나의 과제에서 결과가 좋지 않은 사람은 다른 과제들에서도 점수가 좋지 않다는 점에 주목했다(제1장 참조). 스피어먼은 이 상관관계를 평가하기 위해 새로운 통계적 방법을 개발해냈다. 이 방법은 "요인 분석factor analysis"이라는 것으로, 테스트를 치른 사람들의 성적을 두 종류의 요인으로 통계적으로 분류하는 방법이다. 스피어먼은 특정한 하위 테스트 각각에서의 학생의 성적은 그 특정한 하위 테스트 과제와 연관되는 특정한 "지능"과 다양한 하위 테스트 과제들에 걸친 성적에 기여하는 "G", 즉 "일반" 지능의 특정한 조합에 의해 나타난다고 생각했다. 스피어먼은 하위 테스트 과제들 사이에서 상관관계가 나타나는 것은 그 과제들이 동일한 일반지능 요소를 공유하고 있기 때문이라고 생각했다. 이 일반지능 요소를 더 많이 가질수록 테스트 대부분에서 좋은 성적을 내며, 적게 가질수록 테스트 대부분에서 나쁜 성적을 낸다는 생각이었다.

스피어먼은 일반지능 요소가 인간의 뇌 또는 마음의 특정한 생물학적 특징이 작용한 결과이며, 일반지능 요소는 정신력과 비슷한 것이라고 주장했다. 실제로 심리학자들 중에는 일반지능이 뇌의 크기, 즉 간단한 결정이 이뤄지는 속도로 측정되는 정신의 속도와 관련이 있다고 생각하는 사람도 있고, 기억 능력이나 시력 같은 요소와 관련이 있다고 생각하는 사람도 있다.

통계적인 관점에서 보면 이렇게 상관관계를 갖는 과제들 사이에는 반드시 어떤 공통 요소가 있어야 한다. 하지만 그 공통점이 실제로 지능일 필요는 없다. 지능 테스트를 치를 때의 불안감, 침착함, 테스트를 치러 본 경험의 유무, 집중력이나 동기 같은 요소들도 공통 요소일 수 있다.

한편으로 생각할 때, 이런 상관관계가 나타나는 이유는 테스트들 자체가 서로 비슷하기 때문에 나타난다고 볼 수도 있다. 다른 것처럼 보이는 테스트들이 사실은 서로 중복되는 능력을 측정하는 테스트일 수 있다는 뜻이다. 예를 들어, 지능을 평가하는 테스트 중에, 하나는 수열number sequence 과제, 다른 하나는 누진행렬progressive matrix 과제다. 숫자 서열 과제에서 테스트 참가자는 연속되는 숫자들 다음에 나올 숫자를 예측한다(예를 들어, 2, 4, 6, 8 다음에 나올 숫자는?). 누진행렬 과제(그림 1 참조)는 특정한 패턴을 나타내는 행렬을 보여주고 그 패턴에 따라 행렬의 마지막 부분을 고르거나 그려서 채우는 과제다. 이 두 과제 모두에서 참가자는 각각의 패턴을 지배하는 규칙을 유도해 그 규칙을 적용해야 한다. 바꿔 말하면, 참가자는 어느 정도 겹치는 능력들을 이용하기 때문에 이 겹치는 능력들이 상관관계를 나타나게 만든다고 할 수도 있다.

지능 테스트 같은 방법을 통해 측정할 수 있는 일반지능이 인간에게 실제로 존재하는지에 대한 논의는 지금도 진행되고 있다. 컴퓨터 과학자들과 심리학자들 모두 일반지능의 존재를 탐색하고 있지만, 일반지능이 실제로 존재한다는 증명은 현재까지도 이뤄지지

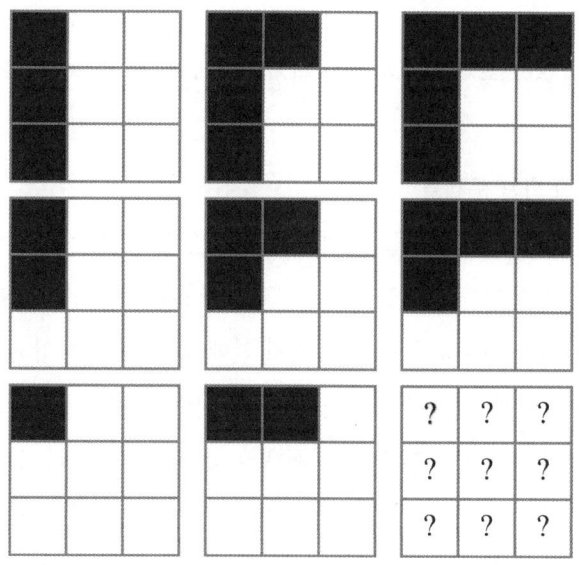

그림 1. 지능 테스트를 위한 간단 누진행렬 과제의 예. 8개의 상자들과 9번째 상자가 같은 패턴을 나타내려면 9번째 상자의 작은 네모들 중에서 어떤 네모들에 칠을 해야 할까?

않고 있다.

 지능 테스트로 측정하는 지능이 다양한 지적 능력들과 상관관계가 있다는 것은 이미 밝혀져 있다. 하지만 모든 지적 능력이 지능과 항상 상관관계를 가진다고 단언할 수는 없다. 예를 들어, 지능은 복잡한 문제를 푸는 능력과는 상관관계가 있다고 해도, 매우 적은 상관관계를 가지는 것으로 보인다(Wenke, Frensch, & Funke, 2005).

문제해결

 문제를 푸는 능력은 지능에 대한 정의에 공통적으로 포함된다.

다행히도 이 능력은 심리학자들에 의해 많은 연구가 이뤄지고 있으며, 지능의 속성을 파악하기 위한 대체 수단이 될 가능성이 있다.

잘 구조화된 문제들

지능 테스트 참가자들이 점수를 내게 만들려면 특정한 답을 가진 특정한 문제들로 지능 테스트를 구성해야 한다. 반면, 실생활에서의 문제들 대부분은 복잡한 관계 안에 있는 수많은 잠재적 변수들로 구성된다. 실생활 문제들의 목표는 분명하지 않을 수 있고, 문제 해결의 상당 부분은 목표를 제대로 찾아내는 것이다. 인간의 문제해결 능력에 관한 연구는 잘 구조화된 문제들에 대한 연구다. 잘 구조화된 문제들이 관리하기도, 점수를 매기기도, 비교적 이해하기도 쉽기 때문이다.

이런 연구실 과제들은 잘 이해되는 문제들well-understood problems이며, 결과도 평가하기 쉬운 문제들이다. 체스나 바둑 같은 게임은 복잡한 게임이지만, 그 게임만의 규칙이 잘 정의돼 있는 문제이며, 말 또는 돌의 움직임이나 위치도 잘 정의돼 있다. 말을 움직이거나 돌을 놓을 수 있는 경우의 수는 매우 많지만, 말이나 돌의 유효한 움직임은 모두 쉽게 식별이 가능하다.

사람들이 체스를 두는 방법에 대한 연구는 다양하게 이뤄져왔지만, 문제해결에 대한 심리학 연구 대부분은 적절한 시간 안에 문제를 해결할 수 있는 과정 전체를 살펴보기 위해 잘 구조화된 문제들에만 집중해왔다. 이렇게 잘 구조화된 문제 중 대표적인 문제가 8타일 문제, 하노이 탑 문제, 호빗과 오르크 문제다(이 문제들에 대해서는 곧 자세히 설명할 것이다). 이 문제들은 연구실에서 짧은 시간에 풀 수 있는 간단한 문제이며, 불확실성이 전혀 없기 때문에 쉽게 설명할 수 있는 문제다. 또한 이 문제들은 특정한 지식이 있어야 풀 수 있는 문제들이 아니다.

8타일 문제는 사각형 틀 안에 각각 1에서 8 사이의 숫자가 쓰인 타일 8개가 있고 타일 하나에 해당하는 공간이 비어있는 형태의 퍼즐이다. 이 퍼즐을 푸는 사람은 숫자가 쓰인 타일들이 무작위로 섞여 있는 상태에서 타일들을 움직여 1부터 8까지 크기순으로 숫자를 정렬해야 한다. 숫자들이 섞여 있는 처음 상태는 "시작 상태"라고 부르고, 숫자들이 크기순으로 정렬된 상태를 "목표 상태"라고 부른다. 퍼즐을 푸는 각 과정에서 한 번에 이 타일 중 한 개를 빈 칸으로 움직일 수 있으며, 빈 칸에 바로 인접한 타일만 움직일 수 있다. 시작 위치에 따라 타일을 움직일 수 있는 경우의 수가 달라진다. 가능한 타일의 움직임들을 다이어그램으로 그릴 수도 있다. 타일들의 다양한 배치 상태들은 하나하나가 일종의 "상태"이며, 가능한 모든 배치 상태들의 집합은 "상태 공간state space"이 된다. 체스에서처럼 이 문제도 나무로 나타낼 수 있으며(제1장 참조), 이 나무의 가지들은 각각의 선택을 나타낸다.

우리는 시작 위치에서 시작해 (타일을 움직임으로써) 선택되는 상태들을 거쳐 궁극적으로 목표 상태에 도달함으로써 이 문제를 푼다. 우리는 목표 상태에 더 가깝게 다가가게 만드는 타일의 움직임을 선택함으로써 상태 공간 속에서 경로를 결정한다.

시작 위치의 예 중 하나를 보여주는 다음의 그림을 보자. 비어 있는 공간이 가운데 열, 가운데 행에 위치한 예다.

1	4	3
7		6
5	8	2

이 배치에서는 4가지 움직임이 가능하다. 타일4, 타일6, 타일7, 타일8 중 하나를 빈 칸으로 옮길 수 있다. 이 타일들이 빈 칸에 인접해 있기 때문이다. 타일4를 고른다면 아래 그림에서처럼 맨 위쪽 행의 중심 칸이 빈 칸이 된다.

1		3
7	4	6
5	8	2

이제, 움직일 수 있는 타일은 타일1, 타일3, 타일4 중 하나다. 이런 식으로 계속 움직일 수 있는 타일이 달라진다.

잘 구조화된 문제 well-structured problem 중 대표적인 문제 중에서 두 번째는 하노이 탑 문제다. 그림 2를 보자.

하노이 탑 문제는 프랑스의 수학자 에두아르 뤼카 Édouard Lucas가 고안했다. 뤼카가 처음 만들었을 때 이 퍼즐의 탑은 원래 힌두교의 창조신 브라흐마에게 바쳐진 사원의 탑이었다. 더 일반적으로 알려진 이 퍼즐의 형태는 1914년에 샘 로이드 Sam Loyd가 만들었는데, 로이드는 이 버전에서 베트남 하노이의 가상의 절에 사는 승려들이

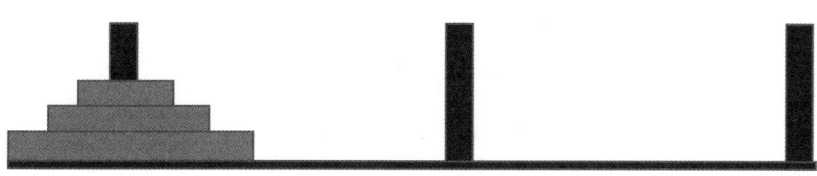

그림 2. 원판 3개를 사용하는 하노이 탑 문제. 규칙에 따라 원판 3개를 첫 번째 기둥에서 세 번째 기둥으로 옮겨 꽂는 것이 이 문제의 목표다.

한 기둥에 꽂혀 있는 365개의 원판을 다른 기둥에 옮겨 꽂는 상황을 설정했다. 연구실 버전에서는 대개 원판이 3개만 사용된다.

하노이 탑 연구실 버전은 기둥 3개와 각각 크기가 다른 원판 3개로 구성된다. 시작 상태에서 이 원반 3개는 첫 번째 기둥에 꽂혀 쌓여있다. 가장 큰 원판이 맨 밑에, 가장 작은 원판이 제일 위에 있는 상태다. 퍼즐을 푸는 사람은 규칙에 따라 첫 번째 기둥에서 원판을 들어 올려 세 번째 기둥으로 옮겨야 한다. 한 번에 원판 한 개만 옮길 수 있으며, 한 번에 원판 한 개만을 기둥에서 뗄 수 있으며, 큰 원판이 작은 원판 위에 올라가면 안 된다는 것이 규칙이다(원판 5개, 기둥 3개 버전을 연구한 Anzai & Simon, 1979 참조).

원판 3개, 기둥 3개일 때 가능한 상태는 몇 안 된다. 원판 3개가 모두 첫 번째 기둥에 꽂혀있는 처음 상태에서 이 문제는 7번의 움직임만으로 풀 수 있다.

1. 가장 작은 원판을 세 번째 기둥으로 옮긴다.
2. 중간 크기의 원판을 중간 기둥으로 옮긴다.
3. 가장 작은 원판을 중간 기둥으로 옮긴다.
4. 가장 큰 원판을 세 번째 기둥으로 옮긴다.

5. 가장 작은 원판을 첫 번째 기둥으로 옮긴다.
6. 중간 크기의 원판을 세 번째 기둥으로 옮긴다.
7. 가장 작은 원판을 세 번째 기둥으로 옮긴다.

8타일 문제에서처럼 원판 3개로 만들 수 있는 상태의 수도 명확하다. 이 문제는 연구실에서 짧은 시간 안에 풀 수 있을 정도로 간단한 문제다. 하지만 원판의 수가 늘어나면 문제를 풀기 위한 움직임의 최소 숫자가 기하급수적으로 늘어난다. 원판이 64개인 경우는 1초에 한 번씩 원판을 움직인다고 해도 문제를 푸는 데 5850억 년이 걸릴 것이다.

원판이 하나 늘어날 때마다 움직임의 수는 기본적으로 2배가 된다. 원판의 수가 많으면 문제를 푸는 데 엄청난 시간이 걸리겠지만, 문제를 풀기 위한 규칙은 매우 간단하다.

호빗과 오르크 문제는 호빗 3명과 오르크 3명이 강둑에 도착해 강 건너편으로 가야 하는 상황을 풀어내는 문제다(Jeffries, Polson, Razran, & Atwood, 1997 참조). 강을 건널 수 있는 배는 한 대 있지만, 이 배는 한 번에 두 명밖에는 태우지 못한다(호빗 2명 또는 오르크 2명 또는 호빗 1명과 오르크 1명). 강의 양쪽 강둑에서 오르크의 수가 호빗의 수보다 많으면 오르크는 호빗을 잡아먹는다. 따라서 양쪽 강둑 어디에서도 오르크의 수가 호빗의 수보다 많아서는 안 된다. 오르크는 호빗을 잡아먹고 싶어 한다는 것 외에는 강둑에 도착한 호빗 3명과 오르크 3명은 서로 신뢰할 수 있는 관계다. 이 상황에서 호빗이 오르크에게 한 명도 잡아먹히지 않으면서 호빗들과 오르크들이 배를 타고 강을 건널 수 있는 방법은 무엇일까?

이 문제에 대한 해법 중 하나를 살펴보자. 아래의 표 1에서 "H"는 호빗, "O"는 오르크를 나타낸다. 여기서는 강의 양쪽 강둑 각각에서의 호빗과 오르크의 배치가 문제 상태들을 구성하며, 배는 상태들 사이의 전환을 나타낸다.

이 3가지 간단한 문제는 바둑, 체스, 체커 같은 복잡한 문제들과 마찬가지로 "경로 문제path problem"다. 이런 문제들은 상태들의 집합과 한 상태에서 다음 상태로 이행하기 위한 행동들("연산자operator")의 집합으로 설명할 수 있다. 이런 문제를 푸는 것은 한 상태에서 다음 단계로 이동할 수 있는 경로를 계속 찾음으로써 궁극적으로 문

표 1

상황	왼편 강둑	오른편 강둑
모든 호빗과 오르크가 왼편 강둑에 도착한다.	OOO HHH	
오르크 2명을 배에 태워 강을 건너게 한다.	O HHH	OO
오르크 1명이 배를 다시 타고 왼편 강둑으로 돌아온다.	OO HHH	O
오르크 2명을 배에 태워 강을 건너게 한다.	HHH	OOO
오르크 1명이 배를 다시 타고 왼편 강둑으로 돌아온다.	HHH O	OO
호빗 2명을 배에 태워 강을 건너게 한다.	O H	OO HH
호빗 1명과 오르크 1명이 배를 다시 타고 왼편 강둑으로 돌아온다.	OO HH	O H
호빗 2명을 배에 태워 강을 건너게 한다.	OO	O HHH
오르크 1명이 배를 다시 타고 왼편 강둑으로 돌아온다.	OOO	HHH
오르크 2명을 배에 태워 강을 건너게 한다.	O	OO HHH
오르크 1명이 배를 다시 타고 왼편 강둑으로 돌아온다.	OO	O HHH
오르크 2명을 배에 태워 강을 건너게 한다.		OOO HHH
문제 해결		목표 상태

제의 목표에 도달하는 과정이다. 이런 문제는 앨런 뉴얼과 허버트 사이먼(1972)이 컴퓨터가 인간의 문제 해결 방식을 모방하게 만들 때 이용한 문제다. 뉴얼과 사이먼이 이 과정에서 만든 프로그램에 "일반 문제 해결 프로그램General Problem Solver"이라는 이름을 붙였다.

이 일반 문제 해결 프로그램은 초기 또는 시작 상태에서 시작해 목표 상태에 도달함으로써 문제를 해결했다. 예를 들어, 호빗과 오르크 문제에서 상태는 양쪽 강둑에 있는 호빗의 숫자와 오르크의 숫자 그리고 배의 위치다. "연산자"를 적용하면 상태가 변화한다. 호빗과 오르크 문제에서 연산자는 호빗이나 오르크를 배에 태워 한쪽 강둑에서 다른 쪽 강둑으로 보내는 것이다. 여기서 문제를 푼다는 것은 시작 상태에서 시작해 목표 상태에 이르게 하는 상태들의 순서를 찾아내는 것이다. 이 틀 안에서의 문제 해결은 상태 공간(가능한 모든 상태들과 연산자들의 집합) 전체에서 목표 상태에 이르는 경로를 "탐색"하는 과정으로 구성된다.

적절한 순서로 적절한 연산자를 상태에 적용하면 문제를 풀 수 있다. 문제를 푸는 과정 전체는 상태 공간에서 적절한 경로를 찾아내는 과정으로 환원할 수 있다.

형식 문제

우리가 지금까지 이야기한 경로 문제는 "형식 문제formal problem"라고 부르기도 한다. 여기서 "형식"이라는 말은 문제의 특정한 내용이나 물리적 성질이 아니라 문제를 푸는 방식을 결정하는 문제의 형식을 뜻한다. 예를 들어, 현실에서는 호빗이나 오르크를 배에 태워 강 건너편으로 보낼 수 없지만, 기호를 이용해 호빗과 오르크 문제를 풀 수 있다. 똑같은 기호들을 선교사나 식인종을 나타내는 데 사용할 수도 있다. 그렇게 해도 문제는 형식면에서 동일하며, 동일한 방식으로 풀 수 있다.

일반적으로 경로 문제에서는 특정한 규칙, 상태, 목표, 연산자가 정의된다. 문제를 푸는 "모든" 사람은 목표에 이르는 상태들을 통과하는 경로를 찾아야 한다. 경로 문제에서는 문제의 현재 상태가 명확하게 정의된다. 예를 들어, 양쪽 강둑에 호빗과 오르크가 몇 명 있으며, 배가 어디에 있는지가 모두 명확하게 주어진다. 적용 가능한 잠재적인 다음 단계들(연산자들)의 수는 많을 수 있지만, 어떤 행동을 할 수 있는지는 명확하다는 뜻이다.

체스도 경로 문제의 일종이다. 하지만 축구 같은 경쟁 게임은 경로 문제가 아니다. 축구는 분명한 목적(상대팀보다 더 많은 점수를 내는 것)이 있고, 그 목적이 달성되는지 확실하게 평가할 수 있는 방식이 있으며, 규칙도 확실하지만 축구의 상태 공간은 훨씬 더 복잡하다. 모든 선수들이 경기장 어디에도 위치할 수 있기 때문이다. 축구선수들과 축구공은 체스보드 상에서 말이 64개의 특정한 위치에만 있을 수 있는 것과는 달리 경기장 내 위치에 제한을 받지 않는다. 축구공은 선수들이 의도하는 방향으로 항상 움직이지 않는다. 즉 연산자(공을 차는 행동)가 적용될 때 불확실성이 존재한다는 뜻이다. 또한 축구선수들은 같이 뛰는 다른 선수들의 예측과는 다르게 움직일 수도 있다. 따라서 축구 게임에서는 상태를 비롯한 여러 가지 것들이 불확실하다.

일반적으로 경로 문제에서는 문제를 푸는 사람이 자신이 목표에 접근하고 있는지 알 수 있다. 하지만 자신이 목표에 접근하고 있는

지 알기가 쉽지 않은 게임들도 많다. 예를 들어, 빈곤을 줄이는 계획을 선택하는 경우 특정한 계획이 효과가 있을지 정책결정자가 확실하게 알 수 있는 명확한 방법은 없다.

일반적으로, 경로 문제가 아닌 문제들의 경우는 단계적인 과정으로 설명할 수 없다. 대신, 이런 문제들을 풀려면 사고의 재조직이 필요하다. 이런 사고의 재조직 없이는 목표를 달성하는 것이 불가능하며, 사고의 재조직이 이뤄진 후에야 목표 달성이 쉬워지고 목표 달성 과정이 분명해진다. 예를 들어, 빈곤 문제를 해결하기 위해 모든 사람에게 일정한 액수의 돈을 주는 것이 효과적일까? 나는 모르겠다.

문제해결에 대한 뉴얼과 사이먼의 접근방식 그리고 이들 이후 계산지능 연구자들 대부분의 접근방식이 가진 근본적인 문제점은 지능을 형식적인 경로 문제formal path problem로 취급한다는 것이다. 예를 들어, 지능 문제에서 이들은 논리가 인간의 사고의 모델이며, 상태들이 분명하게 알려져 있으며, 연산자들은 항상 예측된 효과를 낸다고 생각한다.

표준 불 논리Boolean logic는 형식 시스템의 일종이다. 이 논리는 공리와 추론 규칙의 집합으로 설명할 수 있기 때문이다. 추론 규칙을 적용하는 것은 체스 게임에서 말의 움직임을 선택해 시스템을 하나의 상태에서 다음 상태로 변화시키는 것과 같은 방식으로 새로운 상태(기호들의 새로운 배치 또는 표현)를 만들어내는 일종의 표현이다. 다시 말해, 표준 불 논리에서는 유효한, 즉 규칙에 부합하는 추론들이 정해져 있고, 특정한 상태들에만 이를 수 있다. 논리 같은 형식 시스템에서의 표현의 정확성은 표현의 내용이 아니라 표현의 형식에 의존한다. 정확하게 구성된 표현은 항상 정확하다는 뜻이다. 논리를 표현하는 명제의 내용은 중요하지 않다.

(불 논리 표현의 일종인) 삼단논법syllogism의 전제가 참이고, 그 삼단논법이 올바른 형식을 가진다면 결론도 반드시 참이어야 한다. 다음의 예를 보자.

전제: 보시는 암소다.
전제: 모든 암소는 언젠가는 죽는다.
결론: 따라서 보시는 언젠가는 죽는다.

뉴얼과 사이먼의 일반 문제 해결 프로그램은 기본적인 토큰token(공리)집합과 그 집합들을 조작하기 위한 규칙들의 집합으로 구성된다는 점에서 일종의 형식 시스템이다. 체커, 체스, 바둑 같은 게임은 형식 시스템이다. 이 게임들은 기본적인 부분들(판과 말 또는 돌)과 그 부분들을 조작하기 위한 규칙들로 구성되기 때문이다. 이 부분들은 각각 특정한 의미를 가질 수 있지만(예를 들어, 체스의 나이트와 비숍), 체스를 두는 사람은 이 부분들 각각의 의미를 몰라도, 심지어는 그 부분들이 물리적인 형태를 가지지 않아도 아무 문제 없이 체스를 둘 수 있다.

체스판과 말들의 위치는 기호로 나타낼 수 있다. 예를 들어, 체스판 위의 사각형들은 문자와 숫자로 표시할 수 있다. 사각형의 가로단은 알파벳으로, 세로단은 숫자로 표시한다. 스프레드시트 문서에서 셀을 나타내는 방법과 비슷하다. 말은 대문자로 표시한다. 예를 들어, Q는 퀸을, R은 룩(캐슬)을 나타낸다. 말의 움직임은 말을 나타내는 기호와 말이 움직이는 지점의 좌표를 조합해 나타낸다. 예를 들어, Be5는 비숍을 사각형 e5로 움직이는 것을 뜻한다. 체스 게임 전체는 물리적인 형태의 말이나 체스판 없이도 이런 기호를 이용해 진행할 수 있다.

형식 추론은 지능에서 매우 중요한 역할을 하지만 지능의 전부는 아니다. 다음 장에서 우리는 컴퓨터의 관점에서 이 주제를 다룰 것이다. 여기서는 인간의 인지 면에서 볼 때 사람들은 논리적으로 생각하는 능력을 타고나지 않는다는 확실한 증거가 있다는 사실만 말해두자. 논리적인 사고를 하기 위해서는 특별한 노력이 필요하다.

지능과 형식 추론은 이성적인 의사결정을 뜻한다. 이는 추론을 하는 사람이 추론을 목표에 접근시키기 위해 연산자를 선택한다는 것을 뜻한다. 일반적으로, 이성적인 결정은 객관적인 사실에 기초하며, 원하는 이득을 극대화하는 결정이다. 행동에 맞춰 목표를 마음대로 만들어내는 경우가 아니라면, 인간이 하는 결정은 이성적이라고 보기 힘든 경우가 많다. 예를 들어, 사람들은 흡연이 건강에 해롭다는 것을 알지만 흡연을 한다. 우리는 흡연이 이성적으로 강화시키는 어떤 목표가 있을 것이라고 생각하지만, 이는 순환논리에 기초한 것일 뿐이다. 이 순환논리는 행동에 맞춰 목표를 만들어낸 다음 그 목표를 기초로 다시 행동을 설명하기 위한 것이다. 안전한 비행기에서 뛰어내리거나 전우의 목숨을 구하기 위해 수류탄을 몸으로 덮치는 행동에는 이 행동들을 이성적으로 강화시키는 어떤 목표가 있을지도 모른다. 후자의 행동은 영웅적인 행동일 수 있지만, 그 행동을 하는 사람의 개인적인 이익을 위한 행동이 아니다. 비이성적으로 보이는 행동이다.

이성적인 결정은 확실한 근거와 통계에 기초한다. 일반적으로 이성적인 행동은 더 지능적인 행동이다. 더 이성적이고 더 나은 결정을 하는 사람은 그렇지 않은 사람에 비해 더 지능적인 사람으로 인식된다. 실제로, 논리의 역할 중 하나는 사람들이 선택을 할 때 체계적으로 사고할 수 있도록 돕는 것이다. 사고 형태가 적절하고, 사람들이 이성적인 결정을 내리는 존재라면, 항상 적절한 결정이 내려지게 될 것이다. 하지만 사람들은 적어도 항상 이성적인 결정을 내리는 존재가 아니다.

실제로 에이머스 트버스키Amos Tversky와 대니얼 카너먼은 사람들이 이성적인 결정을 내리는 데 실패하는 상황을 수없이 많이 발견해냈다. 예를 들어, 이들은 사람들이 상황에 대한 기술 방식이 달라지면 형식적으로 동일한 상황에서도 다른 결정을 내린다는 것을 발견했다. 이를테면, 특정한 날짜 이후에 학회 참가비를 내면 참가비를 더 내는 불이익을 받는다는 말을 들은 대학원생들은 93%가 그 날짜 이전에 참가비를 냈다. 반면, 일찍 참가비를 내면(즉 특정 날짜 이후에 가산되는 참가비만큼의) 할인을 받을 수 있다는 말을 들은 대학원생들은 67%만이 특정 날짜 이전에 참가비를 냈다. 이 두 상황은 특정 날짜 이전에 참가비를 내면 동일한 혜택을 받을 수 있는 동일한 상황이다. 두 상황의 차이는 대학원생들의 행동에 붙여진 라벨밖에 없다(불이익 대 혜택). 하지만 이런 라벨 붙이기 하나가 상당히 큰 차이를 만들어냈다. 대학원생들은 불이익이라는 말로 기술된 손해를 피하려고 한 반면 혜택이라는 말로 기술된 이득은 추구하지 않았다.

지금까지 이런 차이는 감정이 의사결정 과정에 개입해 논리적인 결정이 아닌 감정적인 결정을 내리게 만든 증거로 해석됐었다. 하지만 다른 가능성도 있다. 이성적인 의사결정과는 동떨어진 이런 결정이 실패가 아니며, 지능에서 역할을 하는 다른 과정들이 존재하기 때문에 이런 결정이 이뤄졌을 가능성이다. 실제로, 형식 시스템은 논리적 추론에서조차 충분조건이 될 수 없다.

형식 시스템은 형식 시스템 자체의 내부 구조에만 의존하지만, 지능은 불확실성을 포함하는 세상과의 상호작용을 필요로 한다. 형식 시스템은 기본적인 전제, 가정, 즉 공리들의 집합으로 시작한다. 공리가 참이고 명제가 올바른 형식을 가지면 결론 또한 참이어야 한다. 형식 시스템은 공리가 참이라고 가정하지만, 공리가 항상 참이라는 보장은 없다. 형식 시스템은 공리가 참이라는 생각에 의존하지만, 그 생각만으로 공리들이 참이 되는 것은 아니다.

논리에서 이런 공리는 보통 "전제"라고 부른다. 전제는 참이 아닐 수 있다. 예를 들어, 위에서 언급한 암소 삼단논법의 경우, 우리는 보시가 암소라는 가정을 한 뒤, 모든 암소는 언젠가는 죽는다는 가정을 추가적으로 한다. 그 후 삼단논법 시스템 규칙을 이용해 보시가 언젠가는 죽는다는 추론을 한다. 여기까지는 문제가 없다. 하지만 보시가 실제로 암소라는 것은 어떻게 알 수 있을까? 보시가 암소라는 가정은 틀린 가정일 수 있으며, 그 가정이 참이라고 증명할 수 있는 형식적인 방법은 없기 때문이다. 공리가 참이 아니라면 참이 아닌 그 공리에서 유도되는 결론도 참이 아닐 수 있다. 보시가 암소처럼 보이지만 실제로는 최첨단 로봇이라면 보시는 언젠가 죽는 존재가 아닐 수도 있다.

보시가 암소라는 것을 증명하는 테스트를 할 수도 있을 것이다.

하지만 보시가 수없이 많은 테스트를 통과한다고 해도, 그 테스트들 바로 다음에 진행하는 테스트에서 보시가 암소가 아니라 로봇이라는 결과가 나올 가능성은 여전히 존재한다.

우리는 공리나 전제가 실제로 참이라는 것을 증명할 수 없다. 추론의 증명은 전제로부터 이뤄질 수 있지만, 전제가 참인지 거짓인지는 증명할 수 없다. 특정한 관찰결과들만 가지고는 일반적인 진실에 확실하게 이를 수 없다. 이런 추론은 논리를 넘어서야 한다. 이런 추론은 실제 사실들에만 의존하며, 이런 사실들이 참이라는 것을 증명할 수 있는 형식 시스템은 존재하지 않는다.

1920년대 후반부터 일부 철학자들은 과학에 대한 완벽하게 논리적인 접근방법을 만들어내려고 시도해왔다. 이 철학자들은 뉴턴의 역학이 양자역학에 의해 "대체"됐다는 과학자들의 생각이 틀렸다고 봤다. 뉴턴이 기술한 기본 원칙들이 물리학의 기본 원칙들이 아니라는 생각이다. 논리실증주의자로 알려진 이 철학자들은 과학을 관찰에 대한 진술 observation statement과 그 관찰로부터의 논리적 추론 logical deduction으로 환원하고자 했다. 이들은 과학 이론에 내재하는 엉성한 언어를 제거할 수 있다면 과학은 다시 기만당하지 않을 것이라고 주장했다.

이들은 관찰에 대한 진술, 즉 관찰 진술(예를 들어, "혼합물의 온도가 2℃ 올라갔다" 같은 진술)이 건강한 정신으로 이뤄진다면 오류가 없을 것이라고 주장했다. 다시 말해서, 이들은 환각 같은 것은 유효한 관찰 진술이 될 수 없다고 생각했다.

너무 철학적으로 깊게 설명할 필요없이 논리실증주의의 접근방법은 실패했다. 논리적인 시스템만으로는 과학을 만들어낼 수 없었고, 관찰에는 오류가 발생할 수 있었으며, 모든 과학적 진술을 즉각적으로 검증할 수도 없었기 때문이다. 실제로, 쿠르트 괴델Kurt Gödel은 지식에 대한 가장 체계적이고 논리적인 접근방법인 수학조차 관찰 진술과 그 관찰로부터의 논리적 추론에만 의존하는 완전한 시스템으로 살아남을 수 없다는 것을 증명했다. 또한 토머스 쿤Thomas Kuhn과 임레 라카토슈Imre Lakatos는 과학적 사고에 대한 심리학적 접근방법을 이용해 논리실증주의자들을 반박했다.

따라서 인간 지능의 가장 큰 특징인 관찰과 그 관찰로부터의 논리적 추론이 순수한 논리에 기초한 것이 아니라면 이와 비슷한 과정들이 인간 지능의 유일한 원천이 될 가능성은 극도로 낮다. 인간의 지능은 관찰과 그 관찰로부터의 추론 수준을 넘어서는 어떤 것이 되어야 하기 때문이다.

전제가 참이라는 것을 입증하기 위해서는 추론이 필요하다. 추론은 언제나 불확실성을 동반한다. 우리는 우리가 체스 게임을 하고 있다고 생각할 수 있지만, 사실은 우리가 진짜로 하고 있는 것은 체스 게임처럼 보이는 어떤 것이라면 이 게임의 형식적 속성은 다를 수 있으며, 형식 시스템의 성공 가능성은 완전히 사라질 것이다.

컴퓨터 과학의 대부분은 컴퓨터 알고리즘이 참으로 증명될 수 있는 형식 시스템이라는 생각에서 비롯된다. 알고리즘은 올바른 형식을 갖추기만 하면 된다. 컴퓨터 연산computation이 어떤 것을 나타내든 상관하지 않는다. 또한 어떤 알고리즘이 올바른 형식을 갖춘다면 그 알고리즘은 참으로 증명될 수 있다. 알고리즘 안에 있는 변수들의 의미는 과정의 유효성에 영향을 미치지 않는다. 2 더하기 2는 4다. 여기서 2가 오리 두 마리인지, 트럭 두 대인지, 2달러인지는 상관없다. 알고리즘은 알고리즘 자신이 어떤 것에 대해 추론하는지 전혀 관심이 없다. 추론의 내용에 관심을 가지는 것은 사람들이다.

형식 시스템과는 달리 인간의 지능은 우리가 어떤 것을 생각하는지 그 내용에 거의 전적으로 의존하는 경우가 많다. 인간은 참이 아닌 것은 믿지 않을 수 있는 능력이 있다. 인간의 언어는 "이 문장은 거짓이다."처럼 참도 거짓도 아닌 문장을 표현할 수 있다. 인간은 불확실한 세계와 상호작용한다.

사람들은 논리를 배우기 위해 학교를 다녀야 하며, 대부분의 사람들은 논리를 배우는 것이 어려운 일이라고 생각한다. 논리가 인간 사고의 기초라면 논리는 걷는 것처럼 "자연스럽게" 습득될 것이다. 형식 시스템을 이용하는 법을 교육받은 사람들은 형식 시스템 같은 도구 없이는 할 수 없는 일들을 해낼 수 있다. 반면, 복잡한 형식 시스템을 이용하는 것이 너무 시간이 많이 걸릴 때나 형식 시스템이 중요하지 않은 정보에 의해 지나치게 많은 영향을 받는 상황에서는 간단하고 직관적인 과정이 더 효과적이다.

제1장에서 언급했듯이, 사람들은 사고의 많은 부분을 휴리스틱에 의존한다. 휴리스틱은 일반적으로 효과가 있는 실용적인 방법이지만, 알고리즘과는 달리, 항상 올바른 결과를 만들어내지는 못한다. 예를 들어 보자. 키가 큰 아이는 나이가 많은 아이인 경우가 대부분이지만, 이 휴리스틱은 틀릴 때도 있다. 휴리스틱의 가치 중 하나는 휴리스틱이 완벽하게 증명되지는 않음에도 불구하고 대체적으로 가치가 있는 결론을 사람들이 내리도록 해준다는 것이다. 이런 결론은 증명이 불가능할 수 있다. 하지만 이런 결론을 내리는 데는 약간의 시간만 있으면 되고, 실용적인 측면에서는 이런 결론이

충분히 정확할 수 있다. 휴리스틱은 틀리는 경우가 있기 때문에 잘못된 결론을 유도할 수 있으며, 때로는 지능적인 행동을 방해하는 선입견도 유도할 수 있다. 휴리스틱은 장점과 단점이 모두 있지만, 그럼에도 불구하고 긍정적인 기여를 한다.

사람들이 사용하는 휴리스틱 중에 "가용성 휴리스틱availability heuristic"이라는 것이 있다. 사람들은 가장 쉽게 떠올릴 수 있는 사례들에 기초해 판단을 내린다는 뜻이다. 사람들은 가장 쉽게 떠올릴 수 있는 것들이 가장 대표적인 예이기 때문에 의사결정을 위한 가장 중요한 예라고 생각한다.

가용성 휴리스틱은 확실하지 않은 가정에 의존하지만, 실용적인 측면에서 볼 때 가용성 휴리스틱은 실제 상황에 대처하는 효과적인 방법일 때가 많다. 실제로, 가장 떠올리기 쉬운 예가 판단에 가장 중요한 예인 경우가 대부분이기 때문이다. 예를 들어, 시카고와 보스턴 중 어떤 도시가 더 큰지 판단하는 경우, 심도 있는 분석을 통해 좋은 답을 얻을 수 있겠지만, 가용성 휴리스틱으로도 답을 얻을 수 있다.

특정한 상황에서는 가용성 휴리스틱을 이용한 결과가 엄밀한 추론에 기초한 분석의 결과와 충돌할 수 있다. 하지만 가용성 휴리스틱을 이용한 결과가 형식적 과정의 결과만큼 정확한 경우도 많다. 면밀한 분석 결과와는 달리, 휴리스틱을 이용하는 답은 대부분 훨씬 더 빠르게 나오며, 철저한 분석을 할 때보다 답을 내는 데 훨씬 더 적은 노력이 든다.

가용성 휴리스틱을 이용해 더 큰 도시가 시카고라고 판단했다면, 보스턴에 관한 사실보다 시카고에 대한 사실이 더 가용성이 높았기 때문이다. 어떤 도시에 대한 사실이 다른 도시에 대한 사실보다 더 쉽게 머릿속에 떠오른다면, 더 많은 사실을 떠올리게 하는 도시가 더 큰 도시라고 생각될 가능성이 높다.

우리는 이 두 도시에 대한 기억들이 얼마나 그리고 어떤 이유로 가용성이 높은지 직접적으로 알 수 없지만, 가용성을 판단하기 위해 또 다른 휴리스틱을 사용할 수 있다. 예를 들어, 이 두 도시를 구글에서 검색했을 때 각각 어느 정도의 검색결과가 나오는지 볼 수 있다. 구글에서 어떤 도시가 다른 도시보다 더 많이 검색되면 검색되는 사실들에 대해 생각하기가 더 쉽다는 생각도 휴리스틱이다.

2019년 말 기준 시카고에 대한 구글 검색은 약 30억 번, 보스턴에 대한 구글 검색은 약 19억 번 이뤄진 것으로 추산된다. 구글에 따르면, 시카고의 인구는 270만 명, 보스턴의 인구는 68만 5094명이다. 구글 검색 횟수가 가용성을 나타낸다면 가용성은 인구를 추정하기 위한 값싸고 빠른 수단이라고 생각하는 것이 합리적일 것이다.

어떤 농구팀이 더 나은 팀인지 정확하게 구별하는 경우에도 같은 휴리스틱을 이용할 수 있다. 클리블랜드 캐벌리어스가 활약하고 애틀랜타 호크스가 조기 탈락한 2017년 NBA 파이널 플레이오프전을 예로 들어보자. 당시 캐벌리어스 구글 검색 횟수는 1270만 번, 호크스 검색 횟수는 360만이었다. 여기서도 구글 검색 횟수가 가용성을 나타낸 것을 알 수 있다.

가용성 휴리스틱 같은 휴리스틱이 진화한 이유는 노력이 적게 드는 추정이 대부분 효과적이었기 때문으로 보인다. 휴리스틱 사용은 이성적 사고의 실패가 아니라 자연적 인지의 성공일 수 있다. 휴리스틱은 거의 모든 사람들이 습득하는 발명된 지능의 효과적이고 효율적인 부속물일 수 있다.

이런 휴리스틱은 넓은 범위에서 효과적인 계산지능을 만드는 데 핵심적인 역할을 할 수 있다. 하지만 컴퓨터 과학은 체스나 정리 증명 같은 잘 구조화된 형식 문제들에 주로 집중해왔으며, 운전이나 얼굴 인식처럼 잘 구조화된 문제가 아닌 문제들에 대한 대처에는 어려움을 겪어왔다. 이런 덜 형식적인 문제들에 대한 해결이 최근에 이뤄진 것은 휴리스틱 도구들이 상당히 많은 정도의 불확실성을 가지고 있음에도 불구하고 효과적으로 사용될 수 있다는 인식이 이뤄졌기 때문이었다. 예를 들어, 신경망은 전문가 시스템에 비해 덜 형식적이다. 신경망은 세계의 상태를 비슷하게만 나타내는 연속적인 비기호적 표현을 이용한다. 신경망은 세계의 상태를 기호로 나타내지 않는다. 신경망은 더 자연적인 환경에서 정확도를 높이기 위해 증명 가능성을 희생한다.

통찰 문제

앞에서 언급했듯이, 지능 테스트와 지능에 대한 컴퓨터 과학의 접근은 잘 구조화된 형식 문제들을 중심으로 이뤄지고 있다. 이런 문제들은 복잡하지만 이해하고 평가하기가 쉬운 문제들이다. 하지만 이런 잘 구조화된 문제들에 집중하는 것은 열쇠를 잃어버린 다음 가장 밝은 곳에서 그 열쇠를 찾는 접근방법과 비슷할 수 있다. 이런 잘 구조화된 틀에 들어맞지 않는 지능의 특징을 나타내는 다른 문제들이 있기 때문이다.

사람들이 직면하는 비형식적 문제 중에서 가장 핵심적인 문제는 직관 문제다. 일반적으로 직관 문제는 알고리즘 같은 단계적 과정으로 해결할 수 없다. 설령 단계적 과정으로 해결할 수 있다고 해도 그 과정은 극도로 지루한 과정이 될 것이다. 통찰 문제의 특징은 문제를 푸는 사람이 문제 접근방식을 재구조화해야 한다는 데 있다. 경로 문제에서는 문제를 푸는 사람에게 시작 상태와 목표 상태에 대한 표상 그리고 그 표상에 기초해 적용할 수 있는 도구들, 즉 연산자들에 대한 표상이 주어진다. 반면, 통찰 문제에서는 이런 것들이 전혀 주어지지 않는다. 통찰 문제의 해결은 문제 해결과 연관된 표상을 찾아내는 것에 의존하며, 이 표상이 발견되면 통찰 문제는 대부분 쉽고 빠르게 해결된다.

문제가 풀렸을 때 아르키메데스를 나체 상태로 시라쿠사의 거리로 뛰어나오게 만든 문제가 전형적인 통찰 문제의 예다. 전설에 따르면 시라쿠사의 왕 히에로 2세(BC 270~215년)는 신전의 동상 머리에 씌우기 위해 주문한 왕관에 자신이 원한 만큼 금이 들어있지 않은 것 같다는 의심을 가지게 됐다. 왕은 아르키메데스에게 진상 조사를 맡겼고, 은의 밀도가 금의 밀도보다 낮다는 것을 알고 있던 아르키메데스는 왕관의 부피와 무게를 측정하면 왕관이 순금인지 순금이 섞인 혼합물인지 알아낼 수 있을 것이라고 생각했다. 하지만 왕관은 부피를 재기가 힘든 모양이었고, 아르키메데스는 기존의 방법으로는 왕관의 부피를 정확하게 측정하기가 힘들다고 판단했다. 후대에 이 이야기를 쓴 비트루비우스에 따르면, 아르키메데스는 로마의 목욕탕에서 몸이 물속으로 더 많이 잠길수록 더 많은 물이 욕탕 밖으로 넘친다는 것을 알게 됐다. 아르키메데스는 이 통찰을 바탕으로, 왕관을 물에 집어넣었을 때 넘친 물의 부피가 왕관의 부피라는 것을 알아냈다. 아르키메데스가 이런 통찰을 하게 되자 왕관에 불순물이 섞여 있는지 찾아내는 일은 매우 쉬운 일로 변했다.

아르키메데스가 실제로 사용한 방법은 이보다는 복잡한 것이었을 것이다. 하지만 이 이야기는 통찰 문제가 어떤 것인지에 대한 대체적인 설명을 제공한다. 왕관의 불규칙한 모양은 기존의 방법으로 부피를 측정하는 것을 극도로 힘들게 만들었다. 하지만 왕관의 밀도를 다른 방법으로 측정할 수 있다는 것을 아르키메데스가 알게 되자 문제는 쉽게 풀렸다.

경로 문제의 경우, 문제를 푸는 사람은 시스템의 현재 상태가 목표 상태에 얼마나 가까운지 평가할 수 있다. 대부분의 기계학습 알고리즘은 이 평가에 의존한다. 반면, 통찰 문제의 경우는 문제가 근본적으로 풀리기 전까지는 진전이 이뤄졌는지 알기 어렵다. 일반적으로 통찰 문제는 문제 해결 방법이 발견됐을 때 "아하aha"라는 탄성을 내게 하는 주관적인 느낌과 연관이 있다.

통찰 문제의 또 다른 예는 양말 문제socks problem다. 서랍에 갈색 양말과 검은색 양말이 있다고 생각해보자. 검은색 양말과 갈색 양말의 개수 비율은 5:4다. 이때 두 색깔 중 어느 한 색깔의 양말 한 쌍을 서랍에서 꺼내려면 양말을 몇 개 꺼내야 할까? 양말 두 개를 꺼내는 것으로는 충분하지 않을 것이 분명하다. 서로 다른 색깔의 양말이 나올 수 있기 때문이다.

(교육을 받은) 많은 사람들은 이 문제를 샘플링 문제로 본다. 사람들은 검은색 양말과 갈색 양말의 비율을 기초로, 같은 색 양말 한 쌍을 확실히 꺼내기 위해서는 샘플이 얼마나 커야 하는지 생각한다. 하지만 이 문제에서 각 색깔의 양말 개수 비율은 주의를 흩어지게

하는 요소다. 이 비율이 어떻든 같은 색 양말 한 쌍을 확실히 꺼내려면 양말 3개를 꺼내야 한다는 것이 정답이다. 왜 그런지 살펴보자.

색깔이 두 가지일 경우 양말 3개를 꺼내면 반드시 다음과 같은 결과를 얻게 된다.

검은색, 검은색, 검은색-검은색 양말 한 쌍이 나온다.
검은색, 검은색, 갈색-검은색 양말 한 쌍이 나온다.
검은색, 갈색, 갈색-갈색 양말 한 쌍이 나온다.
갈색, 갈색, 갈색-갈색 양말 한 쌍이 나온다.

검은색 양말과 갈색 양말의 개수 비율은 위의 4가지 결과 중 하나가 나올 상대적인 가능성에 영향을 미치지만, 양말 3개를 꺼내는 경우 나올 수 있는 결과는 위의 4가지밖에 없다. 아무렇게나 양말을 꺼내도 위의 4가지 결과밖에는 나오지 않는다. 이 4가지 결과밖에 나올 수 없다는 통찰을 갖게 되면 문제 해결은 쉬워진다.

일반적으로 통찰 문제는 문제 자체를 표현할 수 있는 방법이 여러 가지가 있다. 아르키메데스는 자 또는 자와 비슷한 도구로 왕관의 부피를 측정해야 한다는 생각을 할 때는 교착상태에 빠졌었다. 양말 문제를 푸는 사람들은 그 문제가 확률 계산을 필요로 하는 문제라고 생각할 때 교착상태에 빠진다. 통찰 문제에서는 문제를 어떻게 생각하는지, 즉 문제가 무엇인지 어떻게 표현하는지가 문제 해결의 핵심이다.

흥미로운 통찰 문제들은 비교적 흔하지 않은 표현을 할 수 있어야 풀 수 있다. 양말 문제가 흥미로운 이유는 대부분의 사람들이

5:4라는 비율을 중심으로 문제를 표현하려고 하기 때문이다. 하지만 이 비율은 주의를 분산시키기 위한 미끼일 뿐이다. 양말 문제 같은 통찰 문제를 풀 때의 가장 큰 장벽은 주어진 표현을 버리고 더 생산적인 표현을 선택하는 일이다. 주어진 표현을 대체할 수 있는 표현만 생각해낼 수 있다면, 나머지 문제 해결 과정은 매우 빨라질 수 있다. 통찰 문제의 실험실 버전은 특별한 전문 지식을 필요로 하지 않는다. 이런 버전들은 문제를 푸는 사람이 문제를 생각하는 방식의 속성을 바꿀 수 있는 통찰을 한 번 또는 두 번 갖게 됨으로써 대부분 풀린다.

컴퓨터에게 주어진 문제들 대부분은 잘 구조화된 경로문제다. 프로그램 설계자가 문제와 그 문제에 대한 표현 그리고 목표를 향해 컴퓨터를 작동할 수 있는 연산들을 제공한다. 표현, 연산자, 경로를 이용해 문제 해결로 가는 경로를 찾는 일은 가능한 상태들이 많기 때문에 어려울 수 있지만, 결국 그 일은 경로를 탐색하고 따라가는 과정에 불과하다. 반면, 통찰 문제에는 분명한 경로가 없다. 계산지능 연구는 통찰 문제 같은 문제들을 별로 심각하게 다루지 않지만, 통찰 문제는 지능적인 행위주체가 대처해야 하는 문제임이 분명하다.

통찰 문제의 예를 몇 개 더 들어보자. 1946년 맥스 블랙Max Black이 생각해 낸 손상된 체커판 문제라는 것이 있다. 검은 사각형 32개와 빨간 사각형 32개로 구성되는 일반적인 체스판이 있다고 가정하자. 이때 이 사각형 두 개 크기의 도미노가 32개 있다면, 이 도미노 32개로 체스판 전체를 덮을 수 있다. 예를 들어, 체스판 8줄을 한 줄에 도미노 4개씩으로 채우면 된다. 하지만 체스판의 위쪽 맨 왼쪽에 있는 빨간 사각형 한 개와 아래쪽 맨 오른쪽에 있는 빨간 사각형 한 개를 잘라낸다면, 이 손상된 체커판을 도미노 31개로 모두 채울 수 있을까?

그림 3에는 또 다른 통찰 문제인 쾨니히스베르크 다리 문제 Königsberg Bridge Problem가 설명돼 있다. 쾨니히스베르크(현재의 러시아 칼리닌그라드)는 프레겔 강이 도시 한가운데를 흐른다. 프레겔 강에는 다리가 모두 7개 있으며, 이 다리들은 2개의 섬과 강의 양쪽을 연결한다. 이 7개의 다리를 딱 한 번씩만 건너 원래의 위치로 돌아올 수 있을까? 그림 3의 지도에서 다리는 회색으로 표시돼 있다.

또 다른 통찰 문제 중 하나는 수열 문제다. 8, 5, 4, 9 다음에 오는 숫자는 무엇일까?

마이어Maier의 두 끈 문제two-strings problem도 통찰 문제의 일종이다. 천장에 끈 2개가 매달려 있는 방에 있다고 상상해보자. 목표는 이 끈 두 개를 서로 묶는 것이다. 방에는 테이블, 렌치, 드라이버, 라이터가 있다. 끈들이 매달려 있는 간격은 두 팔을 벌려 두 끈 모두

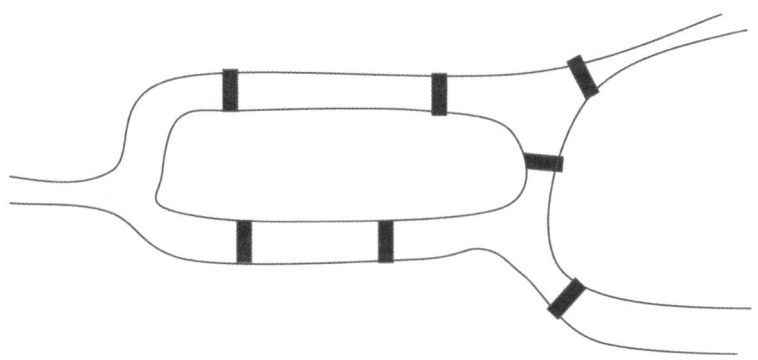

그림 3. 쾨니히스베르크의 땅들을 연결하는 7개의 다리. 이 다리 7개 모두를 한 번씩만 건너 출발 지점으로 돌아올 수 있을까?

를 잡을 수 없을 정도로 넓다. 이 끈들을 서로 묶을 수 있는 방법이 있을까?

손상된 체커판 문제에서는 체스판의 줄 8개를 각각 도미노 4개로 채우는 방법을 쓸 수 없다. 줄 2개에서 도미노가 채울 수 있는 사각형이 하나씩 모자라기 때문이다. 하지만 방법이 있을지도 모른다. 머릿속으로나 실제로 도미노를 움직여볼 수 있다. 하지만 특정한 패턴이 효과가 없는 경우, 그 패턴이 효과가 없는 것인지 효과가 있는 패턴이 아예 없는 것인지 알 수 있는 방법이 없다. 문제를 도미노와 그 도미노의 배치 측면에서 표현하면 해결은 점점 어려워질 뿐이다. 이론상으로 컴퓨터는 31개의 도미노로 이 손상된 체커판을 다 덮기 위해 이런 재배치 방법을 이용할 수 있다. 하지만 이 경우 컴퓨터는 가능한 모든 배치를 테스트해야 한다. 통찰을 얻지 못한다면 우리가 할 수 있는 일은 억지기법brute force(가능한 모든 경우의 수를 탐색함으로써 원하는 결과를 도출하는 완전탐색)을 동원하는 것밖에는 없다. 이 경우 가능한 배치들의 트리 탐색에 도움을 줄 비슷한 해법도 없다. 그냥 계속 시도하는 수밖에 없다.

손상된 체커판 문제를 계속 다루기 전에 생각해 볼 문제가 있다. 무도회장에 남자 32명과 여자 32명이 있다. 이성하고만 춤을 춘다고 가정하자. 무도회장에 있는 모든 사람이 동시에 춤을 출 수 있을까? 그렇다면 이제 여자 2명이 무도회장을 떠난다고 생각해보자. 이 경우에도 31쌍이 만들어질 수 있을까?

손상되지 않은 원래의 체커판에서는 도미노 하나가 빨간 사각형 한 개와 까만 사각형 한 개를 덮을 수 있었다. 남녀 커플 한 쌍은 남자 한 명(까만 사각형)과 여자 한 명(빨간 사각형)으로 구성되어야 한다.

손상된 체커판에는 까만 사각형 32개가 있지만, 빨간 사각형은 30개밖에 없다. 문제를 이런 식으로 표현하면 도미노 31개로 62개의 사각형을 가진 손상된 체커판을 모두 채우는 것이 불가능하다는 것을 알 수 있다. 손상된 체커판 문제는 남녀 커플 매칭 문제와 형식면에서 동일하다. 대부분의 사람들은 커플 매칭 문제는 비교적 쉽다고 생각하지만, 손상된 체커판 문제는 비교적 어렵다고 생각한다.

손상된 체커판 문제는 가능한 모든 도미노 배치를 시도하는 억지기법으로 풀 수 있다. 8×8 규모의 체스판의 경우 몇 천 개의 배치를 시도할 수 있지만, 체스판의 규모가 이보다 커지면 상황은 크게 달라진다. 8×8 규모의 체스판에서 가능한 도미노 배치는 6728개다. 하지만 체스판이 12×12 규모의 판으로 확대되면 이 체스판에서 가능한 도미노 배치는 53,060,477,521,960,000개가 된다. 하지만 도미노가 빨간 사각형 하나와 까만 사각형 하나만 채울 수 있다는 통찰을 가지게 되면, 체스판의 규모가 아무리 커져도 문제를 바로 풀 수 있다.

전문가라면 손상된 체커판 문제와 커플 매칭 문제를 패리티 문제 parity problem로 보고 두 문제 모두를 훨씬 더 빠르게 풀 수 있을 것이다. 이 두 문제 중에서 훨씬 더 풀기 쉬운 문제는 커플 매칭 문제다. 표현이 훨씬 더 분명하고 사람들은 더 분명한 표현을 더 빠르게 생각해 낸다. 이 두 문제 사이의 관계를 파악할 수 있다면, 커플 매칭 문제를 푸는 것은 손상된 체커판 문제를 푸는 데 도움이 될 것이다. 계산지능에 대한 현재의 접근방식 대부분은 이런 관계, 즉 유사성에 집중하지 못하고 있다. 솔직히 말해, 관계가 있다는 것조차 인식하지 못하고 있는 사람들이 많다(Gick & McGary, 1992).

쾨니히스베르크 다리 문제도 마찬가지다. 이 도시는 4개 영역으로 나뉜다. 각각의 다리는 정확하게 2개의 영역만 연결한다. 걷기가 시작되는 지점과 끝나는 지점을 제외하면, 다리를 건너야 한 영역에 들어가고, 다리를 건너야 한 영역에서 나올 수 있다. 한 영역에 들어가는 횟수는 그 영역에서 나오는 횟수와 같아야 하기 때문에, 모든 다리를 한 번씩만 건너기 위해서는 한 영역에 닿는 다리들의 수는 반드시 짝수여야 한다. 다리들의 반은 한 영역에 들어가는 데 사용되고 나머지 반은 그 영역을 떠나기 위해 사용되어야 하기 때문이다. 예외는 걷기가 시작되는 지점과 끝나는 지점뿐이다. 홀수 개의 다리를 가진 영역이 없거나 홀수 개의 다리를 가진 영역 2개(시작점과 종착점)로 이뤄진 도시여야 다리를 한 번씩만 건너 원래의 자리로 돌아올 수 있다. 쾨니히스베르크에서는 각 영역이 가진 다리의 수는 홀수다. 따라서 7개의 다리를 한 번씩만 건너 시작점으로 돌아올 수 있는 방법은 없다.

체스판 문제, 커플 매칭 문제, 다리 문제는 모두 연관돼 있다. 이 문제들은 모두 (마디와 호로 구성되는) 그래프로 표현할 수 있다. 우리의 논의에서 이 세 문제는 두 가지를 나타낸다고 할 수 있다. 문제를 어떻게 표현하는지가 문제 해결이 얼마나 쉬워지는지에 근본적인 영향을 미친다는 것과 두 문제 사이의 유사성을 찾아내면 한 문제에서 다른 문제로의 전환이 쉬워진다는 것이다.

이번에는 수열 문제를 살펴보자. 답을 찾아내기 힘들었다면, 이 수열의 숫자들을 다음과 같이 영어로 써보자.

Eight five four nine

정답은 1, 7, 6이다.

정답을 포함한 전체 수열을 영어로 쓰면,
Eight five four nine one seven six three two zero가 된다.

이 수열은 숫자들의 영어 이름을 알파벳 순서로 정렬한 수열이다. 0부터 9까지의 숫자를 영어로 표기하고 그 단어들을 알파벳 순서로 나열한 수열이다.

두 끈 문제는 도구 중 하나를 한쪽 끈의 끝에 묶어 그 끈이 추처럼 움직이게 한 뒤 나머지 끈을 잡고 방 한가운데로 가져와서 처음 끈이 잡을 수 있을 정도로 가까이 올 때를 기다리는 방법으로 풀 수 있다. 여기서 통찰은 도구 중 하나인 드라이버가 나사를 돌리는 데 사용될 수도 있지만 추로 사용될 수도 있다는 깨달음이다.

사람들이 통찰 문제를 어떻게 푸는지에 대해서는 알려진 것이 거의 없다. 통찰 문제는 실험실에서 깊이 연구하기가 매우 힘들다. 사람들에게 통찰 문제를 풀기 위해 거치는 과정들에 대해 설명해달라고 하기가 쉽지 않기 때문이다. 하지만 문제를 푸는 동안 잠시 휴식을 취하는 것이 어떤 효과가 있는지에 대한 연구는 여러 번 진행된 적이 있다. 이른바 "부화 효과incubation effect"(문제를 해결하는 과제에서 올바른 해결책을 찾지 못하다가 잠시 과제에서 벗어남으로써 이후 수행이 좋아지는 현상)에 관한 연구다. 이 연구들에 따르면 휴식은 문제를 푸는 데 필요한 통찰을 얻을 수 있는 확률을 높인다.

표현을 바꾸는 계산지능 접근방식, 즉 도미노가 빨간 사각형과 까만 사각형을 덮어야 한다는 인식을 할 수 있는 계산지능 접근방식을 시도한 사람은 지금까지 아무도 없었다. 나는 이런 프로그램이 가능하다고 생각하지만, 그러기 위해서는 지금까지 시도된 문제 해결 방법과는 다른 차원의 문제 방법이 시도되어야 할 것이라고 본다.

호빗과 오르크 문제나 하노이 탑 문제 같은 경로 문제는 모두 일련의 가능한 상태들을 통과하는 경로를 찾는 형식을 가지고 있다. 경로 문제에서 진전은 문제의 이런 형식 구조에 대한 이해에 의해 뒷받침된다. 계산지능에서 진전은 문제 공간을 통과하는 더 많은 잠재적인 경로를 계산할 수 있는 더 빠른 컴퓨터와 어떤 경로가 다른 경로보다 유리할지 추측하는 휴리스틱에 의해 뒷받침된다.

반면, 통찰 문제는 이런 형식 구조를 가지지 않는다. 통찰 문제는 표현이나 상태 공간을 제공하지 않으며, 한 상태에서 다음 상태로의 이동을 위한 명시적인 규칙이 없을 수도 있다. 실제로 통찰 문제가 가지는 상태는 2~3개 정도밖에는(예를 들어, 잘못된 표현, 올바른 표현, 해결이라는 3개의 상태) 안 될 수도 있다. 인간은 경로 문제와 통찰 문제를 모두 풀 수 있지만, 경로 문제와 통찰 문제는 서로 너무나 다른 문제이기 때문에 경로 문제를 푸는 방식에 대한 이해가 통찰 문제를 푸는 방식에 대한 이해에 거의 도움이 되지 않는다. 컴퓨터 과학자들은 경로 문제에 대해서는 광범위하게 연구를 해왔지만, 통찰 문제에 대해서는 사실상 거의 연구를 하지 않아 왔다.

일부 학자들은 체스나 바둑 같은 경로 문제를 푸는 컴퓨터 시스템 구축에 사용되는 지능은 상태 공간, 표현, 한 상태에서 다른 상태로의 전환을 위한 방법, 잠재적 경로 선택을 위한 휴리스틱의 설계 능력에 불과하다고 주장한다. 이런 설계 능력이 확보된다면 이 능력을 이용하는 외에 달리 할 일은 많지 않을 것이라는 생각이다. 초기 인공지능 연구의 개척자인 존 매카시는 우리가 AI 문제를 푸는 방법을 이해하게 된다면 AI 문제는 더 이상 지능과 관련된 문제가 아니게 될 것이라고 말한 바 있다.

인간 지능의 특이한 속성

일반적으로 사람들은 문제의 형식적인 부분들에 별로 주의를 기울이지 않는 것으로 보인다. 특히 위험한 결정을 할 때는 더더욱 형식적인 부분에 주의를 기울이지 않는 것 같다. 앞에서 언급했듯이, 트버스키와 카너먼에 따르면, 사람들은 동일한 선택 사항에 대해서 설명 방식이 달라질 때 다른 선택을 한다. 앞에서 살펴본 학회 참가비를 내는 대학원생들의 선택을 떠올려보자.

이와 비슷한 다른 연구에서는 새로운 질병이 사람들을 위협하는 상황을 실험 참가자들에게 상상하게 했다. 600명이 사망할 수 있는 상황이다. 이때 참가자들에게 이 600명의 환자들을 치료할 수 있는 두 가지 상황이 제시된다. 참가자들은 각각의 상황에서 두 가지 치료법 중에서 하나를 선택해야 한다. 첫 번째 상황은 다음과 같다.

치료법 A는 200명의 목숨을 구할 수 있다. 반면, 치료법 B는 환자 600명 모두의 목숨을 구할 수 있는 확률이 33%, 누구의 목숨도 구하지 못할 확률이 66%다.

이 상황이 주어졌을 때 참가자의 72%가 치료법 A를 선택했다.

200명의 목숨을 확실하게 구하는 것이 600명 모두의 목숨을 잃을 수 있게 만드는 것보다 선호된 것으로 보인다.

두 번째 상황은 다음과 같다. 참가자들에게 동일한 선택을 다르게 설명하는 상황이다.

> 치료법 A를 사용하면 400명이 목숨을 잃는다. 반면, 치료법 B를 사용하면 아무도 목숨을 잃지 않을 확률이 33%, 환자 600명 모두가 사망할 확률이 66%다.

이 상황에서는 참가자의 22%가 치료법 A를 선택했다. 각각의 상황에서 사망자와 생존자의 숫자가 같다고 추정한다는 점에서 치료법 A는 두 상황에서 똑같은 치료법이다. 어떤 치료법도 선택하지 않는다면 환자 600명이 모두 사망하는 상황이다. 첫 번째 상황에서 환자 200명의 목숨을 구한다는 것은 400명이 사망한다는 뜻이다. 두 번째 상황에서 환자 400명이 사망한다는 것은 나머지 200명의 목숨을 구할 수 있다는 뜻이다.

이성적인 결정을 내리는 사람이라면 두 가지 상황이 차이가 없다고 생각해야 한다. 하지만 이 두 가지 상황에서 사람들의 선택은 크게 달랐다. 첫 번째 상황은 선택의 긍정적인 측면을, 두 번째 상황은 선택의 부정적인 측면을 강조해 설명한 상황이다. 엄청난 차이로 사람들은 긍정적인 측면이 강조된 상황을 선택했다.

이 두 상황 모두에서 치료법 B도 같은 치료법이라는 점에 주목하자. 치료법 B를 사용했을 때 살아남을 것으로 예상되는 환자의 수는 두 상황에서 모두 200명으로 같지만, 치료법 B를 사용했을 때는 불확실성이 동반된다. 사람들은 확실한 결과가 긍정적인 어조로 설명되는 경우를 불확실한 결과보다 선호했으며, 확실한 결과가 부정적인 어조로 설명되는 경우는 불확실한 결과를 선호했다. 선택에 대한 설명 방식 또는 선택에 대해 설명하는 어조가 참가자들이 위험을 감수하는 정도에 영향을 미쳤다고 할 수 있다.

이성적인 관점에서 볼 때 긍정적인 설명과 부정적인 설명의 효과는 차이가 전혀 없다. 형식적인 측면에서 두 가지 선택이 동일하기 때문이다. 이 두 가지 설명의 효과가 차이가 나는 것은 인간의 지능이 아니라 인간의 어리석음을 보여주는 예라고 주장할 수도 있다. 하지만 이런 오류는 사람들의 의사결정에 관한 중요한 어떤 것을 우리에게 말해주고 있는지 모른다. 올바른 결정과 그렇지 않은 결정 모두 같은 뇌/마음/인지 과정에 의해 생성되기 때문이다.

문제를 처리할 때 나타나는 이런 선택의 불합리성은 사람들이 문제에 대해 짧은 시간 안에 생각하는 방식에 기인하는 한계가 원인일 것이다. 사람들은 특정한 인지 영역에서는 놀라운 능력을 보이지만 다른 인지 영역에서는 확실히 제한된 능력을 보인다.

예를 들어, 사람들은 수천 개의 사진을 식별해낼 수 있고, 심지어는 그 사진들의 세부사항들까지도 정밀하게 구별해낼 수 있다. 사람들의 이런 능력을 시험하기 위해 1만 개의 이미지를 각각 몇 초씩만 보여준 후 두 개의 이미지를 제시한 실험이 진행된 적이 있다. 이 두 개의 이미지 중 하나는 실험 참가자가 방금 전에 본 이미지이고 나머지 하나는 처음 보는 이미지였다. 실험 결과, 참가자의 83%가 처음 보는 이미지를 식별해냈다(Standing, 1973).

이와는 대조적인 연구결과를 살펴보자. 레이먼드 니커슨Raymond

Nickerson과 메릴린 애덤스Marilyn Adams(1979)는 미국에서 살고 있는 사람들을 대상으로 1센트 동전 앞면과 뒷면에 새겨진 이미지를 그리게 만드는 실험을 통해 실험 참가자들이 매일 사용하는 동전인데도 동전에 어떤 이미지가 새겨져 있는지 잘 기억해내지 못한다는 사실을 발견했다. 연구자들이 주목한 1센트 동전의 앞뒤 이미지의 8가지 특징 중에서 사람들은 3개 정도밖에는 기억해내지 못했다. 1센트 동전이 가치가 낮아서 그런 것이라고 생각한다면(1970년대에는 가치가 지금처럼 낮지 않았다) 또는 요즘은 동전을 잘 사용하지 않아서 그럴 수 있다고 생각한다면, 1달러 지폐나 20달러 지폐 또는 신용카드 앞면과 뒷면에 어떤 이미지가 있는지 지금 한 번 떠올려보자. 마찬가지 결과가 나올 것이다.

컴퓨터와는 달리 사람들은 능동 기억active memory에 한 번에 저장할 수 있는 능력이 비교적 제한적이다. 초기 지능 테스트 일부에는 숫자 외우기 능력 테스트가 포함되었다. 이 테스트는 숫자들을 무작위로 제시한 직후(예를 들어, 5, 1, 3, 2, 4, 8, 9) 그 숫자들을 그대로 기억하는지 시험하는 것이었다. 건강한 성인들 대부분은 7개 정도까지 그대로 숫자들을 기억한다.

7개라는 한계는 일반적이며, 숫자에만 국한되지 않는다. 1956년 조지 밀러George Miller는 "마법의 숫자 7, 플러스 또는 마이너스 2The magical Number Seven, Plus or Minus Two"라는 논문을 발표했다. 이 논문에서 밀러는 사람들이 넓은 기억의 범주와 범주 안에서 오류 없이 처리할 수 있는 아이템의 수는 5~9개로 제한된다는 점에 주목했다.

밀러는 기억 덩어리memory chunk라는 개념을 최초로 언급한 학자 중 한 명이다. 밀러에 따르면 사람들은 자신이 기억할 수 있는 아이템들의 수를 확장하게 해주는 표현을 선택할 수 있다. 체이스^{Chase}와 에릭슨^{Ericsson}에 따르면, 사람들은 연습을 통해 최대 81개 자리의 숫자를 기억할 수 있다. 이것이 가능했던 SF라는 이니셜의 피험자는 자신의 달리기 시간 기록(SF는 달리기가 취미였다)이나 날짜처럼 자신이 잘 익숙한 사실들과 숫자들을 연결시킨 후 덩어리들로 묶는 방법을 이용해 기억 용량을 늘리기도 했다.

이런 현상을 비롯한 심리학적 현상들은 사람들의 생각과 지적 과정이 자신에게 항상 유리하지만은 않은 복잡성을 띠고 있다는 것을 드러낸다. 사람들은 성급하게 결론을 내린다. 우리는 우리가 사실이라고 믿고 싶어 하는 주장 또는 특정한 상황에서 제시되는 주장에 더 쉽게 설득된다. 사람들은 컴퓨터처럼 행동할 때도 있지만, 더 많은 경우에서 사람들은 엉성하고, 일관성이 없으며, 별로 똑똑하지 않게 행동한다.

대니얼 카너먼은 인간의 마음이 2개의 시스템으로 구성돼 있다고 본다. 하나는 빠르면서 비교적 부정확하고 자동적인 시스템이고, 다른 하나는 느리고 신중하지만 결론을 내릴 때는 더 정확한 시스템이다. 카너먼에 따르면 첫 번째 시스템은 사진을 보고 그 사진에 있는 사람이 화가 나서 소리를 지를 것 같은지 알아낼 때 가동되는 시스템이다. 두 번째 시스템은 17×32 같은 곱하기 문제를 풀 때 가동되는 시스템이다. 사진 속에 있는 사람이 화가 났는지 인식하는 과정은 특별한 노력 없이도 바로 머릿속에서 일어나지만, 수학 문제를 풀려면 의도적인 노력 그리고 아마도 종이와 연필(또는 계산기)이 있어야 할 것이다.

카너먼의 이 두 시스템 이론은 틀린 이론일 수도 있다. 이 두 시스템은 연속적인 과정들의 일부일 수도 있기 때문이다. 하지만 나는 인간의 인지에 이 두 가지 종류의 시스템이 존재한다는 카너먼의 지적 자체는 확실히 옳다고 생각한다(이 두 가지 시스템 사이에 어떤 다른 시스템이 존재할지도 모른다). 카너먼이 두 번째 시스템이라고 부른 시스템은 내가 인공지능이라고 부르는 것과 매우 유사하다. 이 시스템은 인지적 창의력을 요구하는 체계적이고 계획적인 시스템이다.

이 두 가지 과정이 상호작용하는 방식을 보여주는 문제가 있다. 배트와 공 문제 bat-and-ball problem다. 최대한 빨리 다음의 문제에 대한 답을 내보자. 배트와 공을 사는 데 1.10달러가 든다. 배트는 공보다 1.00달러 비싸다. 그렇다면 공의 가격은 얼마일까?

대부분의 사람들은 처음에는 공이 10센트라고 답할 것이다. 하지만 이 답은 틀린 답이다. 공이 10센트라면 배트와 공을 합친 가격이 1.10달러가 아니라 1.20달러가 되기 때문이다. 즉, 공이 10센트일 때 공보다 배트가 1달러 비싸다면, 배트의 가격은 1.10 달러가 되므로, 공과 배트를 합친 가격은 1.20달러가 돼 문제의 조건에 부합하지 않는다. 정답은 5센트다. 공이 5센트라면 배트는 1.05달러가 되고, 공과 배트를 합친 가격이 1.10달러가 되기 때문이다. 처음에 자동적으로 나온 답은 상황에 대한 더 세밀한 분석에 의해 이렇게 대체될 수 있다.

지금까지 계산지능에 관한 연구는 계획적인 시스템 deliberate system이 하는 일에 집중돼 왔다. 하지만 자동적 시스템도 계획적인 시스템만큼 중요하거나 그 이상으로 중요할 수 있다. 또한 자동적 시스템은 컴퓨터로 모방하기가 더 힘들 수 있다. 이렇게 빠른 학습은 때때로 부적절한 성급한 일반화 hasty generalization를 유도한다(아이들은 동물원에 갈 때마다 솜사탕을 먹을 수 있을 것이라고 생각한다). 하지만 **빠른 학습**은 사람들이 대부분의 기계학습 시스템이 필요로 하는 엄청난 양의 예제들 없이도 많은 것을 학습할 수 있게 만드는 중요한 도구일 수 있다. 성급한 일반화는 하나 또는 몇 개의 예에서 시작해, 때로는 오류를 범하면서, 그 예들이 속한 범주 전체를 포괄하게 만드는 과정이다. 예를 들어, 인종적 편견은 소수의 예들에서 비롯돼(이 소수의 예들 각각은 "확증편향confirmation fallacy"이라는 또 다른 추론 오류의 결과일 수 있다), 대규모 인구 집단에 대한 편견으로 확장되는 경우가 대부분이다.

반면, 언어 학습 같은 과정은 성급한 일반화에 의존한다. 1살짜리 아이가 아는 단어는 몇십 개에서 100개 정도일 수 있지만, 12살짜리 아이가 아는 단어는 5만~7만 5000개 정도는 된다. 11년 동안 상당히 많은 학습이 이뤄진다고 볼 수 있다. 이 단어들 중 다수는 아이가 앞으로 한두 번 정도밖에는 들을 수 없는 단어일 수 있다. 아이들은 이 단어들을 학습하기 위해 계획적으로 노력을 하지는 않는다 (SAT 시험을 보기 위해 의도적으로 단어를 외우기 전까지는 그렇다). 아이들은 일상생활을 하면서 소수의 예로부터 이 단어들을 학습한다. 아이들은 어려운 단어들을 잘못 사용하기도 하지만, 그들이 사용하는 어려운 단어들의 의미가 사전적 정의와 정확하게 일치하지는 않더라도 대충 어떤 뜻인지는 알고 있다. 언어학자인 내 친구가 아들과 나눈 대화에 대해 내게 말한 적이 있다. 그 아이는 예의 바르게 행동하면behaving 나중에 사탕을 먹을 수 있을 거라고 기대하고 있었다. 아이는 엄마에게 자기가 "예의 행동being have하고 있는지" 물었다. 아이는 "예의 바르게 행동하다"라는 말은 처음 들었기 때문에 "예의 행동하다"라는 잘못된 형태의 말을 썼지만, "예의 바르게 행동하고", "착하게 행동하기" 위한 규칙을 들어본 적은 있었다. 아이와 내 친구는 "착하게 행동하는 것"에 대해 대화를 나눈 것이었다. 따라서 아이는 "예의 행동하다"라는 말이 적절하다고 자연스럽게 생각을 뻗치게 된 것이었다.

계획적인 시스템에도 한계는 있다. 그 한계를 보여주는 유명한 실험이 있다. 연구자들은 사람들에게 짧은 동영상을 보여줬다. 두 팀이 농구 경기를 하는 영상이었다. 연구자들은 실험 참가자들에게 그 중 한 팀의 선수들이 농구공을 몇 번 바닥에 튕기는지 세라고 요청했다. 이 동영상의 중간 부분에 갑자기 고릴라가 경기장 안으로 들어와 두 손으로 가슴을 치다 다시 경기장 밖으로 나간다(실제로는 고릴라 분장을 한 여성이었다). 고릴라가 동영상에 등장한 시간은 9초나 됐다. 하지만 실험 참가자 중에서 고릴라를 봤다고 말한 사람은 절반밖에 안 됐다. 고릴라를 못 본 참가자들은 자신의 모든 인지 능력 또는 집중력을 동원해 농구공이 튕겨지는 횟수를 셌기 때문에 고릴라의 등장을 알아차릴 수 있는 능력이 남아있지 않게 된 것으로 보인다.

변화 맹시change blindness라고 부르는 다른 예도 있다. 사람들은 사진을 본 후 그 사진의 구성부분들을 모두 봤다고 말한다. 하지만 그 말이 잘못된 말이라는 것은 매우 쉽게 증명할 수 있다. 변화 맹시는 사진 두 장을 짧은 시간 간격으로 보여주는 방법으로 설명할 수 있다. 이 사진 두 장은 꽤 명백하게 서로 다른 사진이다. 예를 들어, 사진 두 장이 똑같이 비행기를 담고 있지만, 한 사진에서는 엔진이 왼쪽 날개 밑에 붙어있고, 다른 사진 한 장에서는 엔진이 붙어 있지 않은 경우를 생각해보자. 많은 사람들은 이 두 사진을 주의 깊게 살펴보지만 한참 동안 이 두 장의 사진을 번갈아 보고나서도 차이점을 찾아내지 못한다.[https://www.cse.iitk.ac.in/users/se367/10/presentation_local/Change%20Blindness.html]

사람들은 자신이 본다고 생각하는 것을 실제로 언제나 보는 것은 아니다. 자신이 하고 있다고 생각하는 일 그리고 그 일을 하고 있는 방식에 대한 본인의 말은 사람들이 인지 과제를 수행할 때 실제로 일어나는 일을 있는 그대로 항상 설명해주지는 못한다. 컴퓨터가 인간의 지능을 모방하기 위해서는 사람들이 사용하는 비명시적 과정(카너먼의 시스템 1)의 전부는 아니라도 일부는 모방해야 한다. 하지만 이 비명시적 과정은 설명이 거의 불가능하기 때문에 그 과정을 구현하기 위한 로드맵을 작성하기가 매우 힘들다. 그럼에도 불구하고 이 과정은 인간의 지능에서 핵심적인 위치를 차지하고 있는 것으로 보인다.

2012년 구글의 연구원인 쿠옥 레$^{Quoc\ Le}$는 CPU 코어 1만 6000개를 이용해 구축한 모의 신경망이 3일 동안 1000만 장이 넘은 사진을 처리하게 만들었다. 이 훈련이 모두 끝나자 이 신경망은 인간의 얼굴을 다양한 그룹으로 분류할 수 있는 능력을 갖게 됐다. 이 신경망의 훈련에 사용된 사진들은 세심하게 준비됐으며, 모든 사진의 크기가 200×200 픽셀로 같았으며, 중복이 최소화된 사진들이었다. 사진 한 장당 몇 초만 보고도 수천 장의 사진을 구별해내는 인간의 능력과 이 능력을 비교해 보자.

훈련이 모두 끝낸 뒤 쿠옥 레와 동료들은 이 시스템의 출력 결과를 검토해 모의 뉴런 중에서 얼굴과 가장 상관관계가 많은 뉴런 하나를 찾아냈다. 연구자들은 이 뉴런이 "얼굴 뉴런face neuron"이라고 추론했다. 이 뉴런이 총 3만 7000장의 사진으로 구성된 테스트 세트에 있는 얼굴 사진 1만 3026개의 약 83%에 대해 활성을 보였기 때문이었다. 이 뉴런을 찾아내는 과정에서 연구원들은 1950년대에 개구리의 시각 뉴런 분석에 사용됐던 방법과 비슷한 방법을 사용했다. 당시 레트빈Lettvin과 그의 동료들(1959년)은 개구리에게 다양한 시각 패턴들을 보여주면서 개구리의 시각 뉴런 중에서 특정 자극에 가장 활발한 반응을 나타내는 뉴런을 찾는 방법으로 개구리의 시각 뉴런들의 출력을 측정했다. 이 연구자들은 이렇게 찾아낸 뉴런들에 자극과 연관된 이름을 붙였다(예를 들어, 막대에 가장 활발한 반응을 보인 뉴런에는 "막대" 뉴런이라는 이름을 붙였다).

쿠옥 레와 동료들이 사진 식별을 위한 신경망을 만드는 데 엄청난 노력을 들였던 것과 비교할 때, 인간 어린이는 사람의 얼굴을 인식하기 위해 이런 정도의 노력을 할 필요가 전혀 없다. 태어난 지 1시간도 안 돼 인간의 아기는 사람의 얼굴과 주변 사물들을 구별할 수 있다. 태어난 지 몇 시간도 안 돼 인간의 아기는 엄마의 얼굴과 다른 여성의 얼굴을 구별할 수 있다(Bushnell, 2001; Bushnell, Sai, & Mullin, 1989; Pascalis, de Schonen, Morton, Deruelle, & Fabre-Grenet, 1995; Sai, 2005). 아기들은 얼굴을 인식하는 법만 배우는 것이 아니다. 아기들은 몇 번만 보고도 다양한 사람들의 얼굴을 구별해낸다.

태어난 지 두 달이면 아기들은 일반적인 장면을 담은 새로운 사진과 자신들이 본 적이 있는 사진을 구별할 수 있다. 바꿔 말하면, 태어난 지 두 달 만에 아기들은 새로운 사진과 낯익은 사진을 구별할 수 있다는 증거를 제시한다는 뜻이다. 그것도 수백 만 번 사진을 보고 나서 그렇게 되는 것이 아니고 10번도 보지 않고 그렇게 된다. 현재로서 우리는 아기들이 어떻게 이렇게 빠르게 학습을 하는지에 대해 별로 아는 것이 없다. 하지만 이렇게 빠른 학습 메커니즘이 인간 지능의 핵심일 수 있다.

지능적 컴퓨터를 설계하려면 어떻게 인간이 이렇게 빠르게 얼굴에 대해 학습하는지 알아야 한다. 유아의 뇌는 쿠옥 레의 컴퓨터 네트워크가 했던 일과는 다른 어떤 일을 한다. 유아의 뇌와 쿠옥 레의 컴퓨터 네트워크의 차이를 알아내는 것이야말로 일반 기계지능을 만드는 데 핵심적인 역할을 할 것이다. 아기들이 얼굴을 인식하게 될 때 어떤 일을 하든, 그 일은 "뇌 지형도에 대한 독립 성분 분석에 기초한 경사 하강 방법"은 아닐 것이다.

결국에는 다양한 방법으로 비슷한 목표를 성취하는 것이 가능해질 수도 있다. 하지만 나는 인간 지능이라는 맥락에서의 지능에 대한 이해가 기계에서 지능을 구현하는 과정의 핵심이라고 본다. 비이성적이고 이상한 특징을 나타내는 뇌는 언어나 얼굴을 이렇게 빠르게 습득하는 뇌와 같은 뇌다. 또한 뇌의 이런 특성들은 모두 연결돼 있을 가능성이 높다.

결론

일반 인공지능 이론은 지능이 무엇인지에 대한 이해에 의해 강력한 뒷받침을 받을 것이다. 심리학자들이 말하는 지능이 정확히 무엇인지에 대한 확실한 합의는 존재하지 않지만, 나는 지능이 형식 문제를 푸는 능력 이상의 것을 분명하게 포함하고 있다고 생각한다. 지능 이론의 핵심은 실제로는 다양한 종류의 문제들이 존재하며, 이 문제들을 풀기 위해서는 다양한 종류의 메커니즘이 필요하다는 인식에 있다. 문제를 풀기 위해 사용할 수 있는 표현을 찾는 문제는 특정한 표현을 통해 경로를 따라가는 것과는 근본적으로 다르다. 빠른 학습은 지능의 또 다른 핵심적 특징으로 보인다. 어떤 것에 대해 학습하기 위해 몇 백만 개의 예제들을 다양하게 거쳐야 한다는 것은 지능을 만드는 데 매우 큰 장애물이다.

통찰, 특히 표현을 구축하는 능력은 지능의 핵심이다. 우리는 사람들이 어떻게 이런 통찰을 갖게 되는지에 대해 아는 것이 별로 없다. 하지만 약간의 단서는 존재한다. 이 단서들에 대해서는 이 책의 7장을 포함한 나머지 부분들에서 계속 다룰 예정이다.

3

물리적 기호 시스템:
지능에 대한 기호 차원 접근

이 장은 지능에 대한 초기 컴퓨터 과학의 접근방법들에 대해 다룬다.
튜링Turing 기계, 즉 일반 연산 장치라는 개념은 지능을 연산 기능으로 보게 만들었다.
튜링 테스트는 기계가 지능을 가진 인간의 기능과 비슷한 기능을 수행할 수 있는지(대화를 나눌 수 있는지) 평가할 수 있는 수단을 제공했다. 튜링 머신과 튜링 테스트라는 두 가지 개념으로부터 지능은 기호 조작 과정이라는 생각이 싹트게 됐다.
이런 접근방법은 약 30년 동안 계산지능 연구 분야에서 지배적인 위치를 차지했다.

이 장은 지능에 대한 초기 컴퓨터 과학의 접근방법들에 대해 다룬다. 일반 연산 장치인 튜링 기계는 지능을 연산 기능으로 보게 만들었다. 튜링 테스트는 기계가 지능을 가진 인간의 기능과 비슷한 기능을 수행할 수 있는지(이 경우 대화를 나눌 수 있는지) 평가할 수 있는 수단을 제공했다. 튜링 머신과 튜링 테스트라는 두 가지 개념으로부터 지능은 기호 조작 과정이라는 생각이 싹트게 됐다. 이런 접근방법은 약 30년 동안 계산지능 연구 분야에서 지배적인 위치를 차지했다.

우리는 앞에서 인간 지능의 맥락에서 정확하게 지능을 정의하는 것이 어려운 일이라는 것을 살펴봤다. 하지만 계산지능의 맥락에서 정확하게 지능을 정의하는 것은 그보다 훨씬 더 어려운 일이다. 다트머스 회의 이후 인공지능은 "지능을 필요로 하는 일들을 마치 인간이 하듯이 기계가 할 수 있게 만드는 기술"(Minsky, 1968) 같은 말로 정의되기 시작했다. 다트머스 회의에서 제기된 원래의 목표는 학습 또는 지능의 모든 측면을 충분히 정확하게 기술해 기계가 학습 또는 지능을 시뮬레이션할 수 있도록 만드는 것이었다. 예를 들어, 존 매카시와 그의 동료들은 기계가 언어를 사용하고, 추상적인 개념을 만들어내고, 자신을 개선하고, 인간만이 풀 수 있는 문제들을 풀 수 있게 만드는 방법 연구에 집중했다.

다트머스 회의의 참석자 중 한 명인 허버트 사이먼은 회의 직후 다음과 같이 말했다.

> 내 목표는 사람들을 놀라게 하거나 충격에 빠뜨리는 것이 아니다. 하지만 가장 간단한 말로 내 생각을 표현한다면, 현재 세상에는 생각하고, 학습하고, 창조할 수 있는 기계들이 존재한다고 말할 수 있다. 또한 이런 기계들이 이런 일을 할 수 있는 능력은 빠르게 확장돼, 결국 가시적인 미래에 이 기계들이 처리할 수 있는 문제들의 범위는 인간의 머리로 처리할 수 있는 문제들의 범위와 같아질 것이다(Simon & Newell, 1958)

사이먼이 이 말을 하기 전에도 계산 장치를 구축하기 위한 시도가 있었다. 하지만 기계지능에 대한 사이먼의 이런 접근방식은 앨런 튜링Alan Turing의 독창적인 연구의 영향을 가장 직접적으로 받은 결과라고 할 수 있다.

튜링 기계와 튜링 테스트

1937년 튜링은 튜링 기계로 나중에 알려지게 되는 개념을 생각해냈다. 튜링 기계는 기어나 트랜지스터로 구성되는 물리적인 형태의 기계가 아니라 추상적인 계산 아이디어다. 즉, 튜링 기계는 모든 연산 기능을 구현할 수 있는 이상적인 시스템에 대한 수학적 기술이다. 튜링 기계는 기본적인 연산 과정을 정의하는 계산 모델이며, 이론상으로 모든 알고리즘의 논리를 시뮬레이션하기 위해 구축된 모델이다.

튜링 기계는 네모 또는 셀 모양이 표시된 테이프로 구성된다. 각각의 셀은 하나의 기호를 포함한다. 튜링 머신은 물리적인 형태를 가진 기계가 아니라 개념상의 기계이기 때문에 테이프의 길이는 무한대로 늘어날 수 있다. 튜링 기계에는 셀 중 하나에 표시된 기호를 읽거나 셀에 기호를 쓸 수 있는 "헤드head"와 기계의 현재 상태에 대한 정보를 저장하는 "상태 레지스터state register"(상태 기록기)가 있다. 튜링 기계가 테이프에서 읽어들이는 기호들은 유한한 수의 잠재적 상태들 중 하나로 기계의 상태를 바꿀 수 있다. 기계의 상태는 그 시점까지 읽힌 기호들의 영향을 받는다. 따라서 기계의 상태는 일종의 메모리로 기능한다. 현재 시점에서 읽힌 셀 내의 기호, 기계의 상태, 유한한 규칙 테이블에 따라 튜링 기계는 상태를 변화시키고, 현재의 셀에 기호를 쓰거나, 테이프상의 다른 셀로 이동할 수 있다 (Turing, 1965/1936).

예를 들어, 튜링 기계가 현재 상태 57에 있고 읽기/쓰기 헤드 아래의 셀에 숫자 0을 한 개 표시돼 있으면, 튜링 기계는 셀 하나를 오른쪽으로 이동시켜 상태 128로 변화한 다음 새로운 셀에 기호 1을 쓴다. 상태, 기호, 규칙은 모두 유한하지만, 테이프 자체는 무한대로 길어질 수 있고 시간 제약도 받지 않기 때문에 이론적으로 튜링 기계는 능력이 무제한이다.

이 추상적인 기계를 가지고 튜링은 계산가능성computability 관련 문제들에 대한 근본적인 의문을 해결했다. 현대의 컴퓨터는 튜링의 이런 독창적인 아이디어를 일반화해 만든 물리적인 실체다. 현대의 컴퓨터는 더 복잡한 규칙 세트들을 가지며, 정보를 일시적으로 저장할 수 있는 레지스터를 여러 개 가지며, (평평하고 무한한 테이프의 순차적 메모리와 대조되는) 메모리에 대한 임의접근random access(어느 위치에든 똑같은 속도로 접근해 읽고 쓸 수 있다는 뜻)이 가능하다.

튜링 기계가 기계지능 연구에서 중요한 의미를 가지는 이유 중 하나는 지능이 계산 가능하다면 지능은 튜링 기계 같은 기계에 의해 계산이 가능해질 것이기 때문이다. 튜링 기계 같은 기계에 의해 지능이 연산의 대상이 된다면 튜링 기계와 비슷한 모든 기계에 의해 지능이 계산의 대상이 될 수 있다. 실제로 튜링은 지능이 계산 가능한 기능이라고 생각했으며, 이 생각을 평가할 수 있는 테스트를 제안했다. 이 테스트는 후에 "튜링 테스트"라는 이름으로 불리게 된다.

"계산 가능한 함수computable function"라는 말에서 "계산 가능한 computable"이라는 부분은 컴퓨터 과학에서 특별한 의미를 지닌다. 계산 가능한 함수는 알고리즘이다. 계산 가능한 함수는 입력을 취해 구체적인 출력을 내는 단계적 과정으로 구성된다. 처치-튜링 논제Church-Turing thesis(연산가능성에 대한 튜링의 논문이 발표된 해에 같은 주제의 논문을 발표한 알론조 처치Alonzo Church의 이름을 땄다)에 따르면, 계산 가능한 함수는 무한한 시간과 무한한 저장 공간을 이용할 수 있는 계산 장치(튜링의 무한한 테이프) 상에서 구현할 수 있는 함수다. 많은 양의 메모리를 필요로 하는 계산 또는 시간이 많이 걸리는 계산도 시스템 자원system resource이 충분해 계산 과정이 완결될 수만 있다면 계산 가능하다고 할 수 있다. 계산 가능성에 대한 이런 생각은 계산의 이론적 한계와 관련된 것이지 현실의 한계와 관련된 것이 아니다.

계산이 가능해지려면 계산 과정이 컴퓨터 프로그램에서처럼 정확한 명령을 통해 구체화될 수 있어야 한다. 입력 세트가 주어질 때 연산 과정은 유한한 수의 단계를 거쳐 반드시 출력을 내야 하고, 출력은 반드시 검증이 가능해야 한다.

모든 함수가 계산 가능한 것은 아니다. 컴퓨터가 특정한 프로그램을 실행한다고 해서 그 프로그램이 처치-튜링 논제에서 제시된 방식으로 계산이 가능하다는 뜻은 아니다. 실제로 튜링은 정지 문제halting problem가 무한대의 자원으로도 계산이 불가능한 함수의 예라는 것을 증명했다.

정지 문제는 판정 문제의 일종으로, 컴퓨터 프로그램에 대한 기술과 입력을 기초로 그 프로그램이 종료돼 출력을 낼지 또는 영원히 작동할지 판단하는 문제를 말한다. 비교적 간단한 프로그램의 경우 이런 판단을 내리는 것은 쉬운 일이다. 하지만 튜링은 어느 정도 복잡성을 가진 프로그램에서는 이런 판단을 내리는 것이 불가능하다는 것을 증명했다.

프로그램이 실행된 뒤 짧은 시간 안에 멈춘다면 우리는 그 프로그램이 실제로 종료된다고 판단할 수 있다. 하지만 프로그램이 실행된 뒤 멈추지 않는다면, 그 이유는 프로그램이 종료되지 않아서 일까 아니면 프로그램을 아직도 더 실행돼야 하기 때문일까? 프로그램을 더 오래 실행시킨다면 그 프로그램이 종료되지 않을 것이라는 판단을 하기 위한 더 좋은 증거를 얻을 수 있을까? 바로 다음 연산 단계에서 프로그램이 종료될지 그렇지 않을지 현재의 지식으로는 판단을 하는 것이 불가능하다. 어떤 알고리즘은 완료되는 데 매우 많은 시간이 걸리기도 하고, 알고리즘 중에는 영원히 완료가 되지 않기도 한다. 우리는 어떤 프로그램이 멈춰 출력을 낼 것이라고 증명할 수는 있지만, 어떤 프로그램이 영원히 끝나지 않을 것이라는 일반적인 증명을 할 수는 없다. 부정을 증명하는 것은 불가능하다.

어떤 함수가 종료될 것이라고 증명할 수 없을 때 우리는 그 함수가 결정 불가능하다고^{undecidable} 말한다. 여기서 결정가능성과 증명 사이의 관계에 주목해보자. 우리는 결정을 내려야 할 뿐만 아니라 그 결정이 옳은 결정이라는 것을 증명해야 한다. 튜링은 모든 프로그램들과 입력에 관한 정지 문제를 풀 수 있는 일반적인 알고리즘은 작성이 불가능하다는 것을 증명했다.

컴퓨터 과학에서 함수는 입력을 취해 특정한 출력을 내야 한다. 지능은 함수일 수 있다고 해도 계산 가능한 함수는 아닐 수 있다. 또한 지능은 결정 가능한 함수가 아닐 수도 있다. 지능이 컴퓨터에 의해 실행될 가능성이 없는 것은 아니지만, 그렇다고 해도 지능이 내는 답이 확실히 맞는 답이라고 증명하는 것은 불가능할지도 모른다. 이런 의미에서 나는 지능이 결정 가능한 함수가 아님에도 불구하고 뇌나 컴퓨터에 의해 구현될 수 있다고 생각한다. 바꿔 말하면, 나는 지능이 알고리즘은 아니지만 다른 형태의 계산일 수 있다고 생각한다.

튜링은 자신의 튜링 기계 중 하나에 대한 연구가 다른 모든 컴퓨터들에 대한 연구에 사용될 수 있다고 주장했다. 모방하고 싶은 기계에 대한 설명을 튜링 기계 테이프의 일부로 포함시키기만 하면 된다는 생각이다. 이 주장에 따르면, 만약 우리가 뇌에 대한 적절한 설명을 할 수 있다면 그 설명을 테이프에 포함시켜 튜링 기계가 뇌를 모방하게 만들 수 있을 것이다.

튜링 기계가 계산과 계산지능에 특히 중요한 역할을 한 이유를 이 주장에서 찾을 수 있다. 튜링 기계는 동등한 기계equivalent machine라는 개념을 도입했다. 동일한 함수를 계산하는 두 컴퓨터는 그 컴퓨터들이 톱니바퀴로 구성되든, (튜링의 제안처럼) 수은지연선으로 구성되든, 진공관이나 집적회로 심지어는 뇌로 구성되든 동등한 기계라는 개념이다.

튜링 기계 개념에 따르면, 기계는 기호 조작을 통해 가능한 모든 형식 추론을 수행할 수 있다. 뉴얼과 사이먼의 주장처럼, 인간의 사고가 형식 추론 행위로 구현될 수 있다는 것이 밝혀진다면 튜링 기계는 실제로 컴퓨터가 형식 추론을 복제할 수 있고 인간의 사고와 동등한 기계가 될 수 있다는 증명이 될 것이다. 적어도 1980년대까지 계산지능 연구는 형식 추론만으로 인간 지능과 동등한 것을 구현할 수 있다는 것을 증명하기 위한 시도들이 주류를 이뤘다. 사이먼과 뉴얼이 집중적으로 연구한 정리 증명도 형식 추론의 전형적인 예다.

튜링의 연구는 그 후 50여 년 동안 거의 모든 계산지능 연구에서 핵심을 차지했다. 동일한 함수를 계산하는 동등한 기계라는 개념과 튜링 테스트라는 개념(후술할 예정이다)은 계산지능에 대한 우리의 이해에서 핵심적인 위치를 차지했다. 계산 가능성이 계산지능이 극복해야 하는 한계일 수도 있다는 생각이 시작된 것은 그 후로도 오랜 시간이 흐른 뒤였다.

1950년대에 튜링은 컴퓨터가 생각을 할 수 있는지에 관한 문제와 관련된 "이미테이션 게임imitation game" 테스트를 제안했다. 생각은 형태가 없기 때문에 튜링은 컴퓨터가 이미테이션 게임을 통해 어떤 능력을 보일 수 있는지 측정하려고 시도했다. 이 시도의 본질은 동등한 기계라는 개념을 기초로 기계지능을 테스트하는 것이었다. 기계가 하는 대화를 인간과 하는 대화와 구별할 수 없다면 그 기계는 지능을 가지고 있다고 생각해야 한다는 것이 튜링의 주장이었다. 튜링은 기계가 인간이 어떤 기능을 수행하는 방식과 구별되지 않는 방식으로 그 기능을 수행한다면 그 기계는 동등한 기계라고 할 수 있다고 생각했다.

이 테스트는 대화가 지능의 적절한 척도라는 가정에 기초한다. 하지만 두 시스템이 대화 기능면에서 구별이 불가능하다고 해도, 어떤 시스템의 특징이 아니라고 우리가 생각하는 특징이 다른 시스템의 특징이라고 할 수는 없다.

지능은 컴퓨터나 사람이 말을 하는 능력에 의존하지 않는다. 따라서 튜링 테스트에서 평가자는 타이핑을 하고 그 내용에 대한 반응이 글로 쓰인 것을 읽는 방법으로 후보(컴퓨터 또는 사람)와 소통을 해야 한다. 여기서 중요한 것은 물리적인 채널이 아니라 대화의 형태다. 평가자가 글로 쓰인 반응[당시에는 텔레타이프(teletype, 전신장치)

에 나타났을 반응]이 사람이 한 반응인지 컴퓨터가 한 반응인지 구별할 수 없다면 컴퓨터는 이 테스트를 통과한 것이다.

튜링은 1947년 런던 수학회에서 현대의 기계학습에 대한 예언을 했다(Turing, 1947/1986). 튜링은 명령어 테이블을 장착하고 그 명령어들을 수정할 수 있는 능력을 갖춘 튜링 기계 또는 이런 튜링 기계와 동등한 디지털 컴퓨터를 만들 수 있을 것이라고 예측했다. 튜링은 어느 정도의 연산 과정을 거치면 이 컴퓨터가 상상을 초월할 정도로 명령어를 수정할 수 있게 될 것이라고 내다봤다. 튜링은 이 컴퓨터가 처음에는 교사로부터 배우지만 나중에는 스스로 훨씬 더 많은 학습을 할 수 있게 되는 학생과 비슷할 것이라며 "이런 일이 일어나면 그 기계는 지능을 가진 기계라고 생각할 수밖에 없을 것"이라고 말했다.

컴퓨터가 명령어를 수정할 수 있게 되면 컴퓨터가 수행하는 함수의 계산 가능성에 대한 모든 문제는 의미가 없어진다. 컴퓨터가 계산 패턴을 수정한다는 것은 컴퓨터가 주어진 특정한 입력에 대한 특정한 출력을 낼 것이라는 확신을 우리가 할 수 없다는 뜻이다. 계산 가능성이라는 개념은 유한한 수의 단계들로 구성되는 분명한 과정이라는 개념을 포함한다. 컴퓨터 프로그램이 자신의 작동 과정을 수정할 수 있게 되면 그 컴퓨터는 유한한 수의 단계들을 따른다고 보장할 수 없게 된다. 이 경우 컴퓨터는 컴퓨터의 작동을 가능하게 하는 계산 가능한 함수들을 무한하게 가질 수 있다. 하지만 위의 정의에 따르면 지능의 전체적인 함수는 계산이 불가능하다. 지능이 계산 불가능한 이유는 지능의 상태를 판단할 수 없기 때문이 아니다. 지능이 특정하고 유효한 절차를 수행하지 않기 때문이다.

처치-튜링 논제를 따르는 유효한 절차의 확실성을 포기한다면, 컴퓨터가 일상적인 의미에서 유효한 어떤 것을 계산한다는 생각을 포기할 필요가 없어진다. 튜링은 1947년 런던 수학회에 제출한 논문에서 다음과 같이 말했다. "어떤 기계가 무오류이기를 기대한다면 그 기계는 지능도 가질 수 없을 것이다. 이 생각은 몇 개의 수학적 정리만으로도 거의 정확하게 증명할 수 있다."

튜링이 계산 가능성 이론을 발표한 후 몇 년이 지나 워런 맥컬럭Warren McCulloch과 월터 피츠Walter Pitts(1943년)는 뇌도 튜링 기계와 동등한 기계일 수 있다는 것을 보여줬다. 뉴런이 기본적인 논리 함수들을 계산하는 데 사용될 수 있다는 주장이었다. "신경 활동의 모 아니면 도all-or-none와 같은 특성 때문에 신경계에서 일어나는 일들과 그 일들 사이의 관계는 명제 논리propositional logic로 취급될 수 있다."(McCulloch & Pitts, 1943, p. 115). 뉴런과 뉴런의 활동에 대한 연구가 70년 이상 이뤄진 지금 생각하면 뉴런이 정신 활동을 어떻게 나타내는지에 대한 이들의 생각은 지나치게 단순한 생각이라고 할 수 있다. 그럼에도 불구하고 이들의 생각은 마음과 뇌에 대한 기존의 생각과는 근본적으로 다른 생각이었고, 이 생각은 인공지능 발달에 지대한 영향을 미쳤다.

맥컬럭과 피츠의 가설은 (마음이 튜링 기계와 동등한 기계라는) 마음에 관한 형식 이론을 제기한 최초의 가설 중 하나이자 신경망과 계산을 다룬 최초의 가설 중 하나다. 이 가설의 핵심은 모든 논리적 관계를 AND, OR, NOT이라는 논리 연산들의 조합으로 나타낼 수 있다는 것이다. 맥컬럭과 피츠는 뉴런이 이런 논리 연산들을 실제로 어떻게 수행할 수 있는지 보여줬다. 따라서 이들의 가설에 따르면 뉴런의 일부 조합은 튜링 기계와 동등한 기계가 될 수 있다.

다트머스 여름 회의(1956년)

뇌가 튜링 기계와 동등한 기계라는 생각은 존 매카시가 1956년 다트머스 여름 회의를 조직하게 만든 주요 동기 중 하나였다. 튜링처럼 매카시도 지능의 수학적 성질에 관심이 있었다. 매카시는 상식 추론commonsense reasoning에 수학을 적용하는 연구를 해왔으며, 정보 이론의 아버지로 널리 알려진 클로드 섀넌Claude Shannon의 지도를 받은 사람이었다. 매카시가 다트머스 회의를 조직하게 만든 것은 수학, 특히 수학적 논리와 뇌에 대한 관심이었다. 다트머스 회의의 취지는 다음과 같은 말로 회의 제안서에서 표현됐다. "학습의 모든 측면 또는 지능의 다른 특징들은 원칙적으로 정확하게 기술될 수 있기 때문에 기계가 그것들을 시뮬레이션하게 만들 수 있다는 추측에 근거해, 기계가 언어를 사용하고, 추상적인 개념들을 만들어내고, 현재는 인간만이 풀 수 있는 특정한 종류의 문제들을 풀고, 스스로를 개선할 수 있도록 만드는 방법을 찾기 위한 시도가 이뤄질 것이다."

회의 참석자들이 논의한 주제 중 일부를 살펴보자.

- "컴퓨터가 언어를 사용할 수 있도록 어떻게 프로그램할 수 있을까?" 회의 참가자들은 "인간 사고의 많은 부분은 추론 규칙과 추측 규칙에 따라 단어를 다루는 과정으로 구성된다."고 봤다. 하나의 문장이 다른 문장들을 암시할 수 있게 만드는 프로그램을 작성할 수 있을까?

- 신경망. "(가상의) 뉴런들의 집합이 어떻게 정렬돼 개념을 만들어 낼 수 있을까?"
- 기계학습. "진정으로 지능적인 기계는 자기 개선이라는 말로 가장 잘 설명될 수 있는 활동을 수행할 것이다."
- 창의성과 무작위성randomness. "창의적인 생각과 만족스럽지만 뛰어나지는 않은 비창의적인 생각의 차이는 특정한 무작위성의 개입에 있지만" 이 무작위성은 직관에 의해 유도돼야 한다.

다트머스 회의에 참가했던 존 매카시, 마빈 L 민스키, 너새니얼 로체스터Nathaniel Rochester, 클로드 섀넌, 앨런 뉴얼, 아서 새뮤얼Arthur Samuel, 올리버 셀프리지Oliver Selfridge, 허버트 사이먼은 회의 후에 체커 같은 게임을 하거나, 문장으로 구성된 대수 문제를 풀거나, 논리적 정리를 증명하거나, 영어로 대화할 수 있는 컴퓨터 프로그램을 만들기 위한 연구를 계속했다. 다트머스 회의 참석자들은 모두 미래의 계산지능 연구에 확실한 영향을 미쳤다.

허버트 사이먼과 앨런 뉴얼은 (존 쇼John Shaw와 공동으로 작성된) 프로그램인 "논리이론가"에 대해 이 회의에서 논의했다. 사실, 인공지능의 일부 측면들을 실제로 보여주는 프로그램을 가지고 있었던 것은 이 두 사람밖에는 없었다.

이들의 프로그램은 버트런드 러셀과 알프레드 화이트헤드가 《수학 원리》에서 다룬 수학적 정리들을 증명하기 위한 것이었다. 실제로 이 프로그램은 이 정리들의 상당히 많은 수를 증명해냈다. 사이먼은 이 프로그램이 해낸 일이 매우 중요한 업적이라고 봤는데, 그 이유 중 하나는 컴퓨터가 수학 계산기 수준을 넘어 기호를 사용하게 이 프로그램이 만들었다는 데 있었다.

논리이론가 프로그램은 기호 조작 기법의 힘을 활용하기 위한 시도였다. 뉴얼과 사이먼이 이런 프로그램을 만들 수 있었던 것은 러셀과 화이트헤드가 《수학 원리》에서 이미 수학적 정리들을 구체적인 기호 형태로 표현한 데에 힘을 입었기 때문이었다. 논리이론가 프로그램의 핵심 아이디어는 잘 구조화된 특정한 유형의 수식으로 표현할 수 있는 모든 문제는 러셀과 화이트헤드의 접근방식으로 풀 수 있다는 것이었다.

사이먼과 뉴얼 이후에 이뤄진 계산지능 연구의 대부분에서처럼, 사이먼과 뉴얼은 지능이 형식 시스템으로 표현될 수 있으며, 그 형식 시스템을 처리할 수 있는 컴퓨터 프로그램을 만들 수 있다고 주장했다. 체커나 체스 또는 바둑을 두는 현재의 컴퓨터에서처럼, 이들의 접근방식은 몇몇 중간단계들을 거쳐 공리들을 연결해 결론에 이르게 만드는 그래프와 같은 것이었다. 컴퓨터의 역할은 이 그래프를 탐색해 공리에서 결론으로 이끌 단계들을 찾아냄으로써 정리를 증명하는 것이었다. 20세기 중반에는 컴퓨터의 계산 능력이 제한적이었음에도 불구하고 이들의 접근방식은 수많은 문제들을 풀어냈고, 이 결과에 기초해 이들은 소량의 추가 작업이나 계산 능력 확장만으로 더 완전한 해법을 찾을 수 있을 것이라고 기대했다.

다트머스 회의에서 뉴얼과 사이먼의 발표는 미지근한 반응을 얻는 데 그쳤지만, 이들이 제시한 추론이 탐색이라는 개념은 계산지능 연구에 지속적이고 지대한 영향을 미쳤다. 이들의 접근방법은 초기 가설로 시작한다. 《수학 원리》에서 기술된 추론 규칙에 기초한 이 초기 가설로부터 각각의 가지들이 추론된다. 이 추론 결과들의 집합이 목표에 이르면 정리가 증명되는 방식이다. 이 경로는 논리 나무의 가지들 중에서 선택을 하는 과정이라고 할 수 있다.

논리이론가 프로그램은 어떤 경로를 선택할지 결정하기 위해 휴리스틱을 이용하기도 했다. 휴리스틱이라는 개념은 뉴얼과 함께 스탠퍼드 대학에서 정리 증명 방법을 연구한 조지 폴리아George Polya가 처음 제시한 개념이었고, 처음에는 정리 증명 방법 연구에서만 사용되던 좁은 의미의 개념이었다. 하지만 현재 휴리스틱은 인공지능뿐만 아니라 대부분의 문제 해결에서 핵심적인 위치를 차지하고 있다. 휴리스틱은 가능한 경로 또는 따라갈 수 있는 가지가 너무 많을 때 특히 큰 핵심적인 역할을 한다. 휴리스틱은 가장 유용할 것으로 보이는 가지를 선택하게 함으로써 따라가야 할 가지의 수를 제한하기 때문이다.

뉴얼, 사이먼 그리고 존 쇼가 나중에 만든 프로그램인 "일반 문제 해결 프로그램General Problem Solver"은 논리 증명과 기하학 정리 증명에 뛰어난 능력을 보였다. 이 프로그램은 문제에 대한 지식과 규칙을 문제를 푸는 수단과 분리함으로써 일반적인 문제를 풀 수 있는 엔진이 됐다. 이 프로그램은 문제를 잘 구조화된 수식으로 표현했을 때 하노이 탑 문제를 풀 수도 있고 체스를 둘 수도 있다.

공리로부터 결론에 이를 수 있는 수많은 경로들을 처리하기 위해 이 프로그램이 이용한 휴리스틱은 원하는 결론에 더 가까워지게 만드는 가지를 선택하는 것이었다. 이 휴리스틱은 "언덕 오르기hill climbing"라고 불릴 수 있는데 언덕의 정상, 즉 의도한 결론 쪽으로 더 가깝게 다가갈 수 있는 선택을 하기 때문이다.

표현(representation)

후에 뉴얼과 사이먼은 계산 문제 해결이라는 자신들의 개념을 물리적 기호 시스템physical symbol system 가설이라는 형태로 다듬었다 (1976년). "물리적 기호 시스템은 일반적인 지능적 행동을 위한 필요조건이자 충분조건이다." "필요조건"이라는 말은 물리적 기호 시스템 없이는 일반적인 지능적 행동을 할 수 없다는 뜻이다. "충분조건"이라는 말은 물리적 기호 시스템만 가지면 일반적인 지능적 행동을 할 수 있다는 뜻이다.

물리적 기호 시스템은 (종이에 한 표시 또는 컴퓨터로 인코딩되는 기호 같은) 물리적 기호들을 조합해 구조나 표현을 생성한 다음 이 표현들을 조작해 새로운 표현들을 만들어내는 시스템이다. 기호는 다른 객체를 의미하거나, 표현하거나 대표하는 물리적 객체일 수도 있고, 가상의 객체일 수도 있으며, 특정한 물리적 시스템의 상태(예를 들어, 집적회로의 전하 또는 디스크의 자기 영역)일 수도 있지만, 물리적이라는 데에는 변함이 없다. 기호는 다른 객체들을 대표하는 물리적인 객체다. 기호와 기호를 조작하고, 기호를 다른 기호에 매핑mapping하고, 기호들을 조합해 표현으로 만들고, 그 표현들을 변환시키기 위한 규칙을 포함하는 물리적 기호 시스템은 지능의 기초로 주장되고 있다.

물리적 기호 시스템 가설에 따르면, 우리가 컴퓨터에 적절한 기호 처리 프로그램을 심을 수 있다면 그 컴퓨터는 지능적이 될 수 있다. 이 가설에 따르면 인간의 사고는 기호 조작이며, 이런 기호 조작을 할 수 있는 것은 어떤 것이든 지능적이 될 수 있다.

이 가설에 따르면 물리적 기호 시스템의 핵심에는 기본적이고, 원시적이고, 환원 불가능한 기호들(예를 들어, 공리들)이 있다. 이런 기호들이 아닌 기호들은 이런 기호들을 이용한 표현에 의해 정의된다. 물리적 기호 시스템 가설은 지능을 형식 시스템으로 본다. 이 가설은 러셀과 화이트헤드의 공리들 모두를 수학적으로 증명하고자 한 뉴얼과 사이먼의 연구로부터 직접적인 영향을 받은 가설이기 때문이다.

물리적 기호 시스템 가설에 대해서는 비판적인 시각이 적지 않게 존재한다(Nilsson, 2007 참조). 이런 비판 중의 하나는 지식과 지능이 숫자로 표시될 수 있는지에 관한 의문을 제기한다. 뉴얼과 사이먼의 주장에서처럼 컴퓨터의 0과 1로 기호가 구성된다면 이들의 주장에는 별 내용이 없다는 비판이다. 실제로, 컴퓨터에서 0과 1은 그 자체만으로는 세상에 있는 어떤 것도 나타내지 않는다. 하지만 이 숫자들을 포함하는 표현은 세상의 있는 것들을 나타낼 수 있다. 예를 들어, 숫자 438(이진법으로는 110110110)은 애플파이 한 조각의 열량 또는 화물목록에서 438번 품목을 나타낼 수 있다. 0과 1로 인코딩되든 10진법 숫자로 인코딩되든 상관없이, 숫자 한 개로는 표현 관계를 구체적으로 표시하는 과정 없이 기호 표현을 할 수 없다. 기호가 되려면 어떤 것을 대표해야 한다. 따로 홀로 떨어져 있는 표시는 기호가 될 수 없다. 기호가 되려면 외부 참조가 반드시 필요하며, 외부 참조는 관찰결과들로부터의 추론이 형식적 과정인 것처럼 단순하게 형식적인 과정이 될 수 없다. 외부 참조의 필요성은 지난 장에서 다룬 논리실증주의의 문제와 동일한 문제 때문에 발생한다. 기호가 어떻게 참조의 대상이 되는지에 대한 문제는 "기호 접지 문제

symbol grounding problem"라고 부른다.

"기호 접지"는 기호가 기호 외부의 어떤 것과 연결되는 과정을 말한다. 형식 시스템은 기호와 그 기호의 의미를 확실하게 연결시킬 수 없다. 하지만 기호 또는 표현을 대상으로 적절하게 연산이 수행되려면 그 연산은 그 기호의 "의미"에 의존해야 한다. 예를 들어, 목록에서 특정한 품목을 나타내는 특정한 기호는 목록에 추가될 수도 있고 목록에서 제거될 수도 있지만, 애플파이 한 조각이 몇 칼로리인지 나타냈던 기호는 매일 섭취해야 하는 칼로리 목록에 반드시 추가돼야 할 수도 있다. 모든 연산이 모든 기호를 대상으로 동일하게 적용되지는 않는다.

형식 시스템은 기호의 의미semantics와 완전히 분리되지는 않는다. 의미는 기호 시스템을 오염시키기 때문에 기호 시스템만으로는 지능을 만들어낼 수 없다. 뉴얼과 사이먼은 《수학 원리》의 정리들을 증명할 때 기호 접지 문제를 무시할 수 있었다. 이 경우 정리 증명 자체가 이미 완전히 형식적인 시스템이기 때문이었다. 하지만 다른 종류의 문제들을 풀려면 기호 접지 문제를 반드시 해결해야 한다.

언어는 뉴얼과 사이먼이 물리적 기호 시스템 가설을 만드는 데 영감을 준 매우 중요한 기호 시스템이다. 하지만 언어는 완전한 형식 시스템이 아니다. 언어 또한 기호로 어떤 일을 할 수 있는지에 의미가 미치는 영향을 받는다. 이렇게 의미가 영향을 미치는 예 중 하나가 "처소논항 교체locative alteration"다. 복문 구조에서 일부 동사들이 의미가 변하지 않은 채 사용되는 현상을 말한다. 예를 들어, 다음의 두 문장은 근본적으로 같은 뜻이다.

- 레오는 막대기로 울타리를 때렸다(Leo hit the fence with a stick).
- 레오는 울타리에 막대기를 때렸다(Leo hit a stick against the fence).

하지만 다음의 두 문장은 같은 뜻이 아니다. 위의 두 문장과 다음의 두 문장은 형식이 완전히 같음에도 불구하고 그렇다. 다음의 두 문장은 위의 두 문장에서 쓰인 "때렸다"라는 동사가 "부쉈다"라는 동사로 대체됐다는 점에서만 다르다.

- 레오는 막대기로 울타리를 부쉈다(Leo broke the fence with a stick).
- 레오는 울타리에 막대기를 부쉈다(Leo broke a stick against the fence).

이 두 문장에서 보면, 첫 번째 문장에서 부서진 것은 울타리이고, 두 번째 문장에서 부서진 것은 막대기다.

"때리다"라는 동사는 "처소 동사"인 반면(여기서 "때리다"라는 동사는 막대기를 울타리에 댄다는 뜻이다), "부수다"라는 동사는 처소 동사가 아니다. 처소 동사를 사용하는 경우는 위의 두 문장처럼 구조가 달라져도 같은 의미를 가지지만, 처소 동사가 아닌 동사를 사용하는 경우는 아래의 두 문장처럼 구조가 달라지면 같은 의미를 가지지 않는다. 동사의 의미는 그 동사가 특정한 의미를 전달하기 위해 사용되는 문장의 구조에 영향을 미친다. 세계와 세계를 나타내는 표현 시스템은 엄격하게 구분하는 것이 불가능하다. 기호 접지 문제에 대해서는 곧 다시 언급할 것이다.

이런 비판은 형식 기호 시스템만으로는 계산지능을 만들 수 없다는 것을 더 명확하게 보여준다. 그렇다면 컴퓨터는 접지되지 않은 임의의 기호들만 처리할 수 있다고 주장할 수도 있다. 하지만 그렇다고 해서 인간의 뇌가 기호들을 접지시키는 방법이 컴퓨터보다 더 뛰어나다고 생각할 근거는 없다. 예를 들어, "존의 아내", "워싱턴에서 온 사과", "유니콘은 존재하지 않는다." 같은 표현들을 생각해보자. 이 기호들이 컴퓨터에서 사용되는 기호들보다 더 형식적으로 접지돼 있다고 할 수는 없다. 기호의 의미는 기호의 사용방식에서 비롯된다. 기호는 사용방식이 정확하지 않을 때도 그 사용방식에 대한 제약이 기호의 의미를 나타내는 데 사용되기 때문이다.

물리적 기호 시스템 가설에 기초한 접근방식은 기호 접지 문제가 있음에도 불구하고 이른바 전문가 시스템이라는 형태의 계산지능에 지속적으로 지대한 영향을 미쳤다.

1970년대의 컴퓨터 과학자들, 특히 에드워드 파이겐바움$^{Edward\ Feigenbaum}$ 같은 학자들은 실용적인 추론 엔진(후에 전문가 시스템이라는 이름으로 불리게 된 엔진)을 만들 수 있는 가능성에 대해 연구하기 시작했다. 전문가 시스템은 인간 전문가의 추론 능력을 모방해 복잡한 문제를 푸는 것이 목적이었다. 여기서 추론은 IF-THEN 규칙으로 표현된다. 예를 들어, 의학 진단 시스템은 "환자가 발진을 나타내면 그 환자가 홍역의 다른 증상들도 나타내는지 고려하라." 같은 형태의 규칙을 가질 수 있다. 전문가 시스템의 목표는 일반 인공지능의 모델을 만드는 것이 아니었다. 전문가 시스템은 특정한 문제들을 처리하는 특수 목적 시스템이었다.

전문가 시스템은 물리적 기호 시스템에 깊이 뿌리를 둔 시스템이다. 실제로 파이겐바움은 사이먼의 제자였다. 일반적으로 전문가 시스템의 규칙은 "지식 공학자 knowledge engineer"와 "주제 전문가 subject matter expert"의 협력 연구로 작성된다. 이런 전문가 시스템의 최초의 예 중 하나는 DENDRAL이라는 프로그램이다. 이 프로그램은 화학자들이 질량분석기를 이용해 미지의 유기분자들을 찾아내는 데 사용하기 위해 만든 프로그램이다.

질량분석기는 복잡한 화학화합물을 원소 단위로 쪼개 각 원소의 상대적인 양을 측정하는 장치다. 질량분석기는 화합물의 화학적 구성과 구조를 파악하는 데 매우 중요한 역할을 한다. 어떤 화합물을 구성하는 원소들을 알아낸다고 해도, 그 원소들이 결합하는 방식은 매우 다양할 수 있다. DENDRAL은 화학 원소들의 결합 방식에 대한 전문가들의 지식을 기초로 분석해야 하는 결합의 수를 휴리스틱 방식으로 제한하기 위한 프로그램이다.

DENDRAL은 지식 기반 knowledge base(여기서는 화학에 관한 지식)과 추론 엔진을 엄밀하게 분리한 프로그램이었다. 코드를 바꿀 필요가 전혀 없이 시스템에 새로운 내용을 공급할 수 있는 프로그램이었다는 뜻이다. 지식이 바뀌더라도 추론 수단은 한 종류의 과제에서 다른 종류의 과제로 이동할 때에도 변하지 않고 그대로 유지됐다.

파이겐바움과 동료들은 DENDRAL을 비롯한 전문가 시스템이 성공을 거둔 이유가 전문가 시스템의 추론 능력이 아니라 전문가 시스템이 가지고 있는 지식 기반(사실들의 집합)에 있다고 생각했다. 파이겐바움에 따르면 "시스템이 높은 수준의 지능적인 이해와 행동을 보이는 주된 이유는 시스템이 가질 수 있는 특정한 지식, 즉 목표 영역에 대한 개념, 사실, 표현, 수단, 모델, 은유, 메타포 metaphor(일반인이 이해하기 어려운 기술적인 문제에 대해 일반적인 중간 표현 수

법을 써서 전자적인 조작이나 표현을 보다 친숙한 형태로 비유하는 능력), 휴리스틱 때문이다."

MYCIN이라는 이름의 나중에 개발된 프로그램의 목표는 혈관질환 진단이었다. MYCIN은 전문가들과의 폭넓은 인터뷰를 통해 확보한 약 450개의 규칙을 이용해 의학 전문가의 수준에 비견하거나 또는 경험이 적은 의사들보다 더 높은 수준의 진단을 할 수 있었다.

DENDRAL, MYCIN 그리고 이와 비슷한 프로그램들은 장난감 문제를 푸는 수준 이상의 능력을 보인 최초의 AI 프로그램이었다. 1982년이 되자 전문가 시스템은 DEC Digital Equipment Corporation를 비롯한 많은 기업에서 상업 용도로 사용, 인공지능 연구를 실생활 문제를 풀기 위한 연구로 전환시켰다.

1980년대 후반에 나는 미국 재향군인 관리국의 의뢰로 폐쇄성 뇌손상 진단을 위한 전문가 시스템을 개발한 적이 있다. 폐쇄성 뇌손상은 머리를 어딘가에 세게 부딪혔을 때 두개골 골절이 없이 발생하는 뇌진탕 같은 질환을 말한다. 폐쇄성 뇌손상은 전쟁터에서 (그리고 미식축구 경기장에서) 흔히 발생하며, 전문가에 의한 진단이 가능한 곳으로 환자를 데려가기가 어려울 때가 많다. 내가 만든 시스템의 규칙은 신경심리학 전문가와의 심층적인 인터뷰를 통해 작성됐다. 전문가와의 인터뷰를 통해 나는 전문가들이 사용하는 규칙들을 이해할 수 있었다. 작성된 규칙들은 시스템의 지식 기반으로 쉽게 인코딩할 수 있었다.

전문가 시스템에서 사용되는 규칙들은 지식 공학자에 의해 시스템의 지식 기반 안으로 명시적으로 코딩된다. 인공지능이 엄청난 진전을 이룬 것은 컴퓨터가 자신이 사용할 규칙을 학습할 수 있게 만드는 방법들이 나중에 개발되고 나서다. 전문가 시스템 구현에 관해서는 다음 장에서 다시 다룰 것이다. 전문가 시스템의 등장은 3가지 면에서 계산지능에 중요한 결과를 낳았다. 첫째, 전문가 시스템은 적어도 일부 문제들은 물리적 기호 시스템 구현을 통해 처리할 수 있다는 것을 보여줬다. 둘째, 전문가 시스템은 AI를 연구실에서의 연구 대상에서 실생활에서의 문제로 변화시켰다. 셋째, 전문가 시스템은 일반지능이라는 문제를 풀 수는 없었지만, 일반적인 방법을 이용해 특정한 문제들을 푸는 것으로 문제 해결의 범위를 제한했다. 이 3가지 결과 중에서 가장 중요하고 지속적인 영향을 미친 것은 일반지능에서 특정한 문제들의 해결로의 전환이었다고 할 수 있다.

다트머스 회의에서 제안된 일반지능에서 좁은 의미의 지능으로의 이 전환은 확실히 놀라운 전환이었다. 당시는 일반 인공지능에 대한 비현실적인 기대가 결국 무너지면서 인공지능 연구의 장기적인 안정성이 무너지고 있는 시점이었다. 인공지능 연구의 새로운 발견 하나하나는 전망이 있어 보였지만, 일반지능 구현이 실패하면서 연구자금 지원이 줄어들었고, 인공지능 연구는 결국 제한될 수밖에 없었다. 하지만 전문가 시스템이 실제 비즈니스 환경에 배치되기 시작하자 가치를 실제로 확인할 수 있는 진전이 확실하게 가시화되기 시작했다.

그 후 몇 년 동안 계산지능 연구자들 대부분은 인간이 수행할 수 있는 모든 과제를 수행할 수 있을 정도로 일반적인 기계를 만들기 위한 가시적인 노력을 거의 하지 않았다. 대신 연구자들은 "좁은 영역을 다루는 멍청한 전문가dumb specialists in small domains" 프로그램을 만들기 시작했다(Minsky, 1996). 좁은 의미의 계산지능 연구는 특히 지난 10여 년 동안 눈부신 성공을 거두었다.

하지만 일반 인공지능이라는 목표가 완전히 포기된 것은 아니었다. 지금도 일반 인공지능은 많은 의미에서 컴퓨터 과학의 성배로 생각되고 있다. 하지만 현재 일반 인공지능 연구의 대부분은 진전 결과를 바로 그리고 쉽게 확인할 수 있는 특정한 문제 해결 방법 연구에 집중돼왔다.

초기 전문가 시스템을 비롯해 초기의 AI 시스템은 계산 능력이 부족했었다. 로스 퀼리언Ross Quillian(1969년)은 언어를 이해하는 시스템을 시연했지만, 이 시스템이 이해할 수 있는 단어는 20개에 불과했다. 메모리에 그 정도 단어밖에 저장할 수 없었기 때문이었다. "가르칠 수 있는 언어 이해기Teachable Language Comprehender, TLC"라는 이름의 이 시스템은 시스템 주변에 대한 사실들과 그 사실들 사이의 연결 관계를 나타내는 의미 네트워크Semantic network(의미망)를 갖추고 있었다. 또 하나의 핵심적인 혁신인 이 네트워크는 단어 또는 개념을 표시하는 유닛과 그 단어 또는 개념의 특징을 나타내는 속성을 표시하는 유닛으로 구성돼 있었다. TLC에 관한 퀼리언의 1969년 논문은 대략적인 스케치에 불과했다. TLC가 실용성을 가지려면 기본적인 사실과 관계를 저장할 수 있는 메모리가 훨씬 더 커야 했고, 문장 구조에 대해 더 잘 이해해야 했으며, 추론 규칙도 더 강력해야 했다. 하지만 이 논문은 일종의 개념 증명으로서의 의미가 있다.

컴퓨터 자원의 부족은 AI 연구를 계속 방해했다. 하지만 무어의 법칙Moore's law(컴퓨터의 능력이 약 18개월마다 두 배로 늘어난다는 법칙)에 따라 그리고 컴퓨터 과학이 진전함에 따라 64만 바이트(640k 또는 64만

캐릭터)가 시스템이 수용할 수 있는 메모리의 표준 용량이던 때에 비해 현재의 메모리 용량은 엄청나게 늘어난 상태다. 예를 들어, 내가 지금 차고 있는 스마트워치의 계산 능력은 1970년대 내가 처음 프로그래밍을 배울 때 대학에 있던 컴퓨터 시스템의 계산 능력보다 훨씬 뛰어나다. 1976년에 한스 모라벡은 실제로 인공지능이 실현되려면 컴퓨터는 당시 컴퓨터의 계산 능력의 수백만 배에 이르는 계산 능력을 갖춰야 할 것이라고 말하기도 했다.

유용한 계산지능으로 생각되기 위해 필요 가능한 경로의 숫자도 인공지능 개발의 큰 걸림돌이었다. 장난감 문제를 넘어서면, 가능한 모든 해법의 조합을 만들기 위해서는 대안들을 포함하는 공간이 엄청나게 커야 하고 그 모든 조합을 시험하는 데도 상상을 초월하는 시간이 들 것이기 때문이었다. 휴리스틱을 이용해 필요한 공간과 시간을 어느 정도 줄일 수는 있었지만, 휴리스틱이 근본적으로 시간과 공간의 부담을 완전히 없앨 수는 없었다. 그때 이후로 계산지능의 진전은 계산 능력의 개선과 새로운 휴리스틱의 발견과 발명에 의해 이뤄지고 있다. 이 이야기는 이 장의 마지막 부분에서 다시 할 것이다.

물리적 기호 시스템 가설은 1970년대 후반과 1980년대 초반에 광범위한 비판을 받았다. 비판은 대부분 철학자들에 의해 이뤄졌지만, 컴퓨터 과학자 중에서도 이런 비판을 한 사람들이 있었다. 이런 비판은 크게 두 갈래로 나뉘었다. 첫 번째 비판은 앞에서 언급한 기호 접지 문제와 관련된 것이었다. 즉, 기호가 지능의 기초로서 유용성을 가지려면 현실 세계와의 특정한 연관관계를 가져야 한다는 주장이다. 두 번째 비판은 물리적 기호 시스템 가설로 설명되는 계산 형태는 지능을 만들기 위한 계산 형태가 될 수 없다는 주장이었다.

기호 접지 문제는 물리적 기호 시스템에 의해 조작되는 기호들이 종이에 썼을 때는 구불구불한 선에 불과하며, 컴퓨터에 인코딩되면 0과 1에 불과하다는 주장을 담고 있다. 이 주장에 따르면 시스템은 기호가 어떤 것을 대표한다는 생각, 기호가 어떤 것을 나타낸다는 생각을 전혀 하지 못한다. 물리적 기호 시스템에서 "사과"라는 단어는 종이에 표시된 자국에 불과하지만, 지능을 가진 인간에게서 "사과"라는 기호는 과일을 "나타낸다refer." 이 주장에 따르면, 진정한 이해는 단순한 상징 조작 차원을 넘어 실제 세계를 나타내야 하며, 형식적인 기호 조작 시스템 이상의 것을 요구한다.

기호가 컴퓨터는 고사하고라도 사람과 어떻게 관계를 맺는지는 매우 어려운 철학적 문제이기 때문에 여기서 다루지는 않을 것이다. 단어는 의미가 모호할 수 있다("애플"이라는 말은 컴퓨터 회사를 나타내기도 한다). 의미는 나타냄reference과 같은 것이 아니다(예를 들어, "골든 마운틴은 존재하지 않는다."라는 문장에서 "골든 마운틴"은 그 어떤 것도 나타내지 않는다. 골든 마운틴은 존재하지 않기 때문이다.) 하지만 이런 문제에 대한 생각을 일단 접는다면, 물리적 기호 시스템의 기호와 규칙은 그 물리적 기호 시스템 외부의 그 어떤 것과도 연결되지 않은 상태에서 여전히 그 시스템 안에 존재한다고 할 수 있다. 기호 접지 문제를 제기하는 주장에 따르면 지능이 되려면 기호가 외부의 대상들과 연결되어야 한다.

여기서 존 설John Searle이 제안한 중국어 방Chinese Room이라는 사고 실험에 대해 살펴보자. 중국어 글자들이 담긴 바구니들이 있는 방이 있다고 상상해보자. 당신은 중국어를 말하지도 읽지도 못하지만, 물리적인 형태의 중국어 기호들을 무제한으로 읽을 수 있게 해주는 매뉴얼을 가지고 있다. 이때 중국어 방 밖에 있는 중국어 화자가 중국어 문자, 즉 기호를 창을 통해 방 안으로 밀어 넣는다. 이 중국어 방 밖에 있는 사람은 실제로 중국어를 이해하는 사람이지만, 방 안에 있는 사람, 즉 당신은 중국어를 전혀 이해하지 못하는 사람이다.

창을 통해 기호를 받았을 때 당신은 매뉴얼을 참조해 다른 창을 통해 다른 기호를 방 밖으로 내보낸다. 매뉴얼은 완벽하기 때문에 당신이 보이는 모든 반응은 당신이 받은 입력에 대한 적절한 대화 반응이 된다. 바꿔 말하면, 이 시스템은 튜링 테스트를 통과한다고 할 수 있다.

중국어 화자 입장에서 생각하면, 기호를 주고받는 이상한 방식을 이용하긴 하지만 이 화자는 대화를 나누고 있는 것이다. 하지만 방 안에 있는 당신은 매뉴얼을 참조해 그 매뉴얼의 내용대로 반응을 한다는 것만 알 뿐 대화 내용은 전혀 이해하지 못한다. 중국어 방은 물리적 기호 시스템의 완벽한 구현이다. 하지만 존 설에 따르면 중국어 방은 아무것도 이해하지 못하며, 따라서 중국어 방은 지능적이 될 수 없다.

방 안에 있는 사람은 여전히 중국어를 이해하지 못한다고 말할 수 있다. 하지만 우리 머리 안에 사람이 들어있지는 않다[역주: 중국어 방에 있는 당신이라는 시스템이 이해를 하는 것처럼 보이는 것이지 그 시스템 안에 있는 어떤 존재(사람)가 이해하는 것은 아니라는 뜻]. 우리는 당신이 중국어 방 안에서 대화를 나눌 수 있다면 당신이 중국어를 이해한다고 말한다. 당신의 뉴런들, 즉 당신의 뇌 안에서 그 과정을 처리하는 세포들은 중국어를 이해하지 못하지만 당신이라는 시스템은 중국어를 이해한다고 말할 수 있는 것이다. 방 자체는 중국어를 이해하지 못하지만, 그 방에서 일어나는 과정은 마치 확실히 중국어를 이해하듯이 작동하는 것이다. 매뉴얼, 기호들, 매뉴얼에 있는 규칙들은 모두 마치 중국어를 이해하는 것처럼 작동한다. 어쩌면 이것들이 실제로 중국어를 이해하고 있을지도 모른다.

내가 중국어 방 안을 들여다본다면 당신이 중국어 기호들을 뒤지는 모습을 볼 수도 있을 것이다. 하지만 나는 당신의 머리 안을 들여다볼 수는 없다. 만약 그럴 수 있다면 뉴런들이 다양하게 발화하는 모습을 보게 될지도 모른다. 하지만 그 모습을 본다고 해도 당신이 중국어를 이해하는지 직접적으로 알 수는 없을 것이다. 나는 당신의 머리 안에서 중국어가 이해되는 과정을 관찰할 수 없으며, 중국어 방을 들여다본다고 해도 중국어가 이해되는 과정을 관찰할 수 없다. 중국어 화자들의 중국어 이해 과정에 대해 우리가 얻을 수 있는 증거는 중국어 방의 시스템에서 얻을 수 있는 증거보다 많지 않다. 나는 그 두 증거의 차이를 모르겠다. 하지만 존 설은 그 차이가 핵심적이라고 생각한다.

중국어 방 사고실험은 언어의 모든 속성을 매뉴얼에 담을 수 있다는 가설에 전적으로 의존한다. 하지만 나는 이 가설 자체도 타당성이 없다고 본다. 존 설의 주장은 컴퓨터가 규칙을 따를 수 있는 능력만 갖고 있으며, 그렇게 규칙을 따르는 것만으로는 지능을 만들어내는 데 충분하지 않다는 것이 핵심이다. 뇌는 규칙을 따르는 것을 넘어서 이해를 한다는 것이 존 설의 주장이다. 하지만 뇌는 할 수 있지만 컴퓨터는 하지 못하는 이해understanding가 정확하게 무엇인지는 분명하지 않다. 다음 장에서는 전문가 시스템의 측면에서 기호 접지에 대해 다시 다룰 것이다.

물리적 기호 시스템 가설에 대한 두 번째 비판은 컴퓨터가 할 수 있는 계산의 종류에 관한 것이다. 이런 종류의 주장 중 하나는 지능이 비기호적nonsymbolic 과정, 즉 아날로그 과정에 의존한다는 것이다.

물리적 기호 시스템 가설에서 사용된 형식 시스템은 특정한 기호들로 "쓰인" 표현들을 이용해 이런 기호들 또는 다른 기호들을 포함하는 다른 표현들을 생성한다. 하지만 형식 시스템은 이런 표현들에 특정한 종류의 기본적인 기호들이 포함된다고 가정한다. 이 기본적인 기호들은 "극소atomic" 단위라고 불린다. 극소 단위는 기본적인 구성요소이며, 더 이상 줄일 수 없다. 언어에서 의미의 극소 단위는 형태소morpheme다. 예를 들어, "적대적인unfriendly" 같은 단어는 3개의 형태소로 나눌 수 있다. 부정을 의미하는 형태소 "un", 친구를 뜻하는 형태소 "friend", 단어가 형용사 형태라는 것을 뜻하는 형태소 "ly"다.

극소 기호들을 조합하면 표현이 된다. 여기서 표현은 언어의 절 또는 문장과 비슷하다. 자두라는 과일을 나타내는 기호는 "자두plum"다. 자두는 "살구apricot"를 뜻하지 않는다. 하지만 자두와 살구를 합쳐 만든 "자구pluot"라는 새로운 과일이 있다고 상상해보자. 그렇다면 "자구"를 나타내는 새로운 극소 기호를 만들어야 할까? 얼마나 많은 극소 기호가 있어야 할까? 어떤 기호가 극소 기호이고, 어떤 기호가 표현을 통해 정의되는지 어떻게 결정해야 할까? 기본적인 극소 단위들 또는 지능을 구성하는 공리들을 찾아낼 수 있을까? 이런 기본적인 원소가 되는 기호들을 찾아낼 수 있는 가능성은 매우 낮다. 수학을 공리화하려는 노력도 실패한 상태에서(Gödel, 1931/1992) 지능을 공리화할 수 있다고 생각할 수 있는 근거는 없다.

"맛있는 사과"라는 말은 사과의 종류를 나타내는 표현이다. 이론적으로 볼 때 이 표현은 "맛있는"이라는 극소 기호와 "사과"라는 극소 기호로 구성된다. 하지만 "말 사과horse apple(역주: 사람이 먹을 수 없는 오세이지뽕나무의 열매)"나 "왁스 사과wax apple(역주: 자바 지역이 원산지인 사과처럼 생긴 과일)"을 생각해보자. 이 열매들은 이름과는 달리 사과가 아니다. 따라서 설령 "사과"가 기호라고 해도, "사과"는 언제나 변하지 않는 동일한 의미를 가지지는 않는다는 점을 생각하면 실제로 극소 기호가 될 수 없다. 사과라는 말의 의미는 사과라는 말이 포함되는 표현의 문맥에 따라 달라지기 때문이다.

세계에 관한 공리들 또는 기본적인 극소 사실들을 추출하려는 시도는 모두 실패했다. 사실fact은 문맥에 따라 달라지는 것으로 보인다. 또한, 우리가 어떤 범주 두 개를 생각해낸다고 해도, 그 범주들이 어떤 범주이든, 그 두 범주 사이에는 항상 다른 범주가 존재하는 것으로 보인다.

더글러스 레넛Douglas Lenat은 30여 년 동안 CYC 시스템을 연구해 온 학자다. CYC는 일상적인 상식적 지식을 전부 컴퓨터에 입력해 인공지능 문제를 해결하기 위한 프로젝트다. 1986년에 이 프로젝트를 시작한 직후 레넛은 이 프로젝트가 완성되려면 25만 개의 규칙과 한 사람이 350년 동안 1년 내내 작업하는 양의 노력이 필요하다고 추산했다. CYC 프로젝트는 미완성 버전이 한동안 공개된 적이 있으며, 최신 버전은 23만 9000개의 개념 그리고 그 개념들에 관련된 200만 개 이상의 사실들을 저장하고 있다. 상용 버전에는 기본적인 사실들이 더 추가돼 있지만, 이 버전도 아직은 상식 추론을 성공적으로 해내지는 못하고 있다. 실제 세계에 대한 지식은 공리들과 그 공리들로부터 추출되는 추론들로 환원하기가 매우 힘들기 때문이다.

자연 세계에서의 지능은 어느 정도 비기호적인 과정들을 필요로 하는 것으로 보인다. 일반적으로 비기호적이라는 말은 아날로그 신호 그리고 그 아날로그 신호의 처리를 뜻한다. 예를 들어, 소리의 존재 또는 부존재는 기호로서 역할을 하지 않는다. 대화를 하는 데 필요한 정보를 전달하는 것은 소리의 진폭(크기)과 시간에 따른 진동수 변화 패턴이다. 진폭과 진동수는 모두 지속적으로 변할 수 있으며, 이 진폭과 진동수를 아날로그 속성으로 만드는 것은 이 지속적인 변화다.

우리는 기호를 이용해 모든 아날로그 속성을 표시할 수 있다. 예를 들어, 0에서 9까지의 숫자를 이용해 소리 크기의 증가를 나타낼 수 있다(앞에서 다룬 물리적 기호 시스템 가설의 디지털 버전 참조). 하지만 이 기호들이 아날로그 과정을 모방하거나 비슷하게 나타낸 것이다. 예를 들어, 소리의 크기는 10개의 서로 확실히 다른 범주로 분명하게 구분할 수 없다. 영화 필름과 LP레코드판은 아날로그 방식으로 기록한 것이고, CD, DVD, 블루레이는 아날로그 신호를 디지털 방식으로 근사화approximation해 기록한 것이다.

체스 두기, 화학구조 분석, 미적분 같은 지능적 과제는 컴퓨터로 수행하기가 비교적 쉽다. 하지만 이런 지능적 과제를 한 살짜리 아기나 쥐가 수행하는 것은 매우 어렵다. 모라벡의 역설이 바로 이것이다(나는 모라벡의 역설이라는 말보다 모라벡의 아이러니가 더 적절한 표현이라고 생각한다). 사람들이 어렵다고 생각하는 일(체스 두기, 추론, 논리 등)을 컴퓨터는 비교적 쉽게 해낸다. 하지만 사람들이 쉽다고 생각하는 일, 자연스럽게 하는 일, 별로 의식을 하지 않고 하는 일을 컴퓨터는 쉽게 해내지 못한다. 예를 들어, 빨래를 갤 수 있는 로봇을 만드는 일은 지금도 매우 어렵다. 실제로, 빨래를 갤 수 있는 기계를 만들겠다는 기업이 두 곳 있었지만, 두 기업 모두 아직 제품을 출시하지 못하고 있다. 개발 과정에서 반대에 부딪혔기 때문으로 보인다(Lee, 2018). 이 두 기업 중 한 기업은 어느 정도 진전을 거두고 있는 것으로 보이지만, 아직 빨래를 개는 기계를 만들어내지는 못했다(Lee, 2019).

"학습의 모든 측면 또는 지능의 다른 특징들은 원칙적으로 정확하게 기술될 수 있기 때문에 기계가 그것들을 시뮬레이션하게 만들 수 있다는 추측"에 근거한 다트머스 AI 회의를 다시 떠올려보자. 계산지능이 지금까지 가장 큰 성공을 거둔 것은 구체적이고 세부적으로 설명하기가 비교적 쉬운 과정들에서였다. 계산지능은 구체적이고 세부적으로 설명하기 어려운 과제들에서는 별로 성공을 거두지 못했다. 계산지능의 성공 여부를 좌우하는 설명 가능성이다. 적어도 현재까지는 그렇다.

인간의 뇌는 우리가 기본적인 감각운동 기능을 수행하게 해주는 메커니즘을 수백만 년 동안 진화시켜왔다. 우리는 거의 노력을 하지 않으면서 공을 잡고, 얼굴을 인식할 수 있다. 반면, 지적인 활동이 시작된 것은 매우 최근의 일이다. 지적인 활동은 많은 노력과 훈련을 필요로 한다. 하지만 여기서 우리는 지능이 지적 활동 능력을 가능하게 하는 것이 아니라 지적 활동이 지능을 만드는 것이 아닌지 생각해 볼 필요가 있다. 추론이나 추론과 유사한 과정들은 훨씬 덜 형식적이고 훨씬 덜 구조화돼 있지만 핵심적인 어떤 기초에 의존하는 지능이라는 빙산의 일각에 불과할지 모른다.

뉴런은 근본적으로 기호적이지 않다. 실제로, 인간의 마음은 노력을 통해 물리적 기호 시스템을 모방할 수 있지만, 한편으로 우리는 논리적인 생각도 시도할 수 있다. 하지만 연구결과들에 따르면 인간의 마음은 근본적으로 모호하다. 우리는 학교에서 논리를 배우지만, 논리가 항상 옳은 결정을 하게 해주는 것은 아니다. 앞 장에서 다룬 카너먼과 트버스키의 발견, 즉 사람들이 상황에 대한 기술 방식이 달라지면 형식적으로 동일한 상황에서도 다른 결정을 내린다는 발견을 다시 떠올려보자. 인간은 물리적 기호 시스템을 모방하지만 인간 마음의 핵심을 이루는 기본적인 과정들은 모호하고 비이성적이라는 생각이 사실로 확인된다면, 그 사실은 물리적 기호 시스템 가설이 틀렸다는 것을 증명할 수 있을 것이다. 불^{Boole}과 사이먼은 틀렸다. 물리적 기호 시스템은 지능적인 생각의 기초도 아니며, 지능적의 생각의 필요조건도 아니다.

물리적 기호 시스템 가설이 제시한 접근방법의 또 다른 심각한 문제점은 규모와 관련이 있다. 컴퓨터가 바둑을 두는 것은 상당히 어려운 일이다. 바둑돌을 둘 수 있는 모든 위치와 바둑돌들의 모든 위치 조합을 고려해야 하기 때문이다. 기본적인 사실들의 수가 늘어나면 이 사실들이 조합될 수 있는 경우의 수는 폭발적으로 늘어난다. 이 현상을 "조합 폭발$^{combinatoric\ explosion}$"이라고 한다.

단순화된 체스 프로그램이 있다고 생각해보자. 체스 말을 한 번 움직일 때마다 할 수 있는 선택이 평균 20개밖에 안 되는 프로그램이다. 우리는 게임에서 이기기 위한 말의 움직임을 선택하고 싶기 때문에 15번의 움직임 후의 상황을 예측하기 위해 노력한다고 가정해보자. 가능한 20개의 움직임 하나하나는 다시 20개의 움직임이라는 선택을 가지게 된다. 따라서 말이 두 번 움직인 후의 상황을 예측하려면 400개의 선택에 대해 생각해야 한다. 그렇다면 15번의 움직임 이후의 상황을 예측하려면 2015개의 선택에 대해 생각해야 한다. 2015은 약 3.3×1019(33,000,000,000,000,000,000)이다. 이 프로그램이 1초당 10억 개의 움직임을 평가할 수 있다고 해도 말의 움직임 한 번을 결정하는 데 걸리는 시간은 9000만 시간(1만 년)에 이를 것이다.

1960년대에서 1980년까지의 계산지능 시연 프로젝트들 대부분은 간단한 장난감 문제에 집중되었다. 현실적인 문제를 처리할 수 있는 컴퓨터 자원이 없었기 때문이다. 퀼리언의 TLC 프로그램이 처리할 수 있는 단어가 20개 정도밖에 안 됐다는 것을 떠올려보자. 이런 문제를 연구하는 사람들은 프로세서가 더 빨라지고 메모리가 늘어나면 계산지능 프로그램이 처리할 수 있는 범위가 쉽게 확장될 것이라고 생각했다. 하지만 시간이 지나면서 이 연구자들이 상황을 너무 과소평가했다는 것이 드러났다. 프로그램을 확장했을 때 폭발적으로 늘어나는 조합들을 감당할 수 없었기 때문이다. 예를 들어, 정리 증명 프로그램은 사실의 수가 수십 개만 돼도 정리 증명을 할 수 없었다.

앞에서 언급한 체스 프로그램의 경우는 고려해야 하는 조합의 수를 줄일 수 있는 방법이 필요할 것이다. 이 때 필요한 것이 바로 휴리스틱이다. 완전한 분석이 불가능해 보일 때는 대부분의 경우 해답에 근접하는 해법을 제공하는 실현 가능한 분석을 해야 한다. 개발자들은 문제에 특화된 지식도 충분히 갖춰야 하지만, 합리적인 휴리스틱을 만들어낼 수 있을 정도의 통찰력도 가져야 한다.

체스 문제에서 앞을 내다보기 어렵다는 것은 모든 경로 문제가 쉽게 설명이 가능함에도 불구하고 항상 간단하게 풀리지는 않는다는 사실을 드러낸다. 풀기 쉬워 보이지만 훨씬 더 까다로운 문제 유형이 하나 더 있다. 이런 유형의 문제 중 하나가 배낭 문제$^{knapsack\ problem}$다. 최대로 담을 수 있는 무게가 정해진 배낭이 있고, 여러 가지 물건이 있다고 생각해보자. 이 물건들 하나하나는 모두 무게와 가치를 우리가 알고 있는 상태에서, 배낭에 담기는 물건들의 총무게가 배낭이 담을 수 있는 무게보다 적으면서 총가치가 최대한 높아지게 만드는 방법은 무엇일까?

배낭이 작다면 문제는 그렇게 어렵지 않다. 하지만 배낭 문제의 틀은 수많은 상황에 적용될 수 있다. 예를 들어, 프로 스포츠 팀은 팀이 선수들에게 지급할 수 있는 연봉의 전체 양이 정해져 있을 수 있다. 이 예산의 범위 안에서 게임에서 이길 수 있는 선수들을 팀에 유지시키는 문제도 일종의 배낭 문제다. 자산의 낭비를 최소화할 수 있는 투자 포트폴리오를 구성하는 문제 역시 배낭 문제의 일종이다. 배낭 문제는 암호해독 분야에도 적용이 가능한 문제다.

배낭 문제는 100년 이상 연구된 문제다. 고려해야 할 대상의 수가 많아질 때 문제 해결의 복잡성은 대상이 하나 추가될 때마다 두 배가 된다. 컴퓨터의 능력이 엄청나게 향상된 지금도 배낭 문제처럼 조합의 수를 고려해야 하는, 어느 정도 복잡한 문제들은 컴퓨터가 풀어내기 버거워한다. 배낭 문제와 비슷한 구조를 가진 탐색 문제의 경우도 고려해야 하는 선택들의 범위를 제한하기 위한 고도의 휴리스틱 없이는 풀기가 극도로 어렵다. 실제로, 배낭 문제의 경우, 근사적 해법이 오랫동안 사용돼 왔다.

계산지능의 일부 형태, 예를 들어 전문가 시스템 같은 프로그램이 성공을 거뒀음에도 불구하고 1970년대부터 1980년대 초반까지는 계산지능에 대한 관심과 경제적 지원이 별로 없었다. 중간 정도 규모의 문제들을 풀기 위한 컴퓨터 자원도 인공지능을 만들기 위한 방법도 충분하지 않았다. 컴퓨터가 곧 인간이 하는 모든 일을 할 수 있을 것이라는 약속은 지켜지지 못했고, 이로 인한 실망은 "AI 겨울 AI winter"을 초래했다.

돌이켜보면, 지능은 효과적인 과정을 통해 구현될 수 있으며 대화로 측정할 수 있다는 튜링의 주장과 이 튜링의 주장을 물리적 기호 시스템으로 확장한 뉴얼과 사이먼의 이론은 결국 실제로는 계산지능의 발전을 방해했다고 할 수 있다. 반면, 튜링의 또 다른 생각(1947/1986), 즉 오류가 없는 컴퓨터는 지능적일 수 없다는 생각은 계산지능 발전에 매우 유용했다고 할 수 있다. 컴퓨터가 오류가 없어야 한다는 생각을 포기한다면 컴퓨터를 지능을 갖게 만들 수 있다는 생각이다. 이 생각은 앞 장에서 언급한 라카토스Lakatos의 생각과 궤를 같이 한다. 오류가 없는 과학을 추구한 논리실증주의는 결국 과학으로서의 역할을 전혀 하지 못하고 사라졌다. 라카토스 같은 학자들은 무오류성을 포기하고 비판과 비교분석을 강조하면서, 과학은 판단될 수 있는 일을 하는 것이지 증명될 수 있는 일을 하는 것이 아니라고 주장했다. 바꿔 말하면, 대부분의 경우 효과가 있지만 항상 효과가 있다고 할 수는 없는 휴리스틱이 핵심적인 역할을 한다는 뜻이다. 휴리스틱은 틀린 답을 낼 때도 있지만, 휴리스틱이 없다면 우리는 아예 어떤 답도 얻을 수 없다.

오류를 범하는 지능에 관한 이런 생각들은 기대를 모았던 물리적 기호 시스템 가설에 의한 접근방법이 1970~1980년대에 실패를 거듭했음에도 불구하고 당시에는 별로 알려지지 않았다. 물리적 기호 시스템 가설에 기초한 계산지능 연구에 대한 관심과 지원은 대부분 사라진 상태다. 계산지능에 대한 관심은 1980년대 중반에 연결주의connectionism를 비롯한 기계학습 이론이 등장하고, 그 후 인터넷과 월드와이드웹이 폭발적으로 성장하면서 다시 살아났다. 하지만 이때 다시 부각된 AI는 다른 종류의 AI, 즉 물리적 기호 시스템 가설과는 별로 연관이 없는 AI였다. 다음 장에서는 이 AI에 대해 다룰 것이다.

일반지능의 정의

인간 지능에 대한 연구와 테스트에서 일반 인공지능에 대한 광범위하고 적절한 정의를 내리는 지금도 매우 어려운 일이다. 이런 어려움의 대부분은 인간 지능에 대한 정의를 내릴 때의 어려움과 비슷한 종류의 어려움이다. 하지만 계산지능 시스템을 설계할 때의 핵심적인 문제는 스피어먼Spearman의 연구에서처럼 무엇이 일반적인지 어떻게 알아내는지가 아니라, 일반적인 것을 실제로 만들어내는 것이다.

지능 테스트에서는 특정한 종류의 문제를 푸는 능력을 특정한 형태의 지능이라고 설명하기가 비교적 쉽다. 문제가 잘 구조화된 문제이고 해법이 알려진 경우는 문제 해결의 성공 여부를 평가하기 쉽다. 일부 학자들은 일반 인공지능이 특정한 문제 해결 모듈들 modules을 수없이 많이 조합한 것에 불과하다고 본다. 적절하게 섞인 문제들을 풀 수 있는 적절하게 섞인 "모듈들"이 충분히 많이 있다면 일반지능이라는 문제는 새로운 상황에 적용할 모듈 하나를 선택하는 과정으로 단순화할 수 있다는 주장이다. 이런 생각을 할 수도 있다고 본다. 이 접근방식과 일반 인공지능에 대한 더 자세한 내용은 제12장에서 다룰 것이다.

지금은 일반지능의 몇 가지 특징에 대해서만 다룰 것이다. 인공지능에 대한 현재의 접근방법이 효과가 있는 이유는 인공지능 설계자들이 문제들을 구조화하고 단순화하는 방법을 찾아냄으로써 현재 존재하는 컴퓨터들과 과정들이 그 문제들을 처리할 수 있게 만들었기 때문이다. 진정한 의미의 일반지능을 가지려면 컴퓨터는 주어진 문제들을 정의하고 구조화하는 능력을 확보해야 한다. 로버트 스턴버그Robert Sternberg(1985년)는 인간 지능과 관련해 지능은 3가지 적응 능력으로 구성된다고 주장했다. 분석적 적응 능력, 창의적 적응 능력, 실용적 적응 능력의 3가지다. 계산지능에 대한 현재의 접근방식은 지능의 분석적인 측면에 집중돼 있다. 컴퓨터는 인간보다 훨씬 빠르게 계산을 하고, 더 많은 내용을 메모리에 저장하고, 무엇보다도 인간보다 훨씬 체계적으로 행동할 수 있다. 컴퓨터는 이런 능력에 크게 의존하는 과제들을 인간보다 더 잘 수행할 수 있다. 하지만 안타깝게도 컴퓨터는 나머지 두 가지 능력은 거의 없다.

컴퓨터는 나타낼 수 있는 창의적 능력이 제한적이다. 컴퓨터는 창의성이 매개변수들의 최적화를 통해 구현될 수 있는 특정한 문제들의 경우는 확실히 창의적인 해결방법을 제시할 수 있다. 예를 들어, 컴퓨터는 그전에는 없었던 상쾌한 음악을 만들어낼 수 있지만, 컴퓨터가 그런 음악을 만들어내는 방식은 컴퓨터 과학자가 만든 음악을 기초로 한다. 컴퓨터 과학자는 컴퓨터가 수행할 분석의 틀을 제공하고, 가장 중요할 것 같은 음악의 특징들을 선별하고, 컴퓨터가 그 특징들에 의해 표현되는 패턴을 추출할 수 있도록 음악 샘플을 제공한다. 컴퓨터는 이미 알려진 샘플들의 특정한 조합을 더 정밀하게 근사화하기 위해 매개변수들을 조정하는 방식으로 음악을 만들어낸다. 이렇게 컴퓨터가 만드는 음악은 새로운 음악일 수는 있지만, 그 음악이 컴퓨터에 의해 만들어지는 과정은 컴퓨터가 이전에 훈련을 받은 패턴의 연장일 뿐이다.

실용지능practical intelligence은 인간 지능에 대한 연구를 지적인 능력으로부터 분리하고자 한 스턴버크Sternberg가 제시한 개념이다. 정규 교육을 받지 않은 사람들도 지적인 능력을 가질 수 있다. 이들은 분석적인 능력은 떨어질 수 있지만 실용적인 능력은 그렇지 않을 수 있다. 실용지능은 일반적으로 "상식"으로 부르는 것을 포함한다. 상식은 학교에서 배우지 않아도 사람들이 알고 있는 지식이다. 상식적 지식은 개인의 세계에 대한 사실들에 집중돼 있다. 상식적 지식은 많은 사람들이 가지고 있지만, 명시적으로 표현되는 경우는 거의 없다. 컴퓨터가 상식을 가지는 것이 매우 힘든 이유 중 하나가 여기에 있다.

물론, 일반적으로 지능적인 시스템이 되기 위해서는 다양한 종류의 문제를 풀 수 있어야 한다. 또한 일반적으로 지능적인 시스템이 되기 위해서는 새로운 문제를 풀 때 기존의 능력들을 대체하는 수준을 넘어 그 능력들을 확장할 수 있어야 한다. 현재의 컴퓨터 시스템 대부분은 "파괴적 망각catastrophic forgetting"을 겪고 있다. 컴퓨터들은 새로운 과제 수행에 대해 학습할 때 이전에 학습했던 과제를 수행하는 법을 "망각한다." 전이 학습transfer learning(어떤 목적을 이루기 위해 학습된 모델을 다른 작업에 이용하는 것)에 대한 연구가 어느 정도 이뤄지고는 있지만, 현재의 컴퓨터들은 한 번에 하나의 문제만 풀 수 있다.

또한, 일반적으로 지능적인 시스템이 되려면 특정한 문제들로부터 일반적인 원칙을 추출할 수 있어야 하며, 일반적인 원칙을 이용해 특정한 해결 방법을 만들어낼 수 있어야 한다. 한 영역에서 학습한 내용을 다른 영역의 문제들에 적용할 수 있어야 한다는 뜻이다.

일반지능에 대한 엄밀한 정의라고 할 수는 없지만, 위에서 언급한 능력들은 일반 계산지능 컴퓨터가 가져야 할 가장 기본적인 능력들이다. 컴퓨터가 이런 능력을 갖춘다면 해법을 필요로 하는 문제들을 구별해낼 수 있을 것이고, 구조화에 필요한 통찰 능력을 가지게 될 것이고, 구조화되지 않은 문제들도 풀 수 있을 것이다. 이 책의 나머지 대부분은 이런 능력들에 대해 더 구체적으로 묘사하고. 그 능력들이 어떻게 구현될 수 있는지에 대해 다룰 것이다.

결론

기호적 접근방식은 지능적인 기계를 만들기 위한 최초의 시도였다. 이 접근방식은 지능을 구성하는 과정들이 구체적으로 설명될 수 있다는 생각에 의존한다. 따라서 이 접근방식은 설명하기 쉬운 단계들로 구성된 과제들에 집중했다. 이 접근방식은 지능이 교육을 잘 받은 사람들이 가진 어떤 것이라는 생각에 의해 강화됐다. 또한 뇌가 물리적 기호 시스템일 수 있다는 것을 맥컬럭McCulloch과 피츠Pitts가 보여준 이후에는 인간의 지능과 기계지능이 모두 같은 방식으로 구조화될 수 없다고 생각할 근거가 없어진 것으로 보였다.

다음 장에서는 지능에 대한 비기호적 접근방식에 대해 다룰 것이다.

4 계산지능과 기계학습

기계학습은 컴퓨터에 직접적으로 프로그램된 능력을 컴퓨터가 스스로 확장하는 메커니즘이다. 일반 인공지능이 되려면 자신의 경험으로부터 학습할 수 있어야 한다. 하지만 기계학습에 대한 현재의 접근방법은 인간 설계자가 문제를 구조화하는 방식에 크게 의존한다. 이 장은 기계학습의 기초와 기계학습이 인간 설계자의 선택에 어떻게 의존하는지에 대해 다룰 것이다.

"일반 문제 해결 프로그램General Problem Solver" 같은 초기의 규칙 기반 시스템은 지능을 형식적인 기호 조작 문제로 봤다. 지능의 과정들을 충분히 정밀하게 설명할 수 있다면 컴퓨터가 그 과정들을 모방할 수 있게 해주는 규칙들을 설계할 수 있다는 생각이었다. 그 후 규칙 기반 시스템은 체커 게임이나 정리 증명 같은 다른 형식 시스템에서도 이런 지능 과정 모방이 가능하다는 것을 보여주기 시작했다. 이런 모방은 복잡한 현실을 다룰 필요 없이 컴퓨터의 "머리 안"에서만 일어나면 되는 일이었다.

전문가 시스템의 한계

정리 증명과는 달리 전문가 시스템은 단순한 기호 조작뿐만 아니라 현실 문제 해결도 목표로 삼았다(제3장 참조). 예를 들어, 이 시스템은 기체 크로마토그래피Chromatograph(유기 화합물 혼합체 분석기) 샘플의 화학성분을 밝혀내거나, 석유가 매장된 위치를 찾아내거나, 질병을 진단하는 것을 목표로 했다. 전문가 시스템에서 기호들은 물리적인 세계의 구체적인 특징들과 연결된다는 점에서 접지됐다고 할 수 있으며 이는 시스템에 규칙을 부호화하는 지식 공학자와 일상적인 연구에서 비슷한 규칙들을 사용하는 주제 전문가들에 의해 가능했다.

전문가 시스템은 확실한 증거를 필요로 하며 검증 가능한 예측을 한다. 전문가 시스템은 이 세상 또는 적어도 그 시스템과 관련된 세계의 일부가 충분히 구체적으로 설명될 수 있으며, 그 시스템이 처리하고자 하는 문제들을 푸는 데 충분할 정도로 많은 규칙들이 존재하며, 그 시스템은 이 세상 또는 그 시스템과 관련된 세계의 일부에 접지돼 있다는 전제에 의존한다.

전문가 시스템의 핵심 구성 요소는 지식 베이스와 규칙 베이스다. 지식 베이스는 전문가 시스템이 다루는 세계의 일부에 대한 사실들로 구성되며, 규칙 베이스는 그 사실들에 대한 추론을 하기 위한 도구들로 구성된다. 전문가 시스템은 주제에 대한 지식과 규칙들의 형식적 표현을 이용해 추론을 한다. 이 경우 규칙들에서 사용되는 기호들은 임의의 사실들을 나타내는 것이 아니라 특정한 종류의 사실들을 나타낸다.

이 세상이 지금과 달라진다면 기호들도 달라질 것이다. 예를 들어, 제3장에서 다룬 전문가 시스템 DENDRAL은 물질의 분자량 측정 결과로부터 그 물질이 어떤 원자들로 구성됐는지 예측했다. 이 시스템이 처리한 문제는 원자들이 어떻게 조합되어야 X라는 분자량이 나오는지 알아내는 것이었다. 예를 들어, 물의 분자량은 18이다(수소 원자 두 개가 각각 원자량 1씩을, 산소 원자 한 개가 원자량 16을 가지므로 물의 분자량은 18이다.) 따라서 질량분석기가 분자량이 18인 분자를 탐지하면 그 물질은 물일 가능성이 가장 높다. 만약 수소의 원자량이 1보다 크다면, 전문가 시스템은 질량분석기가 분자량이 18인 분자를 찾아내도 물이라는 기호를 제시하지 않을 것이다.

전문가 시스템은 컴퓨터가 일반적인 기호 조작 장치이기 때문에 사실, 휴리스틱, 수학이 모두 전문가 시스템 안에서 표현될 수 있다는 것을 이용한다. 이 시스템에서 추론 규칙들은 "전문가 시스템 껍질expert system shell"이라는 틀로 만들어져 다른 사실들을 다룰 때 다시 사용됐다. 논리는 형식이기 때문에 우리가 어떤 것에 대해 추론하는지 상관하지 않지만 사실은 특정한 과제와 특정한 관계에 있다. 전문가 시스템이 수행한 추론은 주제에 대한 지식들과 그 시스템이 결과를 생성하기 위해 수행하는 추론에 관한 지식들을 조합한 추론이었다.

전문가 시스템의 규칙들은 다음과 같은 "조건문들conditional sentences"이다.

- A는 B를 의미한다.
- A가 참이면 B도 참이다.

이런 형태의 주장을 "긍정 논법modus ponens"이라고 부른다. 이런 주장은 A와 B가 무엇이든 상관없이 성립한다. 형식적 주장이 특화된 영역 지식과 결합되면 다음과 같은 규칙을 얻을 수 있다.

- X가 동물이고, 물에서 살고, 비늘이 있다면, X는 물고기다.

유효한 규칙을 만들어내는 것은 매우 어려운 일이다. 전문가 시스템을 만들기 위해서는 세 종류의 인간 집단이 필요했다. 시스템을 실행하는 코드(일반적으로 껍질을 뜻한다)를 작성하는 소프트웨어 개발자들, 처리해야 하는 문제에 대해 아는 주제 전문가들, 주제 전문가의 지식을 컴퓨터가 사용할 수 있는 규칙으로 변환하는 지식 공학자들이다. 전문가 시스템 구축은 주문 제작 형태를 띠었고 매우 어려운 작업이었기 때문에 매우 좁은 범위의 주제들에 국한될 수밖에 없었다. 전문가 시스템이 인간 전문가들을 실제로 대체한 적은 한 번도 없지만, 인간 전문가들을 돕는 역할은 가끔 했다.

MYCIN은 약 450개의 규칙과 약 100개의 주로 수막염에 관한 의학적 사실로 구성된 시스템이었다. 현재의 기준으로 볼 때 MYCIN은 그리 복잡한 시스템이 아니었지만 개발하는 데 몇 년이나 걸렸다. MYCIN의 목표는 환자의 감염 여부를 진단해 적절한 치료법을 추천하는 것이었다.

전문가 시스템의 기초가 된 통찰에는 다음과 같은 것들이 있다.

- 지식은 지능의 핵심적인 부분이다.
- 초심자가 수행하기 어려운 매우 좁은 범위의 과제에 집중하는 것으로 충분하다.
- 실용적인 차원의 성공은 지식의 적용을 체계화하고 자동화함으로써 성취할 수 있다.

이런 통찰은 현재의 계산지능 연구에도 지속적이고 지대한 영향을 미치고 있다. 현재의 모든 AI 연구에서 가장 중요한 부분을 차지하고 있는 부분은 데이터이며, 스팸 탐지 같은 특정한 문제들을 해결하는 데 집중하는 경향이 있다. 현재의 컴퓨팅 방법은 DENDRAL이나 MYCIN이 개발되던 시대의 컴퓨팅 방법과 크게 다르지만, 지식의 적용을 체계화하고 자동화할 수 있는 생각은 현재의 계산지능 연구에서도 핵심적인 위치를 차지하고 있다.

전문가 시스템은 구식 인공지능Good Old-Fashioned Artificial Intelligence, GOFAI(1985년에 존 호글런드John Haugeland가 조롱할 의도로 붙인 이름이다)의 예다. 규칙이 명시적이었고, 지식 공학자들과 주제 전문가들이 "손으로" 만든 프로그램이었기 때문이다.

예를 들어, 틱택토 게임(두 명이 번갈아가며 기호 O와 X를 3×3 판에 써서 같은 기호가 가로, 세로 또는 대각선상에 3개 연속으로 놓이도록 만드는 게임)을 하기 위한 GOFAI 알고리즘의 예는 다음과 같이 기술할 수 있다.

- 당신 또는 상대방이 일직선(가로선이나 세로선 또는 대각선)상에 같은 기호 두 개(X 두 개 또는 O 두 개)를 표시했다면, 그 직선상의 남아있는 네모에 다른 기호를 표시한다.
- 위의 경우가 아니라면, 기호를 표시했을 때 같은 기호 두 개가 일직선으로 이어질 수 있게 만드는 자리(네모)에 기호를 표시한다.
- 위의 경우가 아니고 가운데 네모가 비어있으면 그 네모에 기호를 표시한다.
- 위의 경우가 아니고 상대방이 구석에 있는 네모에 기호를 표시했다면, 반대편 구석에 기호를 표시한다.

- 위의 경우가 아니고 구석에 비어 있는 네모가 있다면 그 네모에 기호를 표시한다.
- 위의 경우가 아니면 빈 네모 아무 곳에 기호를 표시한다.
- 더 이상 선택이 남아있지 않을 때까지 기호를 표시한다.

틱택토 게임은 모든 규칙을 다 열거해도 얼마 되지 않는 단순한 게임이다. 하지만 문제가 복잡해질수록 모든 규칙을 다 열거하기는 것은 점점 힘들어진다. 이른바 "차원의 저주curse of dimensionality" 때문이다. 차원의 저주란 변수나 차원이 많아질수록 가능한 조합의 수가 늘어난다는 뜻이다.

모든 규칙을 열거하는 일도 극도로 불안정한brittle 일이다. GOFAI 시스템에서는 문제가 조금만 변해도 걷잡을 수 없는 상황이 초래될 수 있다는 뜻이다. 틱택토 게임 같은 간단한 게임에서는 기존의 규칙 기반 AI 접근방법과 기계학습 기반 접근방식을 쉽게 비교할 수 있다. 기계학습 시스템에서는 규칙이 명시적으로 열거되기보다는 발견된다.

확률 추론

기계학습을 깊게 다루기 전에 생각해 보아야 할 또 다른 혁신이 하나 있다. 전문가 시스템 출현 이전의 계산지능 프로젝트는 불확실성을 감당하지 못했다. 사실들은 참 또는 거짓 중 하나였다. 예를 들어, 체스 게임에서는 체스판 위 말들의 위치에 불확실성이 전혀 없다. 하지만 실제 세계는 체스 게임과는 달리 확실성으로만 가득차 있지는 않다. 전문가 시스템의 혁신성은 특정한 증거가 주어지는 경우 규칙이 있으며 확률만으로 예측을 할 수밖에 없다는 생각을 처음으로 하게 만들었다는 데 있다.

예를 들어, "어떤 생물이 바다에서 헤엄친다면 그 생물은 물고기일 수 있다." 같은 예측이 확률에만 기초한 예측이다.

MYCIN은 특정한 종류의 사실들이 특정한 감염을 나타낼 수 있는 확률을 나타내는 시스템이다.

MYCIN의 변이 형태인 EMYCIN의 규칙을 예로 들어보자 (Buchanan & Duda, 1982).

규칙 160

만약

1) 환자의 두통이 지속되는 기간이 짧다면,

2) 환자의 두통이 갑작스럽게 시작되고,

3) 두통의 강도(0에서 4로 강도를 표현할 때)가 3보다 크다면,

그때는

1) 환자의 수막염이 세균에 의한 것이라는 강력한 증거(.6)가 있다고 할 수 있다.

2) 환자의 수막염이 바이러스에 의한 것이라는 약한 증거(.4)가 있으며,

3) 환자의 지주막하 공간에 피가 고였다는 강력한 증거(.6)가 있다고 할 수 있다.

물론 이 규칙들은 명확한 영어가 아닌 LSP라는 컴퓨터 언어로 표현됐다.

MYCIN에서 사용된 이 접근방식은 확장을 통해 확률 추론 모델 probabilistic reasoning model의 발전을 이끌었다. 확률 추론 모델은 컴퓨터가 사실과 그 사실에 대한 추론을 연결시키는 불확실한 규칙과 불확실한 데이터를 이용해 추론을 할 수 있게 만들었다. 예를 들어, 불확실한 사실들은 불안정한 센서, 환자의 주관적인 호소 등 불완전한 측정 결과에서 비롯될 수 있다. 실제로 고통을 느낄 때는 두통의 강도(0에서 4로 강도를 표현할 때)가 3인지 4인지 정확하게 말하기가 쉽지 않다. 불확실한 규칙은, 예를 들어, 측정되지 않은 다른 변수들이 복잡성을 높이는 불완전한 관계에서 비롯될 수 있다.

불확실한 추론을 나타내는 시스템 중에서 베이즈 네트워크 Bayesian network라는 것이 있다. 사실들을 네트워크 안의 노드node(교점)로 표시하고(예측을 포함한), 이 사실들 사이의 관계를 확률의 높고 낮음으로 표시하는 방법을 말한다. 뎀프스터-셰이퍼 이론Dempster-Shafer theory은 아서 뎀프스터Arthur Dempster가 처음 고안하고 글렌 셰이퍼Glenn Shafer가 확장한 이론으로, 증거에 관한 수학적 이론 그리고 다양한 출처에서 나온 증거들을 조합해 신뢰성의 정도를 제시하기 위한 일반적인 프레임워크를 제공한 이론이다.

정확한 학습에 근접하는 학습을 위한 레슬리 밸리언트Leslie Valiant(1984년)의 프레임워크는 기계학습 시스템이 자신이 근사화를 하고 있는 대상에 대한 명시적인 이론 없이도 어떻게 함수, 결정 규칙 같은 것들을 근사화하는지 설명했다. 정확한 규칙을 학습하는 것은 매우 어려운 일이지만, 그 대신 학습 시스템은 훈련 기간 동안 받은 피드백에 기초해 거의 정확한 규칙을 학습할 수 있다는 이론이다.

홉필드Hopfield(1982년) 그리고 힌튼Hinton과 세즈노스키Sejnowski(1983년)는 "볼츠먼 머신Boltzmann machine"이라는 네트워크 학습 시스템의 형태로 또 다른 종류의 확률 학습 모델을 제시했다. 볼츠먼 머신은 노드들이 대칭적으로 연결된 네트워크이며, 노드 각각은 다른 유닛에서 받는 입력에 따라 'on' 상태가 될 것인지, 'off' 상태가 될 것인지 확률에 기초해 결정한다.

이전에도 불확실성을 수반하는 확률 추론에 대한 연구가 몇 번 정도 이뤄지긴 했지만, 계산지능 연구 분야 전체를 근본적으로 변화시킬 정도로 이 분야에 대한 관심이 폭증한 것은 1980년대 중반이었다. 볼츠먼 머신 그리고 이와 비슷한 시스템들은 전문가 시스템을 위해 힘들게 구축해야 하는 규칙들을 대체하거나 강화할 수 있는 기계학습이 출현할 수 있도록 길을 열기도 했다. 또한 이런 시스템들은 20여 년 전에 출현해 가장 지배적인 계산지능 형태 중 하나가 된 인공 신경망artificial neural network 발전에도 핵심적인 역할을 했다.

기계학습

맞춤형 전문가 시스템을 구축하기 위해서는 엄청난 노력이 필요했고 그 과정 또한 엄청나게 복잡했다. 근본적으로 전문가 시스템은 사용자의 요구에 맞춰 변화시키기가 거의 불가능한 시스템이었기 때문이다. 또한 이런 시스템을 구축하는 데 필요한 자원이나 관심을 가진 조직도 거의 없었다. 전문가 시스템이 성공을 거둘 수 있었던 영역에서의 목표는 전문가가 가진 지식의 적용을 자동화하는 것이었다. 새로운 지식이 시스템에 추가되려면 그 지식 영역의 전문가로부터 지식이 추출돼 지식 공학자에 의해 인코딩돼야 했다. 전문가와 지식 공학자가 어떤 상황을 생각해내야 전문가 시스템은 그 상황을 처리할 수 있는 규칙을 가질 수 있었다. 전문가와 지식 공학자가 어떤 상황을 생각해내지 못한다면 시스템은 규칙이 없는 상황에 직면하게 되고, 시스템은 상황을 처리할 수 있는 방법을 가질 수 없게 된다.

학습능력도 지능의 특징 중 하나다. 1950년대에 처음 고안된 퍼셉트론perceptron(초기 신경망 형태. 이 장에서 나중에 다룰 것이다)에도 학습능력은 있었지만, 1980년대 중반이 되자 기계가 스스로 새로운 정보와 새로운 규칙을 학습하는 능력이 빠르게 늘어나기 시작했다. 이런 새로운 시스템은 프로그램을 통해 특정한 과제 수행을 할 수 있을 뿐만 아니라 이전에는 경험한 적이 없는 사건들을 처리하기 위해 시스템의 능력을(적어도 특정한 범위 안에서는) 확장할 수도 있었다. 기계학습은 각각의 상황에서 해야 하는 일에 대한 명시적인 explicit 규칙들을 제공하지 않는 대신 기계가 학습할 수 있도록 묵시적인implicit 규칙을 제공한다.

예를 들어, 틱택토 게임을 할 수 있는 기계학습 시스템을 만들기 위한 규칙 집합은 다음과 같은 하나의 문장으로 요약할 수 있다.

- 가능한 움직임 중에서 가장 가치가 높다고 평가되는 움직임을 선택하라.

하지만 여기서 문제는 이 시스템이 각각의 움직임의 가치를 어떻게 평가하게 되는지에 있다. 근본적으로 이 시스템은 각각의 상황 (X와 O로 네모가 특정하게 채워진 상황)에서 게임에서 이길 수 있는 확률을 평가하는 법을 학습해야 한다.

가능한 가치들의 집합 중 하나는 다음과 같을 것이다.

- 100포인트를 얻어 게임에서 이기는 경우(자신의 기호 3개가 일직선으로 나란히 채워지는 상황)
- 인접한 네모 2개에 같은 기호를 채워 10점을 얻는 경우(자신의 기호 2개가 인접한 네모 2개에 채워지고 네모 1개가 비어있는 상황)
- 네모 1개에 기호를 채워 1점을 얻는 경우(자신의 기호 1개가 채워지고 네모 2개가 비어있는 상황)
- 상대방의 기호가 채워진 네모 바로 옆에 자신의 기호를 채워 1점을 얻는 경우
- '포크fork'(자신의 기호 2개가 2개의 각각 다른 일직선 방향으로 나란히 채워진 상황)를 만들어 20점을 얻는 경우
- '블록block'(상대방의 기호 2개가 일직선상의 네모 2개에 인접해 놓였을 때 그 직선상의 방향의 빈 네모에 자신의 기호를 채우는 상황)을 만들어 10점을 얻는 경우
- 위의 경우들 중의 어떤 것도 아닌 경우는 0점

가장 좋은 움직임은 가장 높은 점수를 얻을 수 있는 움직임이다. GOFAI 시스템처럼 이 시스템도 이기거나 최소 비기려고 할 것이다. 하지만 이 시스템에서는 점수를 얻는 규칙이 변하지 않기 때문에 실제로 이 시스템이 학습을 한다고 볼 수는 없다. 이 시스템은 규칙에 의한 움직임 중에서 하나를 선택하는 방법이 더 동적인 시스

템일 뿐이다. 이 경우 기계가 어떻게 게임을 할지 결정하는 것은 점수를 얻는 규칙이다.

기계학습이라는 관점에서 더 재미있는 상황을 만들기 위해서는 각각의 가능한 움직임에 대해 무작위로 점수를 부여하고 게임의 결과에 따라 점수를 조정하는 방법을 추가하는 것을 생각해볼 수 있다. 어떤 움직임이 승리를 이끈다면 그 움직임의 가치는 약간 많아지고, 패배를 이끈다면 그 움직임의 가치는 약간 적어지고, 무승부를 이끈다면 그 움직임의 가치가 그 약간보다 더 적게 많아지는 상황을 만들 수 있다. 이 과정은 "강화학습reinforcement learning"이라는 말로 부른다. 행동주의 심리학자들의 이론에서처럼 이 시스템은 승리에 대한 보상을 받는 시스템이다.

틱택토 게임은 형식 문제이기 때문에 두 컴퓨터가 서로를 상대로 게임을 진행할 수 있다. 게임을 하는 데 펜과 종이가 필요하지도 않다. 어느 네모에 어느 기호가 있는지, 그리고 어느 움직임이 승리, 패배 또는 무승부로 이끄는지만 놓치지 않으면 된다.

게임을 했던 기계는 처음에 GOFAI 시스템을 사용하고, 각각의 움직임이 승리를 이끄는지 패배를 이끄는지에 따라 움직임에 대한 가치 평가를 조절하는 합산 방법summation method을 사용했을 수 있다. 처음에는 기계학습 시스템이 게임에서 졌을 것이지만 결국 최소한 게임에서 비길 수 있을 정도로 선택 패턴을 조절했을 것이다.

합산 방법을 사용하는 두 시스템이 게임을 하면서 그 과정에서 두 시스템 모두 학습을 하는 상황도 생각해볼 수 있다. 게임이 여러 번 계속되면서 승리를 이끌거나 무승부를 이끌었던 선택들은 점수가 서서히 높아졌을 것이고, 패배를 이끌었던 선택들은 점수가 서서히 낮아졌을 것이다. 다른 게임에서도 이와 동일한 종류의 방법을 사용할 수 있다. 실제로 이 방법은 알파고가 바둑 두는 방법을 학습할 때 사용한 방법이었다(제6장에서 더 자세하게 설명할 예정이다).

강화학습을 하는 동안 시스템은 수많은 학습 에피소드leaning episode를 통해 전체적인 보상 수준을 최대화하기 위한 "시도"를 한다. 결과가 긍정적이면 그 결과를 유도하는 단계들이 강화된다. 결과가 부정적이면 그 결과를 유도하는 단계들은 차단될 수 있다. 이런 경험으로부터 시스템은 움직임을 선택하기 위한 방식 또는 전략을 학습한다. 이 과정의 초기 단계에서 이뤄지는 선택들은 후기 단계에서 이뤄지는 선택들에 비해 모호하여 긍정적인 결과와 부정적인 결과를 모두 이끌 수 있지만, 게임이 충분히 많이 이뤄지면 특정한 전략들이 다른 전략들에 비해 더 효과적이라는 것이 드러나면서 그 특정한 전략들이 시스템에 의해 선택될 것이다.

기계학습의 종류

기계학습은 시스템이 어디서 피드백을 얻는지에 따라 최소 3가지 유형으로 나눌 수 있다. 강화학습에 대해서는 앞에서 이미 다뤘다. 나머지 두 유형은 "지도학습supervised learning"과 "비지도학습unsupervised learning"이다.

지도학습은 피드백을 직접적으로 제공하는 방법이다. 지도학습은 시스템이 아이템들을 2개 이상의 부류class로 나눠야 하는 상황에서 주로 사용된다. 지도학습에서 전문가는 훈련 사례training instance들을 모아 하나의 범주로 분류한다. 예를 들어, 사람이 있는 사진들과 고양이가 있는 사진들을 각각 별개의 범주로 분류할 수 있다. 이런 분류가 이뤄지면, 시스템은 각 범주의 사진들의 특징을 학습함으로써 사람과 고양이를 구분하는 방법을 학습할 수 있으며, 이런 학습은 점점 더 정확한 구분을 가능하게 만든다. 이 과정을 지도학습이라고 부르는 이유는 훈련 사례가 시스템이 올바른 반응을 생성하도록 지도하기 때문이다. 시스템은 처음에는 사진을 무작위로 각 범주에 할당할 것이다. 하지만 시스템이 일단 어떤 사진을 올바른 범주에 할당하기 시작하면 그 사진의 특징들이 올바른 범주에 더 가깝게 할당될 것이다. 예를 들어, 갈색 털이 군데군데 있는 동물은 사람보다는 고양이에 더 가까울 것이다. 시스템이 이 사진을 부정확하게 분류한다면 이 연관관계는 약화될 것이다.

비지도학습의 경우, 시스템은 사람이 제공하는 명시적인 피드백이 전혀 없는 상태에서 시스템 자신이 다루고 있는 데이터로부터 피드백을 얻는다. 이 과정을 비지도학습이라고 부르는 이유는 사례 분류를 하는 데 사람이 전혀 필요 없기 때문이다. 예를 들어, 시스템은 비슷한 사진들을 그룹으로 묶는 법(군집화clustering)을 학습할 수 있다. 시스템에 인간의 얼굴이 있는 사진들과 고양이가 있는 사진들이 주어지면, 시스템은 인간의 얼굴이 있는 사진들은 고양이가 있는 사진들에 비해 서로 더 비슷하고, 고양이가 있는 사진들은 인간이 있는 사진들에 비해 서로 더 비슷하다고 판단할 것이다. 이 피드백은 시스템이 아이템들의 유사성을 평가하도록 설계됐다는 점과 유사성에 기초해 사진들을 그룹으로 분류하는 규칙을 따른다는 점에서 비명시적이다. 지도학습과 비지도학습은 이렇게 피드백 메커니즘이 설계되는 방식의 차이로 구분되며 결국 기계학습 시스템은 유사성이 가장 높은 개체를 그룹화하고 그룹 간 유사성이 가장 낮아지도록 분류하는 방법을 생각해 낸다.

지도학습과 비지도학습 모두에서 시스템은 목표를 부여받는다. 예를 들어, 그 목표는 정확성을 최대로 높이는 것일 수도 있고, 군집 간의 유사성에 비해 군집 내 유사성이 최대한 높아지도록 분류하는 것일 수도 있다.

지도학습과 비지도학습 자체도 다양한 종류로 나눌 수 있으며, 표면적으로는 서로 다르게 보이지만 더 추상적인 수준에서는 실제로 매우 유사한 기계학습의 형태들이다. 예를 들어, 페드로 도밍고스Pedrro Domingos는 모든 기계학습 시스템이 다음의 3가지 핵심적인 특징을 가지고 있다고 설명한다.

1. 학습해야 하는 아이템, 그 아이템들의 특징 그리고 문제 구조에 대한 표현.
2. 시스템이 얼마나 잘 작동하고 있는지 평가하기 위해 사용되는 평가 방법.
3. 평가 방법으로 측정되는 시스템의 질을 상승시키기 위해 시스템을 조절할 수 있는 최적화 방법.

도밍고스에 따르면,

"학습=표현+평가+최적화"이다.

이 수식을 더 단순화하면, 기계학습은 풀어야 하는 문제를 3가지 종류의 숫자 집합으로 표현하는 것이라고 할 수 있다. 여기서 첫 번째 숫자 집합은 시스템이 받는 입력을 나타내고, 두 번째 숫자 집합은 시스템이 생성하는 출력을 나타내고, 세 번째 숫자 집합은 기계학습 모델을 나타낸다.

예를 들어, 시스템이 고양이 사진과 사람 사진을 구분하는 작업을 하는 경우, 입력은 사진을 픽셀들로 구성된 망matrix으로 표현한 것이다. 사진을 구성하는 각각의 점(픽셀 또는 화소)은 예를 들어 정수integer 3개의 조합으로 표현할 수 있다. 이 정수들은 각각의 점을 구성하는 빨간색의 밝기, 녹색의 밝기, 파란색의 밝기를 나타낸다. 이런 점들로 구성되는 이미지는 200×200 픽셀(4만 픽셀)을 가지고 있다는 식으로 표현하기도 한다.

시스템의 출력은 숫자 2개만으로 표현할 수도 있다. 여기서 숫자 하나는 사진이 고양이 사진이라는 것을 나타내고, 다른 하나는 사진이 사람 사진이라는 것을 나타낸다.

세 번째 숫자 집합은 시스템의 학습 부분, 즉 기계학습 모델이다. 모델의 역할은 입력을 출력에 매핑함으로써 실제로 시스템이 고양이가 있는 사진의 출력 값을 1.0, 사람이 있는 사진의 출력 값을 0.0에 맞추도록 만드는 것이다. 물론, 사람이 있는 사진의 출력 값을 1.0, 고양이가 있는 사진의 출력 값을 0.0에 맞추도록 할 수도 있다. 모델을 나타내는 숫자들은 모델의 매개변수들을 반영하며, 이들은 상당히 복잡할 수 있다. 이 숫자들은 특정한 최적화 방법을 이용해 올바른 매핑 결과를 생성하기 위해 조정된다.

판도라Pandora라는 음악 추천 시스템은 모든 노래를 약 400개의 특징에 기초해 표현하며 음악의 게놈genome이라고 부른다. 이 특징들은 특정한 음악의 어쿠스틱 리듬 기타 소리, 반복적인 코러스, 화음, 리듬, 멜로디의 특징들을 포함한다. 이런 특징들은 처음에 음악 전문가들이 선택해 각 음악에 할당한 것이다. 모든 노래는 이 400개 정도의 특징들을 조합해 숫자로 표현한 결과다.

판도라는 사람들이 좋아하는 음악의 특징을 찾아내 비슷한 음악을 추천하는 기계학습 시스템을 사용하며 지도학습의 예 중 하나다. 청취자의 노래 선택이 청취자가 좋아할 가능성이 높은 비슷한 노래들을 시스템이 찾아내도록 지도하는 역할을 하기 때문이다.

여기서 모델을 나타내는 표현 부분은 시스템이 음악 선택 문제를 표현하는 방식과 관계가 있다. 시스템이 두 음악 사이의 유사성에 의존한다면, 유사성을 측정하기 위해 사용하는 특징들이 시스템에 의해 선택되어야 하고, 이 특징들의 비교를 위해 통계적인 선택이 이뤄져야 한다.

일반적인 추천 시스템 모델은 노래들의 유사성과 사용자들 간의 유사성을 표현한다. 사용자가 이전에 좋아했던 노래들과 비슷한 노래들과 비슷한 취향을 가진 다른 사용자들이 과거에 좋아했던 노래들을 추천하는 복잡한 모델도 있다. 이 모델의 목표는 이 모델이 추천하는 노래를 사용자가 좋아할 수 있는 확률을 최대로 높이는 것이다. 여기서 입력은 각각의 노래와 각각의 사용자에 관한 정보이고, 출력은 추천되는 노래다.

체스를 두는 컴퓨터 프로그램으로 소재를 바꿔보자. 체스 프로그램 개발이 쉬워지기 시작한 것은 체스 게임을 움직임의 나무 구조로 표현할 수 있다는 생각을 하면서부터였다. 말을 한 번 움직일 때마다 그 움직인 위치에서 가능한 움직임들이 달라진다. 가능한 움직임들은 그 움직임들 하나하나가 나무의 가지가 되며, 그 위치에서의 가능한 모든 움직임들은 다시 그 가지에서 뻗어나가는 가지들이 된다. 이런 식으로 계속 나무가 확장된다. 체스 게임을 나무로 표시할 수 있게 되자 체스 문제는 나무의 가지들로 구성되는 부분집합 중 어떤 한 부분집합을 선택해 분석할지의 문제가 됐다. 정해진 시간 안에 모든 부분집합을 평가하기에는 너무 가지가 많기 때문이다. 바둑이라는 문제를 푸는 것이 불가능하다고 생각됐던 이유는 바둑을 나무로 표현할 경우 그 나무가 가질 가지의 수는 우주의 모든 입자들의 수보다 많을 것이기 때문이었다. 따라서 표현에서 가장 핵심적인 부분 중 하나는 적절한 시간 안에 문제가 처리되도록 만드는 휴리스틱들의 집합이라고 할 수 있다.

표현은 시스템 설계자에 의해 선택된다. 여러 가지 측면에서 표현은 기계학습 시스템 설계에서 가장 핵심적인 부분이다. 현재까지 그 어떤 컴퓨터 시스템도 스스로 표현을 만들어낸 적이 없다. 지난 30년 동안 계산지능 분야에서 이뤄진 진전 대부분은 컴퓨터 과학자들이 만들어낸 기발한 표현, 특히 기발한 휴리스틱에 의한 것이었다.

표현의 선택 이후에는 평가함수evaluation function의 선택이 가장 중요하다. 앞에서 언급한 틱택토 같은 간단한 점수 시스템처럼 평가함수는 학습 목표에서 얼마나 멀리 있는지를 결정한다. 이 평가 방법은 시스템이 가능한 움직임 중에 하나를 선택하게 해주는 역할을 한다. 일반적으로 시스템은 목표에 더 근접할 수 있게 만드는 움직임을 선호한다.

틱택토의 경우 평가 방법은 각각의 움직임에 할당되는 점수를 기초로 가장 많은 점수를 얻을 수 있는 위치의 네모를 선택하는 방법이었다. 체스 게임의 목표는 게임에서 승리하는 것이고, 가장 좋은 움직임은 게임에서 승리할 가능성을 가장 많이 높이는 움직임이다. 일반적으로 기계학습의 암묵적인 전제는 각각의 시점에서 가능한 선택들을 평가해 목표에 가장 근접할 수 있는 선택을 취하는 것이 가능하다는 생각이다.

마지막으로, 모든 기계학습 시스템은 최적화 함수를 필요로 한다. 최적화 함수는 시스템이 목표에 더 접근하게 만드는 선택을 하는 방법에 대한 계획이다. 틱택토 학습방법에서 최적화 함수는 기계가 이겼는지 졌는지에 기초해 모델을 조절하는 것이었다. 게임을 하는 동안 최적화 함수는 움직임으로 얻을 점수들에 기초해 네모를 선택했다. 이 경우 점수는 각각의 움직임을 선택했을 때 이길 수 있는 확률을 평가하는 수단 역할을 했다.

설계자가 선택할 수 있는 최적화 방법은 매우 다양하다. 특정한 표현에 더 잘 맞는 최적화 함수가 존재할 수 있으며 이런 함수 대부분에는 시스템이 모든 선택들을 다 평가할 필요가 없게 해주는 휴리스틱이 포함돼 있다.

최적화 방법 중에는 "경사하강법 gradient descent"에 기초한 것이 있다(그림 4 참조). 시스템이 자신의 목표에 더 가까워지도록 만드는 모든 선택은 목표와의 거리, 즉 "오류 error"를 줄이는 선택이다. 따라서 시스템은 이 거리를 줄이는 움직임을 선택한다.

경사하강법이라는 개념은 각각의 매개변수들을 하나하나 따로 살펴보면 쉽게 이해할 수 있다. 일반적으로 모든 매개변수는 무작위 값으로 시작한다. 그 후 학습과정의 각 단계에서 최적화 방법은 매개변수의 값을 약간 더 크거나 작게 조정한다. 매개변수의 값이 원하는 결과를 내기에 너무 적으면 그 값은 더 높게 조정된다. 조정

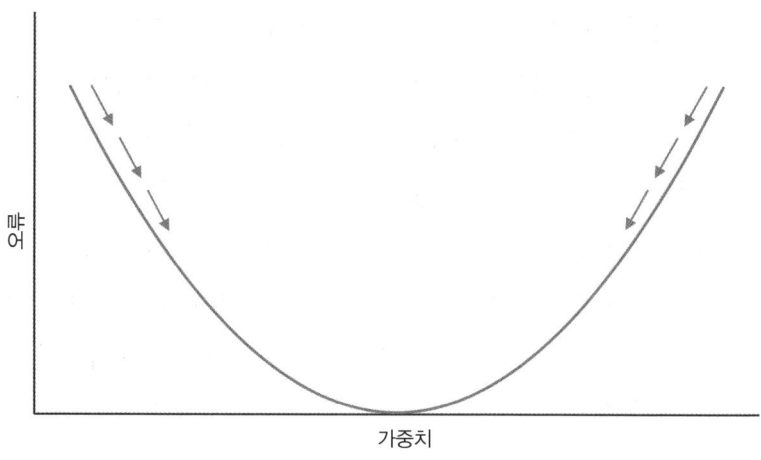

그림 4. 경사하강법. 기계학습은 오류, 즉 시스템의 현재 위치와 목표와의 차이를 줄이기 위해 매개변수들을 조절한다.

패턴은 조정이 오류에 미치는 영향을 나타내는 그래프의 기울기(경사도)로 표현된다. 언제나 이 조정 패턴은 오류를 줄여 기울기를 줄이는 방향으로 전개된다.

모든 종류의 기계학습은 추상적인 기계학습에 대한 도밍고스의 이론으로 설명이 가능하다. 이런 기계학습만으로 일반지능을 만들 수 있을지는 현재 시점에서는 확실하지 않다. 이 문제에 대해서는 이 책 후반부에서 다시 다룰 것이다. 지금은 기계학습에 대해 더 자세하게 살펴볼 것이다.

퍼셉트론과 퍼셉트론 학습규칙

1957년에 프랭크 로젠블랫Frank Rosenblatt은 맥컬럭과 피츠의 신경망 아이디어를 퍼셉트론perceptron이라는 알고리즘으로 구현해 냈다. 퍼셉트론은 회로 또는 소프트웨어를 통해 뉴런을 시뮬레이션 또는 모방(에뮬레이션)하는 일종의 신경망이다. 퍼셉트론의 직접적인 목표는 간단한 그림 같은 입력 패턴들을 분류하는 것이었다.

초기의 퍼셉트론 장치 중 하나는 포토셀(광전지) 400개를 직사각형 모양의 틀에 집어넣은 형태였다. 포토셀들은 전자회로 "뉴런들"에 무작위로 연결됐다. 포토셀 중 하나가 이 상태에서 활성화되면 그 포토셀은 자신과 연결된 모든 뉴런에 전기신호로 보냈다. 예를 들어 특정한 패턴은 한 글자를 의미하며 특정한 포토셀 집합에 불이 들어오게 만드는 방식이었다.

이 시스템은 퍼셉트론 학습 규칙을 이용해 연결의 가중치를 조절함으로써 포토셀들에 표시되는 패턴들을 분류하는 법을 학습하도록 설계됐다. 앞에서 다룬 경사하강법 개념과 비슷한 개념이다. 일부 퍼셉트론 버전에서는 가변 저항기(분압기)를 이용해 한 뉴런에서 다른 뉴런으로 전송되는 전압을 낮추며 가중치를 조절하기도 했다. 컴퓨터로 시뮬레이션한 버전에서는 가중치가 순수한 수학적 수치였으며, 양 또는 음의 값을 가질 수 있었다. 가중치가 높아질수록 더 많은 활성화 결과가 전송된다(그림 4 참조).

포토셀에 불이 들어오고 꺼지는 패턴은 시뮬레이션된 신경 입력에서의 패턴을 활성화했다. 불이 들어온 각각의 포토셀은 자신들과 연결된 뉴런들에 1.0을, 불이 꺼진 포토셀은 0.0을 전송했다. 각각의 패턴은 출력 뉴런 중 하나를 활성화하고 나머지 뉴런들은 비활성화하도록 설계됐다. 훈련 패턴이 제공되면 퍼셉트론 학습규칙은 입력 패턴으로부터 출력으로의 이런 매핑을 하기 위해 가중치를 조절하는 방식을 구체적으로 지정한다.

예를 들어, 포토셀에 불이 들어오게 만들어 문자 H 모양을 만들 때 네트워크로부터 원하는 출력은 8번째 출력 뉴런이 1.0의 출력 값을 내고, 다른 모든 뉴런은 0.0의 출력 값을 내는 것이다. 문자 A를 나타내는 패턴이 제시될 때는 첫 번째 뉴런 출력이 1.0의 출력 값을 가져야 한다.

그림 5는 간단한 퍼셉트론의 예를 보여준다. 불이 들어온 포토셀들은 입력을 구성한다. 이 사례에서는 첫 번째 유닛과 네 번째 유닛에 불이 들어오고 나머지 두 유닛은 꺼진 상태다. 가중치를 받은 연결들은 자신의 활성화 결과를 출력에 전송한다. 출력 유닛들은 가중치를 받은 입력들을 합산한다. 그 합이 문턱값을 초과하면 출력

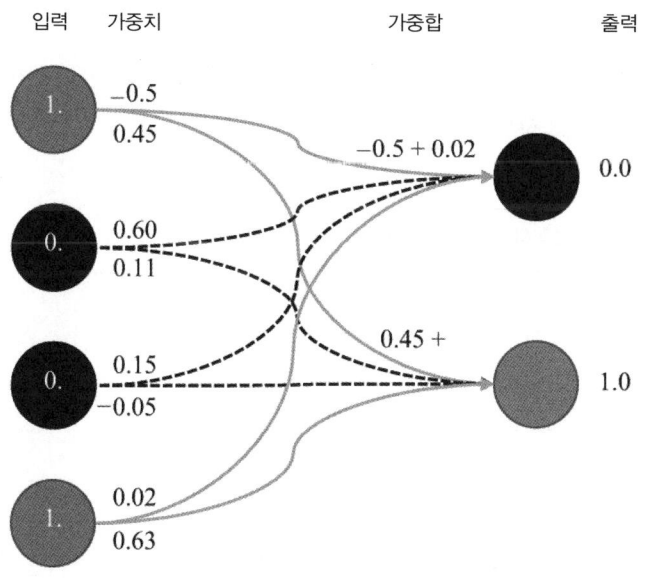

그림 5. 간단한 퍼셉트론의 예.

유닛들은 높은 출력으로 반응하고, 그렇지 않으면 낮은 출력으로 반응한다. 이 사례에서는 두 번째 출력이 활성화되고, 첫 번째 출력은 활성화되지 않는다.

퍼셉트론 학습규칙은 주어진 모든 패턴에 대해 관찰된 출력과 원하는 출력을 비교한다. 처음에는 모든 연결 가중치가 무작위적인 값을 가진다. 따라서 훈련의 시작 부분에서 퍼셉트론은 각각의 입력 패턴에 무작위로 반응한다. 각각의 패턴이 퍼셉트론에 제시될 때, 네트워크가 특정한 뉴런으로부터 0.0의 출력 값을 내야 할 때 1.0의 출력 값을 낸다면, 활성화된 입력에서 이 출력으로의 모든 연결이 약화된다. 출력 값이 1.0이어야 할 때 0.0이 나온다면, 활성화된 유닛과의 모든 연결이 강화된다. 어느 정도 훈련이 이뤄지면 퍼셉트론 가중치는 각각의 훈련 패턴의 정확한 출력 값에 수렴하는 출력 값을 내기 시작한다. 퍼셉트론 학습규칙은 퍼셉트론이 표시할 수 있는 모든 패턴은 확실히 학습할 수 있지만, 모든 패턴이 퍼셉트론에 의해 표시되는 것은 아니다.

표 2. Or 문제(논리합 문제)는 단층 퍼셉트론에 의해 쉽게 학습될 수 있다.

입력 1	입력 2	출력
0.0	0.0	0.0
0.0	1.0	1.0
1.0	0.0	1.0
1.0	1.0	1.0

표 2는 퍼셉트론이 표시할 수 있는 문제 중 하나를 보여준다. 입력 중 하나라도 1.0의 입력 값을 가지면 출력 값은 1.0이 된다.

첫 번째 열(세로줄)은 첫 번째 입력 값, 두 번째 열은 두 번째 입력 값, 세 번째 열은 기대되는 출력 값을 나타낸다. 첫 번째 행(가로줄)에서는 두 입력 값이 모두 0이므로 기대되는 출력 값 또한 0이다. 나머지 3개 열은 입력 값 중 최소 하나가 (1.0의 입력 값을 갖는) 'on' 상태이므로 기대되는 출력 값이 1.0이라는 것을 보여준다. 퍼셉트론은 AND 문제를 푸는 법도 학습할 수 있다. 이 경우에는 두 입력 값 모두 1.0일 때만 출력 값이 1.0이고 그렇지 않으면 출력 값이 0.0이 된다.

단층 퍼셉트론single-layer perceptron이 학습할 수 없는 패턴 중 하나는 "XOR" 문제(배타적 논리합exclusive OR 문제)다. XOR 문제는 표 2의 OR 패턴처럼 두 가지 입력과 두 가지 유형class으로 구성된다. 하지만 XOR 문제에서는 한 유형이 1, 0 또는 0, 1의 패턴을 가지고 다른 유형은 0, 0 또는 1, 1의 패턴을 가진다. 즉, 입력 값들이 서로 다르면 출력이 "on" 상태가 되고, 그렇지 않으면 출력이 "off" 상태가 된다는 뜻이다(표 3 참조).

표 3. XOR 문제(배타적 논리합 Or 문제)는 단층 퍼셉트론에 의해 학습될 수 없다.

입력 1	입력 2	출력
0.0	0.0	0.0
0.0	1.0	1.0
1.0	0.0	1.0
1.0	1.0	0.0

표 3에서 첫 번째 행은 두 입력 값이 모두 0이므로 기대되는 출력 값 또한 0이라는 것을 보여준다. 두 번째 행과 세 번째 행은 입력 값

중 하나는 "on" 상태, 다른 하나는 "off" 상태이므로 기대되는 출력 값은 1.0이라는 것을 보여준다. 마지막으로 네 번째 행은 두 입력 값이 모두 1.0이므로 기대되는 출력 값이 0이라는 것을 보여준다. 이 패턴은 단층 퍼셉트론이 학습할 수 없는 패턴이다. 단층 퍼셉트론은 "선형 분리가 가능한linearly separable" 문제, 즉 특정한 문턱값을 초과하는 값들이 하나의 유형 안에 있고 그 문턱값 밑의 값들이 다른 유형 안에 있는 문제만 학습할 수 있다. XOR 문제는 중간 값들이 하나의 유형 안에 있고, 양극단의 값들의 다른 유형 안에 있는 문제다. 이 패턴은 선형 분리가 불가능하다.

XOR 패턴은 논리의 핵심 패턴 중 하나다. 따라서 이런 종류의 관계를 학습할 수 없는 시스템은 수행할 수 있는 일이 극도로 제한된다. 결국 XOR 패턴은 다층 퍼셉트론multilayer perceptron이 학습할 수 있다는 것이 밝혀졌다. 스티븐 그로스버그Steven Grossberg(1973년)는 특정한 퍼셉트론들의 출력을 다른 퍼셉트론들의 입력으로 사용하는 네트워크 모델을 제시했다. 당시 그로스버그는 이런 다층 네트워크를 훈련시키는 방법은 알지 못했다. 1986년경 다층 네트워크 훈련 규칙이 널리 알려지기 시작하면서 다층 퍼셉트론의 사용은 폭발적으로 증가했다.

기계학습의 시작

퍼셉트론에는 두 가지 중요한 특징이 있다. 첫째, 일반 문제 해결 프로그램 또는 이와 같은 프로그램들과는 달리 퍼셉트론은 손으로 코딩한 규칙들에 의존하지 않으며, 예제에서 추출되는 규칙들을 학습한다. 이 예제들은 입력 패턴과 출력 패턴 둘 다로 구성된다.

둘째, 퍼셉트론은 최적화 과정, 즉 퍼셉트론 학습규칙을 이용한다. 각각의 시점에서 목표를 성취하기 위해 퍼셉트론 가중치가 조절된다는 뜻이다. 이 경우에 목표는 기대되는 출력과 관찰되는 출력 사이의 차이를 최소화하는 것이다.

퍼셉트론 모델에서 모델 매개변수는 활성화 결과를 입력에서 출력으로 전송하는 연결 가중치다. 같은 모델이라도 매개변수를 변화시키면 다른 결과를 생성할 수 있다. 예를 들어, 앞에서 다룬 간단한, 즉 입력 2개와 출력 1개를 가진 OR 모델(논리합 모델)은 입력 매개변수 2개를 가진다. 각각의 입력에 대해 하나의 매개변수가 있다는 뜻이다. 두 가중치 모두 1.0에 설정되면, 입력 중 하나만 "on" 상태에 있어도 출력은 1.0의 활성화 결과를 받게 되며, 입력 2개가 모두 "on" 상태에 있으면 출력은 2.0의 활성화 결과를 받게 된다. 입력 값들의 합이 문턱값(세 번째 매개변수)과 같거나 문턱값을 초과하면 출력이 "on" 상태가 되고, 문턱값에 미치지 못하면 출력이 "off" 상태가 된다. AND 문제(논리곱 문제)는 OR 네트워크 같은 네트워크로 풀 수 있지만, 이 경우 가중치가 달라진다. 출력 활성화를 위한 문턱치는 1.0으로 같지만, 입력 가중치는 0.5가 된다. 이 가중치가 적용되면 출력을 문턱치 1.0에 맞추기 위해서는 두 입력 값 모두 1.0이 되어야 한다(입력 1로부터의 입력의 0.5배와 입력 2로부터의 입력의 0.5배를 더한 값이다).

기계학습은 통계와 인공지능의 조합이다. 따라서 AI 연구자들은 확률적으로 생각하고 지식보다 데이터를 강조한다. 100년이라는 긴 시간 동안 사용돼 왔던 통계 기법이 이제는 기계가 추정하고 분류할 수 있게 만드는 데 사용되고 있다.

기계학습은 더 전통적인 계산지능 문제에도 적용할 수 있다. 예를 들어, 하노이 탑 문제, 호빅과 오르크 문제는 이전에는 주어진 상태에서의 각각의 움직임을 규정하는 특정한 규칙으로 표현됐었다. 이런 상태 변환 규칙은 게임과 게임 문제를 해결하는 방법에 대한 지식을 가진 누군가에 의해 명시적으로 쓰인 것이다. 이런 게임에서는 예상밖의 상태가 존재하지 않으며, 잠재적인 움직임의 경우의 수가 적기 때문에 게임에 대한 지식을 가진 사람이 게임과 관련된 모든 규칙을 기록할 수 있다. 하지만 체스 게임보다 간단한 체커 게임만 되도 모든 규칙을 쓰는 것은 불가능하다. 아서 새뮤얼Arthur Samuel(1959년)이 "기계학습"이라는 용어를 만들어낸 것은 체커 게임을 하는 법을 학습할 수 있는 프로그램을 설명하기 위해서였다. 새뮤얼은 궁극적으로 더 복잡한 문제를 풀게 해줄 문제 중 대표적인 문제로 체커 게임을 선택했다. 체커 게임은 비교적 쉬운 게임이지만, 흥미를 유발할 정도로 복잡한 게임이기도 하다. 이 문제는 컴퓨터의 능력이 매우 제한적이었던 1950년대에는 더 흥미로운 문제였을 것이다.

기계학습을 체커 게임에 적용하면서 새뮤얼은 현대의 공학자들에게 친숙한 기법들을 많이 사용했다. 새뮤얼은 체커 게임을 나무로 표현하여 게임의 어떤 위치에서도 도달할 수 있는 적절한 배열들을 모두 표현했다. 이 나무를 완벽하게 평가할 수 있는 방법이 없었던 새뮤얼은 휴리스틱을 이용해 가장 성공 확률이 높을 것 같은 가지를 선택했다. 각 색깔의 보드 위에 있는 말들의 숫자, 양쪽이 가진 왕의 숫자, 말을 왕으로 승격시키기 위해 필요한 움직임의 숫자

같은 것들을 포함하는 점수 함수를 이용해 각각의 가지의 가치를 근사적으로 평가했다. 새뮤얼의 휴리스틱은 상대편 또한 이런 식으로 움직임을 선택하고 있다는 전제 하에서 가장 높은 점수를 낼 수 있는 움직임을 선택했다.

새뮤얼의 프로그램은 게임의 최종 결과와 함께 게임이 진행되는 동안 프로그램이 본 모든 위치를 기록했다. 프로그램은 이 정보를 수-선택move-selection 휴리스틱을 강화하기 위한 참고 정보로 사용했다. 또한 새뮤얼은 시스템의 심층 훈련을 위해 체커 선수들이 한 게임들을 기록해 사용했으며, 컴퓨터가 다른 컴퓨터를 대상으로 체커 게임을 하게 만들기도 했다. 1961년이 되자 새뮤얼의 체커 프로그램은 미국 체커 순위 4위 선수를 이길 정도로 강력해졌다. 또한 1970년대 중반이 되자 이 프로그램은 최고 수준의 체커 선수들을 빈번하게 이길 정도로 수준이 높아졌다.

기계학습은 움직임을 위한 특정한 규칙을 제공하지 않는 대신 움직임 가치가 학습될 수 있도록 만드는 메커니즘을 제공한다. 새뮤얼의 프로그램은 이미 경험한 보드 위치들을 모두 기억했다. 이는 특정한 보드 위치에서 파생 가능한 모든 가지들에 대해 언젠가는 이 프로그램이 완전한 기록을 가질 수 있게 된다는 뜻이다. 각각의 게임은 나무 전체 중 하나의 경로만을 따라갔지만, 새뮤얼은 그 경로에서만큼은 어떤 결과를 얻게 될지 거의 확신할 수 있었다. 실제로 이 기록은 광범위한 추리 대신에 효율적으로 데이터(과거 경험의 결과들)를 사용하게 만들었다. 다시 말해서, 기록은 현대의 기계학습에서 가장 많이 사용되는 기법 중 하나가 됐다는 뜻이다. 기계학습에서 데이터, 특히 성공적인 문제 해결을 위한 사례들은 문제 상태 변환에 대한 구체적인 지식보다 훨씬 더 중요하다.

기계학습 방법에서 표현, 평가 그리고 목표 조합은 상태 변환을 학습할 수 있는 수단이 된다. 예를 들어, 앞에서 다룬 틱택토 학습 프로그램에서 "메타규칙metarule"은 프로그램이 가장 점수가 높은 네모를 선택하고 게임에서 이기려면 변환의 가치를 늘려야 한다고 규정한다. 위의 설명을 다른 말로 하면, 기계학습 문제의 표현은 가능한 상태 변환 연산자들의 범위를 규정한다고 할 수 있다. 또한 평가 방법과 최적화 방법은 시스템이 적절한 상태 변환 연산자들을 선택하게 해준다. 이 관점에서 보면, 기계학습에서 학습 부분은 각각의 상태 변환 연산자들에 부여할 적절한 가치를 선택하는 과정에 불과하다.

퍼셉트론의 가중치처럼 기계학습의 매개변수 값은 관찰에서 직접 도출되지 않고 예제들로부터 추정된다. 추정은 완벽하지 않을 수 있다. 하지만 어느 정도 훈련이 진행되면 추정은 거의 정확해진다. 예를 들어, 어떤 사람의 키를 알면 그 사람의 몸무게를 1~2킬로 정도의 오차 범위 내에서 거의 정확하게 추정할 수 있다. 키와 몸무게의 관계, 즉, 키와 몸무게를 각각 X축과 Y축에 놓고 그래프를 그렸을 때 그 그래프의 기울기는 기계학습의 "회귀regression" 형태로 추정할 수 있는 일종의 매개변수다.

여기서는 키와 몸무게의 관계를 직선으로 표현할 수 있다고 가정하자. 회귀 방법을 이용해 키로부터 몸무게를 추정하기 위해서는 매개변수 2개를 고려해야 한다. 하나는 "기울기slope", 다른 하나는 "절편intercept"이다. 기울기는 키가 변화할 때 몸무게가 얼마나 변화하는지에 대한 추정 값이다. 예를 들어, 어떤 사람이 다른 사람보다

2.5cm 더 크다면, 평균적으로 키가 큰 사람이 몸무게가 더 많이 나가므로, 이 사람의 몸무게는 2.3kg 더 나갈 것이다. 기울기는 키의 단위 변화당 몸무게 변화를 나타내므로 기울기를 기초로 몸무게를 추정할 수 있다.

절편은 키와 몸무게의 관계를 나타낸 그래프에서 (X축으로 표시되는) 키의 값이 0일 때 (Y축으로 표시되는) 몸무게의 값을 수치로 나타낸 것이다. 물론, 실제로 키가 0인 사람은 없다. 하지만 0이라는 숫자를 사용하면 수학적으로 편리해지고, 직선의 위치를 확실하게 정의할 수 있다. 이 두 매개변수에 대한 추정 값이 있으면 몸무게와 키 사이의 추정 관계를 완벽하게 정의할 수 있다. 새로운 사람의 키를 측정하면 이 직선을 이용해 그 사람의 몸무게를 추정할 수 있게 되는 것이다.

사람들의 키와 몸무게라는 두 변수 사이의 관계를 나타내는 매개변수를 찾아내는 방법은 "회귀"라는 이름의 표준적인 통계 기법이다. 기울기와 절편을 추정하는 데 프로그램은 필요하지 않다. 추정은 예제 데이터로부터 학습되기 때문이다.

회귀는 최근까지도 통계 과정 중 하나로만 주로 생각되긴 했지만, 회귀는 기계학습의 간단한 형태다. 회귀가 학습인 이유는 회귀의 매개변수들이 예제 데이터로부터 추정돼 이전에는 볼 수 없었던 다른 데이터(예를 들어, 이전에는 본 적이 없는 사람들의 키 수치)로부터 값을 예측하는 데 사용되기 때문이다. 이런 예측은 완벽하지 않을 수 있지만, 시스템에 충분한 예제가 제공된다면 예측은 거의 정확해진다. 더 복잡한 데이터 조합으로부터 예측을 하는 데도 비슷한 기법이 사용된다. 복잡한 예측은 추정량estimator(위의 경우에는 키의 수치)이 하나가 아니다. 복잡한 예측은 여러 가지 예측량predictor(예를 들어, 키, 인종, 성별, 우편번호 등)을 조합해 이뤄진다.

기계학습은 인터넷 검색엔진에서 스팸 필터링, 영화 추천 시스템, 신용평가에 이르기까지 다양한 분야에서 이용된다. 또한 기계학습은 아이템의 범주를 예측하거나, 회귀 기법에서처럼 입력 데이터로부터 값을 예측하는 데도 이용된다. 예를 들어, 비디오카메라 화면에 나타나는 희미한 자국이 먼지 때문인지 장애물 때문인지 판별하는 데도 기계학습이 이용된다.

스팸 필터링은 기계학습이 범주 예측에 어떻게 효과적으로 이용되는지 보여주는 간단한 예다. 우리가 매일 받는 이메일 중 상당수는 우리가 원하지 않는 영업용 이메일, 즉 스팸이다. 다른 기계학습 과제들처럼 스팸 필터링도 예제를 기초로 작동한다. 이 경우 예제는 스팸 메일이다. 이런 예제를 얻는 방법 중 하나는 메일이 도착했을 때 사용자에게 그 이메일을 스팸 메일로 분류할지 물어보는 것이다. 그러면 사용자는 스팸 메일로 분류할 메일과 그렇지 않은 메일을 구분한다.

기본적인 형태의 스팸 필터는 이메일의 내용에서 단어 같은 단서를 추출한 다음 그 단서를 이용해 이메일이 속할 가장 적절한 범주를 예측해낸다. 이런 스팸 필터 시스템은 단서가 되는 특정한 단어가 스팸 메일과 정상적인 메일에서 각각 얼마나 자주 나타나는지 센다. 그 후 이 시스템은 그렇게 센 결과를 기초로 스팸 메일과 정상적인 메일에 각각 특정한 단어, 예를 들어, "비아그라"가 나타날 확률을 추정한다. 이 과정은 모든 메일의 모든 단어에 대해 반복적으로 실행된다. 그 후 사용자가 스팸 메일로 분류하지 않은 새로운 메일이 도착하면 시스템은 이 확률을 이용해 새로운 이메일을 스팸 메일과 정상적인 메일 중 어느 쪽으로 분류하는 것이 더 정확할지 결정한다.

단순화해서 설명하기는 했지만 스팸 필터는 이른바 "베이즈 분류기Bayesian classifier"의 일종이다. 베이즈 분류기라는 이름은 이 분류기의 기본 규칙을 제시한 18세기의 수학자 겸 성직자 토머스 베이즈Thomas Bayes의 이름을 딴 것이다. 베이즈 분류기는 스팸 메일과 정상적인 메일을 특히 효과적으로 구분하는 기계학습 형태다. 베이즈 학습에 대해서는 제10장에서 다시 다룰 것이다.

베이즈 분류기 유형의 스팸 필터는 특정한 이메일에서 쓰인 단어들이 스팸 메일과 정상적인 메일 중 어떤 메일에서 더 많이 쓰인 단어들이었는지 두 부류로 나누는 방식으로 추론한다. 이 스팸 필터는 사용자가 이전에 스팸 메일이라고 표시한 이메일들과 정상적인 이메일로부터 단어들의 분포를 학습한다. 각각의 범주에 속한 모든 단어는 시스템이 학습해야 하는 매개변수다. 따라서 이 기계학습 형태에는 매개변수가 많다.

의심스러운 이메일을 걸러내는 법을 학습하는 것은 지도학습의 예다. 이 과정은 "지도자supervisor", 즉 메일 박스의 소유자가 제공한 라벨label을 이용해 그 사용자의 결정 패턴을 재현하는 법을 학습하기 때문이다.

베이즈 분류기는 기계학습에 대한 도밍고스의 정의에 거의 정확하게 부합한다. 앞에서 설명했듯이, 도밍고스가 정의한 기계학습의 핵심적인 특징은 표현, 평가 그리고 최적화다.

표현: 베이즈 스팸 분류기는 자신이 "단어들의 가방$^{\text{bag of words}}$"이라고 판단하는 이메일들을 표현한다. 이 시스템은 단어들과 그 단어들의 빈도를 이용하지만, 단어들이 이루는 순서는 이용하지 않는다. 이메일에 있는 모든 단어를 꺼내 가방에 담는 것과 비슷하다. 이 시스템은 이메일에 있는 모든 단어들의 존재 하나하나를 숫자들의 배열 또는 목록으로 표현한다. 각각의 단어는 이 목록에서 위치를 가지며, 그 단어가 이메일에 나타나면 그 위치는 1.0으로, 그렇지 않으면 0.0으로 설정된다.

평가: 베이즈 스팸 분류기의 평가는 예제들이 정확하게 분류되는 확률, 즉 시스템이 스팸 메일과 정상적인 메일을 얼마나 높은 빈도로 정확하게 분류하는지 측정하는 과정이다.

최적화: 베이즈 분류기의 최적화 과정은 매우 간단하다. 스팸 메일과 정상적인 메일의 예제가 더 많이 축적될수록 각각의 단어가 스팸 메일과 정상적인 메일에서 나타나는 확률을 더 추정할 수 있게 된다. 어떤 이메일을 스팸 메일로 분류하는 결정을 하기 위해서는 문턱값 확률도 추정해야 한다. 이 문턱값 확률보다 높은 확률을 가진 이메일이 스팸 메일, 그렇지 않은 메일이 정상적인 메일이다.

풀어야 할 문제를 표현하는 방식은 가능한 해법들의 범위를 결정한다. 잠재적인 매개변수 값들의 조합은 문제를 푸는 방식을 선택하기 위한 가설이 된다. 평가와 최적화는 시스템이 이 가설들 중에서 하나를 선택하게 해주지만, 시스템은 잠재적인 해법들의 집합에 속하지 않는 해법을 선택할 수는 없다. 시스템은 바로 그 가설을 선택할 수는 없으며, 시간을 두고 회귀를 통해 문제를 처리하게 된다.

문제가 나무로 표현된다면 얻을 수 있는 방법은 나무의 가지들을 따라가는 것밖에는 없다. 기계학습은 나무 안에서 경로를 선택하기 위해 사용된다. 하지만 적어도 아직까지 기계학습은 그 나무가 잘못 표현됐기 때문에 적절한 나무를 사용하라고 추천할 능력은 없다.

최적화 방법은 시스템이 잠재적인 해법 중에서 어떤 것이 "최선의 방법"인지 또는 어떤 것이 시스템이 찾을 수 있는 최선의 방법에 가장 가까운지 탐색하기 위해 사용하는 방법이다. 최적화 방법은 매우 다양하다.

공간에 비유하면, 최적화 방법은 시스템을 목표에 더 가깝게 이동시킨다고 할 수 있다. 목표와의 근접 정도는 평가 과정에 의해 측정된다.

조정해야 할 매개변수가 얼마 안 된다면 억지기법brute force을 이용해 모든 매개변수를 시험해 볼 수 있다. 하지만 매개변수가 많다면 그 매개변수들이 조합될 수 있는 경우의 수가 너무 많아진다. 이 경우에는 휴리스틱을 이용해 평가할 조합들을 선택해야 한다. 일반적으로 기계학습은 어떤 변화가 유용할지 예측할 수 있는 더 좋은 방법을 발견해 그 방법에 집중하는 과정에 의해 개선된다.

앞에서 다뤘듯이, 분류를 목적으로 하는 기계학습은 예제에 할당된 라벨에 의해 결정되는 범주들로 패턴들을 나눈다. 시스템은 이 예제들을 활용하여 이전에 보지 못한 아이템들의 일반화를 진행한다. 사용자/관리자는 시스템에 예제들을 범주별로 분류하는 방식을 알려주고, 시스템은 이 분류 방식을 재현하는 법을 학습한다.

기계학습에는 군집화 외에도 연관 규칙 학습association rule learning이라는 것이 있다. 예를 들어, 장바구니 분석market basket analysis이라는 기법은 구매자가 마트에서 선택하는 모든 아이템을 추적한다. 이 분석에 따르면, 감자와 양파를 사는 사람들은 햄버거를 살 확률도 높다. 이런 종류의 규칙이 일관성을 가진다면 그 정보는 마케팅 개선을 위해 사용할 수 있을 것이다.

타깃Target이라는 유통업체가 구매자들의 구매 패턴을 어떻게 분석했는지에 대한 이야기가 몇 년 전에 회자된 적이 있다. 이 이야기에 따르면 이 기업은 칼슘, 마그네슘, 아연 같은 영양제를 사는 여성들은 향이 첨가되지 않은 로션도 많이 산다는 것을 발견했다. 타깃이 이런 연관관계를 처음 관찰한 것은 임신 축하 파티baby shower 준비물을 싸게 사기 위해 미리 타깃에 정보를 등록해 놓은 여성들의 데이터에서였다. 이 정보에는 이 여성들의 출산 예정일까지 포함돼 있었다. 타깃은 이 정보를 이 여성들에게 아기와 관련된 다른 제품들을 팔기 위해 이용할 수 있었다. 기계학습이 연관관계를 찾아내는 데 이용되고, 타깃은 그 연관관계를 이용한 것이었다. 이 이야기는 사실이 아닐 수도 있다(Piatetsky, 2014). 하지만 이 이야기는 기계학습을 이용하는 연관 규칙 학습이 어떤 것인지 잘 보여준다.

기계학습은 그 기계학습이 훈련 받은 예제들에 크게 의존한다. 도밍고스가 지적했듯이, 기계학습의 성공은 알고리즘보다 데이터에 훨씬 더 많이 의존한다. 하지만 이런 데이터 의존성에는 부작용이 있다. 나쁜 데이터는 시스템이 실제로는 데이터의 일부(왜곡된) 데이터만을 학습했을 뿐인데 사용자가 효과적인 기계학습 과정을 이용하고 있다고 생각하도록 속일 수 있다. 예를 들어, 신경망 기계학습 시스템이 고양이가 있는 사진을 인식하도록 훈련시키는 경우,

시스템의 학습은 이 사진들과 같이 시스템에 제시되는 주의 분산용 사진(고양이가 아닌 것들의 사진)에도 같이 의존한다. 예를 들어, 풍경만 담긴 사진들을 주의 분산용 사진으로 선택하면 시스템은 녹색이나 파란색이 많은 사진들과 검은색, 갈색, 오렌지색 또는 회색이 많은 사진들의 차이를 인식하는 방법을 학습하게 될 가능성이 있다. 시스템은 특정한 사진들 중에서는 고양이 사진과 풍경 사진을 정확하게 구분할 수 있게 되지만, 색깔로 사진을 구분하는 방법을 학습하는 것은 사진에 특정한 물체가 포함되는지 그렇지 않은지에 따라 사진을 분류하는 방법을 학습하는 것과는 매우 큰 차이가 있다.

사진을 보는 사람들은 이 시스템이 고양이를 인식하는 방법을 학습했다는 성급한 결론을 내릴 수 있다. 하지만 이 시스템은 "고양이"라는 범주를 실제로 학습했다고 할 수 없다. 실제로, 라가벤드라 코티칼라푸디Raghavendra Kotikalapudi의 최근 연구에 따르면 네트워크가 사진 안의 물체들을 분류하는 방법을 실제로 학습하기 위해서는 그 물체들의 사소한trivial 특징들에 의존해야 한다. 예를 들어, 펭귄 사진을 인식하기 위해 시스템이 이용한 특징은 펭귄 배의 커다란 흰 부분이었다. 기계학습 시스템은 그 시스템에 입력된 표현에 의해 제약을 받는다. 그럼에도 불구하고 기계학습 시스템은 시스템 설계자의 기대에 항상 정확하게 부응하지 않는 놀라운 부분들을 학습할 수 있다.

이와 관련된 "알고리즘 편향algorithmic bias"이라는 문제가 있다. 기계학습 시스템은 객관적이라고 생각할 수 있다. 데이터를 훈련의 기초로 한다는 점에서는 기계학습 시스템은 실제로 객관적이다. 하지만 시스템은 훈련의 기초가 되는 데이터만큼 객관적일 수는 없다. 예를 들어, 2015년에 구글의 사진 분류 소프트웨어가 21세의 아프리카계 미국인 프로그래머를 고릴라로 잘못 인식해 비난을 받은 적이 있었다. 이 소프트웨어는 이 프로그래머를 침팬지로 인식하기도 했다. 이 소프트웨어가 멍청했기 때문이 아니었다(실제로 멍청했을지도 모른다). 진짜 문제는 컴퓨터가 학습한 구분 방법이 설계자가 시스템에 학습을 기대한 구분 방법과 항상 같지는 않았다는 데 있었다. 흑인들이라는 예제에 대한 더 좋은 데이터, 라벨이 더 명확한 데이터가 있었다면 이런 문제는 발생하지 않았을 것이다.

기계학습 시스템을 훈련시키는 데 사용되는 특정한 예제들은 특정한 방식으로 선택되며, 이 선택은 기계학습 모델의 결과에 영향을 미친다. 시스템 설계자는 기계학습 모델의 구성요소로 사용될 특징들도 선택한다. 예를 들어, 기계학습은 재범 가능성, 즉 범죄자가 미래에 또 다른 범죄를 저지를 가능성을 예측하는 모델을 만드는 데 사용되고 있다. 이런 모델 대부분은 상당히 많은 이유로 크게 논란을 일으키고 있다. 여기서는 그 이유 중 두 가지만 생각해보자. 이 두 가지 이유 모두 이 시스템의 추천이 공정한지와 관련이 있다.

법적으로 모든 사람은 법원을 포함한 정부에 의해 공정한 대우를 받을 권리가 있다. 개인은 자신의 잘잘못에 의거해 판단을 받아야 한다. 하지만 수사관들은 재범 가능성 예측 프로그램이 생성하는 분석 결과가 흑인 범죄자들과 백인 범죄자들을 다르게 취급한 결과라고 입을 모은다.

이 시스템이 백인 범죄자를 대상으로 오류를 범한 경우는 백인 범죄자가 실제로 나중에 범죄를 다시 저질렀는데도 예측 당시에는 백인 범죄자가 다시 범죄를 저지르지 않을 것이라고 예측한 경우다. 이 시스템이 흑인 범죄자를 대상으로 오류를 범한 경우는 흑인 범죄자가 실제로 나중에 범죄를 다시 저지르지 않았지만 예측 당시에는 흑인 범죄자가 다시 범죄를 저지를 것이라고 예측한 경우다. 전체적으로 볼 때 이 시스템은 상당히 정확하다. 하지만 흑인 범죄자와 백인 범죄자에 대한 예측을 다르게 하는 것은 공정해 보이지 않는다.

이런 알고리즘 편향을 해결하는 방법은 시스템의 목표를 정의할 때 공정성을 기하는 것이다. 현재 대부분의 기계학습은 예측의 정확성을 극대화하도록 설계돼 있다. 하지만 기계학습은 예측의 정확성과 공정성을 둘 다 극대화하도록 얼마든지 설계될 수 있다. 시스템이 목표에 공정성에 대한 정의를 포함하지 않는다면 공정성 성취는 우연에 의존할 수밖에 없다. 공정성을 우연에 맡기기에는 너무나 중요한 요소다.

강화학습

강화학습은 틱택토 게임 학습과 관련해 앞에서 언급한 바 있다. 기계학습의 한 형태인 강화학습은 지도학습과 비지도학습의 중간 정도에 위치한다. 개별적인 예제들은 라벨이 주어지지 않지만 시스템 전체는 시스템이 목표에 도달하거나 도달하지 못할 때 피드백을 받기 때문이다. 학습 시스템은 어떤 행동을 해야 할지 명령을 받지 않지만, 기대되는 결과(그리고 강화)로 궁극적으로 유도하는 일련의 효과적인 행동들을 선택하기 위한 방침policy을 만들어내야 한다.

강화학습 시스템의 목표는 누적 "보상"을 최대화하는 것이다. 가장 큰 문제는 최종적인 보상은 일련의 행동들에 의존할 수 있기 때문에 그 행동들이 수행된 후 어느 정도 시간이 지난 다음에 이뤄질 수 있다는 데 있다. 지도 기계학습은 피드백이 각각의 행동 뒤에 바로 이뤄지므로, 이것이 강화학습과의 차이점이다. 강화학습의 최적화 과정에서 문제는 최종적으로 보상을 유도한 행동들이 관찰된 결과에 어떤 기여를 했는지 판단하는 것이다.

일반적으로 강화학습과 기여도 할당credit assignment(최종적인 보상의 어떤 부분이 이전의 어떤 선택에 의한 것이라고 할당하는 것)은 완벽하게 풀기가 불가능한 문제다. 보상에 접근하려면 가능한 행동들의 집합이라는 방대한 범위에서 많은 수의 단계들을 선택해야 할 경우가 있다. 사소한 시스템trivial system을 제외하면, 보상을 유도하는 가능한 모든 행동들의 모든 조합을 확인하는 하는 것은 불가능하다. 다른 기계학습 상황에서처럼 이 문제를 풀기 더 쉬운 문제로 단순화하려면 휴리스틱이 필요하다. 물론 휴리스틱이 가능한 최선의 답을 생성한다고 장담할 수는 없지만 말이다.

어떤 특정한 시점에서 선택할 수 있는 행동은 여러 가지가 있을 수 있다. 하지만 이용 가능한 유일한 정보는 과거의 행동들과 강화 내용을 포함한 기계의 현재 상태밖에는 없다.

강화학습 시스템은 각각의 행동이 강화된 결과를 유도할 확률을 학습해야 한다. 각각의 행동과 강화의 최종적인 수용 사이의 관계는 매우 미약할 수도 있다. 행동이 항상 성공하는 것은 아니기 때문이다. 따라서 시스템의 학습방법은 오류에 대처해야 하고, 아주 조금이라도 보상의 가능성에 영향을 미치는 행동들에도 대처해야 한다.

공간을 탐색하는 법을 학습하는 로봇이나 주식 투자 방법을 학습하는 로봇도 강화학습의 예라고 할 수 있다. 예를 들어, 특정한 시점에 주식을 선택한다고 해서 당장 수익을 얻을 수 있는 것은 아니다. 대신 수익은 주식이 팔린 다음 어느 정도 시간이 지나야 얻을 수 있다. 어떤 작물을 심을지, 언제 심을지 선택하는 것도 강화학습으로 처리할 수 있다.

강화학습은 인터랙티브 문제interactive problem 해결에 특히 적합하다. 인터랙티브 문제는 상호작용을 통해서만 상황 학습이 가능한 것을 말한다. 이 경우, 행위주체가 직면할 가능성이 있는 상황들을 정확하게 나타내는 행동의 예를 확보하는 것이 쉽지 않다.

요약: 기계학습 시스템의 예

기계학습은 다양한 분야의 과제에 점점 더 빠르게 적용되고 있다. 기계학습을 이용해 문제를 성공적으로 해결하게 됨에 따라 기계학습은 사용자의 시야에서 사실상 사라지고 있다. 예를 들어, 음성인식은 음성을 텍스트에 효과적으로 매핑할 수 있는 기계학습 덕분에 큰 성공을 거두었지만, 이런 성공이 이뤄지자 사람들 대부분은 음성인식을 기계학습 문제로 보지 않게 됐다.

신용카드 사기

기계학습은 신용카드 거래가 잠재적인 사기 거래인지 실제 거래인지 구별하는 데 오랫동안 사용돼 오고 있다. 기계학습이 더 진전되면 잠재적인 사기 거래는 완전히 뿌리를 뽑을 수 있다. 예를 들어, 기계학습이 더 발달되면 사기 거래는 판매 시점부터 중단될 수 있다.

제품 추천

아마존 같은 인터넷 쇼핑몰에서 제품을 구매할 때 쇼핑몰들은 대개 당신이 좋아할 수도 있는 다른 제품들을 추천한다. 넷플릭스도 비슷한 방식으로 영화를 추천한다. 이런 추천은 추천 시스템에 의한 것이다. 기계는 당신이 좋아할 수도 있는 것이 무엇인지 다양한 방식으로 학습한다. 예를 들어, 시스템은 샴푸를 사는 사람들이 데오도란트deodorant(몸 냄새 제거제)도 사는 경향이 많다는 것을 학습했을 수 있다. 따라서 당신이 샴푸를 사면 시스템은 데오도란트를 추천하는 것이다.

얼굴 인식

페이스북 같은 앱은 사진을 분석해 그 사진 안에 있는 사람을 식별해 낸다. 얼굴 인식은 몇몇 기계학습 문제들을 조합하는 문제다. 시스템은 먼저 사진 안에 얼굴이 있는지 인식한 다음, 그 얼굴이 누구의 얼굴인지 인식해 낸다. 이 두 종류의 인식은 (눈이나 코 같은) 얼굴의 부분들 또는 얼굴의 다른 특징들을 인식하는 과정에 의존한다.

사람들은 쉽게 얼굴을 인식한다. 하지만 컴퓨터가 얼굴을 인식하는 것은 매우 어려운 일이다. 사진에는 수많은 사람들의 얼굴이 있을 수 있고, 얼굴의 기하학적 구조가 매우 복잡하기 때문이다.

얼굴 인식을 위한 기계학습은 일련의 단계들로 구성된다. 이 각각의 단계 하나하나 자체가 다 기계학습 문제이며, 각각의 단계는 엄청난 양의 훈련 예제들로 구성된다. 하지만 이 단계들이 모두 합쳐지면 매우 다양한 위치에서 촬영한 개인들의 사진을 효과적으로 구별해 낼 수 있는 방법이 생성된다. 하지만 이 과정은 사람들이 이용하는 과정과는 거의 닮은 점이 없다. 따라서 이 시스템이 하는 실수는 사람들이 하는 실수와는 다른 종류의 실수일 가능성이 높다.

결론

기계학습은 매우 활발한 연구가 이뤄지는 분야다. 기계학습은 계산지능의 핵심이며, 그 중요성은 계속 높아지고 있다. 다양한 기법과 기발한 표현을 이용하면, 기계학습은 이전에는 본 적이 없었을 대상들에 반응하면서 이전에 프로그램되지 않은 일들을 수행할 수 있다. 기계학습을 가능하게 한 가장 중요한 통찰은 통계와 확률 학습의 결합이라는 생각이었다.

5

인공지능에 대한
신경 네트워크 차원 접근

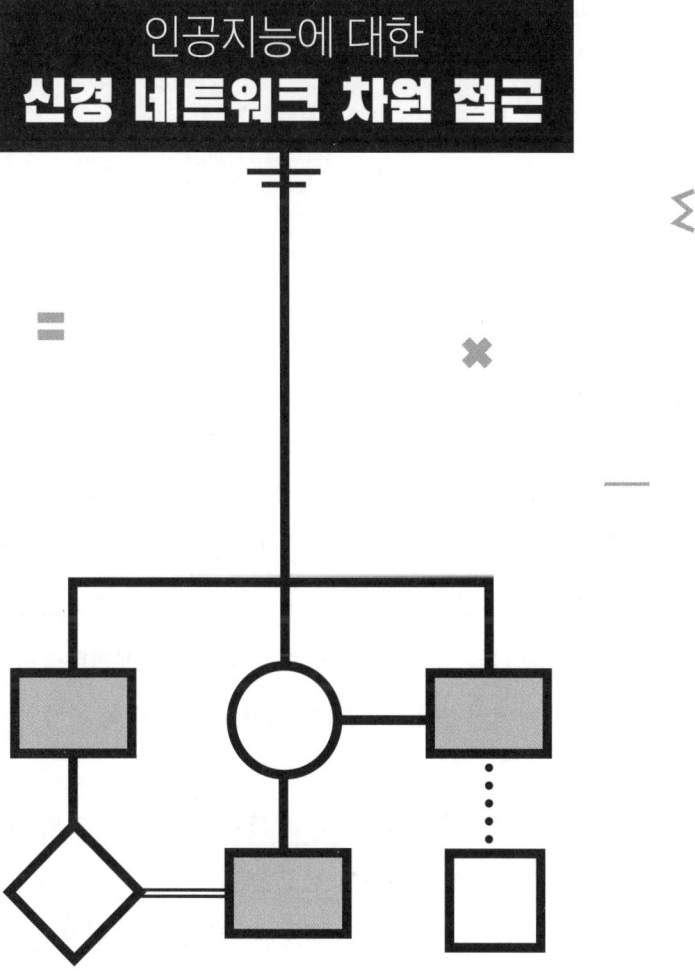

이번 장에서는 기계학습에 관한 논의를
인공신경망(simulated neural network)으로 확장시킬 것이다.
제4장에서 다룬 퍼셉트론으로 시작한 인공신경망은
뇌의 계산적 요소인 뉴런의 작용에서 영감을 얻은 것이다.

인간의 지능은 인간 뇌의 뉴런에 의해 구현되는 정신 작용의 산물이다. 제4장에서 다룬 퍼셉트론은 뇌에서 일어나는 과정과 비슷한 과정들을 이용해 기계학습 시스템을 구현하기 위한 시도였다. 이 시도는 뇌가 지능을 구현할 수 있다면 뇌의 계산 방법을 모방하면 비슷한 결과를 얻을 수 있을지도 모른다는 추측에 기초한 것이었다. 뇌의 뉴런들과 그 뉴런들의 기본적인 작동 메커니즘에 대한 연구인 신경과학이 발달함에 따라 이런 시도는 더욱 큰 동력을 얻게 됐다.

하지만 신경과학은 인간의 뇌를 모델링하려는 우리의 시도가 조심스럽게 이뤄져야 한다고도 경고한다. 신경과학 연구결과에 따르면 현재 우리는 뇌가 실제로 어떻게 지능을 구현하는지 완전하게 이해하고 있다고 말하기 매우 힘들기 때문이다. 그럼에도 불구하고, 인공 뉴런이 매우 강력한 기계학습 모델을 제공한다는 것은 사실로 굳어지고 있다.

인공 뉴런 네트워크는 다른 형태의 계산지능으로 해결하기 힘든 수많은 기계학습 문제를 해결하고 있다(가장 간단한 형태의 인공 뉴런 네트워크는 퍼셉트론이었다). 인공 뉴런 네트워크는 인공 뉴런들로 만든 층layer들로 구성된다. 여기서 첫 번째 층을 제외한 모든 층은 이전 층의 뉴런들로부터 입력을 받으며, 마지막 층을 제외한 모든 층은 다음 층에 입력을 제공한다. 인공 뉴런들은 실제 생물학적 신경망을 추상화하고 단순화한 것이다.

생물학적 뉴런은 크게 세포체cell body, 축삭돌기axon, 수상돌기dendrite의 3부분으로 구성된다. 세포체는 뉴런의 생물학적 활동을 조절하며, 축삭돌기는 한 뉴런에서 다른 뉴런들로 메시지를 전달하는 섬유fiber다. 수상돌기는 가지가 많은 나무 모양의 구조로, 다른 뉴런들의 축삭돌기로부터 정보를 받는다. 뉴런은 수천 개의 다른 뉴런들과 연결된다.

뉴런들은 서로 직접 연결되지 않는다. 뉴런들 사이에는 시냅스synapse라는 미세한 틈이 있으며, 이 시냅스를 통해 미세한 화학적 신호들이 "보내진다." 신호를 전송하는 뉴런의 축삭돌기는 신경전달물질들neurotransmitter을 분비하고, 이 신경전달물질들은 시냅스에 수동적으로 퍼지면서 신호를 받는 뉴런의 수상돌기에 있는 수용체들receptor과 결합한다. 신경전달물질이 수상돌기와 결합하는 과정은 신호를 받는 뉴런에서 연쇄적인 화학 반응을 일으킨다.

단순하게 설명하면, 다른 뉴런으로부터 신호를 받을 때 뉴런은 자신이 받는 활성화 결과들을 축적한다. 신호를 전송하는 뉴런 중 일부는 신호를 받는 뉴런에 흥분 신호excitatory signal를 보내고, 일부 뉴런은 억제 신호inhibitory signal를 보낸다. 이 두 유형의 신호는 각각 다른 신경전달물질에 의해 매개된다. 흥분 신호를 충분히 받으면 뉴런은 활성화돼 스파이크spike라는 짧은 전기 펄스를 발생시켜 축삭돌기에서 신경전달물질을 분비한다. 이 스파이크는 전기적으로 측정이 가능한데, 그 이유는 뉴런의 활동으로 전류가 세포막을 통과해 흐르기 때문이다.

일반적으로 인공 뉴런으로는 이 스파이크를 자세하게 표현할 수 없지만, 뉴런의 전반적인 활성화는 모델링할 수 있다. 인공 뉴런은 다른 인공 뉴런으로부터 받은 입력의 내용을 판단할 수 있다. 이 입력 중 양의 가중치를 가진 입력은 활성화에 기여하며, 음의 가중치를 가진 입력은 활성화 정도를 약화시킨다. 인공 뉴런의 출력은 흥분과 억제의 합이 특정한 문턱값을 초과하면 1.0, 그렇지 않으면 0.0의 값을 가진다(일부 네트워크는 -1.0의 값을 갖기도 한다). 자신이 받는 활성화 결과들의 합과 관련된 값을 출력하는 인공 뉴런도 있다. 이 합의 값이 적으면 출력은 사실상 0.0이 되고, 높으면 사실상 1.0이 된다. 이 합의 값이 중간 정도에 위치하면 활성화 정도는 입력의 합에 거의 비례한다.

다시 한 번 인공 뉴런을 단순하게 설명한다면, 인공 뉴런의 역할은 인공 뉴런들이 구성하는 네트워크 안에서 고정된다고 할 수 있다. 이와는 대조적으로, 최근 실험 결과에 따르면 생물학적 뉴런 중 일부는 시간이 지나면서 역할이 변화한다. 이 실험에서는 쥐가 특정한 반응을 하도록 확실한 신호를 보내던 뉴런이 몇 주 후에 활동을 다시 측정했을 때는 반대의 반응을 하도록 신호를 보낸 사례가 확인됐다.

신경망 모델 연구에서 사용되는 간단한 인공 뉴런 모델은 각각의 입력에 대응하는 기대 출력을 생성하는 역할을 최적화하도록, 훈련을 통해 각각의 인공 뉴런이 활성화 패턴을 바꾸게 만드는 모델이다. 한편, 쥐를 이용한 뉴런 연구는 뇌가 활발하게 변화하고 각각의 뉴런이 하는 역할이 비교적 짧은 시간 안에 변할 수 있다는 것을 보여준다. 우리는 이런 활발한 변화가 지능에 어떤 영향을 미치는지 아직 모른다. 하지만 이런 연구결과는 뉴런이 뇌 안에서 어떻게 지능을 매개하는지에 대해 현재 우리가 아는 것이 거의 없다는 사실을 드러낸다는 데 의미가 있다.

퍼셉트론 연구 초기에는 인공 신경망 연구에 3가지 큰 문제가 있었다. 첫 번째 문제는 컴퓨터의 능력이 전반적으로 부족했다는 것이다. 이 문제는 현재까지도 계산지능 연구에 걸림돌이 되고 있다. 컴퓨터 능력이 충분하지 않으면, 인공 신경망이 언젠가 만들어진다고 해도 그 인공 신경망의 설계자들은 이 컴퓨팅 능력 문제가 해결되기 전에 이미 모두 세상을 떠난 상태일 것이다.

퍼셉트론 연구의 두 번째 문제는 퍼셉트론의 능력에 대한 지나친 기대였다. 퍼셉트론이 처리할 수 있는 논리함수의 종류는 지극히 제한적이었다. 제4장에서 다뤘듯이, 퍼셉트론은 두 입력 중 하나가 활성화되면 양의 반응을 하고 그렇지 않으면 음의 반응을 하는 배타적 OR(XOR) 패턴은 학습할 수 없다. 이 패턴을 학습할 수 없었던 퍼셉트론은 지능의 기초는 고사하고 완전한 논리 모델로도 기능할 수 없었다. 1969년이 돼서야 발표됐지만 마빈 민스키와 시모어 패퍼트Seymour Papert의 퍼셉트론 비판은 퍼셉트론 연구과 신경망 시스템 연구에 치명상을 입혔다. 그 결과, 1970년대에 이르자 신경망 연구는 극히 일부에서만 이뤄지게 됐다.

기능의 기초로서의 신경망에 대한 초기 연구의 세 번째 문제는 입력을 출력에 매핑하기 위한 계산을 하는 법을 배우게 만들 수 있는 학습규칙이 단층 시스템에서밖에 없었다는 것이다.

맥컬럭과 피츠는 뉴런 망이 튜링 기계가 가져야 할 모든 속성들을 구현할 수 있는 가능성이 있다는 것을 보여줬다. 하지만 이들은 손으로 이론상의 뉴런 망을 구상했을 뿐 이런 속성을 가진 실제 구조는 만들어내지는 못했다. 인간의 뇌에 있는 뉴런들은 스스로를 조직하지만, 이들은 인공 뉴런이 스스로를 조직할 수 있게 만드는 방법은 알지 못했기 때문이다.

퍼셉트론 학습규칙은 유용했지만, 단층망에서만 적용할 수 있었다. 민스키와 패퍼트(1972, p. 32)는 다층망을 훈련시킬 수 있는 방법을 알게 돼도 그 다층망에도 동일한 제약이 적용될 것이라고 주장했다. 하지만 결론적으로 말하면, 이들의 주장은 틀렸다.

당시에는 잘 알려지지 않았지만, 벨몬트 팔리Belmont Farley와 웨슬리 클라크Wesley Clark는 1954년에 이미 2층 네트워크를 훈련시키는 방법을 고안해 초기 디지털 컴퓨터에서 그 네트워크를 시뮬레이션했다. 인공 뉴런 128개로 구성된 팔리와 클라크의 이 네트워크는 간단한 패턴을 인식하도록 훈련됐다. 이 네트워크는 나중에 퍼셉트론 학습규칙이라는 이름으로 알려지는 학습규칙과 비슷한 학습규칙을 이용했다.

자가조직망self-organizing network과 관련된 상황은 1986년에 데이비드 럼멜하트David Rumelhart, 제프리 힌튼Geoffrey Hinton, 로널드 윌리엄스Ronald Williams가 〈네이처〉에 "역전파Backpropagation"에 관한 논문을 발

표하고 데이비드 럼멜하트, 제임스 맥컬럭, PDP 연구 그룹이 두 권 짜리 서적을 낸 후에 극적으로 변화하기 시작했다. 이 책은 신경망과 신경망 관련 구조들의 병렬분산처리parallel distributed processing, PDP 모델에 관한 것이었다. 이 책의 주장 중 가장 큰 영향을 미친 것은 다층망에서 "역전파" 학습 알고리즘을 적용할 수 있다는 것이었다. 역전파 모델의 핵심은 각각의 뉴런이 네트워크의 전반적인 오류를 기초로 자신의 가중치를 조절하게 만든다는 생각이다.

이들의 방법은 로젠블랫, 팔리, 클라크 같은 연구자들이 제시한 바와 비슷하게 퍼셉트론 학습규칙을 확장한 것이었다. 이들이 사용한 구체적인 방법은 앞서 1974년에 폴 워보스Paul Werbos가 논문을 통해 발표한 것이었지만, 이 논문 역시 발표 당시에는 주목을 끌지 못하다 이들이 낸 책을 통해 널리 알려지게 됐다. 역전파 방법은 다층 퍼셉트론이 가중치를 설정하는 법을 학습할 수 있게 만들었다. 퍼셉트론 네트워크들을 다른 퍼셉트론 네트워크들의 입력으로 사용하는 방법, 즉 역전파 방법으로 다중 퍼셉트론을 만드는 방법에 의해 퍼셉트론의 문제들을 쉽게 해결할 수 있게 된 것이었다.

PDP 모델을 다룬 이 책은 인공지능 연구와 인지과학 전반에 지대한 영향을 미쳤다. PDP 모델에 대한 관심이 폭발했다. 이 책이 얼마나 연구자들을 흥분시켰는지는 상상하기도 힘들 것이다.

신경망의 기본

신경망의 기본적인 개념은 뉴런과 비슷한 유닛들의 네트워크에서 나타나는 활성화 패턴과 이 유닛들 사이의 연결 관계가 정보와 처리를 표현할 수 있다는 생각이다. 각각의 유닛은 활성화 정도가 다르며, 활성화 결과를 자신과 연결된 다른 유닛들에 전송할 수 있다.

다층 퍼셉트론의 경우 유닛들은 각각의 층 안에 배치된다. 첫 번째(입력) 층은 패턴 또는 빛의 점멸("on" 또는 "off" 상태) 같은 환경으로부터 입력을 받는다. 그 후 입력층의 유닛들은 두 번째 층("은닉층 hidden layer"으로 흔히 부른다)의 유닛들을 피드feed(신호를 주다)하고, 은닉층의 유닛들은 출력 층을 피드한다. 다층 퍼셉트론에서는 같은 층의 유닛들은 서로 연결되지 않으며, 다음 층의 유닛들에만 연결된다. 유닛은 이전 층의 여러 유닛들로부터 입력을 받아 다음 층의 여러 유닛들로 출력을 보낼 수 있다.

각각의 유닛은 활성화 문턱값을 가진다. 유닛이 받는 입력의 합이 문턱값보다 낮으면 그 유닛은 꺼진다. 즉, 비활성화 상태가 된다. 유닛이 받는 입력의 합이 문턱값보다 높으면 그 유닛은 켜진다. 즉, 활성화 상태가 된다. 학습은 하나의 뉴런과 그 다음 뉴런 사이의 연결 가중치를 조절하는 과정이다. 가중치가 높아지면 입력을 받는 유닛에서 입력의 합이 커지고, 가중치가 낮아지면 입력의 합은 낮아지며 심지어 음의 값을 가질 수도 있다.

네트워크에서 지식은 이 유닛들의 연결 강도와 패턴으로 표현된다. 전문가 시스템과는 달리 신경망은 네트워크와 그 네트워크의 처리 과정의 분리가 불가능하다.

퍼셉트론 학습규칙은 네트워크의 출력 오류를 상쇄하기 위해 한 층의 입력으로부터 출력으로의 연결 가중치를 조절하는 법을 보여주었다. 예를 들어, 네트워크의 목표가 여성의 사진과 남성의 사진을 구분하는 것이라고 생각해 보자. 이 경우 현재의 입력이 "남성"

패턴을 나타낼 때 기대되는 출력은 "남성" 결정을 나타내는 출력 뉴런이 활성화되고 다른 뉴런들은 비활성화 상태를 유지하는 것이다. 반면, 현재의 입력이 "여성" 패턴을 나타날 때 기대되는 출력은 그 반대 상태의 출력일 것이다. 퍼셉트론 학습규칙은 이런 식으로 이 유닛들의 입력 가중치를 조절해 기대되는 패턴에 더 근접했다.

역전파 학습규칙은 이와 비슷한 학습 방법을 다층 네트워크로 확장한다. 이 경우 네트워크는 라벨에 의해 지정된 사례들labeled instance을 기초로 훈련을 받는다. 여기서 라벨은 각각의 입력에 대해 기대되는 출력을 지정한다. 각각의 연결 가중치는 뉴런이 오류에 기여하는 정도에 따라 달라지는 역전파 학습규칙에 의해 조절된다. 오류는 출력층으로부터 이전 층들을 거슬러 전파되면서 연결 가중치를 조절한다. 은닉층 유닛으로의 연결이 강하고, 은닉층 유닛이 출력 오류에 기여한다면 가중치는 약화된다.

네트워크가 단층으로 구성되든 다층으로 구성되든, 뉴런들로의 입력은 벡터vector로 기술할 수 있다. 여기서 벡터는 차례대로 증가하는 번호가 붙는 목록ordered list이다. 최초의 퍼셉트론 중 하나가 포토셀 400개를 입력으로 사용했다는 것을 떠올려보자. 이 400개의 포토셀 각각에 투사되는 빛의 양은 숫자(예를 들어, 0~255 사이의 숫자)로 나타낼 수 있다.

포토셀들에 1에서 400까지의 숫자를 붙인다면, 각각의 포토셀이 받는 빛의 양은 리스트로 표시할 수 있다. 이 리스트의 첫 번째 숫자는 포토셀 1로의 입력을, 다음 숫자는 포토셀 2로의 입력을 나타내는 식이다. 이렇게 숫자들을 표시하면 그 목록은 벡터가 된다.

출력도 벡터로 기술할 수 있다. 매우 높은 양(+)의 출력 값을 가진

하나의 출력 뉴런만 활성화되고 다른 뉴런들은 비활성화 상태가 유지되도록 만들어야 하는 경우가 있다. 네트워크의 목표가 포토셀들에 투사된 알파벳 대문자를 식별하는 것이라면, 이 경우 출력은 알파벳 대문자 1개당 하나씩, 즉 모두 26가지가 된다. 네트워크의 목표가 고양이 사진과 고양이 사진이 아닌 사진을 식별하는 것이라면, 이 경우의 출력은 2개가 된다. 고양이 사진이 제시될 때 기대되는 출력 벡터는 [1.0, 0.0], 사람 사진이 제시될 때 기대되는 출력 벡터는 [0.0, 1.0]이 된다.

신경망의 성공은 신경망이 범주적 규칙categorical rule이 아니라 패턴 인식에 기초해 작동을 한다는 사실에 있다. 신경망은 99.9의 열이 100도의 열과 거의 비슷한 정도로 위험하다는 것을 인식한다. 예를 들어, 신경망은 사람의 체온이 높아질수록 아스피린을 처방하는 가능성이 높아진다고 확률적으로 추론할 수 있다.

인공지능에 대한 신경망 차원의 접근방식은 컴퓨터나 튜링 기계와 비슷한 방식이 아니라, 뇌와 비슷한 방식으로 문제 해결을 하기 위한 접근방식이다. 신경망은 전문가 시스템이 의존하는 범주적 규칙(범주적 규칙은 적용이 되는 경우와 적용이 되지 않는 경우의 두 가지 경우밖에 허용하지 않는다)에 의존하지 않는 대신, 더 활성화되거나 덜 활성화될 수 있는 유닛들을 이용해 입력들을 서로 더 비슷하거나 덜 비슷한 입력들로 취급한다. 이런 유형의 계산을 비기호적subsymbolic 계산이라고 부르기도 한다. 정보가 가상의 테이프에 쓰인 기호들로 표시되지 않고, 유닛들의 활성화로 표현되기 때문이다.

신경망은 전문가 시스템 같은 물리적 기호 시스템의 접근방식으로 풀기 어려운 문제들을 풀 수 있게 해준다. 기호는 전부 아니면 전무all-or-none다. 튜링 기계 또는 튜링 기계와 동등한 기계에서 기호는 쓰이거나 쓰이지 않거나 둘 중 하나이고, 규칙도 적용되거나 적용되지 않거나 둘 중 하나다. 이와는 대조적으로, 신경망에서 표현은 완전히 존재하는 상태와 완전히 부재하는 상태 사이의 어떤 상태를 나타낼 수 있다.

신경망의 특징은 모호한fuzzy 표현이다. 반면, 기호 시스템의 특징은 "선명한crisp" 표현이다. 어느 정도의 노력을 통해 신경망과 기호 시스템은 서로를 모방할 수 있다. 디지털 컴퓨터는 모호한 뉴런을 모방할 수 있고, 모호한 뉴런도 분명한 범주들을 모방할 수 있다. 예를 들어, CD, DVD, 블루레이 디스크 또는 다운로드 가능한 오디오 프로그램이나 비디오 프로그램은 아날로그 형식으로 이뤄지는 연주 또는 공연을 디지털 형식으로 바꾼 것이다. 인간의 뇌는 논리적으로 생각하고 상징적으로 말할 수 있다. 맥컬럭과 피츠는 뉴런 망으로 튜링 기계를 구현할 수 있다는 것을 증명했다. 하지만 신경망과 기호 시스템의 근본적인 구성요소는 확연하게 다르다.

신경망은 기호와 규칙보다는 패턴에 훨씬 많이 의존한다. 신경망의 핵심은 유사성이기 때문이다. 예를 들어, 얼굴 인식을 위한 신경망은 우리가 아는 얼굴들과 닮은 얼굴들을 식별해 낸다. 여기서 중요한 것은 전반적인 유사성 패턴이다. 유사성 패턴은 하나의 특징 또는 몇몇 특징들에 의해 정의되는 것이 아니다. 효율적인 기계학습 방법과 결합되면 신경망은 계산 과정에서 수천, 수만 개의 변수들을 고려할 수 있다. 이 변수들 하나하나가 기여하는 바는 적지만, 이 변수들이 모두 합쳐지면 패턴을 형성할 수 있다. 신경망이 고려할 수 있는 요소들의 수는 그 어떤 지식 공학자가 만들어내는 규칙들의 수보다 훨씬 더 많을 수 있다.

돌고래 바이오소나의 예

나와 내 동료들은 어떻게 돌고래가 바이오소나biosonar(동물들이 스스로 내는 음파의 반사를 이용해 방향이나 거리를 감지하는 기능)를 이용해 물속에서 또는 진흙 밑에서 물체를 인식하는지 연구한 적이 있다. 돌고래는 박쥐처럼 소리를 이용해 주변 환경과 그 안에 있는 물체들에 대한 정보를 얻는다. 돌고래와 박쥐는 둘 다 빛이 충분히 있을 때 사물을 볼 수 있지만, 어두운 동굴 안에서 밤에 날아다니는 박쥐나 깊은 물속에서 헤엄치는 돌고래는 사물을 제대로 볼 수 있을 정도의 빛이 없는 환경에 있을 수 있다. 특히 돌고래의 시력은 육지 포유동물 대부분의 시력과 비슷하지만, 돌고래는 물속 세계에 대한 정보를 얻기 위해 음파를 매우 효과적으로 사용한다.

우리는 실험을 통해 물속에서 돌고래가, 두께가 인간의 머리카락 폭 정도밖에 차이가 나지 않는 원통 2개의 차이를 8m 거리 밖에서도 구분한다는 것을 발견했다. 물이 매우 맑지 않은 한, 사람들은 이 정도 거리로 서로 떨어진 원통 2개를 구별하기는커녕 눈으로 볼 수도 없다.

돌고래는 바이오소나를 이용해 머릿속에서 만들어내는 짧은 길이의 흡착음click을 내보낸다. 이 흡착음은 돌고래의 머리 앞쪽에 있는 멜론melon이라는 둥글납작한 구조를 통과해 물속으로 나간다. 이 흡착음의 길이는 약 50마이크로초(1초의 5000만분의 1)이며, 물속에서 계속 빔 형태로 직진하다 물체에 반사돼 반향을 만들어낸다. 돌고래는 턱 안의 지방 채널(지방으로 구성된 청각 조직)을 통해 이 반향을 포착하며, 지방 채널은 이 반향을 돌고래의 내이inner ear, 內耳로 전송한다.

헤르츠Hertz(Hz 또는 kHz로 줄여 쓴다. 1kHz는 1000Hz다)는 측정되는 소리의 진동수(주파수)를 나타낸다. 피아노에서 왼쪽에 있는 건반들은 낮은 진동수의 낮은 음(약 27.5Hz)을 내며, 오른쪽에 있는 건반들은 높은 진동수의 높은 음(최고 약 4kHz)을 낸다. 사람이 들을 수 있는 최대 음높이는(젊을 때) 20kHz 정도다. 반면, 돌고래는 최고 150kHz의 소리까지 들을 수 있다. 인간이 높은 진동수를 탐지하려면 특수 장비가 필요하지만, 돌고래는 자연스럽게 들을 수 있다.

돌고래가 내는 흡착음이 물체에 부딪혀 반사돼 나오는 반향은 다양한 진동수들이 섞인 소리다. 우리 연구팀을 비롯한 연구팀들의 연구결과에 따르면 돌고래는 이렇게 진동수들이 섞인 반향의 패턴을 인식해 물체의 정체와 그 물체의 특성 중 많은 부분을 파악한다.

돌고래를 비롯한 포유동물의 귀는 내이 안의 달팽이관에서 기계적으로 소리의 진동 패턴을 공간 패턴으로 변환하며, 다시 이 공간 패턴은 돌고래의 뇌로 전달되는 신경 패턴이 된다.

우리 연구팀은 "고속 푸리에 변환fast Fourier transform"이라는 기법을 이용해, 반향에 포함된 진동수들을 분석해 "스펙트럼"을 얻었다. 이 스펙트럼은 돌고래의 달팽이관이 생체역학적으로 한 일의 수학적 표현이자 진동수 진폭의 측정치이다.

우리는 돌고래가 물에 떠 있으면서 머리는 물속의 원형 고리 안에 위치하도록 훈련을 시켰다. 그 후 특수 수중마이크("하이드로폰 hydrophone")를 돌고래 바로 옆에 배치해 3가지 물체 중 하나로부터 되돌아오는 반향을 측정했다. 돌고래는 소나 신호를 보낸 후 그 물체에 반사돼 되돌아온 소리를 들은 후 "목표 기둥들" 중 하나를 터치해 자신이 어떤 물체를 탐지했는지 알렸다. 돌고래가 제대로 기둥을 터치하면 우리는 돌고래에게 물고기를 줬다.

우리는 진흙 속에 묻힌 목표물로도 같은 실험을 진행했다. 돌고래는 산호로 만든 실린더, 알루미늄으로 만든 빈 실린더, 안에 거품을 채운 알루미늄 실린더를 매우 정확하게 구별해 냈다.

그 후 우리는 돌고래 대신에 3개 층으로 만든 신경망을 이용해 같은 실험을 진행했다. 돌고래와 신경망 모두 90%를 훨씬 넘는 정확도를 나타냈다.

예측대로 신경망과 돌고래의 정확도에서 핵심적인 역할을 한 것은 패턴 인식이었다. 그 후에 진행된 여러 번의 후속실험에서 우리는 스펙트럼에서 일부 진동수를 제거해도 여전히 정확도가 높다는 것을 발견했다. 우리가 구체적으로 어떤 진동수를 제거했는지는 중요하지 않았다. 하지만 반향의 질을 저하시킬수록 돌고래와 신경망의 정확도는 떨어졌다. 중요한 것은 반향의 특정한 특징들이 아니라 반향의 전체적인 패턴이라는 사실이 분명했다.

그 후 우리 연구팀은 이 신경망을 일종의 수중 로봇으로 만들었다. 소나를 이용해 해저를 돌아다니면서 진흙 속에 묻힌 물체들을 찾아낼 수 있는 로봇이었다. 이 로봇의 모습은 유튜브(https://www.youtube.com/watch?v=fP9k0eLP4ws)에서 볼 수 있다.

1990년대와 2000년대 초반에는 신경망에 대한 관심이 어느 정도 줄어들었다. 흥미로운 도구들이 대부분 그렇듯이 신경망도 여러 가지 일을 잘해 냈지만 사람들의 기대에는 미치지 못했기 때문이다. 하지만 신경망은 노이즈 캔슬링 헤드폰이나 일부 카메라에서 매우 중요한 역할을 했으며 특히 신용평가 시스템에서 중요한 위치를 차지하고 있다.

신경망 사용이 제한적이었던 것은 규모 문제와 은닉층이 2개 이상인 네트워크를 훈련시킬 수 있는 역전파 학습 알고리즘의 능력 부족 때문이었다. 이론적으로 은닉층이 1개인 네트워크의 능력은 은닉층이 여러 개인 네트워크와 같지만, 다층 네트워크를 구축하거나 훈련시키는 것이 더 실용적이다. 다층 네트워크는 더 적은 수의 인공 뉴런 그리고 더 적은 수의 연결로도 은닉층이 1개인 네트워크와 같은 능력을 가질 수 있기 때문이다. 게다가 다층 네트워크는 단층 네트워크에 비해 훈련 예제와 훈련시간을 적게 필요로 한다.

신경망의 발달은 인공지능의 발달처럼 계산 능력의 개선에 의해 이뤄졌다. 하지만 신경망이 다시 발달하기 시작한 데에는 이 외에도 다른 종류의 두 가지 진전이 기여를 했다. 첫 번째 진전은 신용카드 사용 내역으로부터 구글 검색 내역에 이르는 빅 데이터의 출현이다. 빅 데이터 시스템은 대규모 신경망 훈련에 사용할 수 있는 엄청난 양의 분류된 데이터labeled data를 제공한다. 이렇게 얻은 데이터는 빅 데이터 시스템이 없었다면(사람의 노력에 의해 만들어져야 하기 때문에) 매우 많은 비용이 들었을 것이다. 이 엄청난 규모의 데이터 세트에서 분류 작업은 기록된 처리과정transaction(데이터베이스의 상태를 변경시키기 위해 수행하는 작업 단위)의 자연스러운 결과를 기초로 이뤄진다. 두 번째 진전은 새로운 신경망과 그 신경망을 훈련시킬 수 있는 강력한 방법의 출현이었다. 예를 들어, 얀 르쿤Yann LeCun은 손으로 쓴 숫자들을 인식하는 합성곱신경망convolutional neural network을 개발했다.

생물체의 시각 처리 과정에 관여하는 수용장receptive field(특정한 시각 세포에 영향을 끼치는 망막의 부위)에서 영감을 받아 고안된 이 신경망에서 인공 뉴런들은 중첩되는 수용장을 가진다. 이후 이런 유형의 네트워크들은 계산지능 분야에서 매우 중요한 위치를 차지하게 됐다.

합성곱신경망은 순환신경망recurrent neural network 같은 신경망과 함께 심층학습망deep learning network(층의 개수가 3개를 훨씬 초과하는 학습망)이라는 새로운 신경망 부류를 구성했다. 심층학습망에서는 피드가 한 층에서 다음 층으로만 이뤄지는 것이 아니라, 한 층 내에서도 복잡한 연결들이 이뤄진다. 또한 각 층은 서로 다른 학습규칙을 이용해 훈련이 가능하다. 예를 들어, 어느 층은 역전파 방식을 이용해 지도학습으로 훈련시키고, 다른 일부 층은 비지도학습으로 훈련시킬 수 있다.

심층학습과 관련한 가장 큰 통찰은 층에 따라 다른 훈련 방법을 사용한다는 생각이다. 전통적인 신경망이나 기계지능 대부분에서처럼 심층학습망에서도 가장 중요한 것은 망 자체의 자율 지능이 아니라 시스템의 설계방식이다. 기발한 기계지능을 만드는 것은 기발한 설계와 같은 기발한 표현이다.

심층학습망은 스스로 자신의 표현들을 학습한다고 말하는 경우가 많다. 하지만 이 말은 틀린 말이다. 심층학습망의 구조가 그 심층학습망이 받는 입력에서 어떤 표현을 추출할지 결정하기 때문이다. 입력을 표현하는 방식과 문제 해결 과정을 표현하는 방식은 다른 기계학습 시스템과 심층학습망에서 동일하다.

은닉층, 즉 입력층이나 출력층이 아닌 층을 가진 모든 네트워크는 입력층의 활성화 패턴에 내재된 표현을 학습한다. 이 표현 패턴은 입력 패턴이나 입력 패턴의 식별 가능한 특징들과는 확실한 관계가 없을 수도 있다. 심층학습망은 다층 퍼셉트론의 학습규칙과는 다른 학습규칙을 이용해 은닉층 표현을 만들어낼 수 있다. 하지만 그 은닉층 표현은 새로운 표현이 아니라 원래의 입력층 표현을 변형한 것일 뿐이다. 심층학습망은 이용 가능한 패턴들 중에서 선택을 할 수 있지만, 새로운 패턴을 구축하지는 못한다. 심층학습망의 선택은 심층학습망 설계자가 제공한 은닉층 구조에 의해 결정되기 때문이다.

예를 들어, 쿠옥 레$^{Quoc\ Le}$와 그의 동료들은(2012년) 계산 코어$^{computational\ core}$ 1만 6000개를 기계 1000대에 장착해 연결 수가 10억 개에 이르는 9층 신경망을 구축했다.(85쪽) 이 연구자들은 200×200 픽셀의 이미지 1000만 개를 이용해 3일 동안 이 신경망을 훈련시켰다. 그 후 이 연구자들은 이 시스템의 인공 뉴런들 중 일부를 관찰했는데, 연구자들은 이 이미지들이 분류되어 있지 않았음에도 불구하고 일부가 고양이 사진과 사람 사진에 선택적인 반응으로 나타냈다는 것을 발견했다.

쿠옥 레와 그의 동료들은 이 시스템이 고양이를 포함하는 이미지와 사람을 포함하는 이미지를 구별하는 법을 발견해 냈다고 말했다. 하지만 실제로 이 시스템이 학습한 것은 이미지들의 통계적인 속성으로 보인다. 이 시스템은 여러 개의 은닉층 중 일부가 비슷한 방식으로 구성된 비슷한 입력 패턴들을 처리하도록 설계됐기 때문에 유사성을 기초로 이미지를 분류하는 법을 학습한 것이었다. 출력 유닛들 중 일부가 고양이 이미지와 사람 이미지에 대응된 이유는 고양이 사진들 대부분이 특정한 통계적 속성을 공유하고 있기 때문이었다. 훈련 예제의 수가 1000만 개쯤 되면 이런 상관관계가 관찰될 수 있는 가능성이 매우 높아진다. 쿠옥 레와 그의 동료들은 다양한 이미지를 제시했을 때 고양이 이미지에 가장 활발하게 반응한 뉴런을 찾아내는 방법으로 고양이 이미지를 식별해 내는 뉴런을 확인했다고 주장했다. 하지만 이는 순환논리에 불과하다. 네트워크는 그 뉴런이 고양이를 표시하는지 알지 못했기 때문이다. 그 뉴런이 고양이를 표시한다는 것을 안 것이 연구자들이지 그 뉴런이 아니다. 네트워크는 이미지에 반응했을 뿐이고, 이 이미지들 중 일부가 출력 상에서 특정한 패턴을 나타냈을 뿐이다. 이 시스템은 범주를 만들어낸 것이 아니라, 특정한 상관관계를 선택했을 뿐이다. 그 상관관계를 범주라고 부른 것은 네트워크가 아니라 네트워크 설계자였다. 이미지들이 출력 유닛들에 무작위로 배분됐어도 일부 유닛은 사람에, 다른 유닛은 고양이에 더 많은 반응을 보였을 것이다. 이 유닛들이 고양이를 나타낸다거나 컴퓨터가 스스로 범주화를 학습했다는 말은 옳지 않다.

쿠옥 레의 실험이 엄청난 규모의 실험이었다는 것은 분명하다. 하지만 변수의 숫자가 10억 개에 이르면 어떤 형태로든 특정한 함수에 거의 들어맞는 결과가 나올 수 있다는 사실을 놓치기 쉽다. 또한 이 프로젝트의 결과를 과대포장하기도 쉬울 것이다. 이와 같은 자동부호화 네트워크autoencoding network(역주: 비지도 방식으로 데이터 부호화, 즉 표현을 학습하는 데 사용되는 일종의 인공 신경망)는 라벨이 붙은 예제들의 이용 효율을 개선하는 데 도움이 될 수 있지만, 그렇다고 해서 이런 네트워크가 라벨 자체를 완전히 배제할 수 있는 것은 아니다. 쿠옥 레와 그의 동료들은 네트워크가 학습을 하는 동안이 아니라

학습을 마친 후에 라벨을 적용했다. 결국 라벨을 적용한 것은 네트워크가 아니라 연구자들이었다는 뜻이다.

심층학습망은 다층 퍼셉트론에 비해 확실히 뇌와 더 비슷하긴 하지만, 심층학습망에 대한 기대에 여전히 부응하지 못할 위험이 있다. 심층학습망은 만병통치약이 아니기 때문이다. 심층학습망이 다른 네트워크에 비해 특정한 문제들을 더 잘 풀 수는 있지만, 기존의 다른 신경망이나 기계학습 알고리즘보다 보편적인 해법을 제공하지는 않는다.

심층신경망은 패턴 인식에 강하다. 컴퓨터가 손으로 쓴 숫자 또는 문자, 기호를 인식하는 법을 학습하는 것은 그동안 매우 어려운 일이었다. 하지만 심층신경망은 이 영역에서 가장 큰 진전을 보이고 있다. 사람들의 글씨는 모호하고 불완전하다. 사람들은 (의사가 처방전에 흘려 쓴 글씨 같은) 다른 사람이 쓴 글씨를 잘 못 알아볼 때도 많다.

심층신경망은 교통신호 인식, 전자현미경 이미지로부터의 뉴런 구조 판독, 신약 개발에 도움이 될 수 있는 분자 구조 분석 같은 인간 수준의 일을 해낸다.

신경망은 다음과 같은 다양한 영역에서 점점 더 일반적으로 사용되고 있다.

- 자동차 내비게이션 시스템
- 집적회로(IC) 설계
- 컴퓨터 네트워크 오류 탐지
- 헬리콥터 트랜스미션(변속장치) 결함 탐지

- 재무분석
- 주식 거래 전략 수립
- 암세포 탐지와 분석
- 얼굴 인식
- 음성 인식
- 신용평가

　신경망은 자율주행 자동차와 바둑 학습 시스템에서도 핵심적인 역할을 한다. 신경망은 지난 몇 년 동안 계산지능의 발달에 특히 중요한 역할을 했다. 신경망은 기호 시스템이 수행하기 매우 어려운 패턴 인식을 할 수 있기 때문이다.

　신경망 사용의 더 광범위한 확산을 방해하는 가장 큰 장애물 중 하나는 훈련 예제가 많이 필요하다는 것이다. 심층학습망은 빅 데이터 없이는 구현할 수 없다. 현재의 심층학습망의 학습을 가능하게 한 것은 구글 검색에서처럼 수십억 개에 이르는 트랜잭션transaction을 네트워크에 제공할 수 있는 능력이었다. 심층학습망을 훈련시키려면 며칠에서 몇 주라는 긴 시간이 소요될 수도 있다.

　심층학습망은 "모듈module"로 구축할 수 있다는 점이 훈련에 도움을 주기도 한다. 심층신경망의 다양한 부분들은 다른 부분들과는 상관없이 독립적으로 훈련이 가능하기 때문이다. 지도되지 않은 층과 지도되는 층을 따로 훈련시킬 수 있으며, 처음부터 다시 훈련을 시킬 필요 없이, 한번 학습된 구조를 지도되는 다양한 학습 부분망들subnetworks에 재사용할 수 있다.

　그럼에도 불구하고, 신경망 훈련은 여전히 과학과 예술의 중간 위치에 머물고 있다. 복잡한 네트워크는 변수가 너무 많아 알고리즘으로 그 변수들을 모두 설정하는 것이 불가능하기 때문이다. 예를 들어, 얼마나 많은 인공 뉴런을 은닉층에 배치해야 하는지 결정하기 위한 확실한 방법은 존재하지 않는다.

신경망 역시 설계를 필요로 한다. 설계 시점에서는 이 복잡한 망의 구조를 만드는 데 도움을 줄 수 있는 알고리즘이 전혀 없으며, 휴리스틱도 이용이 거의 불가능하다. 심층학습망에는 수십억 개의 매개변수가 포함될 수 있다. 설계자는 이 매개변수들 각각의 값을 일일이 선택할 필요는 없지만(이 값을 선택하는 것은 학습 알고리즘이 하는 일이다), 매개변수들 사이의 다양한 연결 관계는 지정해야 한다. 신경망이 새로운 종류의 문제들을 풀 수 있게 된다면, 그 해법은 네트워크를 조직하는 새로운 방법에서 제일 먼저 나온 것이라고 할 수 있다. 이런 설계를 하기 위해서는 지금도 인간의 힘이 필요하다. 이렇게 볼 때 신경망은 다른 형태의 기계학습과 다르지 않다.

나는 손상된 체커판 문제를 풀면서 도미노 블록을 체커판에 일일이 채워 볼 필요가 없다고 깨닫고 문제 해결 방법을 바꾸게 된 과정과 심층신경망의 가중치 조절 과정은 근본적으로 다르다고 본다. 손상된 체커판을 빨간 네모 하나와 검은 네모 하나로 이뤄지는 짝들의 조합과 관계된 패리티parity 문제로 표현하는 것은 손상된 체커판을 빨간 네모들과 검은 네모들의 연속으로만 표현하는 것과는 근본적으로 다르다. 이 두 가지 표현의 경우, 하나의 표현이 다른 하나의 표현으로부터 유도되지도 않으며, 하나의 표현이 다른 하나의 표현으로 변환되지도 않기 때문이다.

결정을 내리는 데 사용되는 과정은 손상된 체커판을 표현하는 방식에 따라 근본적으로 달라진다. 도미노 블록 하나하나가 정확하게 빨간 네모 하나와 검은 네모 하나를 덮어야 한다고 깨닫는 순간 도미노 블록들로 손상된 체커판을 다 덮을 수 없다는 것을 깨닫기 위해 모든 도미노 블록을 손상된 체커판에 다 덮어볼 필요가 없어진다. 배열을 기초로 하는 접근방식은 빨간 네모 126개, 검은 네모 128개로 구성된 손상된 체커판을 다 채울 수 있는 방법을 말해주지 않는다. 하지만 패리티 접근방식은 빨간 네모의 수가 검은 네모의 수와 같지 않다면 도미노 블록들로 손상된 체커판을 다 덮는 것은 불가능하다는 것을 말해준다.

심층신경망도 선행하는 층, 또는 입력층에서의 변환으로 유도될 수 없는 표현은 학습할 수 없다. 심층신경망도 해법 공간 탐색을 하지만, 손상된 체커판 문제는 완전히 다른 해법공간 solution space(주어진 문제에 대한 가능한 답들이 있는 공간)을 필요로 한다. 아직까지 우리는 해법공간을 변화시킬 수 있는 계산적 접근방법은 생각해 내지 못하고 있다.

하지만 우리가 실제로 뇌를 구현해 낸다면 인간의 지능 같은 지능을 구현하는 시스템을 가질 수 있을 것이다. 존 설(1990년)이 말했듯이, 두뇌는 마음의 원인이 되기 때문이다 Brains cause minds. 만약 우리가 완전한 뇌를 모방할 수 있다면 일반지능은 자동적으로 만들어질 것이다.

전뇌 가설

아인슈타인의 뇌를 프로그램으로 만들어 컴퓨터 메모리에 적재할 수 있다면 아인슈타인이나 아인슈타인 정도의 지적인 능력을 가진 사람을 만들어낼 수 있을까? 신경망을 충분히 복잡하게 만들 수만 있다면 지능을 구현할 수 있게 될 것이라는 극단적인 가설이 있다. 인간의 뇌를 완벽하게 모방하는 신경망을 만들어낸다면, 인간의 지능 그리고 그 모방의 대상이 된 뇌를 가진 사람의 성격을 그대로 가지는 기계를 만들 수 있을 것이라는 가설이다. 이 전뇌 모방whole brain emulation에서 사용될 뉴런의 작동은 현재의 인공신경망의 뉴런 작동보다 포유동물의 실제 뉴런 작동과 더 비슷해야겠지만, 이 가설은 어떤 시스템과 동일한 함수(들)를 계산할 수 있는 동등한 시스템만 만들어낼 수 있다면 마음도 만들어낼 수 있다고 주장한다.

　이 가설에 따르면, 뇌가 실제로 신경을 처리하는 과정의 모든 세세한 부분은 모방될 수도 없고 그럴 필요도 없다. 실제로 닉 보스트롬Nick Bostrom을 비롯한 일부 학자들은 우리가 뇌의 작동 방식에 대해 많은 것을 알 필요가 없다고 주장한다. 어느 정도 기초 수준까지만 뇌의 구조를 복제하면 된다는 주장이다. 이 주장에 따르면, 뇌의 생리학적 구조와 특징을 완전히 무시할 수는 없지만, 가장 낮은 수준에서의 뇌의 특징과 뇌에서 일어나는 과정에 대해서 모방이 아니라 **시뮬레이션만 이뤄지면 된다**(역주: 모방은 재현하고자 하는 대상을 완벽하게 재현하는 것을 목표로 하는 반면, 시뮬레이션은 대상이 지니는 주요 특징만 재현하는 것을 목표로 한다). 예를 들어, 이온이 뉴런 세포막을 통과하게 만드는 나트륨 통로는 뉴런 작동 메커니즘의 일부지만, 컴퓨터 칩은 이 나트륨 통로와 비슷한 구성요소를 가지지 않는다. 따라서 이 속성은 컴퓨터로 시뮬레이션되어야 한다. 전뇌 모방 가설의 지지자들은 뇌를 단순히 시뮬레이션하는 것이 아니라 모방한다고 말할 수 있게 만드는 수준의 추상화 능력을 컴퓨터가 어느 정도 가지고 있다고 주장한다.

보스트롬은 뇌를 분자 수준에서 분석하면 뇌의 구조와 기능을 복제하는 데 필요한 모든 정보를 얻을 수 있을 것이라고 주장한다. 하지만 우리가 뇌의 구조를 완벽하게 알아낸다고 해도, 뇌를 뉴런들의 조합 형태가 아니라 회로 형태로 복제하기 위해서는 뇌의 구조를 넘어서 뇌의 기능을 확실하게 알아야 할 것이다. 개인적으로 나는 그보다 훨씬 더 많은 지식이 필요할 것이라고 생각한다. 예를 들어, 우리는 예쁜꼬마선충Caenorhabditis elegans이라는 선형동물의 커넥톰connectome(모든 뉴런의 구조와 그 뉴런들의 연결 관계)을 완벽하게 알고 있지만, 이 정보만으로는 이 선형동물의 행동조차 설명하기 힘들다.

전뇌 모방 가설에는 불확실성이 매우 많다. 이 가설의 전제는 우리는 적당한 수준에서 뇌의 작동방식을 적당한 정도로 이해할 수 있으며, 이 정도로 뇌의 작동방식과 구조를 이해하면 지능에 대해 설명할 수 있으며, 이 정도의 지식을 가지면 지능을 구현할 수 있으며, 우리에게는 뇌의 작동방식과 구조를 복제할 수 있는 컴퓨터가 있다는 것이다.

이 전제 중에서 가장 현실과 가까운 것은 마지막 전제, 즉 우리는 뇌를 모방할 수 있는 컴퓨팅 능력을 가질 수 있다는 생각일 것이다. 인간의 뇌에는 약 800억~1000억 개의 뉴런과 약 100조 개의 시냅스가 있다. 어떤 추상화 과정이 이뤄지는지에 따라 다르겠지만, 이 정도 규모라면 뇌의 사이클 타임cycle time(컴퓨터에서 기억 장치의 읽는 속도)은 50밀리초 정도 된다고 볼 수 있다. 컴퓨터와 비교할 때 뇌에서 일어나는 과정의 속도는 매우 빠르다고 할 수 없다. 따라서 50밀리초마다 바뀌는 뇌의 상태를 기술할 수 있다면 뇌를 상당 부분 시뮬레이션할 수 있을 것이다.

모방을 하기 위해서는 이보다 훨씬 더 잘게 시간 간격을 설정해야 한다. 뉴런은 생체 내부의 시계에 맞춰 활동을 하지 않는다. 뉴런은 비동기적으로 작동하기 때문이다. 예를 들어, 뉴런은 생체 내부 시계에 맞춰 활동전위 action potential를 발화하는 것이 아니라, 조건이 맞으면 어느 때고 발화한다. 뉴런 활동의 이런 비동기성은 컴퓨터 모델링을 매우 어렵게 만든다. 컴퓨터는 고정된 시계(이를테면, 50밀리초에 한 번 째깍대는 시계)에 맞춰 동기적으로 작동하기 때문이다. 그럼에도 불구하고 충분히 빠른 컴퓨터들을 조합하면 뇌의 비동기적인 작동을 시뮬레이션할 수 있을지 모른다.

일반적으로 뉴런은 병렬식으로 작동하기 때문에 뇌의 계산 능력은 1엑사플롭 exaFLOP(초당 10^{18}번, 즉 1초당 100경 번의 연산 속도) 수준으로 추정된다. 다시 말하면, 실시간으로 뇌를 시뮬레이션하려면 컴퓨터가 엑사플롭 수준의 연산 능력을 가져야 한다는 뜻이다. 현재 전 세계에서 가장 빠른 슈퍼컴퓨터인 선웨이 타이후라이트 Sunway TaihuLight의 연산 능력은 초당 약 93×10^{15}번(93 페타플롭: 1페타는 1000조)이다. 이 연산 능력도 인간의 뇌를 시뮬레이션하는 데 필요한 연산 능력의 1%에 미치지 못한다. 미국 에너지부와 중국은 모두 2021년까지 엑사플롭급 컴퓨터를 시연할 수 있을 것이라고 주장한다. 개발 시간이 예상보다 더 걸릴 수는 있겠지만, 앞으로 몇 년 안에 인간의 뇌를 (모방까지는 아니라도) 시뮬레이션할 수 있는 컴퓨터가 등장할 가능성은 매우 높다.

인간의 뇌 일부분에 대한 시뮬레이션은 이미 이뤄지고 있다. 예를 들어, 아난타나라야난Ananthanarayanan과 그의 동료들(2009년)은 프로세서 14만 7456개와 메인 메모리 144TB를 이용해 인간의 시각 피질 일부분을 단순화한 버전을 모방해 냈다. 뉴런 109(10억)개, 시냅스 1013(10조)개로 구성된 시스템이었다. 이는 약 300만 CPU 타임(컴퓨터 프로그램이 CPU를 차지해 일을 한 시간의 양)을 들여 400개의 시뮬레이션을 구현한 것이었다. 이 모델은 뇌 전체의 뉴런들이 아니라 특정 영역의 뉴런들과 그 뉴런들의 연결의 통계적 특성을 모방한 모델이었다. 이 작고 특정한 영역의 뉴런들을 1초 동안 단순화해 시뮬레이션하는 데에도 프로세서 14만 7456개의 프로세서가 모두 합쳐 7500 컴퓨터 시간에 해당하는 일을 해야 했고, 이 1초 동안의 시뮬레이션을 위해 200초 동안이나 프로그램을 돌려야 했다.

더 최근에는 마커스 듀스만Markus Duesmann과 애비게일 모리슨Abigail Morrison이 이끈 연구팀이 뉴런 17억 3000만 개, 시냅스 10조 4000억 개로 구성된 네트워크를 시뮬레이션해 냈다. 프로세서 8만 2944개, 1페타바이트의 메모리를 이용해 40분 동안 뉴런 활동을 모방한 네트워크였다. 이 모델의 목표는 뇌를 모방하는 것이 아니라, "생물학적으로 현실적인 연결성biologically realistic connectivity"을 가진 소규모 뉴런망을 시뮬레이션하는 것이었다. 이 모델은 뇌의 구조를 모방한 네트워크가 아니라, 뉴런들 사이의 연결 관계들을 모방함으로써 그 연결 관계들의 통계적 특성만 재현한 모델이었다.

노랑초파리의 경우, 뇌에서 정보가 흐르는 패턴과 커넥톰이 상당

부분 밝혀진 상태다. 하지만 노랑초파리의 복잡한 뇌 구조와 노랑초파리의 신경회로에 대해 아직도 완전히 이해하지 못하고 있음을 감안하면 노랑초파리의 뇌 모델을 만들기 위해서는 수준을 훨씬 넘어서는 계산 능력이 필요할 것이다.

간단하게 말하면 이렇다. 계산 능력을 갖는 것은 뇌 모방을 위한 필요조건일 수 있지만, 충분조건과는 거리가 매우 멀다. 우리가 알아야 할 것에 비하면 신경과학은 사실상 거의 시작 단계에 있다고 할 수 있다. 현재 우리는 엄청나게 많은 양의 신경과학 지식이 있지만, 그 엄청난 양의 지식도 인간의 뇌를 모방하는 것은 고사하고 시뮬레이션이라도 하기 위해 우리가 가져야 할 지식의 양에 비하면 엄청나게 적은 양의 지식일 것이다.

전뇌 모방 개념의 문제 중 하나는 뇌의 구조, 즉 뉴런들이 서로 연결되는 방식만 알면 뇌의 기능을 복제할 수 있다는 전제에 있다. 구조는 뉴런이 인지 작용을 구현하는 방식의 속성과 관련이 있지만, 구조만 알아서는 뇌의 기능을 결코 복제할 수 없다. 앞에서 나는 뉴런의 역할이 시간에 따라 변할 수 있다고 언급했다. 시점에 따라 뉴런의 행동이 달라질 수 있다는 뜻이다. 각각의 뉴런이 어떻게 역할을 수행하는지 알지 못하는데, 뉴런 수십억 개의 동시적인 작용을 어떻게 모델링할 수 있겠는가?

뇌는 정적인 구조가 아니다. 뇌는 시간에 따라 개체가 성숙하면서 초 단위로 변화하는 복잡하고 동적인 시스템이다. 나는 우리가 뇌의 구조뿐만 아니라 뇌의 동적인 속성들도 정확하게 파악해야 한다고 생각한다. 현재 우리는 이론적으로는 뇌의 구조를 분자 수준에서 파악할 수 있다. 하지만 현재 우리는 뇌의 동적인 속성들을 어떻게 파악해야 할지는 알지 못할 뿐만 아니라, 뇌의 현재 상태조차 정확한 파악을 하지 못하고 있다. 분자 촬영으로 충분히 뇌의 상태를 파악할 수 있다는 생각을 할 수도 있겠지만, 분자 촬영으로는 뇌 전체의 상태를 실시간으로 파악할 수 없을 것이다. 우리가 뇌의 어떤 부분을 자세하게 파악하게 된다고 해도, 그 시점에서 뇌의 다른 부분들은 이미 변화했을 가능성이 높다. 즉 분자 촬영이 시작됐을 때의 뇌 상태는 그 촬영이 끝날 때면 이미 달라졌을 것이다. 죽은 뇌는 짧은 시간 안에 많이 변화하지 않는다. 하지만 뇌의 인지 과정에 대한 완전한 정보를 죽은 뇌에서 얻을 수 있을지는 매우 의심스럽다.

뇌 같은 동적인 시스템의 상태를 파악하는 것은 양자역학에서 아원자 수준의 연구가 어려운 것만큼 어렵다. 나는 그 어려움의 원인이 양자역학에 있는 것이 아니라 뉴런의 상태가 적어도 부분적으로는 통계학자들이 확률적 사건stochastic event이라고 부르는 것에 의존하는 데 있다고 본다. 확률적 사건은 발생할 가능성이 있는 사건을 말하며 어떤 시점에서 발생할 수도 있고 그렇지 않을 수도 있다. 확률적 사건은 평균적인 예측은 가능하지만 각각의 발생 여부를 정확하게 예측하는 것이 힘들다. 예를 들어, 신경전달물질 분자들은 뉴런들 사이의 시냅스 틈에서 확률적으로 확산하기 때문에 신경전달물질 분자들이 그 분자들을 받는 뉴런에 어느 정도 시간이 지나 도착할지는 확률의 문제다. 또한, 시냅스 틈 건너편의 뉴런에 도착한 신경전달물질 분자가 어떤 수용체와 결합할지도 역시 확률의 문제다.

뇌를 매핑mapping(지도화)할 때 뉴런, 시냅스, 신경전달물질의 구체적인 상태를 보존하는 것이 얼마나 중요할지 우리는 모른다. 또한 우리는 뉴런, 시냅스, 신경전달물질이 인간의 뇌에서 생각이 구현되는 데 각각 어떤 역할을 하는지도 잘 알지 못한다. 따라서 우리는 이 역할들을 모방하기는커녕 시뮬레이션도 하지 못하고 있다.

뇌 구조의 특징, 특히 뇌 구조들이 하는 기능을 밝히는 데 경험은 중요한 역할을 한다. 1960년대에 허블Hubel과 위젤Wiesel은 발달과정에 있는 뇌를 대상으로 감각 박탈의 효과를 연구했다. 예를 들어, 정상적인 뇌에는 한쪽 눈 또는 다른 쪽 눈에 반응하는 뉴런이 포함돼 있다. 이 뉴런들은 "시각 우세ocular dominance" 기둥들로 정렬되는데, 이 기둥들은 각각 왼쪽 눈 아니면 오른쪽 눈에 반응한다(각각 왼쪽 눈 또는 오른쪽 눈의 지배를 받는다). 한쪽 눈에서만 오는 입력을 받아 뇌가 발달하면 이 기둥들의 반절은 사용되지 않게 되는 것이 아니라, 모든 기둥들이 한쪽 눈에 반응하게 된다.

이후의 실험에서 신경과학자들은 대부분 청각 신호를 처리하는 뇌의 일부로 시각 뉴런들의 역할이 변경돼도 동물은 이 뉴런을 이용해 시각적인 탐색을 할 수 있다는 것을 발견했다. 또한 시각적 자극에 반응하도록 수정된 청각피질은 시각피질에서 전형적으로 보이는 세포 패턴과 매우 비슷한 세포 패턴을 보인다. 눈이 먼 상태로 태어난 사람들도 점자를 읽을 때는 1차 시각피질이 활성화된다.

하지만 뇌가 환경에 반응해 변화할 수 있다는 증거를 찾기 위해 출생 전 발달까지 고려할 필요는 없다. 시각을 전환하기만 하면 된다. 1896년 조지 스트래튼George Stratton은 시야를 거꾸로 뒤집는 프리즘을 장착한 특수 안경을 쓰고 자신을 대상으로 실험을 진행했다. 이 안경을 쓰고 약간의 시간이 지나자 스트래튼은 실내에서 여기저기를 탐색하며 돌아다닐 수 있었다. 1950년대 당시 대학원생이던 이보 콜러Ivo Kohler는 2주 정도 시야 역전 안경을 쓴 사람이 이런 큰 지각 변화에 적응해 자전거를 타거나 캐치볼을 할 수 있다는 것을 발견했다. 이 실험은 이미 성숙한 뇌도 뇌가 받는 입력의 상당히 급진적인 변화에 적응할 수 있다는 것을 보여줬다.

엑사플롭급 뇌 시뮬레이션이 가능해진다면 연구에 매우 유용하겠지만, 그 시뮬레이션을 할 수 있다고 해서 기계지능을 만들 수 있다고 확신할 수는 없다. 아인슈타인의 뇌를 그대로 믿든다고 해도 아인슈타인의 지능 또는 그 지능과 비슷한 지능을 만들 수 있을 것이라고 생각할 수는 없다. 예를 들어, 일란성쌍둥이들의 뇌 구조는 거의 같다. 같이 자란 일란성쌍둥이들은 IQ가 비슷하다. 이 상관관계는 약 86%에 이른다. 하지만 따로 떨어져 자란 일란성쌍둥이들에서 이 상관관계는 약 76%로 훨씬 약하다. 뇌의 생물학적인 구조와 뇌의 계산 능력은 별개의 것으로 보인다.

IQ 테스트는 실제 지능을 완벽하게 나타내지 못하며, 유전은 뇌들이 서로 얼마나 비슷한지 완벽하게 보여줄 수 없다는 주장은 사실 완벽하지 않다. 하지만 적어도 이런 주장은 인공 뇌를 만드는 것만으로 높은 수준의 지능을 만들 수는 없다는 것을 보여준다. 같이 자란 일란성쌍둥이들의 IQ가 서로 떨어져 자란 일란성쌍둥이들의 IQ에 비해 더 비슷한 이유는 같이 자란 일란성쌍둥이들이 더 많은 경험을 공유하기 때문이다. 경험이 지능의 필요조건이라면, 경험을 컴퓨터로 구축한 뇌에 어떻게 제공할지의 문제가 발생하게 된다.

경험을 제공하는 법에 관한 가설 중 하나는 사람의 생물학적 뇌로부터 실제 마음을 추출해 컴퓨터로 구축한 뇌에 "업로드"한다는 이론이다. 나는 이 가설이 〈스타트렉〉 시리즈에서 본 물질 전송장치만큼이나 황당한 이론이라고 본다. 기록되고 전송되는 데이터의 양이 너무나 엄청나야 하기 때문이다. 사람의 마음을 포착한다고 해도 측정 sensor(센서)의 한계가 존재한다. 살아있는 뇌에 있는 모든 뉴런의 상태를 직접적으로 읽어들일 수 있는 방법이 없기 때문이다. 동적인 한계도 있다. 살아있는 뇌는 끊임없이 변화하기 때문이다. 나는 마음을 업로드할 수 있는 가능성이 기본적으로 0이라고 본다.

전뇌 모방은 지금도 지속적인 비판을 받고 있다. 전뇌 모방이 가까운 미래에 가능하지 않을 것은 분명하다. 그 이유에는 다음과 같은 것들이 있다.

- 뇌를 모방할 수 있는 컴퓨터 자원이 없다(여러 문제 중 해결하기 가장 쉬운 부분일 것이다).
- 뇌를 모빙하기에는 뇌가 실제로 이떻게 작동하는지에 대한 지식이 충분하지 않다.
- 정상적인 뇌에 존재하는 1000억 개의 뉴런들을 동시에 측정할 수 있는 방법이 없다. 측정을 하기 위해 어떤 것이 필요한지도 모른다.
- 뇌가 지능을 만드는 데 필수적인 경험이 어떤 종류의 경험인지 모른다.
- 뇌를 성공적으로 모델링하는 데 경험이 어떤 역할을 하는지 충분히 모른다.
- 뇌의 동적인 속성에 대해 충분히 모른다.
- 뇌가 기억을 어떻게 저장하는지 거의 모른다.

- 의식이 실제로 무엇인지, 의식이 뇌 안에서 어떻게 표현되는지, 심지어 의식이 지능에 중요한지 그렇지 않은지조차 모른다.
- 사람의 성격이나 의식을 측정할 수 있는 방법을 전혀 모른다.
- 지능을 만들어내는 뇌 내 과정들을 설명하고 그 과정들을 복제하는 법을 모른다.
- 뇌가 비교적 사소한 능력들을 넘어 기능을 확장하게 만들기 위해 기계학습을 적용하는 방법을 모른다.

이런 장벽들은 결국 극복될 수도 있을 것이다. 하지만 그 시점은 적어도 예측 가능한 미래는 아닐 것이다. 컴퓨터 자원은 계속 개선될 것이고, 신경과학도 계속 발달할 것이다. 하지만 현재 시점에서 그 외의 모든 장벽들은 극복하기가 거의 불가능해 보인다.

결론

신경망은 초기 전문가 시스템이 사용되던 시절, 물리적 기호 시스템이 지능을 만들기 위한 필요충분조건이라는 생각이 지배적이었던 시절로부터 계산지능을 엄청나게 진보시켰다. 인공신경망은 세계의 특징들을 딱 떨어지는 범주들로 분류하려고 하지 않는다. 인공신경망은 물체들 사이의 관계가 전부 아니면 전무여야 한다는 전제에 기초하지 않는다. 인공신경망은 실제 상황에 더 들어맞을 수 있는 표현이 지속적이면서 점진적으로 이뤄지게 만든다. 하지만 인공신경망에는 수많은 매개변수가 존재한다. 따라서 인공신경망은 함수로 표현할 수 있는 문제들을 풀 수 있다. 이 매개변수들이 조합될 수 있는 경우의 수가 엄청나게 많기 때문이다.

전뇌 모방이라는 개념은 매력적이다. 하지만 우리가 뇌를 모델링할 수 있는 컴퓨터 능력을 가지고 있다고 해도 그 모델링을 하는 데 필요할 수많은 속성들에 대해서는 거의 모르고 있다.

6 인공지능의 최근 발달 상황

이번 장은 계산지능에 관한 최근의 성공스토리들을 다룰 것이다. IBM의 왓슨(Watson)이 중요한 이유는 컴퓨터가 어느 정도 자연스럽게 질문에 대답할 수 있다는 것을 대중에 보여주었다는 데 있다. 알렉사(Alexa)나 시리(Siri) 같은 디지털 어시스턴트가 중요한 이유는 이 시스템들이 질문에 대한 대답을 더 실용적이고 광범위하게 할 수 있다는 데 있다. 알파고(AlphaGo)는 예전에는 풀기가 거의 불가능했던 복잡한 문제들을 혁신적인 휴리스틱을 이용해 결국 어떻게 풀었는지 보여준다. 자율주행자동차와 포커 게임 컴퓨터는 이와는 다른 종류의 혁신적인 능력, 즉 불확실성이 더 많고 덜 구조화된 문제들을 처리할 수 있는 능력을 보여준다. 이 모든 시스템은 특정한 문제를 푸는 방식의 중요한 진전을 보여주지만, 이 시스템들은 일반지능을 만드는 데 큰 도움을 주지는 않는다.

인공지능은 이전에는 많은 인력이 필요했던 산업 분야들을 와해시키고 있다. 컴퓨터와 로봇은 법률서류 검토, 의학진단 같은 분야의 화이트칼라 노동자들도 대체하기 시작했다. 하지만 이런 전복적인 변화보다 더 심각한 것은 계산지능에 대한 과도한 기대다.

　AI가 세상을 어떻게 바꾸고 있는지에 관한 기사들이 매일 수없이 쏟아져 나오고 있다. 기업들은 이런 기대에 앞다퉈 편승하고 있다. 기업들은 계산지능 요소가 자사의 제품에 조금이라도 포함되면 인공지능을 사용하고 있다고 홍보하고 있다. 현재 AI 제품을 생산한다고 주장하는 기업만 해도 1000곳이 넘는다. 이런 AI 열풍은 수많은 기업이 하루아침에 닷컴 비즈니스 기업으로 전환하던 1990년대의 인터넷 열풍과 비슷하다.

이런 기대가 과도한 것은 사실이지만, 복잡한 보드게임을 할 수 있는 능력을 훨씬 넘어서는 계산지능이 실제로 가치를 가지는 것도 사실이다. 예를 들어, 악의적인 침입자로부터 컴퓨터와 컴퓨터 네트워크를 보호하는 사이버보안 영역에서 기계학습은 매우 성공적으로 적용됐다.

기업들은 점점 더 사이버 공격에 취약해지고 있다. 사이버보안은 소모전이다. 예를 들어, 해커들이 이메일에 첨부파일을 숨기는 방법 등으로 점점 더 정교하게 공격을 숨기면 기계학습은 그 첨부파일들을 점점 더 성공적으로 인식해낸다. 해커들은 맬웨어malware(악성 소프트웨어)를 숨기기 위해 기계학습을 이용하고, 사이버보안 기업들은 맬웨어를 식별하기 위해 기계학습을 이용한다. 예를 들어, 최근의 한 보안 관련 연구에 따르면 첨부파일 안에 다시 첨부파일을 첨부하는 방식으로 20단계 밑에 숨겨진 맬웨어가 발견된 적도 있다. 이 경우 각각의 첨부파일 층은 정보를 부호화하는 방식으로 그 전 층의 내용을 숨기기 때문에 기계학습을 사용하지 않으면 숨겨진 맬웨어를 찾아내기가 매우 힘들다.

계산지능은 금융 분야에서 오랫동안 사용돼 왔다. 계산지능은 사기와 성공할 가능성이 있는 투자를 식별해 내는 역할을 했다.

건강관리 분야도 계산지능이 지대한 관심과 투자를 받고 있는 분야다. 계산지능은 탈모에서 암 진단에 이르기까지 다양한 의학 문제들을 다루는 데 사용되고 있다.

건강관리 분야에 투자를 하고 있는 거대 기술기업 중 하나가 IBM이다. IBM은 왓슨 테크놀로지를 다양한 건강관리 영역에 적용하기 위해 대규모 연구를 진행하고 있다. 필립스Philips는 스마트 칫솔 같은 제품을 이용해 건강 정보를 얻기 위해 연구를 하고 있으며, 구글의 모기업인 알파벳Alphabet은 몇몇 대학들과 파트너십을 맺고 건강관리 분야에 심층학습을 적용하는 방법을 모색하고 있다. 건강관리를 위한 인공 계산지능 연구는 한 해에 투자 규모가 수십억 달러 규모에 이를 정도로 급속도로 성장하고 있다.

전자 건강관리 기록을 이용하면 연구결과, 의사의 진단결과 등 다양한 기록에 기초해 미래에 환자가 될 수 있는 사람의 긴강 상태를 모델링할 수 있다. 예를 들어, 리카르도 미오토Riccardo Miotto, 리 리Li Li, 브라이언 A. 키드Brian A. Kidd, 조얼 더들리Joel Dudley는 비지도학습을 이용해 환자의 전반적인 건강 상태를 진단하는 시스템을 만들어냈다. 미래에 환자가 78개 질병 중 하나에 걸릴 수 있는 가능성을 예측하는 시스템이었다. 이 시스템은 특히 당뇨, 조현병, 일부 암 발병을 정확하게 예측해 냈다.

전자 건강기록은 텍스트 기반 문서와 동일한 종류의 문제점을 가진다. 전자 건강 기록에는 많은 변수가 있으며, 이 변수들은 대개 일관적이지 않은 형태로 표현되기 때문이다. 예를 들어, 제2형 당뇨는 A1C(당화혈색소) 수치가 6.5%를 초과하고 공복혈당이 126mg/dL 이상이거나, 국제질병분류기호 9(ICD 9) 진단코드 중 하나가 발견되거나, ICD 10 진단코드 중 E11.65 코드가 발견되거나, "당뇨"라는 말이 의료기록에서 언급되는 경우를 말한다. 이런 비슷비슷한 용어들이 사용되기 때문에 특정한 결과를 이 용어들과 연관시키기가 매우 어렵다.

전자 건강기록에 있는 텍스트로부터 질병을 예측하는 것 외에도 촬영 이미지에서 암을 진단하기 위한 프로젝트들도 성공을 거두고 있다. 예를 들어, 유방 X선 촬영 결과를 분석하는 데 컴퓨터가 사용되고 있으며, 피부암 발병 여부를 확인하기 위해 피부 병변 이미지를 분석하는 데도 컴퓨터가 사용되고 있다. 이런 시스템들의 정확성은 적어도 방사선 전문의나 피부과 전문의의 정확성 정도는 되는 것으로 확인됐다.

컴퓨터가 해석할 이미지는 픽셀들의 배열 형태, 즉 색깔이 있는 밝거나 어두운 광점들의 집합 형태로 주어진다. 이 이미지들은 모두 크기가 다르고, 병변의 위치도 모두 다르며, 밝기도 모두 다르다. 심지어는 이미지를 얻는 방식도 다르다.

안드레 에스테바Andre Esteva와 그의 동료들은 피부과 이미지 12만 9450개를 이용해 심층학습신경망(앞 장에서 다룬 신경망과 비슷한 신경망이다)을 훈련시켰다. 연구팀은 이 시스템의 진단 결과를 피부과 전문의 21명의 진단 결과와 비교한 후, 생체 조직검사를 통해 실제 병변이 악성종양에 의한 것인지 지루각화증seborrheic keratosis(양성종양의 일종)에 의한 것인지 확인했으며, 병변이 악성 흑색종인지 양성 모반인지도 확인했다. 모반은 출생할 때부터 있었던 점이나 사마귀의 일종이다. 악성종양은 피부암에서 가장 흔하게 나타나며, 흑색종은 가장 치명적이다. 매년 미국에서 피부암에 걸리는 사람은 약 540만 명에 이른다. 흑색종을 조기에 발견하면 5년 생존율이 97%까지 높아질 수 있다. 반면, 말기에 발견하면 5년 생존율은 약 14%까지 떨어진다. 따라서 흑색종은 조기 진단이 매우 중요하다. 연구팀은 이 시스템이 악성 병변과 양성 병변을 구분하는 능력이 피부과 전문의들의 능력보다 약간 높다는 사실을 발견했다.

유방 X선 이미지 판독에도 이와 비슷한 네트워크가 사용됐고, 이 네트워크도 상당한 정확성을 나타냈다. 이 시스템은 한 번의 유방 X선 촬영 결과로 나온 이미지 4장을 조합해 분석했다(유방의 윗부분과 아랫부분, 양 옆 부분의 이미지). 크지슈토프 J. 게라스Krzysztof J. Geras, 스테이시 월프슨Stacey Wolfson, S. 진 킴S. Gene Kim, 린다 모이Linda Moy, 조경현은 이미지의 해상도가 높을수록, 훈련에 사용한 이미지의 수가 많을수록 진단이 정확해진다는 것을 발견했다.

리우 윈Yun Liu과 동료들은 심층학습신경망을 이용해 전이metastasis를 식별해 냈다. 전이는 암이 한 장기에서 다른 장기로 확산되는 현상을 말한다. 전이의 대상이 될 수 있는 조직은 수없이 많으며, 전이 확인을 위해서는 방사선 전문의가 전이 후보 조직들을 모두 살펴보아야 하는데, 이 과정은 노력과 비용이 많이 들고 오류가 발생하기 쉬운 과정이다. 조직의 현미경 이미지는 최대로 해상도를 높일 경우 100,000×100,000 픽셀까지 크기를 키울 수 있다. 연구팀의 이 네트워크는 이 이미지에서 종양의 92%를 인식해 냈다. 인간 병리학자의 종양 인식률이 평균 73%인 것에 비교하면 상당히 높은 수치다.

암 병변 탐지에 관한 이런 연구는 전망이 좋기는 하지만 아직도 상당 부분 실험적인 단계에 머물러 있다. 이 연구에 사용되는 모델에는 복잡한 네트워크들로 조직된 수많은 인공 뉴런이 포함된다. 따라서 이런 시스템이 더 자연스러운 환경에서 더 다양한 데이터 수집 방식을 통해 효과적으로 이용될 수 있을지는 아직 두고 보아야 한다. 게다가 방사선 전문 클리닉 중에서 이 정도의 실험을 진행할 수 있는 컴퓨터 환경을 갖춘 곳도 거의 없다. 따라서 방사선 전문의들이 조만간 일자리를 잃을 가능성은 거의 없다고 볼 수 있다(Siddhartha Mukherjee, 2017에서 인용).

이 장의 나머지 부분에서는 다양한 영역에서 계산지능 발달에 큰 영향을 미친 몇몇 인공지능 프로젝트들을 다룰 것이다. 근본적으로 이 프로젝트들은 계산지능으로 가능한 일들을 늘리기 위한 학술 연구의 일환이기 때문에 상업적인 목적보다는 인공지능의 새로운 지평을 열었다는 점에서 더 중요한 의미를 가진다.

TV 퀴즈쇼 〈제퍼디Jeopardy!〉에서 인간을 쉽게 이긴 왓슨은 IBM이 인지 컴퓨팅cognitive computing이라는 기술 플랫폼을 다양한 시스템에 접목시키도록 만들었다. 목표는 제퍼디에서 우승하게 만든 기술을 다른 종류의 문제들에서도 사용하는 것이었다. 더 중요한 사실은 왓슨이 일반 대중의 관심을 끄는 데 성공했다는 것이다. 사람들은 인간의 지능이 필요하다고 생각되는 일들을 컴퓨터가 해내는 실제 사례를 목도하게 된 것이었다. 컴퓨터가 SF 소설이나 영화에서뿐만 아니라 실제 생활에서도 인간처럼 행동할 수 있다는 것이 드러난 순간이었다.

시리Siri나 알렉사Alexa 같은 프로그램은 시스템의 자연 언어 이해와 질문 대답 능력을 새로운 차원으로 끌어올리고 있다. 거의 모든 스마트폰에는 질문에 대답하거나 일정을 저장하는 등의 간단한 일을 할 수 있는 가상 비서 프로그램이 하나 이상 설치돼 있다. 제한적이기는 하지만, 이런 프로그램은 왓슨이 보여준 능력을 일상생활에서 구현하고 있다. 이제 사람들은 스마트폰이나 거실의 스마트 스피커에 질문을 해 답을 얻으면서 〈제퍼디〉에서 왓슨이 보여준 능력을 직접 이용할 수 있게 됐다.

2014년 구글은 스타트업 기업 딥마인드DeepMind를 5억 달러에 인수했다. 딥마인드는 바둑을 두는 인공지능 프로그램을 개발하는 기업이었다. 바둑 두기는 인공지능이 가까운 미래에 인공지능이 수행하는 것이 불가능하다고 생각되던 일이었다. 물론 구글의 관심은 바둑 같은 게임을 할 수 있는 프로그램을 개발하는 것에 한정되지 않았다. IBM처럼 구글도 더 넓은 맥락에서 일반적인 적용이 가능한 기술을 개발하고자 했다.

지난 몇 년 동안 가장 비약적으로 발전한 인공지능 시스템 중 하나는 자율주행자동차다. DARPA Defense Advanced Research Projects Agency(미 국방부 방위고등연구계획국)의 그랜드 챌린지 Grand Challenge(난제 도전) 프로젝트는 안전하게 자율주행자동차를 주행시킬 수 있는 인공지능 시스템 개발에 엄청난 영향을 미쳤다. 자율주행자동차는 아직 널리 확산되지는 않았지만 이미 사람들의 운전 방식을 변화시키고 있다. 자율주행자동차는 화물운송, 물류, 택시 운행 등 다양한 분야에서 변화를 예고하고 있다. 자율주행자동차의 목적은 주행을 더 안전하면서 더 효율적으로 만드는 데 있다.

이 장에서 마지막으로 다룰 프로젝트는 포커 게임에 관한 학술적 연구다. 이 연구는 아직까지 대중에게 영향을 미치고 있지는 않지만 다른 게임을 하는 시스템들에 의해 처리되는 다른 종류의 문제를 처리하는 데 중요한 역할을 한다. 바둑, 체스, 체커 같은 게임 그리고 심지어는 '제퍼디'도 모두 완전정보게임 perfect-information game의 일종이다. 모든 플레이어가 모든 정보에 접근할 수 있다는 뜻이다. 하지만 포커는 각각의 플레이어가 게임의 결과에 핵심적인 영향을 미치는 비밀 정보(상대방의 손에 있는 카드 정보)에 어느 정도만 접근할 수 있다는 점에서 다르다. 인공지능 시스템이 이런 정보 불균형을 어떻게 처리하는지가 포커 게임 학습의 핵심이다. 포커를 치는 컴퓨터와 자율주행자동차는 계산지능 분야에서 새로운 지평을 열고 있다.

왓슨

IBM의 왓슨은 2011년 〈제퍼디!Jeopardy!〉에 출전해 인간 챔피언 두 명(브래드 러터와 켄 제닝스)을 이겼다. 실제 세상에서 실제로 존재하는 것들에 대한 질문에 대답할 수 있는 컴퓨터의 등장이었다. 사람들은 컴퓨터가 엄청난 양의 정보를 저장하는 것에는 익숙한 상태였지만, 사람들에게 컴퓨터는 질문에 답이 될 수 있는 정보를 포함하는 웹페이지를 보여주는 존재에 불과했다. 하지만 왓슨은 실제로 답을 직접 제시했다.

왓슨은 수행 능력의 범위를 확장했을 뿐 새로운 이론적 지평을 열지는 않았다. 왓슨은 다양한 최첨단 텍스트 처리 툴을 사용했다. 〈제퍼디〉에서 나올 수 있는 질문의 범위는 엄청나게 넓기 때문에 왓슨은 이 게임에서 이기기 위해서는 그 범위와 비슷한 정도의 지식을 가져야 했다. 왓슨은 위키피디아를 비롯한 2억 개가 넘는 웹페이지에서 4테라바이트가 넘는 텍스트 정보와 구조화된 내용을 수집했다. 또한 왓슨은 몇몇 데이터베이스, 사전, 분류체계를 비롯한 참고자료도 이용했다.

〈제퍼디〉에 출전하기 위해 왓슨은 메모리 용량이 16테라바이트에 이르는 서버 90대를 조합해 사용했다. 이 서버들의 조합은 동시에 2880개의 과정을 처리할 수 있는 조합으로, 1초에 500기가바이트의 텍스트 데이터를 처리할 수 있었다. 책 100만 권을 1초에 읽을 수 있는 수준의 처리 능력이었다.

왓슨은 100가지 이상의 기법을 이용해 자연 언어를 분석하고, 정보 출처source를 찾아내고, 가설을 만들어내고, 근거를 평가해 잠재적인 답을 찾아냈다. 이 기법 중 하나인 심층QA DeepQA는 질문과 답으로 구성된 데이터베이스에서 답을 찾는 데 그치지 않고, 질문에 사용된 언어와 정보 출처에서 사용된 언어를 분석해 정답이 될 가능성이 있는 후보들을 찾아낸 다음, 다양한 분석 기법을 이용해 그 후보들을 평가해 그 중에서 정답을 찾아낸다. 이 기법은 정보 출처들을 평가하고 분석하는 법을 학습하기 위해 기계학습을 이용한다.

질문이 주어지면 왓슨은 관련된 문구들을 검색하는 데 사용하기 위해 그 질문을 키워드와 문장 조각들로 파싱parsing(구문 분석)한다. 예를 들어, 왓슨은 질문이 "누구"에 관한 것이면 정답은 사람의 이름, 직책, 사람에 대한 설명 중 하나일 것이고, 질문이 "언제"에 관한 것이면 정답은 시간과 관련될 것이라고 예측하며, 질문에 대명사가 포함된다면 그 대명사가 어떤 명사를 가리키는지 찾아낸다. 왓슨은 이 파싱 과정의 결과를 이용해 지식 베이스 안에서 해당되는 정보를 검색한다.

동일한 답을 제시하는 분석 기법이 많을수록 정답에 대한 왓슨의 확신은 높아진다. 그 후 왓슨은 그 답이 정답인지 판단하기 위해 데이터베이스를 이용한다. 하지만 이 모든 기법을 동원해도 왓슨이 대답하지 못하는 질문이 있다. 처리할 수 있는 정보가 별로 없는 매우 짧은 질문이다. 예를 들어, 제2차 세계대전의 전쟁 영웅의 이름을 딴 공항과 제2차 세계대전의 전투 이름을 딴 공항이 동시에 있는 미국 도시가 어디인지 묻는 질문에 왓슨은 토론토라는 답을 내놨다. 정답은 시카고였고, 토론토는 미국의 도시가 아닌 캐나다의 도시다. 왓슨이 범한 오류는 인간이 범하는 오류와 항상 같은 종류의 오류가 아니었다.

사람들도 왓슨이 토론토라는 오답을 내는 것과 비슷한 오류를 실제로 범한다. 다음 질문에 빨리 대답해 보자. 모세는 방주에 각각의 동물을 몇 마리씩 태웠을까? 대부분의 사람들은 "두 마리"라고 금방 대답한다. 하지만 정답은 0마리다. (성경에 따르면) 방주에 동물을 태운 사람은 모세가 아니라 노아이기 때문이다.

심층 QA는 질문에 대한 답을 내는 것을 질문에 대한 분석과 이용 가능한 지식을 통한 가설들을 만들어내는 과정으로 보며, 근거에 기초해 이 가설들에 순위를 부여한다.

이런 측면에서 보면 왓슨은 물리적 기호 시스템이나 전문가 시스템과 매우 닮아 있다. 다른 점은 왓슨이 기계학습을 이용해 가설들을 비교하고, 질문을 명확하게 만들기 위해 기계학습을 이용하며, 구조화되지 않은 출처들로부터 정보를 추출하는 능력이 있다는 것이다.

전통적인 전문가 시스템은 손으로 코딩한 규칙에 의존한다. 이 규칙은 근거에서 결론으로(어떤 근거가 있을 때 어떤 결론을 내릴 수 있는가?) 또는 결론에서 근거로(어떤 결론이 참이기 위해서는 어떤 근거가 필요한가?) 추론의 방향을 지정하는 규칙이다. DeepQA의 자연 언어 처리와 기계학습은 DeepQA가 받는 질문에 지식을 근사적으로 매칭하는 과정을 자동화한다.

IBM이 왓슨을 개발한 목적은 TV 퀴즈쇼에서 우승을 해 마케팅에 도움을 받기 위한 차원을 넘어 매우 다양했다. IBM은 (의학 분야 같은) 다양한 영역에서 재사용될 수 있는 범용 자연 언어 처리 시스템, 지식 표현 시스템, 추론 시스템을 만들고자 했다. IBM은 데이터베이스처럼 구조화된 출처, 텍스트처럼 구조화되지 않은 출처 모두로부터 지식을 수집할 수 있는 시스템, 정확도가 매우 높으면서도 빠르게 학습하고 대답할 수 있는 시스템을 만들고자 했다.

IBM은 질문에 효과적으로 대답할 수 있는 시스템을 만드는 데 멋지게 성공했다. 〈제퍼디〉 우승이 튜링 테스트 통과의 기준이라면 왓슨은 이 기준을 확실히 뛰어넘는 시스템일 것이다. 하지만 왓슨은 매우 다양한 주제들에 대한 질문에 답을 할 수 있음에도 불구하고 결국은 특정한 문제를 푸는 특정한 시스템에 불과했다. 왓슨은 훈련과 처리 능력에 기초해 바둑이나 체스를 둘 수 있는 시스템은 아니었다. 또한 왓슨은 〈제퍼디〉에서 우승한다는 특정한 목적으로 구축된 과정들의 범위를 넘어서 추론을 할 수 있는 시스템도 아니었다.

왓슨은 계산지능의 잠재적 가능성이 매우 크다는 것을 분명하게 보여주었다. 하지만 왓슨은 일반 인공지능과는 거리가 멀다. 왓슨과 〈제퍼디〉에서 대결했던 인간 챔피언 중 한 명인 켄 제닝스Ken Jennings는 패배 직후 새로운 컴퓨터 군주들을 환영한다고 말했지만, 이 말은 너무 섣부른 말이었다. 진짜 컴퓨터가 군주들이 언젠가 나타날 때 왓슨은 그 군주들 중 하나가 되지 못할 것이기 때문이다.

IBM은 왓슨이 IBM이 계산지능의 미래를 개척하는 데 도움이 되길 바랐지만, 지금까지도 IBM은 왓슨을 이용한 수익 모델을 만드는 데 어려움을 겪고 있다(Strickland, 2018).

시리와 그의 친척들

스마트폰이나 스마트 스피커에 장착되는 시리, 알렉사, 구글 어시스턴트 같은 디지털 음성 비서는 사용자가 목소리를 이용해 다양한 서비스와 상호작용할 수 있게 해주는 애플리케이션이다. 이런 애플리케이션들은 다음과 같은 두드러진 특징을 지닌다. 첫째, 사용자가 원하는 내용을 직접 타이핑하지 않으면서 음성 명령을 이해할 수 있다. 둘째, 자신이 받는 요청에 대응해 정교한 일을 수행할 수 있다. 디지털 음성 비서는 단순히 데이터베이스에서 결과를 검색하는 대신 행동을 수행할 수 있다. 예를 들면, 음악을 틀거나, 약속 시간을 정하거나, 레스토랑을 추천하고 예약할 수 있다. 또한 음식에 대한 선호 등 요청의 내용을 저장해 그 정보를 이용할 수도 있다. 아직까지 이런 상호작용 대부분은 비교적 간단한 형태이지만, 디지털 음성 비서는 새로운 "스킬"을 계속해서 "학습"하고 있다. 따옴표를 사용한 이유는 디지털 음성 비서가 실제로 기계학습을 이용해 이런 스킬을 얻는지 분명하지 않기 때문이다.

음성언어는 사람들이 다양한 종류의 기술과 상호작용할 수 있는 "자연스러운" 수단이다. 사람들은 다른 사람들과 대화를 나누는 데 익숙하다. 따라서 디지털 비서와 대화를 나눈 것은 기술과의 상호작용의 첫걸음이라고 할 수 있다. 디지털 비서는 시스템 하나하나의 특이성을 학습하지 않고도 다양한 특화 서비스들과의 상호작용에 필요한 보편적인 수단을 제공한다. 디지털 비서는 기계학습을 통해 사용자의 선호를 파악하고, 신경망을 통해 음성을 해석한다. 또한 디지털 비서는 다른 종류의 인공지능을 이용해 자신의 행동을 조직하고 수행할 수 있는 잠재적 능력을 가지고 있다.

이 가상 비서 대부분은 아직 초기단계에 있지만, 가상 비서의 대화 인터페이스는 사용자가 가상 비서를 사람처럼 느끼게 만든다. 대화 인터페이스가 사용되지 않았다면 사람들은 지금 느끼는 것처럼 가상 비서가 지능적이라고 생각하지 않았을 것이다. 또한, 가상 비서가 수행하는 일이 매우 간단한 일이기는 하지만, 적어도 사람들은 그 간단한 일이 주는 부담으로부터 벗어날 수 있다는 데에서 의미를 찾기도 한다.

가상 음성 비서가 수행하는 일들 중 일부는 프로그램된 규칙들에 의해 제어된다. 이 규칙들은 조건과 행동에 관한 규칙이다. "마이크로소프트의 주식이 10포인트 떨어지면 매각하라." 같은 규칙을 예로 들 수 있다. 이런 규칙은 시스템이 특정한 주식을 식별해 그 주식의 가치를 추적한 후 조건이 충족될 때 행동을 하도록 만든다. 이 규칙에 의해 과거의 주가를 파악하고 그 주가를 현재의 주가에 비교하려면 메모리가 필요하며, 주식 거래를 실행하려면 구체적인 실행방법도 필요하다. 페이스북에 있는 사진에 "좋아요"를 누를 때 자신의 구글 포토 계정에 그 사진을 복사하면서 그 친구의 사진을 자동적으로 태그하게 만들기 위해서도 규칙이 필요하다. 또한 우유가 떨어졌을 때 음성명령으로 음성 비서가 인터넷쇼핑 장바구니에 우유를 추가하게 만들 때도 규칙이 필요하다.

가상 비서는 당신이 있는 위치에서 날씨가 어떻게 바뀔지 알려줄 수도 있으며(가상 비서는 그 위치도 자동적으로 인식한다), 언제 우산을 들고 나가야 하는지도 알려줄 수 있다. 또한 차량 공유 서비스를 호출할 수도 있으며, WebMD 같은 의학정보 사이트에서 정보를 수집해 알려줄 수도 있다.

물론 이런 시스템들이 모든 일을 할 수 있는 것은 아니다. 실제로 이 시스템들이 일반적인 정보에 관한 답을 할 수 있는 능력은 아직 제한적이며 아직도 상식을 가지지 못하고 있다.

여러 가지 측면에서 볼 때 디지털 가상 비서 시스템에서 가장 중요한 진전은 음성인식 기능의 향상이다. 현재 음성인식 시스템은 매우 널리 확산돼 있고 쉽게 이용할 수 있다. 하지만 음성인식 능력이 개발된 과정은 계산지능과 기계학습이 어떻게 적용됐는지 보여주는 매우 흥미로운 예이기도 하다.

1952년 벨연구소 연구자들은 오드리Audrey라는 시스템을 개발했다. 한 사람이 말하는 숫자 하나하나를 인식할 수 있는 시스템이었다. 최초의 상용 음성인식 애플리케이션은 IBM이 1962년에 출시한 슈박스Shoebox였다. 슈박스는 단어 16개(0에서 9까지의 숫자와 "플러스plus", "마이너스minus", "소계subtotal", "합계total", "거짓false", "오프off")를 인식할 수 있었다. "거짓"이라는 단어가 포함됐는데 그 반대의 의미를 가진 "참true"이라는 단어가 포함되지 않았다는 점에 주목하자. 이 시스템이 발음이 비슷한 "참"이라는 단어와 "2two"라는 단어를 구별하지 못했기 때문에 "참"이라는 단어가 빠진 것으로 생각된다.

1971년에 DARPA(당시에는 ARPA라는 이름으로 불렀다)는 1000 단어를 처리할 수 있는 음성인식 시스템을 개발하기 위한 다년도 연구 프로젝트에 자금을 지원하기 시작했다. 이 프로젝트의 결실 중 하나가 카네기 멜런 대학의 하피 시스템HARPY system이다. 이 시스템은

1011단어를 상당히 정확하게 인식할 수 있었다.

단어들 사이에서 멈추지 않고 계속 음성을 인식할 수 있는 연속 음성인식은 1990년 드래곤시스템Dragon System의 드래곤딕테이트DragonDictate의 등장으로 가능해졌다. 한 사람의 목소리를 이용한 장기적인 훈련을 받은 이 9천 달러짜리 드래곤 프로그램은 상당히 정확하게 음성을 문자로 변환할 수 있었다. 1997년에 드래곤시스템은 드래곤 내추럴리스피킹Dragon naturallySpeaking이라는 프로그램을 발표했다. 이 프로그램의 가격은 당시 695달러에 불과했다. 45분 동안 훈련을 시키면 이 시스템은 말하는 사람의 목소리 패턴을 인식해 그 사람의 연속적인 말을 1분당 약 100 단어 정도의 속도로 처리할 수 있었다.

2008년 구글은 아이폰에 음성 검색 프로그램을 장착했다. 그 직후 구글은 다른 프로그램들이 구글의 음성-텍스트 변환 기능을 사용할 수 있게 만들었다. 현재는 매우 정확하게 음성을 인식하는 시스템이 많이 등장한 상태이며, 이 시스템 중 일부는 무료로 이용할 수 있다. 2011년에 애플은 아이폰에 사용할 음성인식 서비스 시리의 첫 번째 버전을 발표했다. 그 전해인 2010년에 애플은 주로 미국 국방부 의뢰로 연구를 수행한 SRI 인터내셔널이라는 기업의 자회사(Siri Inc)를 인수해 시리의 코어를 확보한 상태였다.

1950년대부터 현재까지 음성인식은 한 사람이 발음하는 단어 16개를 인식하는 수준에서 110개 언어의 수백만 단어를 인식하는 수준으로 발달했다. 음성인식은 어려운 문제이며, 지난 60년 동안 이뤄진 진보는 크게 두 가지 진전에 의해 가능했다. 음성 문제의 표현 개선과 음성과 텍스트 예제들의 이용 가능성 향상이다. 이 점에서 음성인식은 더 좋은 표현과 더 많은 데이터를 이용한 계산지능 개선의 핵심 모델이라고 할 수 있다.

현재 음성인식은 너무나 익숙한 기능이기 때문에 음성인식을 계산지능의 문제로 생각하는 것이 좀 이상하게 느껴질 수 있다. 하지만 사실 음성 신호는 극도로 모호한 신호다. 음성인식을 이용해 지능형 에이전트intelligent agent(사용자의 개입 없이 주기적으로 정보를 모으거나 또는 일부 다른 서비스를 수행하는 프로그램)를 작동시키는 것은 훨씬 더 어려운 일이다. 음성으로 제어되는 에이전트를 만들려면 공기의 진동에서 정확한 행동 완수까지를 모두 고려해야 하기 때문이다.

이 과정은 몇 가지 단계를 필요로 한다(각각의 단계는 모호하다).

- 음향(소리) 사건을 음소에 매핑하는 단계
- 음소를 단어에 매핑하는 단계
- 단어를 의도에 매핑하는 단계
- 의도를 행동에 매핑하는 단계

말소리와 그 말소리가 표현하는 언어 사이의 관계는 그 자체로 매우 복잡하다. 말소리는 음향 패턴, 즉 공기의 물리적 진동이다. 말소리의 음향학적 특성은 말소리의 시변파워스펙트럼time-varying power spectrum으로 표현할 수 있다(제5장 참조). 파워스펙트럼은 각각의 주파수 대역에서의 음향 신호에 포함된 에너지의 양을 나타낸다. 컴퓨터에서 시변스펙트럼은 앞에서 언급한 고속 푸리에 변환 기법을 이용해 측정한다. 귀에서는 이와 비슷한 변환이 달팽이관의 물리적 특성에 의해 이뤄진다.

이런 시변스펙트럼은 말소리의 언어학적 표현, 즉 "음소"로 해석돼야 한다. 영어는 약 42개의 음소를 가진다(방언에 따라 다를 수 있다). 영어의 음소는 "hay"에 포함된 음소 /A/에서 "axe"에 포함된 음소 /ks/, "nose"에 포함된 /z/까지 다양하다.

언어학적 표현이 필요한 이유는 음향신호와 그 음향신호에 대응하는 음소를 간단하게 직접적으로 매핑할 수 없다는 데 있다. 예를 들어, "pi"라는 음절의 /p/ 소리가 갖는 음향 패턴은 "ka"라는 음절의 /k/ 소리가 갖는 음향 패턴과 실제로 같다(Cooper, Delattre, Liberman, Borst, & Gerstman, 1952). 하지만 사람들은 /p/ 소리와 /k/ 소리를 전혀 다른 소리로 듣는다.

하나의 음향 사건은 둘 이상의 언어학적 사건에 대응될 수 있다. 언어를 말하는 법을 학습할 때 아이는 자신이 듣는 음향 패턴과 자신의 언어에서 적절한 음소를 연결시키는 법을 배워야 한다. 이 연결은 위의 /p/ 소리와 /k/ 소리 실험이 보여주듯이 문맥에 의존한다. 일반적으로, 특정한 소리의 바로 앞 또는 뒤에 오는 소리가 그 특정한 소리가 어떻게 음소로 해석되는지에 영향을 미치기 때문이다. 음성인식 시스템은 이런 모호성을 처리할 수 있어야 한다.

앞에서 언급한 HARPY 시스템은 그래프 탐색 알고리즘을 이용해 음소들을 식별했다. 이 시스템은 이전에 입력됐던 소리 패턴과 일치하는 음소나 단어를 추적해 특정한 소리 패턴과 가장 일치도가 높은 음소들의 배열을 선택했다. 이 시스템은 음성인식 시스템의 시작 부분을 제약 네트워크network of constraints로 표현한 다음, 이 네트워크를 탐색해 특정한 소리 패턴이 표현하는 것에 대한 최적의 추측을 해냈다.

말소리에 있는 음소들이 식별되면 다음 단계는 그 음소들과 대응할 가능성이 있는 단어들에 그 음소들을 매핑하는 단계다. 이 매핑은 역시 모호성이 있다. 예를 들어, 특정한 소리들은 "visualize whirled peas(던져진 완두콩들을 상상하라)"라는 말로 해석될 수도 있고 "visualize world peace(세계평화를 상상하라)"라는 말로 해석될 수도 있다. 일상생활에서 사용되는 수많은 단어들은 뜻과 형태가 다름에도 불구하고 같은 소리로 난다. 예를 들면, "ladder(사다리)"와 "latter(후자)"는 대부분의 경우 같은 소리로 발음된다. 동음이의어 homophone는 "wear"와 "where"처럼 발음이 같지만 다른 뜻을 지닌 단어를 말한다. 따라서 음소와 단어의 철자 사이에도 상당히 모호성이 많다고 할 수 있다.

음성인식이 결정적인 진전을 이룬 것은 소리 패턴을 음소에 매핑하는 음향 모델에 언어 모델이 결합되면서부터다. 언어 모델은 문장에서 먼저 나오는 단어들이 구성하는 문맥을 기초로 어떤 단어가 나올 확률을 표시한다. 예를 들어, "climbed the corporate…(회사에서 승진 사다리를…)" 같은 구를 포함하는 문장에서는 "latter"라는 단어보다 "ladder"라는 단어가 나올 확률이 높다. 반면, "given a choice, he chose the…(선택권이 주어지자 그는 … 골랐다)" 같은 구를 포함하는 문장에서는 "ladder"라는 단어보다 "latter"라는 단어가 나올 확률이 높다. 언어 모델링은 기계학습을 이용해 이 확률들을 평가하고, 이 확률들을 이용해 실제로 말해진 단어들을 해석한다.

이런 통계적 모델 구축은 컴퓨터가 매우 많은 양의 텍스트를 저장해 처리할 수 있게 됨에 따라 더 쉬워졌다. 예를 들어, 드래곤 모델은 많은 양의 텍스트 데이터를 제시해 특정한 주제에 대해 훈련을 시키는 방법으로 구축됐다. 텍스트는 음성으로 말해질 필요가 없었다. 텍스트는 먼저 나오는 단어들이 구성하는 문맥을 기초로 어떤 단어가 나올 확률을 표시하는 역할만 했기 때문이다. 구글의 경우 거의 모든 문자언어로 쓰인 거의 무한한 양의 텍스트와 수십억 개의 쿼리query[데이터베이스에게 특정한 데이터를 보여 달라는 클라이언트(사용자)의 요청]와 그 쿼리의 결과를 가지고 있다. 이 상태에서 구글 보이스가 도입되자 구글 보이스는 매우 다양한 억양과 스타일로 말해진 매우 많은 양의 음성 샘플도 가질 수 있게 됐다.

모호성은 "he(그)"나 "it(그것)" 같은 대명사의 사용에서도 비롯된다. "파시미나 숄을 파는 온라인 쇼핑몰을 찾아서 그것을 구매해 줘Find me an online store that has a pashmina shawl and buy it" 같은 문장이 주어지면 시스템은 "그것"이 숄을 가리키는지 온라인쇼핑몰을 가리키는지 판단해야 한다. 이 문장은 자연 언어를 이해하는 컴퓨터가 풀어야 하는 또 다른 문제, 즉 사용자의 의도 파악 문제를 보여준다.

"그는 병에 있는 우유를 양동이에 부었다, 그것이 다 빌 때까지He poured the milk from the bottle into the bucket until it was empty."라는 문장에서 "그것"은 분명 병을 가리킬 것이다. 하지만 "그는 병에 있는 우유를 양동이에 부었다. 그것이 다 찰 때까지He poured the milk from the bottle into the bucket until it was full."라는 문장에서 "그것"은 분명 양동이를 가리킬 것이다. 이런 종류의 모호성은 문장 구조에 의해 해소되지 않는다. 위의 두 문장의 구조는 정확하게 같기 때문이다. 이런 종류의 모호성은 우유를 부으면 병과 양동이 안의 내용이 바뀌며, 병에 있는 우유를 양동이에 부으면 병은 점점 비고 양동이는 점점 찬다는 실제 현실에 대한 지식에 의해서만 해소될 수 있다.

이보다 훨씬 더 어려운 문장은 "The police would not stop drinking."이나 "They are cooking apples." 같은 문장이다. 첫 번째 문장에서는 누가 술을 마시는지가 분명하지 않다. 두 번째 문장에서는 그들이 사과를 요리하고 있는 것인지 그것들이 요리용 사과인지 분명하지 않다.

최근 들어 음성인식은 심층신경망 사용으로 더 빠르게 발달하고 있다. 2012년경부터 구글은 구글 보이스 전사transcription 서비스에 장단기 메모리 순환신경망Long-Short Term Memory Recurrent Neural Network을 적용하기 시작했다. 구글은 이 심층학습망에 변별 훈련을 시킴으로써 각각의 음소들을 따로따로 학습하는 수준을 넘어 시스템이 소리들을 비교할 수 있게 만들었다. 이 변별 훈련은 연속되는 음소들의 패턴이 앞부분에서 이전에 인식된 음소들에 따라 달라진다는 사실을 이용하는 훈련이다. 연속되는 음소들은 실제 단어들과 매칭되어야 하며, 연속되는 단어들은 언어에서 실제로 나타나는 패턴과 매칭되어야 한다. 즉, 연속되는 음소들과 연속되는 단어들이 모두 앞뒤가 맞아야 한다는 뜻이다. 구글 보이스의 일부로 제공되는 음성 메시지 전사 기능을 이용해 구글은 말소리와 텍스트 샘플을 확보하고, 시스템이 잘못된 결과를 제시했을 때 사용자로부터 다른 전사 결과에 대한 피드백을 얻었다. 또한 음성메시지 기능 때문에 이 모든 과정은 사람들이 자연스럽게 대화할 때 사용하는 말을 최대한 샘플로 이용할 수 있었다.

단어가 제대로 인식된 후에도 보이스 에이전트(프로그램)는 그 단어들로 구성된 메시지로 무엇을 해야 하는지 결정해야 한다. 음성메시지 전사는 일단 텍스트가 쓰이면 멈춘다. 반면, 가상 에이전트는 자신이 이해한 것을 기초로 어떤 일을 해야 한다. 실제로, 시리를 만들어낸 프로젝트의 원래 목적은 이메일, 달력, 문서, 일정 등을 관리하고, 일부 과제를 수행하고, 커뮤니케이션을 도와줄 개인 비서 프로그램을 만드는 것이었다.

에이전트가 수행할 수 있는 일 중의 하나는 여행 예약이다. "7월 7일에 뉴욕으로 가는 비행기를 예약해야 해I need to book a flight to New York on July 7." 같은 문장은 매우 명확한 문장으로 보이지만, 사실 이 간단한 문장도 처리하기가 쉬운 문장이 아니다. "해야 한다I need"라는 부분은 말하는 사람의 의도가 실제로 뉴욕으로 가는 것이라는 해석을 요구한다. 또한 이 부분은 비행기를 타려면 비행기 표를 예약해야 한다는 지식을 요구한다. 컴퓨터는 말하는 사람이 현재 어디에 있는지도 알아야 하며, 어떤 항공사를 선호하는지, 어떤 시간대의 비행을 선호하는지 알아야 할 수도 있다. 또한 컴퓨터는 이 문장에서 "book"이라는 단어가 피의자에 대한 조서를 꾸민다는 뜻인지 비행기 좌석을 예약한다는 뜻인지도 파악해야 한다. 말하는 사람이 언제 돌아오고 싶은지도 알아야 할 수 있다. 에이전트가 어느 정도 제한적이라면 이런 모호성도 어느 정도 사라진다. 에이전트가 모호한 단어들을 제한적인 방식으로만 해석하도록 설계되기 때문이다.

하지만 음성인식이 문맥을 더 많이 참조할 수 있는 표현 수단 개발에 힘입어 발달한 것처럼 의도 인식도 문맥을 더 많이 참조할 수 있어야 강화될 것이다. 성공적인 의도 인식에 필요한 정보는 사용자의 요청 자체에는 모두 포함되지 않을 수 있으며, 다른 외부 정보와 통합되어야 할 수도 있다.

전형적인 개인 비서 프로그램에서 질문, 명령 또는 쿼리query는 사용자의 음성 요청으로 시작된다. 음성 녹음 파일은 압축돼 시스템 서버로 전달된다(작업의 대부분은 사용자의 스마트폰이 아니라 서비스 제공자의 서버에서 이뤄진다). 녹음된 음성은 자동 음성인식 과정에 의해 텍스트로 변환되고, 그 후 쿼리의 유형이 인식된다(행동 요청인지, 명령인지, 검색 쿼리인지 인식된다). 쿼리가 스마트폰을 대상으로 한 것이라면 적절한 명령이 스마트폰에 전송되고, 쿼리가 데이터베이스나 사용자의 달력 같은 다른 지식 출처나 인터넷에 관련된 것이라면 그에 알맞게 접근이 이뤄진다. 쿼리에 대한 답은 이용 가능한 반응들로부터 선택돼 사용자에게 전송된다.

알파고

바둑에 대해서는 앞에서 여러 번 다룬 바 있다. 바둑은 두 사람이 하는 전략 게임으로, 19×19 격자(361개의 위치가 있다. 체스나 체커는 64개의 위치가 있다)로 구성되는 보드에 흰 돌과 검은 돌을 놓는 게임이다. 한 플레이어는 검은 돌을 놓고, 다른 플레이어는 흰 돌을 놓는다. 보드 위에서 상대방보다 더 많은 영역을 돌로 둘러싸면 이기는 게임이다.

플레이어는 보드 위 격자들의 교차점에 돌아가면서 한 번에 하나의 돌을 놓는다. 한 번 보드 위에 놓인 돌은 움직일 수 없지만, 상대방의 돌들이 그 돌을 둘러싸면 보드 위에서 제거된다. 바둑에는 정해진 끝이 없다. 게임은 한 사람이 기권하거나, 두 플레이어 모두 더 이상 돌을 놓지 않겠다고 결정할 때 끝난다. 자신의 돌로 둘러싸 확보한 영역이 더 넓은 사람이 승자다.

바둑의 복잡성은 규칙의 복잡성에 기인하지 않는다. 바둑 규칙은 몇 개 되지 않는다. 하지만 돌을 한 번 놓을 때마다 돌을 놓을 수 있는 경우의 수가 엄청나게 많기 때문에 복잡해지는 게임이다.

격자 위의 모든 위치는 3가지 상태 중 하나다. 검은 돌이 그 위치를 차지하거나, 흰 돌이 차지하거나, 비어있다. 가능한 위치의 수는 3^{361}이다. 이 위치들 중에서 돌을 놓을 수 있는 위치는 1.2%로 제한된다. 따라서 바둑에서 돌을 놓을 수 있는 위치의 수는 2.08×10^{170}, 즉 208,168,199,381,979,984,699,478,633,344,862,770,286,522,453,884,530,548,425,639,456,820,927,419,612,738,015,378,525,648,451,698,519,643,907,259,916,015,628,128,546,089,888,314,427,129,715,319,317,557,736,620,397,247,064,840,935이다.

기존의 알고리즘으로 바둑 게임을 다룰 수 없었던 것은 이 엄청난 조합 수 때문이었다. 생각해야 할 가능성이 너무 많았다. 이에 비해 체스에는 약 10^{123}개의 가능성이 있다. 바둑의 가능성 수에 비하면 매우 적은 수다(즉, 바둑의 가능성 수에 소수점 아래로 0이 47개 붙은 다음 1이 나오는 숫자를 곱하면 체스의 가능성 수가 된다). 바둑이든 체스든 가능한 위치의 수가 눈에 보이는 우주에 존재하는 모든 원자의 수(약 10^{80})보다 많다고 말하는 사람들도 있다.

게임에 대한 다른 인공지능 기반 접근방식에서처럼, 바둑을 두는 것은 비어 있는 보드에서 시작해 공간을 탐색하는 과정으로 기술할 수 있다. 억지기법brute force 알고리즘을 사용하면 보드 위의 돌들의 현재 위치에서 가능한 모든 잠재적 움직임의 수를 평가해 가장 가치가 높은(게임 승리를 이끌 가능성이 가장 높은) 수를 선택할 수 있을지 모른다. 하지만 바둑은 모든 포인트에서 가능한 움직임의 수가 엄청나게 많고 그 모든 수의 기대 가치를 계산하는 과정이 너무 복잡하기 때문에 억지기법 방식은 현실적으로 적용하기가 불가능하다. 이 문제 해결은 잠재적인 수들의 부분집합을 효과적으로 선택해 그 모든 잠재적인 움직임들을 일일이 다 평가할 필요가 없게 해주는 기발한 휴리스틱 방법을 생각해 냄으로써 결정적인 전기를 맞게 됐다.

체스와 바둑은 완전정보게임이다. 어떤 시점에서도 게임의 상태에 불확실성이 없기 때문이다. 플레이어는 상대방이 앞으로 어떻게 말이나 돌을 움직일지 확실하게 알 수 없지만, 상대방이 말이나 돌을 놓은 모든 시점에 상대방이 무엇을 했는지 완벽하게 알게 되기 때문이다. 두 플레이어 모두 게임의 상태, 규칙, 모든 말이나 돌의 위치 등을 알고 있다. 체스나 바둑은 한 플레이어가 어떤 수를 선택할 때 그 선택이 게임의 상태에 어떤 영향을 미칠지가 전혀 불확실하지 않은 게임이다.

탐색 과정의 복잡성은 탐색 과정의 폭과 깊이에 의해 결정된다. 폭은 한 번 말을 놓을 때 적법한(규칙이 허용하는) 움직임의 수를 말하며, 깊이는 그 움직임 후에 가능한 선택의 수를 말한다. 체스 게임의 폭은 약 35이며(모든 시점에서 약 35개의 적법한 움직임이 가능하다), 깊이는 약 80이다(두 플레이어는 게임 전체에서 약 80번 말을 움직인다). 따라서 체스 위치에 대한 분석은 가능한 35번의 수에 대해서 수 각각이 다음의 80번의 비슷한 선택에서 게임의 상태를 어떻게 변화시킬지에 대한 분석이라고 할 수 있다. 바둑의 폭은 약 250, 깊이는 약 150이다. 이 게임들은 모든 가능성을 다 고려하기에는 폭과 깊이가 너무 크다. 체스나 바둑을 두기 위해 휴리스틱이 필요한 이유가 여기에 있다.

휴리스틱은 다른 수들보다 더 강력한 수를 선택해 평가하기 위해 사용된다. 모든 수를 평가할 수 없다면, 게임 승리를 이끌 가능성이 낮은 수들에 대해 생각하느라 시간을 낭비하지 않으면서 효과적일 가능성이 더 높은 수를 평가할 수 있는 플레이어가 더 유리할 것이기 때문이다.

바둑이나 체스 같은 게임에서 휴리스틱을 사용할 수 있는 이유는 인간 플레이어들도 모든 수를 완전히 평가할 수 없다는 데 있다. 관련 연구 결과에 따르면 체스 기사들은 자신이 이전에 본 체스 말들의 패턴에 의존하며, 바둑 기사들은 미적 판단aesthetic judgment에 의존해 수를 결정한다고 주장한다. 플레이의 질은 휴리스틱 선택 과정의 질에 의존하는 것이다.

알파고는 2016년 3월 세계 최고 수준의 바둑 기사 중 한 명인 이세돌과의 대국에서 4:1로 승리를 거둔 바둑 프로그램이다. 알파고는 수많은 데이터 센터에 분산 배치된 표준standard 프로세서 1920개, 그래픽 처리장치processing unit 280개를 이용했다. 이세돌은 자신의 뇌만을 사용했다. 알파고에서 그래픽 처리장치는 그래픽 처리에 사용된 것이 아니라 휴리스틱에 필요한 복잡한 행렬의 연산matrix operation에 사용됐다.

체스나 바둑을 두는 사람은 이전에 승리를 이끌었던 말 또는 돌의 수 패턴을 학습한다. 알파고 역시 부분적으로는 이전의 게임들로부터 바둑 두는 법을 학습했다. 고양이 사진을 충분할 정도로 많이 컴퓨터에 입력하면 컴퓨터는 고양이를 식별할 수 있다. 바둑 게임의 예제를 충분할 정도로 많이 컴퓨터에 입력하면 컴퓨터는 바둑 두는 법을 학습할 수 있어야 한다.

알파고는 수십억 개에 이르는 바둑돌의 수를 분석해 훈련을 했으며, 심층신경망을 이용해 게임이 진행되는 방식을 학습했다. 알파고가 학습한 예제 게임 중 일부는 인간과의 대국이었지만, 대부분은 알파고의 초기 버전들을 비롯한 바둑 프로그램들과의 대국이었다.

알파고는 스스로 바둑을 두면서 바둑판에 있는 영역을 더 성공적으로 통제한 수들이 어떤 움직임이었는지 추적했다. 알파고는 자신을 상대로 수백만 번의 대국을 진행하면서 점점 더 스스로를 개선했고, 비슷한 신경망이 수백만 장의 이미지로부터 시각적인 특성을 추상화하는 방식과 동일한 방식으로 바둑 게임의 패턴들이 가지는 속성들을 추상화했다. 제4장에서 언급했듯이, 아서 새뮤얼Arthur Samuel이 자신이 만든 시스템에게 체커 두는 법을 학습시킬 때도 이와 비슷한 전략을 사용했다.

기보棋譜 수백만 개를 통해 바둑 게임을 학습했지만 알파고의 능력은 이 게임들을 단순히 모방하는 데 그치지 않았다. 알파고는 학습한 게임들을 기억할 뿐만 아니라 게임의 원리들을 추상화했기 때문이다. 이 원리들은 바둑 전문가들이 말하는 원리들과 정확하게 일치하지는 않았지만, 알파고는 엄청나게 많은 양의 학습을 통해 이 원리들을 찾아낼 수 있었다. 여기서 원리는 통계적 규칙성을 말한다.

이세돌과의 2번째 대국에서 알파고는 그 어떤 인간 바둑 기사도 선택할 가능성이 없는 수를 선택했다. 사실, 알파고는 그 수가 착점될 확률을 1만분의 1로 평가했다. 알파고의 돌이 놓이는 순간 이세돌은 자신이 예상하지 못한 수라는 것을 알았다. 하지만 이세돌 역시 학습을 하고 있었던 것 같다. 4번째 대국에서 이세돌도 예상에서 벗어난 수를 선택했고, 이는 알파고에게 치명타를 입혔기 때문이다.

알파고는 다른 기계지능 상황에도 적용될 수 있는 혁신적인 기계학습 기법을 보여준다. 가장 흥미로운 기법 중 하나는 시스템이 스스로 바둑을 둠으로써 학습할 수 있게 만드는 기법이다. 심층신경망을 이용해 패턴을 추상화하는 기법도 더 넓은 영역에 적용할 수 있는 핵심적인 기법이다. 알파고의 탐색 알고리즘과 알파고가 정책 policy(주어진 문제 상황에서 행동하는 주체인 에이전트가 판단하는 방식) 선택을 위해 사용한 방법 또한 흥미롭다.

일부에서는 알파고가 스스로를 개선하는 법을 학습하는 인공지능 프로그램이라고 말한다. 자신을 개선하는 AI의 등장에 두려움을 느끼는 사람들도 있다. 하지만 나는 이런 두려움이 완전히 잘못된 생각에 기초한다고 본다. 모든 기계학습 프로그램은 스스로를 개선하며, 이 점에서 알파고도 다르지 않다. 알파고는 설계된 대로 작업을 수행할 뿐이다.

알파고는 바둑만을 둘 수 있는 프로그램이며, 바둑 게임에서 얻은 지식을 다른 종류의 게임에 적용할 수 있는 능력이 없다. 알파고가 이세돌을 이긴 것은 인공지능 발달에서 중요한 이정표라고 할 수 있다. 하지만 알파고는 기존의 기계학습에서 본질적으로 벗어나지 않는다. 알파고는 인간 설계자들이 제공한 휴리스틱을 이용해 문제 공간을 탐색하고 그 공간 안에서 새로운 경로를 찾는 법을 학습했을 뿐이다.

자율주행 자동차

최근 들어 극적인 진전이 이뤄지고 있는 또 다른 인공지능 프로젝트는 자율주행 자동차 개발이다. 세계적인 기술문화 잡지 〈와이어드Wired〉에 따르면 2018년 기준 자율주행 자동차 기술을 개발하고 있는 기업은 263개에 이르며, ABC 뉴스에 따르면 2018년 기준 자율주행 자동차 테스트 승인을 받은 기업도 52개에 달한다.

자율주행 자동차에 대한 관심이 증폭된 계기 중 하나는 DARPA의 그랜드 챌린지다. 그랜드 챌린지는 이전에는 주행한 적이 없는 오프로드 코스를 자율주행 자동차로 완주하는 팀에게 100만 달러의 상금을 수여하는 프로젝트였다. DARPA는 미군이 직면한 문제들에 대한 혁신적인 해결방법을 찾는 것을 목적으로 하는 연구기관이다.

제1회 그랜드 챌린지는 2004년 3월에 개최됐다. 주행 코스는 모하비 사막을 가로지르는 142마일(약 227킬로미터) 거리의 코스였고, 참가팀들은 대회 시작 몇 시간 전에야 주행 코스에 대한 정보를 받았다. 하지만 15개 참가팀 중 한 팀도 7.5마일(약 12킬로미터) 이상을 주행하지 못했다.

카네기 멜런 대학의 험비Humvee는 벼랑 끝에 너무 가깝게 주행하다 타이어에 불이 붙어 주행을 멈췄다. GPS 오작동으로 같은 자리에서 빙빙 돌기만 한 자동차도 있었다. 팔로스버드 고등학교의 자율주행 자동차는 출발 직후 콘크리트 장애물에 충돌하기도 했다. 제1회 그랜드 챌린지는 눈부신 결과를 거두지는 못했다. 하지만 7.5마일이라도 주행에 성공했다는 것은 큰 의미를 지닌다.

DARPA는 2005년에 상금을 200만 달러로 올려 다시 대회를 열었다. 결과는 제1회 대회와는 엄청나게 달랐다. 이번에는 23개 팀이 출전해 132마일(약 211킬로미터) 코스를 주행했고, 그 중 5개 팀이 완주했다. 우승은 스탠퍼드 대학팀의 스탠리Stanley라는 이름의 자율주행 자동차가 차지했다.

원리 면에서 볼 때 자율주행 자동차의 전략은 매우 간단하다고 할 수 있다. 자동차가 어디에 있는지 알고, 어디로 가려 하는지 알고, 장애물을 피하고 교통법규를 지키면서 최선의 코스를 선택하면 된다.

구글 지도 같은 내비게이션 프로그램을 사용해 본 사람이라면 처음에 이런 내비게이션 프로그램이 등장했을 때에 비해 현재는 지도의 질과 경로 설계 능력이 크게 개선됐다는 것을 알고 있을 것이다. 하지만 2005년 그랜드 챌린지에 참가한 자동차들은 이런 내비게이션 없이 스스로 경로를 설계해야 했다. 주행 코스의 대부분이 사막을 가로지르는 코스였고 포장된 도로는 거의 없었기 때문이었다.

이 자동차들은 GPS를 이용할 수 있을 때만 자신의 위치를 파악할 수 있었다. 일반적인 경우 GPS는 몇 미터 정도의 오차로 위치를 파악한다. 하지만 바위와 경사가 많은 사막 환경에서 GPS신호는 제대로 잡히지 않는 경우가 대부분이었다.

우승 자동차인 스탠리는 GPS, 레이저, 비디오, 레이더 등 다양한 센서를 이용해 위치와 방향을 파악했다. 레이저와 레이더로는 장애물을 탐지했다. 가속도계accelerometer, 자이로스코프gyroscope, 바퀴wheel 센서로는 자동차의 위치와 자세를 파악했다(예를 들어, 자동차가 위험한 각도로 기울어져 있는지 파악했다). 이런 센서들을 갖춘 스탠리는 몇 센티미터 오차로 자신의 위치를 파악할 수 있었다.

장애물을 피하기 위해서 자동차는 장애물을 피해갈 수 있는 거리 범위에서 장애물을 피하는 행동을 하거나 충돌 전에 멈춰야 한다. 단거리 범위에서 스탠리는 레이저를 이용해 최대 약 22미터 앞에 있는 장애물을 탐지했다. 따라서 레이저는 시속 약 40킬로미터의 속도를 낼 때까지는 유용했다. 더 높은 속도로 주행하기 위해 장거리 범위에서 장애물을 탐지해야 하는 경우 스탠리는 레이더와 입체시stereovision(동일한 물체에 대해 다른 위치에서 얻어진 한 쌍의 입체 영상)를 이용했다. 이 모든 데이터는 스탠리의 트렁크에 장착된 충격 방지 노트북컴퓨터 7대로 처리했다.

대회에 참가했던 다른 자율주행 자동차들과 달리 스탠리에는 규칙이 프로그램되지 않았다. 대신 스탠리는 대회 몇 달 전부터 주행하는 법을 학습했다. 스탠리의 기계학습 과정 중 일부는 인간 운전자가 자동차를 통제하게 해 주행이 가능한 지형만 주행하도록 만드는 것이었다. 인간 운전자가 실제로 선택한 경로로부터 얻은 데이터는 주행을 가능하게 하는 데이터, 인간 운전자가 선택하지 않은 경로로부터 얻은 데이터는 주행을 불가능하게 하는 데이터로 분류됐다. 이 접근방식에 따르면 자동차 경로의 왼쪽이나 오른쪽의 지형의 일부가 실제로는 주행 가능한 평평한 지형인데도 주행 불가능으로 잘못 분류될 수 있지만, 적어도 주행 가능한 지형은 확실하고 정확하게 분류되며 쉽게 이용될 수 있다. 또한 이는 지도학습을 이용하는 기계학습 알고리즘을 훈련시키는 데 필요한 데이터를 스탠리 팀이 쉽게 이용할 수 있었다는 뜻이기도 하다.

지표면을 주행 가능한 지표면과 주행 불가능한 지표면으로 분류하기 힘들게 만드는 원인 중 하나는 도로의 외형이 시간에 따라 변화하는 요소들, 즉 물질(예를 들어, 아스팔트 또는 콘크리트, 아스팔트의 색깔), 태양광의 세기(예를 들어, 태양광의 각도, 구름이 덮인 정도), 카메라 흔들림, 대기 내 먼지와 카메라 렌즈의 먼지 등에 영향을 받는다는 데 있다. 또한 자동차 앞에 새떼가 지나가기만 해도 도로의 외형이 바뀔 수 있다. 따라서 도로 탐지 모듈은 변화가 많이 일어날 수 있는 환경에 적응할 수 있어야 했다.

스탠리가 대회 우승을 차지하는 데 기여한 통찰 중 하나는 현실에서는 센서 데이터가 항상 "오염"된다는 인식에서 비롯된 것이었다. 센서는 계속 흔들릴 수밖에 없고, 먼지가 계속 센서를 교란시키며, 바위와 터널은 GPS신호를 약화시킨다. 다행히도 카메라 이미지의 시각적 해석에 영향을 미치는 요소들은 레이더와 레이저 탐색에 영향을 미치는 요소들과는 다르다. 따라서 시각적 해석의 모호성은 다른 센서들로 줄일 수 있었다. 나는 스탠리 시스템이 성공을 거둔 이유가 이렇게 다양한 종류의 "오염^{noise}"들을 다양한 센서를 이용해 중복적으로 처리할 수 있었다는 사실에 있다고 본다.

스탠리의 성공을 이끈 또 다른 통찰은 장거리 센서(레이더와 비디오)와 단거리 센서(레이저)를 모두 가지고 있는 스탠리가 계속 전진하면 장거리 센서로 탐지할 수 있는 물체들이 결국 단거리 센서의 범위 안으로 들어온다는 인식에 기초한 것이었다. 스탠리는 장거리 센서가 탐지한 신호의 유용성과 그 신호의 해석 결과를 단거리 센서에 학습시키는 방법으로 시스템 전체를 학습시켰다.

DARPA 그랜드 챌린지 이후로 자율주행 자동차는 상당히 많이 발전했다. 이런 발전의 동기 중 하나는 안전 문제에 관한 인식이었다. 해마다 미국에서 사람이 모는 자동차에 의한 사망자는 3만 명에 이른다. 주행 거리 9000만 마일당 1명이 사망하는 꼴이다. 자율주행 자동차는 이런 교통사고에 의한 사상자를 상당히 많이 줄일 수 있을 것으로 기대된다. 현재까지 자율주행 자동차에 의한 사망 사건은 2건이다. "오토파일럿" 모드에 설정된 상태에서 트럭에 충돌한 테슬라 자율주행 자동차에 의한 사건과 시험 주행을 하던 우버 자율주행 자동차가 길을 건너는 보행자를 치어 사망하게 한 사건이다.

테슬라 자동차의 오토파일럿 기능은 그동안 약 3억 마일에 걸쳐 사용된 것으로 알려진다. 3억분의 1이 치명적인 사고 발생 가능성을 나타낼 수 있는 합리적인 확률인지 말하기에는 아직 데이터가 부족하지만, 적어도 안전 면에서 자율주행 자동차가 유리해 보이도록 만드는 숫자이긴 하다. 우버의 자율주행 자동차가 어느 정도 거리를 주행했는지는 정확하게 알려지지는 않았다[〈뉴요커〉 매거진은 2018년 기준 약 300만 마일 정도로 전체 주행 거리를 추정했다(Sheelah Kolhatkar, 2018)]. 아마 우버의 자율주행 자동차 프로그램은 테슬라나 웨이모Waymo의 프로그램만큼 정교하지 않았을 수도 있다. 어쨌든, 이 두 건의 사망 사건만으로 자율주행 자동차가 더 확산됐을 때 어떤 결과가 나올 것이라고 예측하기는 쉽지 않다.

2005년 그랜드 챌린지에서의 스탠리의 우승과 그 뒤를 이은 자율주행 자동차들의 성공은 풀어야 할 문제를 스탠리가 표현한 방식에 상당 부분 도움을 받았다. 스탠리는 문제를 기계학습 문제로 표현했다. 장거리 센서와 단거리 센서의 관계를 표현하는 것은 그랜드 챌린지 대회에 참가하는 자율주행 자동차들이 마주칠 수 있는 지형에 대비해 시스템을 훈련시키는 것만큼 중요한 문제였다.

포커

포커 게임은 다른 게임들의 계산지능 문제와는 다른 종류의 계산지능 문제를 제기한다. 포커 플레이어는 자신이 받은 카드가 어떤 카드인지 알고 있다(컴퓨터는 상대방이 받은 카드가 어떤 카드인지 모른다). 또한 인간끼리 포커를 할 경우 포커 플레이어는 상대방이 거짓말(블러핑)을 할 수 있다는 것을 알고 있다. 포커를 하는 컴퓨터의 전략은 상대방이 어떤 카드를 가지고 있을지에 대한 예측에 의존한다. 카드는 무작위로 주어지지만, 플레이어들은 포커 게임의 어떤 시점까지 상대방이 한 행동으로부터 어느 정도 정보를 얻을 수 있다.

포커 프로그램 중 하나인 딥스택DeepStack은 텍사스 홀덤Texas hold'em의 한 종류인 "헤즈업 무제한 텍사스 홀덤Heads-Up No-Limit Texas hold'em·HUNL"을 플레이하는 프로그램이다. HUNL은 계산적 복잡성이 바둑의 복잡성과 비슷할 정도로 높은 2인용 게임이다. 각각의 핸드(손에 들고 있는 패)로 4라운드가 진행되며, 그동안 카드가 주어지면서 플레이어들은 베팅을 할 수 있다. "프리플롭preflop"(포커 게임의 최초 단계) 라운드에서 각 플레이어는 정면이 바닥을 향한 상태의 카드 두 장을 받는다. 비밀 카드다. 각 플레이어는 자신이 받은 카드만 볼 수 있다. 이 시점에서 두 플레이어 모두는 자신이 받은 카드를 상대방이 받지 않았다는 것을 안다.

"플롭flop" 라운드에서는 카드 3장이 플레이어 모두에게 추가적으로 주어진다. 이 때 주어지는 카드들은 정면이 위를 향한 카드다. 이 카드들은 두 플레이어 모두 볼 수 있으며, 두 플레이어의 패를 구성한다. 다음 라운드는 "턴^{turn}" 라운드다. 카드 한 장씩이 정면이 위를 향한 상태에서 플레이어 모두에게 주어진다. 4번째 라운드는 "리버^{river}" 라운드다. 다시 카드 한 장씩이 정면이 위를 향한 상태에서 각 플레이어에게 주어진다. 각 플레이어는 모두가 내용을 알고 있는 카드 5장과 비밀 카드 2장으로 구성되는 패를 가지게 된다.

정면이 위를 향한 카드들은 두 플레이어 모두에게 완벽한 정보를 제공하지만, 그 정보는 두 플레이어 모두에게 같은 정보다. 하지만 프리플롭 라운드에서 주어지는 두 장의 비밀 카드는 카드를 받은 사람만 직접적으로 알고 있다. 각 플레이어는 자신의 홀 카드^{hole} ^{card}(프리플롭 라운드에서 받은 비밀 카드)는 알고 있지만, 상대방이 가진 비밀 카드에 대해서는 확실하게 알지 못한다.

각 플레이어는 첫 번째 라운드가 시작되기 전과 각 라운드가 끝날 때 베팅을 한다. 플레이어는 베팅 액수를 높이거나, 게임을 접거나(게임을 포기하거나), 콜을 할 수 있다(상대방이 제시한 베팅 액수에 맞출 수 있다).

두 플레이어 모두 상대방의 베팅 행동을 알 수 있으며, 이 베팅 행동으로 상대방의 핸드가 어느 정도 강력한지 예측할 수 있다. 하지만 두 플레이어 모두 블러핑(자신이 매우 강력한 핸드를 가지고 있는 것처럼 베팅)을 하면서 상대방이 게임을 접기를 기대할 수 있다. 실제로는 상대방이 더 강력한 패를 가지고 있어도 그렇게 할 수 있다. 이 블러핑 때문에 공개 베팅 행동은 플레이어가 가진 패의 강력함과 불완전한 연관관계를 가질 수밖에 없다. HUNL에서 플레이어는 자신이 가진 돈의 범위 안에서 무제한으로 베팅할 수 있다.

두 플레이어는 모두 상대방의 베팅 행동에서 불완전한 단서를 얻어 상대방이 쥔 패의 힘을 추론하려고 노력한다. 또한 두 플레이어의 베팅 행동은 자신이 가진 패가 상대방이 가진 패에 비해 어느 정도 강력하거나 약할지에 대한 추측에 의존한다. 이런 추측은 라운드가 계속되면서 카드가 더 많이 공개되고 더 많은 베팅이 이뤄지면서 매우 다양하게 내용이 바뀔 수 있다.

불완전 정보 게임이 중요한 이유는 불완전 정보 게임이 완전 정보 게임에 비해 훨씬 복잡하다는 사실에 있다. 플레이어는 상대방이 어떤 카드를 가지고 있는지 정확하게 알지 못하는 상태에서 자신이 가진 패로 펼칠 수 있는 전략을 세워야 한다. 상대방의 비밀 카드는 하트 9와 스페이드 3일 수도 있고, 하트 9와 스페이드 9일 수도 있다. 컴퓨터는 가능한 모든 조합에 대한 가능성을 추측할 수 있지만, 그럴 경우 그 모든 가능성 각각에 대해 대비해야 한다.

한 플레이어의 베팅 패턴은 그 플레이어가 쥐고 있는 카드에 대한 정보와 그 플레이어가 상대방이 쥐고 있을 것이라고 추측하는 카드의 내용에 관한 정보를 드러낸다. 이 추론은 회귀적이다. 각각의 플레이어가 상대방의 결정에 영향을 미치고, 이 영향을 받아 상대방의 베팅 행동이 변화하고, 이 변화가 다시 상대방의 베팅에 영향을 미치는 과정이 반복적으로 일어나기 때문이다. 포커 규칙은 바둑 규칙보다 더 복잡하지 않다. 각각의 패에서 움직임의 경우의 수는 몇 안 되지만, 가능한 상태의 수가 엄청나게 많고 이 상태들이 불확실하다는 점이 포커 게임을 엄청나게 힘든 게임으로 만든다.

포커 게임의 이런 복잡성은 완벽한 분석을 사실상 불가능하게 만든다. 하지만 딥스택은 포커 게임을 구성요소들로 분해한다. 딥스택은 각각의 포인트(각각의 베팅 시점)에서 완벽한 게임을 추측하는 대신에 각각의 움직임의 가치를 근사적으로 빠르게 평가한다. 딥스택은 무작위 포커 상황에 대한 훈련을 기초로 컴퓨터가 포커 게임을 하게 만들고, 그 포커 게임들 중 좋은 결과가 나올 수 있는 확률이 높은 게임을 선택함으로 이런 평가를 한다.

컴퓨터 프로그램은 각각의 카드가 어느 정도의 확률로 나올 수 있는지, 정면이 위를 향한 카드들과 컴퓨터가 가진 카드들을 조합할 때 패가 어느 정도 강력해질 수 있는지 인간보다 훨씬 더 잘 계산해낼 수 있다. 상대방은 컴퓨터가 가진 비밀 카드에 대해 전혀 모른다. 반면, 정면이 위를 향한 카드들은 두 플레이어의 패 모두에 들어있다. 예를 들어, 하트 킹이 정면을 위로 향하고 있고 컴퓨터가 스페이드 킹을 가지고 있다면, 상대방은 비밀 카드 두 장이 다 킹일 때가 최선의 상황이다. 반면, 컴퓨터에게는 킹 원 페어를 가지게 되는 것이 최악의 상황이다.

딥스택이 포커를 하기 위해 사용하는 방법은 크게 3가지로 나눌 수 있다. (1) 특정 시점까지 공개된 상태(그 시점까지 내용이 공개된 카드들과 베팅 행동)에 대한 국부적인 전략 추측 (2) 할 수 있는 행동들에 대한 고려 (3) 그 잠재적 행동들로 인해 발생할 수 있는 각각의 결과에 대한 예측이다.

베팅을 하기 전에 컴퓨터는 현재 상태를 기초로 전략을 다시 한 번 계산한다. 컴퓨터는 완전 정보 게임에서처럼 해법 공간을 탐색한다. 하지만 상대방의 패에 대한 불확실성 때문에 컴퓨터는 가장 좋은 결과를 낼 상태 하나만을 선택하는 데 그치지 않고 넓은 범위의 가능한 상태들을 고려해야 한다. 딥스택은 심층신경망 2개를 사용한다. 베팅을 하기 전에 미래의 상태들을 모두 일일이 다시 계산할 필요 없이 그 상태들을 추측하도록 훈련된 심층신경망이다. 심층신경망 하나는 플롭 라운드(정면이 위로 향한 카드 3장이 주어지는 라운드)에서 사용되고, 다른 하나는 턴 라운드(정면이 위로 향한 카드 한 장씩이 추가적으로 주어지는 라운드)에서 사용된다. 이 두 심층신경망은 각각 인공뉴런 500개로 구성된 은닉층 7개씩으로 구성된다.

턴 라운드에서 사용되는 심층신경망은 무작위로 생성된 1000만 가지의 턴 라운드 상태에 대해 훈련을 받은 신경망이다. 즉, 무작위로 생성된 각각의 게임에 대해 특징 시점까지 "시뮬레이션"이 완료된 신경망이라는 뜻이다. 이 신경망은 공개된 카드들의 특정한 조합에서 가능한 다양한 잠재적 행동들을 평가해 베팅을 하고, 게임을 접을지, 콜을 할지, 가진 돈을 모두 베팅할지(올인 할지) 중에서 선택을 하면서 게임을 끝까지 진행한다. 이 신경망에 입력되는 것은 팟^{pot}(한 판에서 모든 플레이어가 베팅한 금액의 총합)의 크기, 공개된 카드, 상대방의 비밀 카드에 대한 범주화된 추측이다. 플롭 라운드에서 사용되는 신경망은 턴 라운드에서 사용되는 신경망의 추측 결과를 이용해 잠재적 행동 각각의 가치를 평가하기 위해, 무작위로 생성된 플롭 라운드 상태 100만 개에 대한 훈련을 추가적으로 받은 신경망이다.

이런 훈련을 거친 딥스택은 인간과의 포커 게임 4만4852번을 통해 능력이 측정됐다. 이런 종류의 포커 게임은 가변성이 매우 크기 때문에 특화된 통계 기법이 필요하지만, 결과는 컴퓨터에 유리한 쪽으로 나왔다. 예를 들어, 딥스택의 최소 베팅 금액 기준 게임당 가치는 0.492가 나왔는데, 포커 전문가들 입장에서는 0.05만 돼도 상당히 큰 숫자다. 무승부인 경우 이 수치가 0이라는 것을 고려하면 컴퓨터가 상당히 플레이를 잘했다고 볼 수 있다. 바꿔 말하면, 최소 베팅 금액이 1달러일 때 딥스택은 게임당 평균 49.2센트를 땄다는 뜻이다. 물론 어느 정도 포커 실력이 있는 사람들과의 게임에서 그랬다는 것이다. 최고 수준의 포커 플레이어들과의 게임을 했다면 이 정도 수치는 나오지 않았을 것이다.

결론

지난 몇 년 동안 계산지능이 성공을 거둔 것은 크게 3가지 요인에 힘입었다. 첫째, 질이 좋은 훈련 데이터를 이용할 수 있게 됨에 따라 대규모 지도학습이 가능해졌다는 사실, 둘째, 패턴 인식을 이용해 문제 해법 공간을 설명할 수 있게 됐다는 사실, 셋째, 해결해야 하는 문제를 표현할 수 있는 기발한 방법이 고안됐다는 사실이다.

인공지능 시스템의 작동은 특정한 입력에 대한 반응을 지정하는 규칙이 아니라 패턴을 인식하는 방식들의 집합으로 표현됐다. 인공지능 시스템은 인공지능 시스템을 만든 사람들이 설계한 잠재적인 표현 공간에서 인공지능 시스템만의 패턴을 발견하도록 설계됐다는 뜻이다.

심층신경망은 패턴 인식과 분류에 가장 효과적일 것으로 기대되는 기계학습 접근방식 중 하나다. 심층신경망은 처음에 표현된 입력 데이터가 더 계산이 쉬운 패턴들로 전환되도록 만드는 인공뉴런 층들로 구성된다. 심층신경망은 훈련 기간 동안 제공되는 패턴들을 기초로 이전에는 보지 못한 관련 패턴들에 대한 일반화를 할 수 있다. 즉, 심층신경망은 자신이 받는 입력 패턴을 추상화해 유도 패턴을 생성할 수 있다는 뜻이다.

이런 중요한 AI 프로그램 중 일부가 성공을 거둔 또 다른 이유는 하나의 기계학습 시스템을 이용해 다른 기계학습 시스템을 훈련시키는 것이 가능해졌다는 사실에 있다. 예를 들어, 자율주행 자동차는 레이저 탐색 장치를 이용해 시각 분석 시스템을 훈련시켰다. 알파고는 서로 다른 알파고 버전들이 서로 바둑을 두면서 서로에게 훈련 예제를 제공했다. 딥스택은 무작위 시스템을 이용해 심층신경망을 학습시키는 방법으로 포커 승률을 높일 수 있었다. 이 기법은 가장 성공적인 기계학습 형태 중 일부에서도 구현하기 힘들지만 분류된 훈련 예제를 대규모로 사용해야 하는 상황을 해결한다. 일부 기계학습 문제들은 이러한 적대적 훈련adversarial training에 적합하다. 이 경우 강화학습을 병행하면 효과적으로 기계학습 시스템을 훈련시킬 수 있는 매우 강력한 도구가 될 수 있지만 이 과정에는 위험 또한 따른다.

쓰레기가 입력되면 쓰레기가 출력된다. 어떤 시스템이 다른 시스템을 방해하는 방향으로 작동한다고 할 때 그 시스템이 다른(예를 들어, 더 자연스러운) 적대적 시스템을 방해하는 방향으로도 작동할 것이라고 확신할 수는 없다. 특정 시스템은 다른 시스템에 내재된 결함만을 학습할 수 있으며, 이 결함은 다른 시스템 또는 플레이어의 결함과는 다르거나 부재한 결함일 수도 있다.

마지막으로, 이 사례들이 중요한 이유는 기계학습이 처리할 수 있는 문제의 종류를 어떻게 늘릴 수 있는지 보여준다는 데 있다. (풀기 복잡할지언정) 이해하기 쉬운 문제들을 연구하는 것에는 많은 장점이 있지만, 세상은 그렇게 잘 구조화된 문제들로만 구성되지는 않는다. 바둑 두기가 중요한 이유는 간단한 표현이 기계를 혼동시킬 수 있는 상황을 바둑이 제공하기 때문이다. 풀기 힘든 문제를 풀 수 있게 만드는 것은 통찰에 기초한 휴리스틱을 비롯한 창의적이고 고등한 표현이다.

자율주행 자동차 문제와 포커 문제는 기계학습을 불완전 정보의 영역으로 인도한다. 이 문제들은 불확실성을 허용하는 새로운 표현 방식이 고안됐기 때문에 풀 수 있는 문제가 됐다. 음성 기반 비서는 불확실하고 모호한 입력과 불확실한 의도를 결합한다. 이 시스템이 궁극적으로 처리할 수 있는 문제의 범위는 엄청나게 넓어질 것이다. 이 시스템을 유용하게 만드는 표현은 지금도 진화하고 있다.

하지만 앞에서 다룬 모든 사례들을 비롯한 수많은 사례들에는 중요한 공통점이 있다. 이 프로그램들의 성공은 적절하고 유용한 문제 표현방식을 만들어내는 인간 설계자들에 의존한다는 점이다. 이 표현방식은 풀기 힘든 문제를 현재의 컴퓨터를 이용해 풀 수 있는 문제로 전환시킨다. 이 프로그램들의 똑똑함은 인간 설계자의 기발함에서 대부분 비롯된다. 일반 인공지능을 만들려면 표현의 이런 창의성, 즉 인간의 능력과 재능에 기초하는 창의성을 모방할 수 있는 방법을 찾아내야 한다.

❼ 지능의 구성요소

지금까지 우리는 일반지능에 대한 예비적 정의와 일반지능이 인간의 인지와 계산지능 측면에서 어떻게 접근됐는지 다뤘다. 이 장에서는 현재의 한계를 극복하기 위해 사용할 수 있는 자원들에 대한 논의를 진행하며 인지가 한 방향으로만 흐르지 않는다는 생각에 대해 중점적으로 다룰 것이다. 우리가 지각하고 생각하는 것은 맥락과 기대에 영향을 받기 때문이다.
이 장은 어떻게 언어가 지능에 문제가 되는 동시에 지능에 기여하는지에 대한 논의를 이어가면서 상식에 대한 논의로 끝을 맺을 것이다.

우리 조상들의 뇌는 현재 우리가 지적인 성취로 인식하는 일을 해내기 훨씬 전부터 환경 속에서 감지하고, 지각하고, 행동하는 능력을 진화시켜왔다.

그림 6은 자작나무 껍질에 나방이 붙어있는 모습을 찍은 사진이다. 파랑어치는 이렇게 붙어있는 나방을 쉽게 찾아내지만 대부분의 사람들은 오래 봐야 겨우 찾을 수 있으며, 아예 찾아내지 못하는 사람들도 있다. 인간은 이렇게 멍청한 존재일까? 일반적으로 우리는 나방을 찾아내는 일이 지능과는 관련이 없다고 생각한다. 하지만 인간이 나방을 먹이로 삼는 종이었다면 상황은 달라졌을 것이다.

나방을 찾아내는 일은 개념적으로 볼 때 고양이가 있는 사진과 그렇지 않은 사진을 구별하는 일과 크게 다르지 않다. 이 일은 나방이 붙어 있는 나무와 그렇지 않은 나무를 구별한 다음 나무에 붙어 있는 나방의 위치를 찾아내는 일이다. 컴퓨터가 고양이 사진을 식

그림 6. 자작나무 껍질에 앉은 나방. https://www.researchgate.net/publication/ 282230039_ Selective_Attention_Priming_and_Foraging_Behavior/figures?lo=1. 이 사진에서 나방을 찾을 수 없다면 그림 9 참조.

별하게 만들기 위해서는 수백만 개의 사진들을 입력해야 하지만, 파랑어치가 예제 수천 개를 학습해야 나방을 구문할 수 있다면 파랑어치는 아마 다 굶어죽었을 것이다.

경험이 많은 파랑어치는 나방과 비슷한 것을 발견하자마자 숨어 있는(위장한) 나방을 쉽게 찾아낸다. 니코 틴버겐Niko Tinbergen은 1960년에 이 경향을 발견한 후 "이미지 탐색search image"이라는 이름을 붙였다. 포식자가 특정한 먹이 종prey species에 속한 동물을 한 번 찾아내면 다른 먹이 종에 속한 동물을 찾아내는 것보다 그 먹이 종에 속하는 동물을 찾는 것이 쉬워지는 경향을 말한다. 이 두 먹이 종 모두 비슷한 정도로 찾기 힘들고, 모두 포식자가 비슷한 정도로 흔히 먹는 동물이지만, 그럼에도 불구하고 한 종에 속한 동물을 찾아내면 같은 종에 속한 동물을 찾아내는 것이 더 쉬워진다. 파랑어치를 비롯한 포식자들이 같은 종의 동물을 더 많이 찾아내도록 도움을 주는 특정한 단기적 주의 효과가 발생하는 것이다. 지각에 영향을 미치며 상황에 의존하는 주의 요소들이 있다는 틴버겐의 이 이론은 실험에 의해 뒷받침된다. 이미지 탐색이라는 개념은 지각이 환경으로부터 자극을 받아들이는 단순한 차원을 넘는, 주의와 기대의 지배를 받는 능동적인 과정이라는 것을 보여준다.

지각과 패턴 인식

인간을 비롯한 대부분의 동물은 환경 감지에 특화된 뉴런을 진화시켜왔다. 이런 뉴런 중 대표적이 것이 눈의 망막 안에 있는 수용체와 내이의 달팽이관에 있는 유모세포hair cell다.

환경 내 물체에서 반사된 빛은 눈의 수정체를 통과하면서 눈의 뒷부분에 있는 망막의 감광성photosensitive 세포들에 거꾸로 투사된다. 처음에는 망막 세포들이 망막 세포에 닿는 빛의 양에 비례하는 신호를 전송한다고만 생각되었다. 하지만 그 후 신경과학자들은 망막에서부터 패턴 처리가 시작된다는 것을 발견했다. 망막 내 신경절 세포들이 수많은 광수용체들로부터 받은 입력들을 조합해 그 패턴들을 뇌의 나머지 부분으로 전달한다는 사실이 밝혀진 것이었다.

망막 안에서 이뤄지는 패턴 처리는 다양한 뇌 층에 걸쳐 계속 진행되는 복잡한 탐지 과정의 첫 단계다. 1959년경부터 허블Hubel과 위젤Wiesel은 시각피질에 있는 세포들이 시야의 특정한 부분에 있는 빛에 반응한다는 연구결과를 발표하기 시작했다. 이들과 이들의 뒤를 이은 신경과학자들은 이런 선택적인 반응을 좇아 일차 시각피질 외 뇌의 다른 영역에서 더 복잡한 처리가 일어난다는 것도 발견했다.

더 최근의 연구에서는 (뇌에서 망막 방향으로 진행되는 것처럼 보이는) 하향식 전달이 초기 시각 처리층의 반응에 따라 그 방식이 달라진다는 것도 밝혀졌다(예를 들어, 주의 상태가 달라지면 전달 방식이 달라졌다). 즉, 시각 처리는 한 방향으로만 진행되는 것이 아니라, 시각 처리 과정에서 높은 층들의 행동에 의해 낮은 층들의 행동이 영향을 받는다는 뜻이다. 이런 과정 때문에 어떤 물체에 대한 주의는 낮아지고 다른 물체에 대한 주의는 높아지게 되는 것이다. 이 과정에서 특정한 뉴런들은 더 많이 활성화되고 다른 뉴런들은 억제된다.

앞의 장들에서 다뤘듯이, 소리를 듣는 과정은 고막과 중이 내 뼈들의 기계적인 움직임으로 시작된다. 중이 내 뼈들은 달팽이관에 소리를 전달한다. 이때 달팽이관의 어떤 부분이 진동하느냐에 따라 각 달팽이관 신경들이 뇌에 어떤 주파수가 입력되었는지 알려주게 된다. 즉, 달팽이관은 일종의 기계적 주파수 필터뱅크frequency filter bank 역할을 한다.

눈에서처럼 귀에서도 (뇌에서 귀 방향으로 진행되는) 하향식 전달과 (귀에서 뇌 방향으로 진행되는) 상향식 과정이 모두 일어난다. 귀에는 소리의 주파수 패턴을 감지하는 내이 유모세포와 기계적인 피드백을 제공하면서 특정한 주파수는 증폭시키고 다른 주파수는 억제하는 외이 유모세포가 있다.

다른 감각 시스템들도 이와 비슷한 방식으로 상향식 활동과 하향식 활동을 모두 보인다. 감각은 환경으로부터 신호들을 받아 그 신호들을 신경 활동으로 변환하며, 그 신호들을 다양한 공간에서 표현한다. 하지만 지각은 이 처리 과정 후반부에 발생하는 사건들에 의해 활발하게 수정된다. 피드백이 일어나기 때문이다. 지각은 과거에 생각했던 것보다 더 상호작용적이며 더 객체 지향적이다. 기호적 과정(물체와 관련된 과정)과 비기호적 과정(감각과 관련된 과정)의 구분이 더 모호해지는 것은 지각의 이런 속성 때문이다. 인간을 비롯한 유기체의 지능에서 핵심적인 위치를 차지하는 것은 바로 이런 능동적 피드백 과정일 것이다.

게슈탈트 속성

지각 시스템은 특정한 감각 패턴을 처리하기 위해 진화한 것이 아니라 물체들을 처리하기 위해 진화한 것으로 보인다. 1910~1920년대에 쿠르트 코프카Kurt Koffka, 막스 베르트하이머Max Wertheimer, 볼프강 쾰러Wolfgang Köhler 같은 게슈탈트Gestalt(형태) 심리학자들은 사람들이 무엇을 물체로 인식할지 결정하는 과정에서 중요해 보이는 속성들을 찾아냈다. 근접성proximity, 유사성similarity, 연속성continuity, 통폐합closure, 연결성connectedness이다. 이 속성들은 지각이 단순히 감각 표면이 자극받은 결과가 아니라, 다른 정보 출처들을 이용해 감각 경험을 생성할 수 있는 물체들을 인식하는 건설적인 과정이라는 것을 보여준다(그림 7 참조).

뇌의 신경생물학적 구조와 기능은 기계지능과 생물학적 지능 모두를 이해하는 데 핵심적인 역할을 한다고 오랫동안 생각돼 왔다. 도널드 헵Donald Hebb(1949년)이 최초로 학습규칙에 대한 이론을 발표

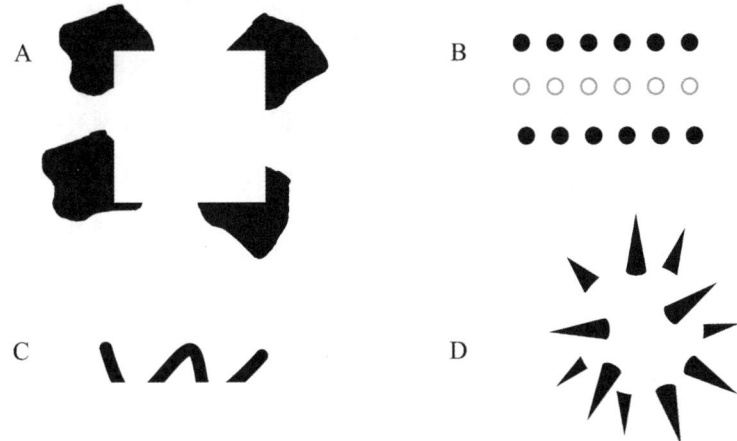

그림 7. 게슈탈트 지각의 특성을 보여주는 그림들. A는 착시 그림이다. 이 그림에는 실제로 사각형이 없다. B는 물리적으로 비슷한 아이템들이 같은 물체의 일부로 보이게 만드는 유사성을 드러낸다. C는 연속성을 표현한다. 이 그림을 구성하는 3개 부분은 같은 물체의 일부로 보인다. 물에 몸의 일부가 잠긴 바다뱀의 모습을 연상케 한다. D는 공에 못들이 박힌 모습으로 보이지만, 실제로 이 그림에 공은 없다.

한 이래 인공지능 연구와 신경과학은 서로 상당한 영향을 주고받으며 큰 발전을 이뤘다. 헵의 학습규칙은 "함께 발화하며 활성화되는 뉴런들은 함께 연결된다Neurons that fire together, wire together."라는 말로 요약할 수 있다. 이 말을 더 구체적인 말로 바꾸면 "세포 A의 축삭돌기가 세포 B의 축삭돌기를 흥분시킬 만큼 근접해 있으며 세포 B의 발화에 반복적으로 또는 지속적으로 참여하면, 한 세포 또는 두 세포 모두에서 특정한 성장 과정 또는 대사적 변화가 발생해 세포 B를 발화시키는 세포로서의 세포 A의 효율이 증가한다."가 된다. 이 말은 뇌에서 학습이 어떻게 일어나는지에 대한 최초의 신경심리학적 설명 중 하나로 볼 수 있다.

헵의 법칙과 그 뒤를 이어 발표된 법칙들은 신경망 연구에서 가장 영향력 있는 법칙들로 자리를 잡았다. 심층신경망의 특성 탐지와 특성 처리는 시각 시스템의 특성 처리 방식에서 영감을 얻은 것이다. 하지만 뇌와 심층신경망 사이의 관계는 아직까지 구체적이라기보다는 비유적인 관계에 머물고 있다. 우리가 심층신경망을 구축할 수 있다고 해도 실제 뇌의 시각피질의 구조를 그대로 매핑하고 있는 것은 아니기 때문이다.

모호성

지각에 대한 이해를 더 어렵게 만드는 것은 모호성이다. 앞 장에서 다룬 음성인식의 모호성과 비슷한 모호성이 시각 인식에도 존재한다. 시각 장면과 그 시각 장면에서 인식되는 물체들 사이의 매핑이 간단하게 이뤄지지 않기 때문이다. 그림 8의 중심에 있는 패턴은 그 패턴을 왼쪽에서 오른쪽으로 보는지 위에서 아래로 보는지에 따라 B로 보이기도 하고 13으로 보이기도 한다.

그림 8. 가운데에 있는 패턴은 B로도 보이고 13으로도 보이는 모호성을 나타낸다.

모호성은 우리가 듣는 소리와 일상적으로 사용하는 단어들에도 존재한다(제6장 참조). 초기의 인공지능 연구는 단어와 유사한 기호 사용에 집중했지만, 단어 자체가 어떤 것을 항상 똑같이 나타내지는 않는다. 대부분의 사람들은 "bark", "bank", "strike" 같은 단어가 모호성을 가진다는 것을 잘 알고 있다. 하지만 이런 단어 외에도 흔히 쓰는 단어 중에서 모호성을 가지는 단어가 많으며, 그 정도는 놀라울 정도로 높다.

이 모호성을 확인하기 위해 표 4에 있는 단어들을 사전에서 찾아봤다. 각각의 단어 밑에 있는 숫자는 내가 사전에서 찾은 그 단어에 대한 정의의 수다. 이 정의들을 조합하면 표에 있는 문장은 1000조 (7,788,584,618,680,320)개의 해석이 가능하다. 하지만 이런 모호성을 인식하는 사람은 거의 없다.

물론, 사전에 있는 정의의 수가 언어의 모호성을 완벽하게 나타내는 지표는 아니다. 하지만 이 정의의 수는 일상적인 언어의 모호성 수준이 어느 정도 높은지는 말해준다.

우리는 "She ate her lunch next to the bank." 같은 더 간단한 문장에서도 모호성을 느끼지 않는다. 단어들은 서로 독립적으로 문장의 의미에 기여하는 것이 아니기 때문이다. "She ate her lunch on the bank."라는 문장과 "She ate her lunch in front of the bank."

The	com-panies	have	agreed	to	a	brief	delay	in	imple-menting	their	agree-ment.
37	14	39	17	54	62	20	8	84	8	7	9

표 4

라는 문장을 비교해 보자(역주: bank라는 단어는 '강둑'이라는 뜻과 '은행'이라는 뜻을 모두 가지고 있다). 첫 번째 문장은 "그녀는 은행 건물 위에서 점심을 먹었다."로 해석이 될 수도 있지만, 우리는 보통 "그녀는 강둑에 앉아 점심을 먹었다."로 해석한다. 두 번째 문장은 "그녀는 강둑 앞에서 점심을 먹었다."라고 해석이 될 수도 있지만, 우리는 보통 "그녀는 은행 앞에서 점심을 먹었다."라고 해석한다.

단어의 원자적 속성(극소적인 속성)에 의존하는 모든 시스템은 결국 문제에 봉착할 것이다. 원자적 단어라는 개념은 "cat"이라는 단어가 그 단어가 들어간 모든 문장에서 동일한 의미를 가진다는 생각을 전제로 한다. 이 개념에 따르면, "The cat wore a hat.", "The car sat on the mat.", "The cat smiled at Alice."의 3개 문장은 모두 같은 기호를 사용하며, 그 기호의 의미는 이 3개 문장에서 동일하다. 또한 문장의 의미는 그 문장 안에 있는 단어들의 의미를 조합한 것이라고 생각된다. 이 개념에 따르면, "bank"나 "bark"처럼 의미가 여러 가지인 단어를 포함하는 문장은 원자성atomicity과 합성성compositionality이 적용되지 않는 드문 예외다. 즉, "bank" 같은 단어는 다양한 문장에서 같은 단어로 보이지만, 실제로는 이 "bank"들은 구분이 불가능하게 되어버린 서로 다른 기호라는 것이다. 하지만 현재는 이 이론과는 반대로, 모호한 단어들은 예외가 아니라 표준이라는 것이 밝혀진 상태다.

문맥을 이용해 기계가 단어의 의미를 이해하도록 만든다는 생각은 오픈소스open-source(공개 출처) 프로젝트 Word2Vec을 비롯한 수많은 프로젝트의 핵심 아이디어다. 이 프로젝트들은 언어에서 단어가 사용되는 방식에 기초해 단어의 의미를 표현하는 것을 목적으로 한다. 이 시스템에서 각각의 단어들은 텍스트의 동시출현 패턴 co-occurrence pattern(한 문장, 문단 또는 텍스트 단위에서 특정한 단어들이 같이 출현하는 현상)을 기초로 표현된다. 즉, 텍스트 내에서 특정한 단어와 같이 나타나는 단어들을 기초로 그 특정한 단어가 표현된다는 뜻이다. 다양한 연구결과에 따르면, 비슷한 문맥에서는 비슷한 단어들이 나타난다. 예를 들어, "lawyer"라는 단어는 비슷한 문맥을 가진 텍스트에서 "attorney"라는 단어와 함께 나타나는 경우가 많다. 이 두 단어는 의미가 비슷하며, 비슷한 문맥을 가진 텍스트들에서 이 단어들이 표현되면 컴퓨터는 이 단어들의 의미를 추상화할 수 있다. 그 결과, 사용자가 "lawyer"라는 단어를 검색하면 "lawyer"라는 단어를 포함하는 텍스트 결과 외에도 "attorney"라는 단어가 들어간 텍스트 결과도 얻을 수 있게 된다. 더 일반적으로 보면, 단어의 모호성은 우리가 세상의 사건들을 지각하고 그 사건들에 반응하는 방식에 하향식 과정이 미치는 영향을 드러낸다고 할 수 있다.

지능과 언어

모호성이 있긴 하지만 언어는 인간의 지능을 뒷받침하는 가장 중요한 발명 중 하나다. 언어는 지도, 컴퓨터, 수학, 불처럼 인간의 지적 성취를 위한 도구 중 하나다. 이런 지능 도구들은 정신 활동이나 컴퓨터 연산을 쉽게 만들어 인간의 성취를 뒷받침하는 역할을 한다.

계산기가 널리 보급되기 전에 수학자들은 계산자slide rule를 사용했다. 계산자는 폭이 좁은 판 두 개가 합쳐진 형태로, 각각의 판은 나머지 판을 기준으로 움직일 수 있다. 계산자를 이용하면 암산이나 종이에 적어가며 직접 풀기엔 시간이 오래 걸리고 복잡한 곱셈, 나눗셈 등의 수학 계산을 쉽게 할 수 있었다. 계산자로 특정한 수학 계산을 쉽게 만들었고, 사람들은 계산자를 사용하면서부터 그전보다 더 똑똑해졌다. 계산자는 일종의 인공지능 도구라고 할 수 있다.

언어를 비롯한 지능 도구들은 정보를 만들어내고, 저장하고, 검색하고, 사용하는 것을 더 쉽게 만든다. 지능 도구들은 소프트웨어 패키지가 간단한 데스크톱 컴퓨터를 강력하고 유용하게 만드는 것처럼 인간의 지적 능력에 영향을 미친다.

도구로서의 언어의 가치는 오래전부터 발달심리학자들에 의해 인식되고 있었다. 언어는 생각과 동일한 것이 아니지만, 우리가 일반적으로 지능과 연관시키는 지적 능력에 핵심적인 영향을 미치는 방식으로 생각을 구조화하고 조직화한다.

지적 능력 발달에 언어가 중요한 역할을 한다는 생각을 한 대표적인 심리학자는 장 피아제Jean Piaget와 레프 비고츠키Lev Vygotsky다. 피아제에 따르면 어린이의 지적 발달은 4개 단계로 이뤄진다.

감각운동 단계sensorimotor stage(신생아에서 2세까지의 기간)에서 세계에 대한 아이들의 지식은 그 세계에서 자신이 하는 행동과 세계에 대한 자신의 감각 경험에서 얻어진다. 이 감각운동 단계의 끝 부분에서 기본적인 언어가 습득된다.

다음은 조작 전 단계Preoperational Stage(2세에서 7세까지의 기간)다. 이 단계에서 아이의 지식은 대부분 외부 세계에 의해 통제된다. 이 단계에서 아이는 사물이나 문제에 대해 한 번에 한 측면밖에는 집중하지 못한다. 이 단계에서 아이의 생각은 전논리적prelogical(논리로 설명이 불가능한)이며, 마술적인 생각에 가깝다. 다른 사람들이 자신의 생각과 다른 생각을 가질 수 있다는 것을 이해하는 데 어려움을 느끼는 단계다.

구체적 조작 단계concrete operational stage(7세에서 11세까지의 기간)에 이르면 아이는 논리적이고 체계적인 추론을 할 수 있게 된다. 아이의 관심의 초점은 아직 구체적인 사물에 머문다. 이 단계에서 아이는 가역적 사고를 할 수 있게 되며, 사람마다 세계를 보는 관점이 다르다는 것을 인식하게 된다. 이런 논리적이고 체계적인 추론은 우리가 일반적으로 "지능"이라고 부르는 능력의 전형적인 특징이다.

네 번째 단계는 형식적 조작 단계formal operational stage(사춘기와 그 이후 기간)다. 이 단계에서는 논리적인 사고가 가능해지고 추상적인 개념을 이해할 수 있게 된다. 문제에 논리적이고 체계적으로 대처할 수 있게 된다. 하지만 모든 사람이 이 단계에 이르지는 않는 것 같다.

감각운동 단계는 출생에서 언어 구사가 시작될 때까지의 긴 기간이다. 이 단계의 초반부에서 아이들은 기본적인 반사행동밖에는 하지 못하지만, 후반부가 되면 기호적(상징적) 사고를 보이기 시작한다. 이 단계에서 아이들은 옹알이에서 시작해 한 번에 한두 단어를 쓰면서 자신의 생각을 표현하는 수준에 빠르게 도달한다.

조작 전 단계 초반부의 아이들은 논리를 이해할 수 있는 능력이 없다. 매우 제한적인 방식으로 머릿속에서 정보를 조작하는 수준에 머문다. 하지만 이 시기의 아이들은 어느 정도는 기호적인 사고를 드러내기 시작한다. 예를 들어, 이 단계의 아이들은 역할이 정해지는 소꿉놀이 같은 사회적인 놀이를 하기 시작한다. 이 단계의 후반부가 되면 아이들의 추론 능력이 높아지면서 더 정교한 문장을 구사하기 시작한다.

구체적 조작 단계의 아이들은 귀납적 논리를 이해할 수 있다. 이 단계의 아이들은 특정한 예들로부터 일반적인 원칙을 추론할 수 있지만, 추론적 논리를 이해하기는 힘들 수 있다. 이 아이들은 일반적인 원칙을 이용해 관련된 사건의 결과를 예측하는 데 어려움을 겪을 수 있다. 이 아이들의 추론은 구체적인 사물, 행동, 상황에 대부분 한정된다.

결국 대부분의 아이들은 형식적 조작 단계에 이르게 된다. 이 단계에서 이 아이들의 사고는 이전 단계의 특징인 구체적인 사고에서 벗어나게 된다. 이 아이들은 추상적인 개념과 관련된 언어들을 효과적으로 사용할 수 있으며, 가상의 상황에 대해서도 추론할 수 있다. 형식적 조작 단계에 이르면 아이들은 우리가 지능과 연관시키는 최고 수준의 지적 능력을 가지게 된다.

피아제는 이 발달단계들에서 언어가 구체적으로 어떤 역할을 하는지는 연구하지 않았다. 지적 발달 과정에서 언어가 하는 역할에 더 많은 관심을 보인 사람은 레프 비고츠키였다.

비고츠키는 어려운 문제와 마주친 아이가 주변 어른의 말을 듣고 문제를 더 잘 풀어낸다는 사실에 주목했다. 나중에 어른이 주변에 없을 때에도 아이는 어른의 말과 비슷한 말을 소리내거나 속으로 되뇌면서 어른이 말로 지도한 상황을 재현한다. 힘든 상황에서 사람들은 흔히 "아버지라면 어떻게 했을까?"라는 질문을 자신에게 하곤 한다. 사람들은 어려운 문제를 풀 때 자신이 무엇을 하고 있는지 스스로에게 질문하곤 한다. 말이 행동을 구조화하는 데 도움을 주기 때문일 것이다.

비고츠키에 따르면 언어는 아이들에게 주의 집중과 기호적 사고를 위한 새로운 능력을 부여함으로써 관심이나 연상 학습 같은 언어 전 단계의 인지 능력을 강화하는 데 도움을 준다. 아이들은 언어를 이용해 자신의 생각을 구조화한다는 뜻이다. 비고츠키에 따르면 언어, 지도instruction, 과학, 책 같은 문화적 시스템은 사람의 지능을 향상시킨다. 발달 초기 단계에서 어른에 의한 분명한 지시를 비롯한 다양한 지도는 아이들이 다른 사람들과의 상호작용을 통해 문화를 습득하게 만드는 사회적 활동이기도 하다. 발달 과정은 아이들의 행동이 다른 사람들에 의해 통제되는 행동에서 자신에 의해 통제되는 행동으로 변화하는 과정이다. 비고츠키에 따르면 이 변화의 대부분은 과거의 외적인 지도가 내면화됨에 따라 이뤄진다. 이렇게 시간이 지나면서 생각은 말의 속성을 더 많이 띠게 되고 말은 더 합리적이 된다.

나는 피아제와 비고츠키가 제시한 발달의 초기단계들이 카너먼이 말한 "시스템 1 사고"의 토대를 제공한다고 생각한다. 카너먼은 아동 발달 단계의 시점으로 접근하지 않았지만, 카너먼의 시스템 1 사고의 특징은 비고츠키와 피아제가 설명한 어린아이들의 사고의 특징과 크게 다르지 않다. 비고츠키와 피아제는 둘 다 지적인 지능이 인지발달의 종착점이라고 봤지만, 더 논리적이고 지적인 능력들이 나타나면서 비논리적이고 자기중심적인 능력들이 사라진다고 생각할 근거는 없다.

지능의 출현에 대한 또 다른 발달심리학적 관점은 지능이 언어나 수학 같은 기호 시스템, 즉 유추analogy에 의한 학습을 할 수 있는 특별한 능력을 갖게 됨에 따라 출현하며, 이러한 특별한 능력 사이의 관계는 언어 사용 능력에 의해 강화된다는 주장이다. 데드레 겐트너Dedre Gentner 같은 심리학자들이 이런 입장을 가지고 있다.

겐트너에 따르면 인간의 지능과 다른 종들의 지능을 구별하는 능력은 다음과 같은 것들이 있다.

- 특정한 것들부터 추상화를 할 수 있는 능력
- 추상화 계층구조를 유지할 수 있는 능력
- 주장들을 연결해 새로운 결론을 내릴 수 있는 능력
- 두 표현들의 방식이 어떻게 다른지 비교하고 대조할 수 있는 능력
- 특정한 실체들과 추상적인 실체들을 가리키는 말들을 만들어내고 학습할 수 있는 능력

구체적으로 겐트너는 아동 발달 과정에서 물리적인 유사성에 대한 반응이 제일 처음 일어나고, 그 후에 선택된 특징들에 기초한 유사성 판단 능력이 생기며, 마지막으로 관계적 또는 개념적 유사성에 집중할 수 있는 능력이 나타난다고 본다. 겐트너의 관점에 따르면 아이들은 지각적 유사성에서 개념적 유사성으로 이동한다. 이는 사고의 하향식 영향을 보여주는 또 다른 예라고 볼 수 있다. 우리는 특정한 예들로부터 개념을 유도하기도 하지만(귀납), 그 개념은 우리가 사건을 지각하고 판단하는 방식에 영향을 미치기 때문이다.

예를 들어보자. 겐트너는 칼 사진과 수박 사진을 아이들에게 보여주면서 칼이 수박의 "블릭blick"이라고 말했다. "블릭"은 실제 단어가 아니라 겐트너가 만들어낸 무의미한 말이다. 그 후 겐트너는 그 아이들에게 도끼 사진과 나무 사진을 보여주면서 도끼가 나무

의 "블릭"이라고 말했다. 마지막으로 겐트너는 종이 한 장, 가위, 연필 그리고 다른 종이 한 장을 보여주면서 이 물건들 중에서 어떤 것이 첫 번째 종이의 "블릭"인지 물었다. 가위는 관계적 유사성을 나타냈다. 칼처럼 어떤 것을 자르는 물건이기 때문이다. 연필은 주제적 유사성을 나타냈다. 연필은 종이에 쓰기 위해 사용하기 때문이다. 두 번째 종이는 명목 유사성을 나타냈다. 두 번째 종이도 첫 번째 종이와 같은 종이이기 때문이다. 결과적으로 4~6세 아이들은 가위를 종이의 "블릭"으로 선택한 반면, 그보다 어린아이들은 무작위로 아무 물건이나 선택했다. 겐트너는 4세가 될 때까지 아이들은 칼, 도끼, 가위 사이의 기능적 관계를 이해하는 데 어려움을 겪는다는 결론을 내렸다.

이런 종류의 합리적인 유추를 할 수 있는 능력은 관계에 대해 말할 수 있는 능력에 의해 강화된다. 어떤 관계 패턴에 대해 말할 수 있는 능력은 원래의 관계 패턴과 지각적으로 다른 관계 패턴이 나타나는 다른 상황들에서 원래의 관계 패턴을 찾아낼 수 있는 가능성을 높인다. 겐트너에 따르면, 관계를 나타내는 언어는 그 언어가 없는 상황에서는 불가능할 수 있는 기호적 짝짓기symbolic pairing를 가능하게 만든다. 관계를 나타내는 말들은 관계에 기초해 표현되는 관점 고유의 특성들에 집중할 수 있도록 도움을 주기도 한다. 예를 들어, 사람들은 어떤 반려동물의 특성에 대해 말해달라는 요청을 받을 때와 육식동물이나 쥐를 잘 잡는 고양이의 특성에 대해 말해달라는 요청을 받을 때 각각 다른 말을 할 것이다.

앞에서 다룬 카너먼의 실험에서 사람들은 일찍 등록을 하면 참가비를 할인받을 수 있다는 제안보다 늦게 등록을 하면 참가비를 더 내야 한다는 경고에 더 강하게 반응했다. 이 두 경우 모두 등록 기한이 같았고, 특정 날짜 이전에 참가비를 내면 동일한 혜택을 받을 수 있는 동일한 상황이었는데도 사람들은 그렇게 행동했다. 어떤 관계를 강조하는지에 따라 사람들이 집중하는 특성이 달라지며, 사람들은 형식적으로 동일한 두 상황에서 각각 다른 선택을 하게 된다.

언어는 시간이 지나면서 일부 단어들의 의미가 변하기는 하지만, 새로운 세대가 이전 세대로부터 배울 수 있도록 만든다. 언어는 개념과 개념들의 집합을 유지하고 조작할 수 있는 능력을 강화하기 때문이다.

단어는 우리가 사물에 대해 생각하는 방식을 구축하는 데 도움을 준다. 우리가 사물에 붙이는 이름은 우리가 사물에 대해 생각하는 방식에 영향을 주기 때문이다. 이런 생각이 강하게 담겨 있는 이론이 있다. 에드워드 사피어Edward Sapir와 벤저민 워프Benjamin Whorf의 이름을 딴 사피어-워프 가설이다. 이 가설에 따르면 이 세상에 대해 우리가 가지는 개념들은 모국어로 명칭을 붙인 범주들에 의해 결정된다. 심지어 이 가설에 따르면 우리가 모국어로 직접적으로 표현할 수 없는 개념들에 대해 생각하는 것은 매우 어렵거나 불가능할 수 있다.

이렇게 극단적인 사피어-워프 가설과 관련해 지금까지 수행된 연구들의 결과는 대부분 부정적인 것들이다. 말로 표현할 수 있는 것들만 생각할 수 있다는 이 극단적인 주장은 틀린 주장이 확실하다. 예를 들어, 로런스 바살루Lawrence Barsalou는 사람들이 즉석에서 범주를 만들어내는 능력이 있다는 것을 발견했다(예를 들어, 사람들은 집에 불이 나면 가지고 나가야 할 물건들이 포함되는 범주를 즉석에서 만들어낼 수 있다). 이런 범주를 나타내는 단어는 없다. 하지만 바살루는 이렇게 즉석에서 만드는 범주들이 기존의 범주들이 가진 인지적 특성과 동일한 특성을 가진다는 것을 발견했다. 예를 들어, 사람들은 그렇게 만들어낸 범주에 속하는 전형적인 물건들을 말로 나열할 수 있다.

그럼에도 불구하고, 우리가 사물에 사용하는 단어들이 우리가 그 사물에 대해 생각하는 방식에 영향을 미치는 것만은 분명해 보인다. 2001년 9월 11일에 발생한 항공기 테러 이후 항공사들은 칼을 소지한 채 비행기에 탑승하는 것을 금지했다. 항공사들은 공항과 비행기 안에서 사용하던 금속 칼들을 전부 플라스틱 칼로 교체했다. 하지만 항공사들은 포크 사용을 금지하지는 않았다. 칼은 무기로 분류되지만 포크는 그렇지 않기 때문이었을 것이다. 하지만 포크나 스푼도 얼마든지 칼만큼 치명적인 무기가 될 수 있다.

조지 레이코프George Lakoff는 이런 언어 기반 범주화와 이 범주화가 생각에 미치는 영향에 대해 《의미인지론Women, Fire, and Dangerous Things》에서 자세히 다뤘다. 레이코프의 주장의 핵심은 범주를 구성하는 사물들이 가진 특징들의 유사성으로 설명할 수 없는 범주가 존재한다는 바살루의 주장과 비슷하다. 벼룩시장에서 팔 수 있는 물건들의 범주에서 공통적인 특징을 찾아낼 수 있을까?

특징의 유사성으로 범주를 정의할 수 없는 상황은 즉석에서 만들어낸 범주에 국한되지 않는다. 루트비히 비트겐슈타인Ludwig Wittgenstein은 게임을 구성하는 요소들에 대해 이야기함으로써 이런 상황을 최초로 다뤘다. 야구, 틱택토, 제스처 놀이, 솔리테어(혼자 하는 카드놀이) 사이의 유사성이 있을까? 하지만 우리는 이 모든 것들을 게임으로 분류한다.

가족 구성원끼리의 유사성에 대해 말할 때도 우리는 물리적인 유사성을 범주화의 기초로 너무 많이 언급한다. 메딘Medin(1989년)에 따르면, 표준 관점에서 볼 때 두 아이템 사이의 유사성은 그 두 아이템이 공통으로 가진 특징들의 수와 공통으로 가지지 않는 특징들의 수의 비율로 결정되어야 한다. 하지만 실제로는 그 어떤 아이템 두 개를 선택한다고 해도 그 두 아이템이 공통적으로 가지는 특징은 무한히 많다. 예를 들어, 치킨과 보이스카우트는 둘 다 폭스바겐 차량 안에 들어갈 수 있으며, 둘 다 이름이 샘이 아니며, 둘 다 무게가 130킬로그램이다. 이런 식으로 유사성은 무한정 찾아낼 수 있다.

범주를 그 범주에 속하는 예들로 마음속에서 표현한다고 해도 문제는 달라지지 않는다. 컴퓨터 과학에서는 이 문제를 "최근접 이웃 분류 문제nearest neighbor classifier"로 부른다. 불행히도 최근접 분류도 최근접 이웃을 결정하기 위해 유사성에 의존한다.

트버스키를 비롯한 여러 학자들은 유사성에 기초한 범주화 과정에서 비교되는 특징들은 개념화 또는 일반적인 범주 구성의 기초가 되기에는 너무 유동적이라는 것을 증명했다. 두드러진 특징들, 즉 사람들이 주목하고 언급하는 특징들만 비교한다고 해도, 유사성만으로는 아이템들을 특정한 범주에 집어넣을 수 없다는 뜻이다. 사람들이 언급하는 특징들은 유사성 판단이 이뤄지는 상황에 매우 크게 의존한다. 예를 들어, "tea"라는 말은 장관들이 오찬을 하는 상황에서 쓰이면 전형적인 음료수로 생각되지만, 미국의 트럭 운전사들이 휴식을 하는 상황에서 쓰이면 그렇지 않다.

두 개의 아이템이 무한한 수의 공통적인 특징을 가질 수 있는 것처럼(여우와 다람쥐는 둘 다 심장과 피부가 있지만, 사람들은 이런 공통적인 특징에 대해서는 거의 말하지 않는다), 모든 사물은 무한한 수의 범주에 속할 수 있다. 롤프Rolf는 개에 속하기도 하고, 수컷에 속하기도 하고, 뉴저지 주에 사는 동물에 속하기도 하고, 생명체에 속하기도 할 것이다. 이처럼 어떤 사물이든 속할 수 있는 범주는 무한하다.

사람들이 선택하는 특징들, 즉 사람들이 유사성 판단 과정에서 더 많은 가중치를 부여하는 특징들은 비교되는 대상의 영향을 받는다. 하지만 실제로 그 특징들이 전적으로 유사성에 의해 결정된다고 볼 수는 없다. 인간은 유사성만으로 범주화를 하지 않기 때문이다. 인간이 하는 범주화는 하향식으로도 영향을 받고, 우리가 유사성을 판단하는 기준에 다시 영향을 미치는 것으로 보인다. 범주는 우리가 비교의 기준으로 사용하는 특징들에 영향을 미치며, 동시에 그 특징들은 우리가 사물을 할당하는 범주에 영향을 미친다.

유사성만으로는 범주화를 할 수 없다는 인식은 기계학습과 계산지능 분야에서 문제를 제기하고 있다. 이 인식에 따르면 컴퓨터는 자극의 특징들에 의해 직접적으로 주어지지 않는 지식을 가져야 하기 때문이다. 컴퓨터는 맥락 지식과 범주 지식을 모두 가져야 한다는 뜻이다.

현재의 계산지능 방식에서 특징 선택은 컴퓨터 시스템 설계자가 선택한 표현에 의존한다. 이미지를 표현하는 데 픽셀이 사용된다면, 유사성은 두 이미지에서 겹치는 픽셀들에 의해 결정되며, 부류는 픽셀들의 유사성에 의해 결정된다. 일부 시스템들은 픽셀들에 있는 정보를 수학적으로 변환해 원래의 픽셀 이미지보다 더 추상적이고 고차원적인 표현을 추출한다. 이런 변환은 픽셀 데이터의 구조와 신경망의 층 구조에 의존한다.

현재의 계산지능 시스템은 어떤 표현을 사용할지 스스로 결정할 능력이 없다. 따라서 한 문제에서 유용했던 특징들이 다른 문제에 적용되면 유용하지 않을 수 있다. 이런 결정은 기계학습 문제를 구조화할 때 내려지는 비명시적인 결정이다. 하지만 우리는 비교적 제한되지 않은 상황에서 범주화를 할 때 사람들이 어떻게 특징들을 선택하는지도 잘 모른다. 사람들이 어떻게 유사성을 판단하는지에 대해 더 많이 알게 되면 더 강력한 계산지능 시스템을 구축할 수 있을 것이다.

이런 상황에도 불구하고, 심리학자들은 인간의 인지 발달을 기본적인 지각 과정에 더 추상적이고 합리적인 과정이 추가되는 과정으로 보고 있으며, 심층신경망의 층들로 이 과정들을 모방할 수 있을 것이라고 생각한다. 또한 유사성에 대한 인간의 판단은 유사성 판단이 이뤄지는 상황에 매우 크게 의존한다는 사실에 주목해야 한다. 실제로 상황(맥락)은 Word2Vec 같은 기계학습 시스템에서 중요한 부분으로 떠오르고 있다. 이런 연구는 라벨(이 경우에는 단어)이 범주화에서 중요한 역할을 할 수 있으며, 단순히 특정 범주에 적절한 라벨을 제공하는 수준보다 훨씬 정교하다. 마지막으로, 유추와 원형prototype에 대한 강조는 기계학습을 더 유용한 방향으로 진전시킬 수 있을 것이다. 이런 생각에 대해서는 제12장에서 다시 다룰 것이다.

상식

상식common sense은 학술적이지 않은 주제에 대한 일상적인 추론을 말한다. 예를 들어, 존에게 일자리가 있다는 말을 들을 때 우리는 존이 거의 매일 일을 하고, 돈을 벌며, 존에게 상사가 있을 것이라고 추론한다. 상식은 개인의 세계에 대한 사실들 그리고 추론되는 대상들에 대한 표현에 직접적으로 포함되지 않는 사실들 사이의 관계를 표현한다.

상식은 다양한 상황에서 자연 언어를 이해하는 데 핵심적인 역할을 한다. 예를 들어, 내가 "I took the tube to Marble Arch."라고 말한다면 이 말을 듣는 사람은 내가 원통 모양의 용기를 마블 아치라는 장소 또는 물건 쪽으로 옮겼다고 이해할 가능성도 있지만, 실제로는 내가 런던 지하철을 타고 마블 아치 역까지 갔다고 이해할 가능성이 훨씬 높다(역주: "tube"라는 말은 원통 모양의 용기라는 뜻과 런던 지하철이라는 뜻을 모두 가지고 있다). 우리가 어떤 문장을 이해하는 방식은 그 문장에 포함되지 않은 정보에 의존하며, 심지어는 그 문장을 둘러싸는 텍스트에 포함되지 않은 정보에 의존하기도 한다. 제6장에서 다룬, 병에 있는 우유를 양동이에 붓는 상황을 나타내는 문장 "그는 병에 있는 우유를 양동이에 부었다, 그것이 다 빌 때까지He poured the milk from the bottle into the bucket until it was empty."를 다시 떠올려보자. 이 문장에서 "it"이 양동이를 가리키는지 병을 가리키는지 파악하기 위해서는 상식이 필요하다.

어떤 사실과 어떤 관계가 상식을 구성하는지 말하기는 힘들다. 하지만 상식은 모든 것이 확실하고 구체적으로 표현되지 않는 세계에서 우리가 기능을 할 수 있게 만드는 어떤 것일 것이다. 상식은 사실, 편향, 배경 가정background assumption, 사람들 그리고 그들의 의도와 행동에 대한 일상적인 추론에 내재된 확신이 합쳐진 것으로 생각할 수 있다. 존이 몇 시간 동안 술을 마신 후에 넘어졌다면, 우리는 존이 취했다고 추론할 수 있다. 니콜이 마사의 이모라는 것을 안다면 우리는 마사가 니콜의 조카이며, 니콜의 남편은 마사의 이모부라고 추론할 수 있으며, 니콜의 언니나 여동생이 마사의 엄마라고 추론할 수 있다.

상식은 특히 원인과 결과, 행동, 개인의 관계, 힘, 에너지와 양에 대해 추론할 수 있게 해준다. 상식은 사람들이 그들의 세상에서 일어나는 일상적인 사건들을 기술하고, 예측하고, 평가하고, 설명하는 데 도움을 준다.

잘 구조화된 문제들조차 상식과 관련이 있다. 앞에서 다룬 호빗과 오르크 문제를 다시 생각해 보자. 2명만 태울 수 있는 작은 배를 타고 호빗 3명과 오르크 3명이 건너편 강둑으로 움직일 수 있는 방법을 찾아내는 문제다. 호빗과 오르크는 모두 강을 건너고 싶지만, 오르크의 수가 호빗의 수보다 많으면 오르크는 호빗을 잡아먹을 것이다.

이 문제는 형식적인 방법을 이용해 풀 수 있다. 예를 들어, 솔 애머럴Saul Amarel은 이 문제를 32개 상태로 구성된 상태 공간으로 표현했다(이 32개 상태 중 2개는 도달이 불가능한 상태다). 애머럴은 호빗의 숫자, 오르크의 숫자, 첫 번째 강둑에 있는 배의 숫자로 조합을 만들었다. 건너편 강둑의 상태는 첫 번째 강둑의 상태를 알면 자동적으로 알게 된다. 배가 첫 번째 강둑 쪽에 있으면 건너편 강둑 쪽에는 당연히 없을 것이기 때문이다. 애머럴의 해법은 다음과 같다.

$331 \rightarrow 310 \rightarrow 321 \rightarrow 300 \rightarrow 311 \rightarrow 110 \rightarrow 221 \rightarrow 020 \rightarrow 031 \rightarrow 010 \rightarrow 021 \rightarrow 000$

하지만 이 숫자들은 조합될 때부터 문제에 대한 이해에 관여하는 상식 추론을 숨기고 있다. 애머럴의 표현이 이 문제에 대한 적절한 표현이라는 것을 우리가 어떻게 알 수 있을까? 예를 들어, 배의 존재가 이 문제를 이해하는 데 필수적이라는 것을 우리는 어떻게 알 수 있을까? 배의 존재가 필수적이 아니라면 이 문제는 완전히 다른 문제가 된다. 호빗과 오르크가 그냥 걸어서 강을 건너가면 문제는 깨끗하게 풀린다. 갈색 양말과 검은색 양말 문제를 다시 생각해 보자. 이 문제에서 두 색깔의 비율은 대부분의 사람들이 이 문제와 관계가 있다고 생각했지만 실제로는 이 문제와 전혀 관계가 없었다.

호빗과 오르크 문제에서 우리는 배를 타야 강을 건널 수 있다고 생각한다. 상식에 의해 그렇게 생각하는 것이다. 하지만 문제에 대한 기술 어디에도 꼭 배를 타야 강을 건널 수 있다는 부분은 없다. 우리는 호빗과 오르크가 어떤 색깔의 모자를 썼는지, 배가 어떤 색깔인지 몰라도 문제를 푸는 데 지장이 없다고 생각한다. 이 문제와 색깔은 관련이 없다고 상식이 말해주기 때문이다. 우리는 배를 저을 수 있는 노가 있는지도 묻지 않는다. 양쪽 강둑이 기어오를 수 없을 정도로 높은지, 뛰어내릴 수 없을 정도로 높은지도 묻지 않는다.

또한, 강 한가운데에 섬이 있거나 호빗과 오르크가 건너편 강둑에 도착할 때쯤 모두 배에서 내릴 수 있다면 문제의 속성은 또 엄청나게 달라진다. 호빗 3명과 오르크 3명 대신에 호빗 4명과 오르크 4명이 있거나 배를 타고 강을 건너기 시작한 후에 첫 번째 강둑으로 다른 오르크들이 도착한다고 해도 문제의 속성은 변한다.

사실, 어떤 문제든 생각해야 할 것도 많고, 생각하지 말아야 할 것도 많다. 아마 생각하지 말아야 할 것은 무한히 많을 것이다. 문제에 대해 설명하는 단어들을 문제를 풀기 위한 표현으로 어떻게 바꾸는지는 매우 중요한 부분이다. 하지만 이 부분은 사람들이 문제를 풀 때 암묵적으로 상식을 사용함에 따라 대부분 가려지며, 컴퓨터 처리과정에는 이 상식 부분을 포함시킬 수 없다. 하지만 문제에 대한 표현을 만들어낼 때 엔지니어는 어떤 특징들이 (잠재적으로) 중요하며 이 특징들과 표현의 요소들 사이의 관계를 결정하기 위해 상식을 이용한다.

상식은 문제에 대한 표현을 만들어내는 데 핵심적인 역할을 하며, 계산지능에서도 핵심적인 역할을 한다. 형식적인 문제를 풀 때조차 우리가 문제에 대한 해법을 구축하는 방식은 문제의 구조와 그 구조와 관련이 있는 요인들에 대한 상식적인 생각들에 이미 의존하고 있기 때문이다.

상식 표현

상식과 관련해서는 아직까지 해결할 수 없는 두 가지 문제가 있다. 상식을 포착하기 위해 정확하게 어떤 것이 필요한지의 문제와 상식 정보를 어떻게 표현해야 하는지의 문제다. 일반 인공지능은 상식을 표현하고 이용할 수 있는 효과적인 방법을 생각해 내지 못한다면 결코 가능하지 않을 것이다.

일부 연구자들은 상식이 사실들의 집합, 예를 들어, 사실들의 나무로 표현되어야 한다고 주장한다. 이 접근방식은 지능이 기호 처리 과정이라는 생각과 거의 비슷하다. 하지만 앞에서 유사성과 범주화에 대해 다루면서 우리는 표현되어야 하는 사실들 또는 의미

있는 방식으로 조직화할 수 있는 사실들을 모두 나열하는 것은 거의 불가능하다는 것을 확인했다. 상식은 바둑이나 체스를 두기 위해 이용되는 나무 구조 탐색과는 전혀 다른 논리로 구성된다. 나무 구조 같은 추론적 논리 형태는 "단조적monotonic"이다. 쉽게 설명하면, 단조적이라는 말은 새로운 지식을 학습한다고 해서 이미 알려진 것들의 집합의 크기가 줄어들지 않는다는 뜻이다. 단조적 논리에서는 새로운 정보가 추가되면 이미 알려진 사실들의 집합의 크기가 항상 커진다. 단조적 논리에서는 이전에 믿어지던 것이 반박되지 않는다. 실제로, 단조적 논리에서는 사실과 분리된 형태의 믿음이라는 개념 자체가 존재하지 않는다.

상식은 비단조적nonmonotonic 추론을 필요로 한다. 트위티가 새라면 트위티가 날 수 있다는 사실을 추론할 수 있다. 하지만 나중에 트위티가 새이긴 하지만 타조라는 것을 알면, 이 사실을 수정해 트위티가 날 수 없다는 것을 인식해야 한다. 이렇게 생각할 때 비단조적 논리는 "무효화 가능한defeasible" 논리라고 할 수 있다. 비단조적 논리에서 믿음은 잠정적으로만 보유되며 더 많은 정보가 획득되면 수정이 가능하다.

의학진단은 일종의 비단조적 추측이다. 의사는 최대한 일관적이고 체계적이며 논리적인 진단을 내리려고 하지만, 결국 모든 진단은 이용 가능한 증거에 기초한 추론이며, 추후에 추가되는 정보에 의해 뒤집힐 수도 있다. 뚜렷이 반박할 다른 증거가 없는 경우 임시로 어떤 결론을 내리는 기본값 추론reasoning by default은 비단조적 추론의 전형적인 예라고 할 수 있다.

우리가 알고 있는 모든 사실 그리고 문제 해결을 위해 사용하는 모든 사실은 틀린 사실일 수 있다. 전제가 기초로 하는 사실들이 틀릴 수 있는 경우 체계적인 추론을 통해 그 전제로부터 결론을 내리는 것은 매우 어렵다. 전형적인 기존의 형식 논리는 이런 상황에서는 적절한 논리가 될 수 없다.

상식 추론은 전통적인 형식 논리보다 유동적이다. 사람들은 정당화될 수 없는 결론을 성급하게 내리기도 한다. 앞에서 다룬 카너먼과 트버스키의 연구에 따르면 사람들의 판단은 항상 일관적일 수 없다. 상식 추론에서는 제한된 합리성bounded rationality(개인이 결정을 내릴 때 합리성이 제한된다는 생각) 같은 개념도 중요하다. 1956년 다트머스 인공지능 회의 참가자 중 한 명인 허버트 사이먼은 사람들이 정보를 처리하는 능력이 제한적이라고 주장했다. 사람들의 결정과 판단은 완벽한 추론에 기초하는 것이 아니라 문제의 난해함, 사람들의 인지 능력, 문제 해결에 주어지는 시간에 의해 제약을 받는다는 이론이다.

인간의 상식 추론은 수많은 인지편향cognitive bias의 영향을 받기도 한다. 이 이야기는 카너먼과 트버스키의 연구에 대해 앞에서 다룰 때 했었다. 이런 인지편향 중 하나가 "확증편향confirmation bias"이다. 사람들은 자신의 믿음과 반대되는 정보보다 일치하는 정보를 더 쉽게 이해한다. 사람들은 자신의 믿음에 대해 평가를 할 때도 그 믿음을 확인시켜주는 정보를 찾는 경향이 있다.

예를 들어 보자. 피터 웨이슨Peter Wason은 사람들이 가설을 어떻게 평가하는지 연구하기 위해 카드 실험을 진행했다. 웨이슨은 사람들에게 카드 4장을 보여줬는데, 각각 A, 3, B, 4가 쓰인 카드였다. 그 후 웨이슨은 사람들에게 "카드의 한 편에 모음이 쓰여 있으면, 반대편에는 짝수가 쓰여 있다"라는 가설을 시험하려면 어떤 카드를 고를 것인지 물었다.

A, 3, B, 4

카드를 제대로 고른 사람은 4명 중 1명이 되지 않았다. 대부분의 사람들은 첫 번째 카드를 고른다. 반대편에 홀수가 쓰여 있으면 이 가설은 틀린 가설일 것이다. 네 번째 카드를 고르는 사람도 많았다. 이 사람들은 네 번째 카드 뒷면에 모음이 쓰여 있을 것이라고 예측했다. 하지만 네 번째 카드 뒷면에 자음이 쓰여 있든 모음이 쓰여 있든 그건 중요하지 않다. 이 가설은 짝수가 쓰인 모든 카드의 뒷면에 모음이 쓰여 있어야 한다고 말하지 않는다. 따라서 4가 쓰인 카드의 뒷면에 모음이 있든 없든 가설에는 영향을 미치지 않는다. B가 쓰인 카드도 가설과 관계없는 카드다. 가설은 모음이 아닌 것에 대해서 말하지 않기 때문이다. 뒷면에 어떤 숫자가 쓰여 있든 가설의 참 또는 거짓 여부는 바뀌지는 않는다. 가설 검증에 핵심적인 카드는 3이 쓰인 카드다. 이 카드 뒷면에 모음이 쓰여 있다면 이 가설은 틀린 가설이 되기 때문이다. 대부분의 사람들은 가설을 반박할 수 있는 카드(A 카드와 3카드)가 아니라 가설을 확인해 주는 카드(A 카드 또는 4 카드)를 고른다.

사람들은 과제가 현실적인 상황과 관계가 있을 때 정답을 고를 가능성이 높아진다. 어떤 사람이 맥주를 마시고 있다면 분명 21세가 넘었을 것이라는 가설에 대해 생각해 보자. 이 가설을 검증하기 위한 후보로 제시된 것은 다음의 4가지 아이템이다.

맥주, 청량음료, 18세, 25세

사람들은 이 가설이 맞는지 확인하려면 맥주를 마시는 사람의 나이를 알아야 하며, 18세 청소년이 무엇을 마시는지 알아야 한다고 생각한다. 하지만 실제 상황에서조차 사람들은 확증편향을 나타낸다. 즉, 자신의 믿음을 반박하는 정보가 아니라 자신의 믿음을 확인시켜 주는 정보를 얻으려고 한다. 사람들은 자신의 믿음을 확인하는 방향으로 모호한 증거를 해석한다. 사람들은 자신의 믿음과 반대되는 정보가 있어도 자신의 믿음을 바꾸려 하지 않는다. 이 효과는 매우 감정적인 문제나 오랫동안 가져온 믿음과 관련되는 경우 특히 강력하다.

과신효과 overconfidence effect라는 인지편향도 있다. 과신효과는 자신이 특정한 부분에서 평균 이상의 위치를 차지하고 있다는 믿음을 말한다("워비곤 호수 효과 Lake Wobegon effect"라는 말로도 부른다. 워비곤 호수라는 이름의 가상의 마을에 사는 아이들이 모두 자신이 평균 이상의 수준이라 믿는 이야기를 다룬 개리슨 케일러 Garrison Keillor의 소설에서 딴 이름이다). 과신효과는 자신이 내리는 판단의 정확성에 대한 믿음이 그 판단의 객관적인 정확성보다 클 때 나타난다. 예를 들어, 대부분의 사람들은 자신의 운전 실력이 다른 사람들의 운전 실력보다 낫다고 생각한다. 사람들은 다른 사람이 운전하는 차를 탈 때 자기가 운전하면 사고가 날 가능성이 더 낮다고 생각한다. 자신의 통제 능력에 대한 착각을 하는 것이다. 사람들은 자신이 동료들보다 더 전문적인 지식을 가지고 있다고 생각한다. 이런 믿음은 그 믿음에 반대되는 증거가 나와도 계속 유지된다.

과신효과와 관련 있는 편향 중에 "슐레미엘/슐리마젤schlemiel/ schlimazel 효과"라는 것이 있다. 수프가 담긴 그릇을 들고 가다 다른 사람에게 수프를 쏟는 일이 생긴다면 수프를 쏟은 사람은 바닥이 미끄럽거나 뭔가에 발이 걸려 그랬다며 사고가 외부적인 힘에 의한 것이라고 말하는 반면, 수프를 뒤집어쓴 사람은 수프 그릇을 들고 가던 사람이 부주의해서 사고가 났다고 말한다는 이야기가 있다. 슐레미엘은 바보를 뜻하며, 슐리마젤은 불운의 피해자를 뜻한다. 누가 판단을 하는지에 따라 같은 사람이 바보도 될 수도 있고 피해자도 될 수도 있다. 학자들은 이 효과를 "근본적 귀인오류fundamental attribution error"로 부른다.

인간의 상식이 형식적 추론 모델에 들어맞지 않는 사례는 쉽게 찾을 수 있다. 사람들을 멍청하게 보이도록 만드는 것도 쉽다. 하지만 우리는 이 과정들이 인간의 지능에서 하는 역할이 무엇인지는 알지 못한다. 이 과정들과 형식 추론과의 불일치 때문에 이런 왜곡이 일어나는 것으로 보이기는 한다. 예를 들어, 카너먼과 트버스키, 웨이슨이 제시한 인간의 합리성의 한계는 합리성의 버그일 수 있다. 이런 한계는 뇌가 제대로 진화하지 못한 결과일 수도 있고, 반대로 인간을 지능적으로 만드는 핵심적인 뇌의 속성 중 하나일 수도 있다. 마음에 충분히 추론할 수 있는 시간이나 자원이 존재하지 않을 경우, 대부분은 효과가 있지만 가끔 엉뚱한 결과를 내는 어떤 메커니즘이 작동하는 것일지도 모른다. 제2장에서 다룬 가용성 휴리스틱 개념을 다시 떠올려보자.

바둑 두기 같은 문제에서 계산지능은 적어도 부분적으로는 진전을 보이고 있다. 이 진전은 완벽하거나 완전하지는 않지만 상당한 수준의 성공 확률을 가지며 적시에 적용할 수 있는 휴리스틱이 기발한 방식으로 고안된 결과다. 상식 추론에서 매우 핵심적인 역할을 하는 인지편향은 일종의 휴리스틱이다. 계산지능을 비약적으로 발달시키려면 이 휴리스틱으로부터 아주 많은 것을 배워야 할지 모른다.

상식은 면 셔츠로 샐러드를 만들 수 없다는 것을 우리에게 알려준다. 상식으로 우리는 키가 180센티미터인 사람이 키가 60센티미터인 사람을 안고 있으면 누가 아빠이고 누가 아들인지 금방 알 수 있다. 또한 상식으로 우리는 "무에 핀을 찔러 넣었더니 그것에 구멍이 생겼다stuck a pin into a radish and afterward it had a hole on it."라는 문장에서 "그것"이 핀이 아니라 무를 가리킨다는 것을 알 수 있다.

현재의 컴퓨터 프로그램 중에서 상식을 효과적으로 이용할 수 있는 프로그램은 거의 없다. 제3장에서 언급했듯이, 더글러스 레넛은 1984년에 CYC라는 이름의 지식 축적 프로젝트를 시작했다. 이 프로젝트의 목표는 상식에 해당하는 모든 사실을 수집하는 것이었다. 예를 들어, CYC는 "모든 나무는 식물이다."와 "식물은 언젠가 죽는다."라는 사실을 수집한 후 뒷마당에 있는 커다란 사과나무도 결국 죽을 것이라는 추론을 해낸다. 처음에 CYC는 사람이 실제로 손으로 쓴 특정한 사실들을 입력 받았지만, 최근에는 기계학습을 이용해 그렇게 손으로 쓴 사실들을 보강할 수 있는 수준에 이르렀다. 현재는 위키피디아 같은 사이트에서 지식을 추출하기 위해 개발된 DBpedia 같은 프로그램도 존재하고 있다.

CYC에는 자신이 보유하고 있는 사실들과 관계들에 기초해 논리적 추론을 할 수 있게 만드는 추론 엔진도 포함돼 있다. 실제로 클리블랜드 클리닉은 CYC를 이용해 의학정보 시스템을 구축했다. 사용자들은 영어로 질문을 할 수 있다. 질문을 받으면 시스템은 그 질문을 해석해 CYC의 추론 엔진에 입력하고, 추론 엔진은 상식, 의학지식, 인간의 질문 패턴에 대한 정보에 기초해 적절한 반응을 출력한다.

상식 범주들을 분류체계 형태로 저장할 수 있다면 이 상식들에 대한 추론은 매우 쉬워질 것이다. 분류체계는 낮은 수준의 범주들이 높은 수준의 범주들의 부분집합이 되는 나무 구조 형태를 띤다. 예를 들어, "동물"이라는 범주는 "개", "고양이", "코끼리", "호랑이" 같은 하위 범주들로 구성된다. "기계"라는 범주에는 "자동차", "트럭", "컴퓨터" 같은 하위 범주들이 포함된다.

분류체계가 확립되면 범주와 하위 범주에 대한 추론이 매우 간단해진다. 예를 들어, 동물이 호흡을 한다는 것을 안다면, 고양이도 호흡을 한다는 것도 알 수 있다. 고양이는 동물의 하위 범주이기 때문이다. 하지만 대부분의 상식 범주들은 분류체계처럼 잘 구조화되어 있지 않다. 분류체계는 무효화가 불가능한 논리 영역에 속하지만, 상식은 무효화가 가능한 논리 영역에 속하기 때문이다.

예를 들어, 갈릴레오는 "피사에 살았던 사람", "과학자", "종교박해의 피해자", "사망한 사람", "역사적인 인물"을 비롯한 수많은 범주들에 속할 수 있다. 추론이 어려워지는 것은 이렇게 중첩되는 범주들 때문이다. 또한 특정한 사람이나 사물이 속할 수 있는 범주는 사실상 무한하게 많기 때문에 추론해야 할 범주를 선택하기 위한 범주 추론을 하려면 분류체계 밖에 있는 지식에 의존해야 한다.

게다가 범주들은 정의되기 힘든 경우가 허다하다. 연소득이 어느 정도 되어야 "부자" 범주에 속할 수 있을까? 대부분의 사람들은 자신의 연소득보다 연소득이 많은 사람을 부자라고 생각한다. 또한, 연소득이 많은 사람들은 대부분 자신이 부자라고 생각하지 않고 "어느 정도 돈이 있는 계층"이라고 생각한다. 그렇다면 "부자"라는 범주는 자신이 가진 돈보다 많은 돈을 가진 사람들을 가리키는 모호한 말이 된다. "미남"이라는 범주에 속하려면 어떤 조건들을 가지고 있어야 할까? 이 역시 모호하다.

 상식은 인간이 현실 세계에서 기능하는 데 중요할 수 있다. 하지만 아직까지 이 상식이라는 정보의 개념은 컴퓨터 지능을 뒷받침할 수 있을 정도로 확실하게 확립이 되지 않은 상태다. 나는 현재 시점에서 우리는 상식을 체계화할 수 있는 효과적인 방법을 가지고 있지 않다고 생각한다. 내 생각에 우리는 심지어 상식을 표현할 수 있

그림 9. 나방은 흰색 원 안에 있다.

는 효과적인 방법도 가지고 있지 않다. "사실"이 변할 수 있다면 그 사실의 현재 상태를 유용한 방식으로 표현할 수 있는 방법이 있을까? 어떤 사실을 표현해야 할 것인가? 표현할 수 있는 것에 한계가 존재할까? 인간에 의한 범주화가 가진 유동성은 지적인 추론에 필수적인 요소인가 아니면 지적인 추론을 제한하는 버그인가?

나는 일반지능을 이해하고 만들어내기 위해서는 이런 질문들에 대한 답을 찾아야 한다고 본다. 이런 질문들은 언젠가 우리가 반드시 해결해야 하는 질문들이다.

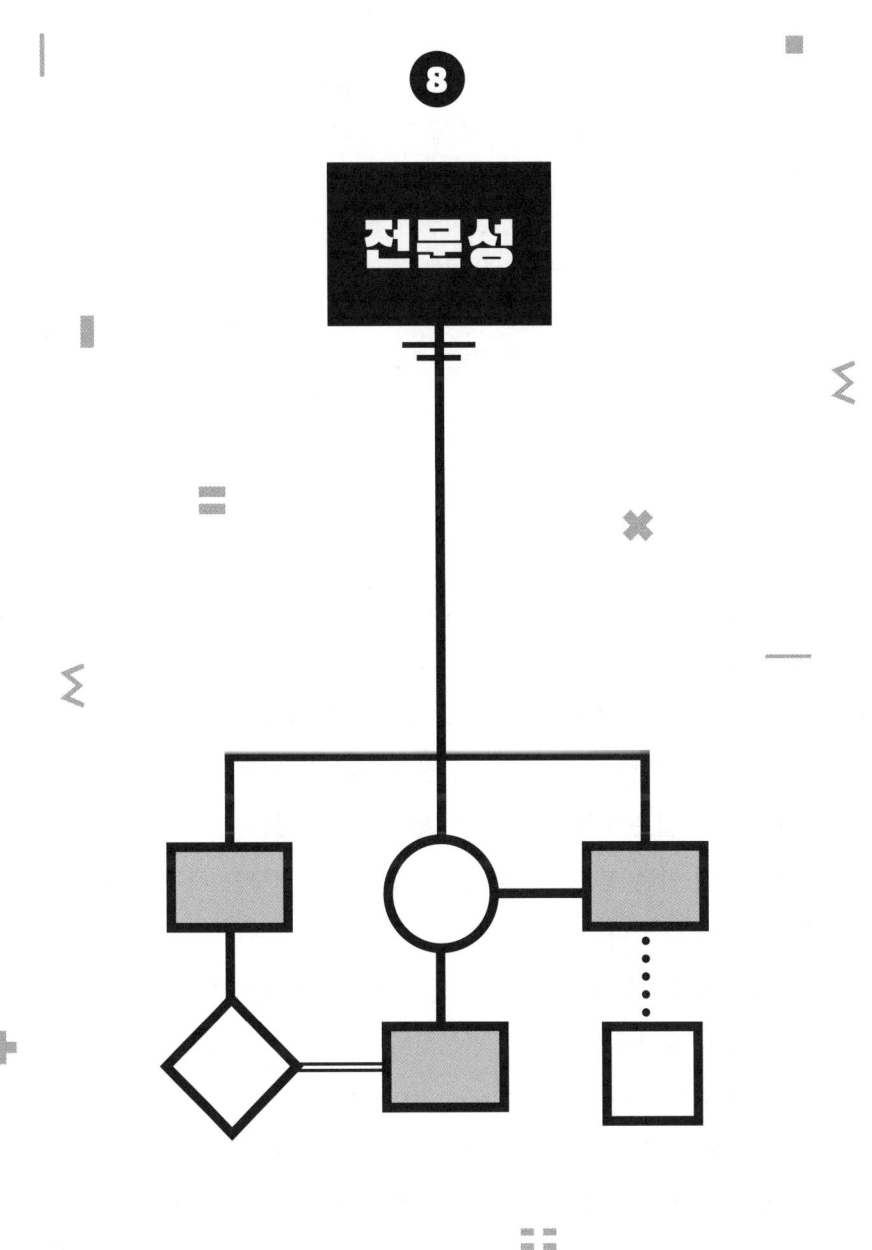

지능에 대한 심리학 연구의 대부분은 테스트 결과로 나타나는 개인의 추론 능력에 대한 연구였다. 사람들이 문제를 푸는 방식에 대한 연구는 일반 인공지능 연구에서 핵심적인 위치를 차지하고 있다. 하지만 그보다 더 훨씬 핵심적인 위치를 차지하는 것은 사람들이 전문성을 획득하는 방식에 관한 연구일 것이다. 전문성은 개별적인 문제들을 해결하는 능력보다 더 일반적인 능력이다. 전문성은 다양한 문제들을 해결하는 능력이며, 이전에는 마주친 적이 없는 문제들도 때로는 해결할 수 있는 능력이다.

우리가 일반적으로 지적이라고 생각하는 사람들은 대부분 특정한 분야에서 어느 정도 수준의 성공을 거둔 사람들이다. 우리는 이런 사람들은 전문가나 천재라고 부르며, 나이가 어린 경우에는 영재라고 부른다. 일반적으로 이들의 성공은 하나의 문제를 푸는 데 그치지 않으며, 넓은 범위의 전문적인 영역으로 확장된다. 따라서 어떻게 이들이 이런 전문성을 성취하는지에 대한 연구는 매우 유용한 연구가 될 수 있다.

이 장에서 우리는 초보자와 전문가의 차이와 인간 전문가가 전문성을 얻는 방식을 다루면서, 전문성이 일반 인공지능을 만드는 데 얼마나 중요할 수 있는지 살펴볼 것이다. 전문가와 비전문가 사이에는 중요한 차이가 있는 것으로 보이며, 이 차이에 대한 연구는 지능을 이해하는 데 매우 핵심적인 역할을 할 것으로 생각된다.

초보자들은 일을 수행할 때 전문가에 비해 형식적인 규칙에 더 많이 의존하는 것으로 보인다. 인공지능의 기초가 되는 규칙은 이런 규칙이다. 전문가들은 직관이라고 부를 수 있는 것에 더 많은 의존을 한다. 예를 들어, 바둑 전문가들은 특정한 수가 다른 수보다 미학적으로 더 큰 즐거움을 준다고 말한다. 또한 바둑 전문가들은 이렇게 미학적으로 더 큰 즐거움을 주는 수를 둘 때 이길 확률이 높다는 것도 알고 있다. 다른 분야에서의 직관도 전문가들의 이런 패턴 판단과 관련이 있다. 전문가들의 패턴 판단은 초보자들의 언어로 표현된 규칙 의존과 대조되는 개념이라고 할 수 있다.

전문성은 적어도 특정한 경우에는 특정한 재능에 의존하는지도 모른다. 모차르트는 특별한 재능을 타고났기 때문에 전문적인 음악가가 된 것일까? 예를 들어, 영재라는 말은 어떤 아이가 특정한 나이에 다른 아이들이 그와 비슷한 나이에 연습을 통해 얻을 수 있는 전문성을 훨씬 뛰어넘는 전문성을 가질 때 쓰는 말이다.

재능과 전문성 사이의 구분은 명확하지 않다. 어떤 여자아이가 키가 크다면 농구에 재능이 있을 것이라고 생각될 수 있다. 그 여자아이가 농구에 필요한 체격을 갖고 있으면서 농구에 관심을 보인다면 결국 그 여자아이는 농구에서 특정한 정도의 전문성을 가지게 될 수 있다. 계속 농구를 하면서 그 여자아이는 농구에 만족감을 느껴 더 많은 연습을 하게 될 수 있다. 이 여자아이는 농구에 재능이 있는 것일까 아니면 연습에 필요한 물리적인 조건과 의지를 가지게 된 것일까? 재능이 특정한 종류의 연습과는 상관이 없다고 말하기는 힘들다. 이 장의 뒷부분에서는 전문성 발달에서 재능과 연습이 어떤 역할을 하는지에 대한 앤더스 에릭슨K. Anders Ericsson의 광범위한 연구에 대해 다룰 것이다.

전문가들은 초보자들이 모르는 많은 것들을 알고 있다. 적어도 특정한 주제에 대해서는 깊은 지식을 가지고 있어야 전문성이 있다고 말할 수 있다. 예를 들어, 체스 전문가는 체스에 대해 많은 것을 알고 있으며, 그 지식을 이용해 효과적으로 체스를 두는 사람이다.

한 체스 플레이어에게 5~10초 동안 체스 말 25개 정도가 놓인 체스판을 보여주는 실험이 있었다. 체스판의 말 배치가 실제 게임에서 유래된 것이면 체스 전문가는 90%의 정확도로 말들의 위치를 재현한다. 반면, 체스 초보자는 간신히 5~6개 정도를 재현했다. 그러나 말의 배치가 체스 규칙에 따른 움직임이 아니라 무작위로 되어 있다면 체스 전문가도 초보자 수준 정도밖에는 말들의 움직임을 재현하지 못했을 것이다. 체스 전문가는 공격 배치, 방어 배치 같은 구조들, 예를 들어, 성루식 배치fianchetto(비숍을 옆의 나이트 앞으로 이동시키기) 같은 구조를 관찰했을 것이다. 게임 초반에 이 구조를 만들면 체스 판의 상당히 넓은 부분을 장악할 수 있다.

무작위 배치였을 때와 체스 규칙에 따른 배치였을 때의 체스 전문가의 재현 결과 차이는 말들의 위치를 재현하는 체스 전문가의 능력이 기억력이 아니라 체스 게임에 대한 특화된 지식에 의한 것임을 보여준다. 뛰어난 기억 능력은 전문성의 필요조건이 아니라 전문성에서 비롯되는 것이다.

전문가들은 말들의 움직임을 재현할 때, 한 번에 3~5개 정도의 말을 맞는 위치로 움직였다. 전문가들이 한 번에 움직인 말들은 체스 게임에서 흔히 연속적으로 연결돼 움직이는 말들이었다. 이런 말들의 집합은 이 책의 앞부분에서 긴 숫자를 기억하는 과정을 다룰 때 언급한 "기억 덩어리"와 비슷한 "덩어리" 역할을 한다고 할 수 있다. 전문가의 "직관"은 이 패턴에 대한 기억으로 구성된다. 무작위로 놓이는 말들에는 이런 패턴이 거의 없기 때문에 기억하기 어려운 것이다. 또한 전문가들은 이 말들의 집합들 중 하나를 인식함으로써 이 말들의 위치에 기초해 게임을 진전시킬 수 있는 효과적인 전략을 생각할 수 있고, 이 전략은 다시 다른 위치들에 대한 기억을 쉽게 만들 수 있다. 전문가의 기억은 이 전략에 기초해 말들의 특정한 배치에 대한 지식을 가짐으로써 강화된다.

전문가들이 초보자들보다 지식이 많다는 것은 놀라운 일이 아니다. 하지만 그 차이는 지식의 양뿐만 아니라 지식의 종류의 차이이기도 하다. 당연히 전문가들은 자신의 전문 영역에서 사용되는 어휘들을 알고 있다(예를 들어, 체스 전문가는 "성루식 배치" 같은 말을 알고 있다). 하지만 전문가들은 더 다양하고 효과적인 방식으로 자신의 지식을 조직화한다. 체스판 전체에 대한 통제는 말들의 특정한 배열들에 대한 통제보다 더 추상적이다. 예를 들어, 체스판 위의 같은 공간에 다른 배치를 적용할 수도 있기 때문이다. 이런 배치 중 일부는 현재 위치의 말들을 몇 번 움직여 만들 수 있을 때도 있고 그렇지 않을 때도 있다. 하지만 전문가들이 어느 정도 비슷한 배치를 만들어낼 수 있다는 사실은 전문가들이 이런 배치들 중 하나를 찾아내 효과적으로 게임을 통제하는데 사용할 수 있는 기회를 더 많이 가진다는 뜻이다.

전문가와 초보자가 물리학 문제를 푸는 방법이 다른지 연구한 미셸린 치Michelene Chi, 폴 펠토비치Paul Feltovich, 로버트 글레이저Robert Glaser(1981년)는 전문가와 초보자가 문제를 다르게 범주화한다는 것을 발견했다. 전문가들은 물리학 법칙에 의존을 많이 한 반면, 초보자들은 문제의 표면적인 특징들에 기초해 문제를 범주화했다. "표면적인 특징들surface features"이란 문제에 대한 설명에서 언급된 사물(예를 들어, 스프링), 구체적인 물리학 용어, 언급된 사물들 사이의 관계(예를 들어, 경사진 평면에 블록이 있음)를 말한다.

반면, 전문가들은 이런 표면적인 특징들에는 별로 신경을 쓰지 않았다. 전문가들은 문제들을 설명하는 단어들이나 다이어그램이 비슷하다고 해서 그 문제들을 항상 같은 그룹으로 분류하지는 않았다. 전문가들은 에너지보존의 법칙이나 뉴턴의 운동 제2법칙 같은 물리학 법칙을 이용해 문제를 범주화했다.

예를 들어, 전문가는 물리학 문제에서 나오는 막대기를 레버로 표현한다. 레버로 표현하면 레버에 적용할 수 있는 다양한 접근방법이 있을 수 있기 때문이다. 이와는 대조적으로, 초보자는 막대기가 레버로 추상화될 수 있다는 것을 알지 못한다. 설령 안다고 해도 일반적인 레버 문제를 푸는 데 적절한 접근방법에 대한 지식이 없을 수도 있다.

일반적으로 전문가들은 문제를 더 깊고 추상적으로 표현한다. 이런 추상적 표현이 일단 이뤄지면, 문제 해결이 더 쉬워진다. 아마도 그들을 전문가로 만든 경험도 표면적인 특징들에서 추상적인 물리학 법칙을 유추해내는 데 도움이 됐을 것이다.

전문가들도 처음에는 초보자들처럼 똑같이 표면적인 특징들에 주목한다. 하지만 문제를 풀려면 그 문제를 푸는 데 필요한 하나 또는 그 이상의 수학적 표현을 생각해내야 한다. 전문가들은 같은 부류에 속한 문제들을 비슷한 방정식을 이용해 비슷한 방식으로 풀 수 있다는 것을 학습한 사람들이며, 이 학습에 기초해 문제를 푼다. 전문가들은 문제의 표면적인 특징들을 이런 추상적인 특징들에 매핑하며, 그럼으로써 추상적인 표현에 포함된 변수들을 어떻게 찾아낼지 알아낸다.

미셸린 치 연구팀은 몇 가지 문제를 이용해 또 다른 실험을 했다. 이 문제들은 동일한 표면 구조(예를 들어, 추와 도르래)를 가지지만 서로 다른 물리학 법칙을 적용해야 풀 수 있는 문제들이었다. 이 문제들에서도 초보자들은 "회전", "질량", "스프링" 같은 단어들로 문제를 범주화했다. 반면, 전문가들은 "에너지보존의 법칙", "선 운동량과 각 운동량 보존의 법칙" 같은 물리학 법칙을 기준으로 문제를 범주화했다. 예를 들어, 초보자들은 "에너지"라는 단어가 문제 설명에 등장하면 초보자들은 문제를 푸는 데 실제로 필요한 물리학 법칙이 운동량 보존의 법칙일 때도 그 문제를 에너지 관련으로 범주화를 했다.

표면적인 특징들에 너무 많이 의존하면 "심적 현혹mental dazzle"이라는 현상이 발생할 수 있다. 예를 들어, 간단한 덧셈 문제를 풀 수 있는 아이들에게 숫자 앞에 달러 표시를 붙인 다음 똑같은 문제를 풀라고 하면 잘 풀지 못하는 경우가 있다. 비슷한 예로, 회사원들은 똑같은 숫자를 73%로 표시했을 때 0.73으로 표시했을 때보다 훨씬 더 쉽게 이해한다. 달러로 표시하든, 퍼센트로 표시하든, 십진수로 표시하든 문제에 대한 이해와는 근본적으로 무관하지만, 사람들이 문제의 추상적인 수치가 아니라 표면적인 특성에 집중하게 되면 이 표시들은 혼란을 일으킬 수 있다.

전문성의 또 다른 핵심 요소는 특정 상황에서 중요한 부분을 빠르고 정확하게 찾아내는 능력이다. 체스 말들의 위치를 재현해내는 체스 전문가는 가능한 말들의 위치에 대한 표현들을 이미 이전에 만들어서 가지고 있었던 것으로 보인다. 지난 장에서 다뤘듯이, 이는 전문가들이 문제를 지각하는 방식에 하향식으로 영향을 미치는 예라고 할 수 있다.

체스 말 배치 재현에 관한 체이스Chase와 사이먼Simon(1973년)의 연구가 이뤄지기 몇 년 전 아드리안 드 그루트Adriaan de Groot(1965년)는 체스 전문가의 가장 큰 장점은 수많은 체스 배치들을 인식해 그 배치들로부터 효과적인 움직임을 생각해내는 능력이라고 주장했다. 체스 전문가들은 이 능력이 있기 때문에 가능한 모든 움직임을 일일이 다 생각할 필요가 없으며, 자신이 인식한 배치에서 가능한 효과적인 움직임들만을 생각하면 된다는 설명이다. 하지만 이 이론은 문제가 있다. 전문가가 경험하지 못한 새로운 방식으로 상대방이 말들을 배치할 수 있기 때문이다. 알파고와 이세돌과의 대국에서 실제로 이런 일이 일어났다. 알파고는 이세돌이 한 번도 본적이 없는 방식으로 돌을 두었고, 이세돌도 알파고가 한 번도 본적이 없는 방식으로 돌을 뒀다.

전문가가 잠재적인 움직임들을 더 잘 선택할 수 있다는 생각은 전문가가 잠재적인 움직임들의 나무에서 더 많은 가지들을 다룰 수 있다는 가설과 극명한 대조를 이룬다. 후자의 가설에 따르면 전문가는 더 많은 단계들을 평가해 최적의 움직임을 찾아낸다. 전문가가 어떤 말을 특정한 위치로 옮기면 상대방은 전문가가 생각하고 있는 몇 가지 경우의 수 중 하나를 선택할 것이고, 그 움직임을 기초로 전문가는 자신이 생각하고 있는 그 다음 경우의 수 중 하나를 선택하는 식이다. 이런 식으로 계속 많아지는 가지들에 대한 생각을 모두 하는 것은 어려운 일이다. 움직임과 그 움직임에 기초한 다른 움직임들을 계속 생각하기에는 조합의 수가 너무 많기 때문이다. 컴퓨터는 이 나무 구조를 적어도 어느 정도 "깊이"까지는 탐색할 수 있지만, 인간의 탐색은 한계가 있을 수밖에 없다. 체스 전문가는 초보자에 비해 이 나무 구조를 더 많이 탐색할 수 있다. 하지만 전문가의 진정한 능력은 더 가치 있는 움직임을 인식해 그 움직임에 집중하는 능력이다.

새뮤얼의 체스 프로그램처럼 체스 전문가들도 자신이 했던 게임뿐만 아니라 다른 사람들이 했던 게임을 검토하면서 학습을 한다. 전문가들은 게임을 하면서 이미 잘 알려진 패턴들로 말의 위치를 조직화한다. 과거에 그 패턴을 보였던 게임에서 성공적이었던 움직임들에 집중하는 것이다. 그래도 여전히 고려해야 할 잠재적인 움직임들이 많을 수 있지만, 가능한 모든 움직임을 고려하는 것보다는 훨씬 경우의 수가 적어진다.

체스판에서는 동일한 덩어리(말들의 집합)가 다양한 위치에 나타날 수 있으며, 덩어리가 체스판에서 어디에 위치하든 동일한 대응 전략을 사용하는 것이 효과적일 수 있다. 전문가는 가능한 잠재적 위치를 모두 고려해 체스판 전체를 표현하지 않는다. 체스 전문가는 위치와 움직임을 기억하지 않고, 대신 덩어리와 움직임을 표현하는 방법으로 기억해야 할 양을 줄일 수 있다.

헤더 셰리던Heather Sheridan과 이열 레인골드Eyal Reingold(2014년)는 시선 추적 기법을 이용해 전문가들이 체스판 위의 가장 중요한 덩어리들을 찾아낸 다음 그 덩어리들에 기초해 가장 가치가 높은 움직임을 선택한다는 것을 발견했다. 셰리던과 레인골드는 특정한 방식으로 구축된 체스 문제를 풀 때의 체스 전문가들과 초보자들의 시선과 움직임 선택을 추적한 뒤, 훨씬 더 많은 선택들을 평가할 수 있는 체스 프로그램을 이용해 플레이어들이 선택한 움직임의 질을 평가했다.

결과는 별로 놀랍지 않았다. 전문가들은 전체 문제 중 93%에서 최선의 움직임을 선택한 반면, 초보자들은 53%에서 최선의 움직임을 선택했다. 플레이어들의 시선을 추적하는 방법으로 셰리던과 레인골드는 전문가들이 초보자들에 비해 체스판 위의 적절한 칸들을 더 빠르게 찾아낸다는 것을 발견했다. 전문가와 초보자 모두 적절하지 않은 칸들보다 적절한 칸들을 더 많이 주시했지만, 초보자들은 전문가들에 비해 적절하지 않은 칸들을 더 오랫동안 주시했다.

요약하자면, 셰리던과 레인골드는 전문가들이 적절한 움직임을 더 많이 선택하며, 과거의 게임들에 대한 지식에 기초해 더 다양한 움직임을 선택할 수 있다는 드 그루트의 가설을 검증했다고 할 수 있다. 다른 분야의 전문가들처럼 체스 전문가들도 단순히 말들의 표면적인 배치 상태를 암기하는 것이 아니라 그 배치들을 더 추상적으로 생각하는 것으로 보인다. 전문가들은 모든 움직임에 같은 정도의 가치를 부여하기보다 각각의 상황에서 가치가 있는 움직임들을 찾아내 그 움직임들만 선별적으로 분석하였다.

전문성은 스포츠 분야에서도 연구되고 있다. 스포츠에서의 전문성은 체스에서의 전문성에 비해 연구하기가 어렵지만, 결과의 질을 평가하는 것은 어느 정도 가능하다. 예를 들어, 스쿼시 초보자와 스쿼시 전문가의 능력은 이들에게 실제 게임 영상을 보여주는 방법으로 연구할 수 있다. 전문가들은 짧은 경기 영상을 본 후에 어디로 공이 움직일지 초보자보다 더 잘 예측한다. 초보자에 비해 전문가들은 더 적은 정보(더 짧은 영상)만 있어도 더 잘 예측을 해낸다. 초보자에 비해 전문가는 상대방이 하는 행동의 처음 부분만 보고도 공이 어디로 움직일지 더 잘 예측한다.

스누커snooker(스물 한 개의 공으로 승부를 결정하는 당구 경기의 일종) 전문가들은 시각적 정확성, 색깔에 대한 인식 능력, 깊이에 대한 지각 능력, 눈과 손의 상호 협조 능력 면에서 초보자들과 다르지 않다. 스누커는 19세기 영국 식민지 시절 인도에서 고안된 게임이다. 연구 결과, 체스 전문가들처럼 스누커 전문가들도 정상적인 게임 상황을 묘사하는 그림을 더 잘 떠올리고 더 잘 인식할 수 있다는 것이 밝혀졌다. 체스에서처럼 스누커 전문가들도 공이 무작위로 배치돼 있을 때는 스누커 초보자들에 비해 공의 위치를 더 잘 기억하지 못했다. 따라서 스누커 전문가의 능력은 뛰어난 운동신경이 지각 능력에서 비롯되는 것이 아니라 경험에서 비롯되는 것으로 보인다.

컴퓨터 프로그래밍, 배드민턴, 의학진단, 브리지 게임, 방사선 진단 등 다른 많은 영역에서도 비슷한 패턴의 전문성이 관찰된다. 이 영역들에서도 전문가와 초보자 사이에서 기본적으로 비슷한 차이가 존재한다.

물리학 문제를 풀 때 전문가들은 문제를 푸는 데 필요한 물리학 법칙이나 원리에 대부분 의존한다. 초보자들은 대개 자신이 문제를 풀기 위해 구체적인 방정식에 의존한다. 전문가들은 문제를 간단한 다이어그램으로 표현하지만, 초보자들은 자신이 알고 있는 방정식에 숫자를 대입하는 데 집중한다. 더 많이 안다는 것은 기억 속에 더 많은 개념적 유닛들 그리고 그 유닛들 사이의 유의미한 관계가 저장돼 있다는 것을 뜻하는 것으로 보인다.

인간의 문제 해결 방식에 관한 기존의 연구는 하노이 탑, 호빗과 오르크 같은 경로 문제에 대한 연구였다. 이런 경로 문제가 풀기 쉬운 이유는 특정한 외부 지식이 필요하지 않기 때문이다. 반면, 전문성은 지식을 필요로 하며, 그 지식은 형성되는 데 매우 오랜 시간이 걸릴 수도 있고 널리 퍼지지 않은 지식일 수도 있다. 따라서 전문성은 다른 형태의 문제 해결 방식보다 연구하기가 어려우며, 연구에 참가할 사람들을 모으는 것도 쉽지 않다.

다른 형태의 문제 해결 방식 연구와는 달리 전문성에 대한 연구는 전문가가 어떤 지식을 문제해결을 위해 동원하는지와 문제 해결에 그 지식이 어떻게 적용되는지에 대한 이해를 목적으로 한다. 전문가는 문제 해결을 위한 체계를 선택하거나 만들어내야 한다. 전문가는 문제를 맥락 안에 위치시키고, 그 맥락을 문제 해결 과정의 일부로 사용한다. 전문가는 잘 구조화된 문제 안에서 경로를 찾아내는 수준을 넘어 그 경로 자체를 만들어내야 한다.

전문성이 발달하려면 지식이 발달해야 하고, 전문가 유형 문제들을 풀기 위해 그 지식을 사용할 수 있게 만드는 도구와 전략이 발달해야 한다. 체스의 경우 우리는 그 지식이 말들의 움직임과 배치 패턴, 게임 승리를 이끌 수 있는 말들의 전략적인 역할로 구성된다는 것을 잘 알고 있다. 다른 전문적인 과제들도 이와 비슷한 패턴 표현 능력과 인식 능력을 필요로 할 것이다. 또한 전문성은 비교적 추상적인 표현의 발달에도 의지하는 것으로 보인다.

전문가들은 초보자들에 비해 과제 수행 능력이 뛰어나다. 하지만 그렇다고 해서 항상 전문가들이 자신이 문제를 푸는 방식에 대해 설명할 수 있는 것은 아니다. 전문가가 특정한 규칙을 따르는 경우는 과정 설명이 쉽지만, 전문가의 과제 수행 능력이 패턴 인식에 의존한다면 이 패턴은 간단한 패턴이 아닐 수 있으며, 그 패턴을 적용하는 과정도 명확하게 설명할 수 없을 경우가 있다. 바둑 전문가들이 자신이 하는 선택을 미학적인 측면에서 설명하고, 전문가가 직관에 더 많이 의존한다고 우리가 생각하는 이유가 여기에 있을 것이다. 직관은 명확하게 설명하기 힘든 패턴에 기초해 결정을 내리는 것에 불과할지도 모른다.

요약하자면 다음과 같다.

- 전문가는 초보자가 가지지 못한 지식을 가진다.
- 전문가는 초보자에 의해 사용되지 않는 특징과 패턴에 기초해 인식하고 행동한다.
- 전문가는 초보자와는 다른 방식으로 지식을 조직화한다.
- 전문가는 초보자들에 비해 더 추상적인 방식으로 문제를 기술한다.
- 전문가의 지식은 초보자의 지식보다 포괄적이다.
- 전문가는 초보자들에 비해 명시적인 노력을 더 적게 하면서 정보를 추출할 수 있다.
- 전문가는 초보자에 비해 더 많은 전략을 사용할 수 있다.
- 전문가는 초보자에 비해 문제에 대한 직관이 더 뛰어난 것으로 보인다.

전문성은 우리가 일반지능이라고 부른 것의 핵심적인 부분이다. 하지만 전문성을 구성하는 메커니즘과 능력은, 인간의 문제 해결

방식 연구에서 대상이 됐던 경로 문제의 해결을 위해 사용되는 메커니즘과 능력, 계산지능에 대한 현재의 연구가 집중되고 있는 단조로운 인공지능을 만드는 데 사용되는 것과는 근본적으로 달라 보인다.

전문성의 원천

최근 연구에 따르면, 뛰어난 과제 수행 능력은 타고난 재능이 아니라 적당한 양의 시간 동안 이뤄지는 특정한 형태의 연습과 관련이 있다. 누가 뛰어난 수행 능력을 가지게 되는지는 이 연습의 유형과 연습이 지속되는 시간에 결정적으로 의존하는 것으로 보인다.

연습에도 불구하고 사람이 가진 생물학적 조건이 영향을 미칠 수 있다. 키가 160센티미터인 사람은 키가 2미터 10센티미터인 사람에 비해 높은 수준의 농구 실력을 가지기 힘들 것이다. 프로농구 선수가 되는 것은 더더욱 힘들 것이다. 하지만 이렇게 키가 작은 사람 중에 실제로 프로농구 선수가 된 사람이 있다. NBA(미국의 농구 프로리그) 역사상 가장 키가 작았던 먹시 보그스Muggsy Bogues의 키가 160센티미터였다. 보그스는 14년 동안 NBA에서 활약했고 샬럿 호네츠 팀에서 주전으로 뛰면서 구단 통산 기록 다수 부문에서 1위를 달성했다.(출전 시간 1만 9768분, 어시스트 5557회, 스틸 1067회, 턴오버 1118회, 48분당 어시스트 13.5회)

일반적으로 농구는 키가 큰 사람들이 유리하다. 하지만 보그스의 사례는 항상 그렇지만은 않다는 것을 보여준다. NFL(미국의 미식축구 프로리그)의 라인맨들은 (포지션의 특성상) 몸집이 매우 크고 몸무게가

다 비슷비슷하다. 2016년 시즌 기준으로 NFL의 라인맨들의 평균 체중은 143킬로그램이었다. 하지만 이렇게 체격이 비슷한데도 다른 라인맨들에 비해 훨씬 더 경기를 잘하는 라인맨들이 있다. NFL 라인맨의 평균 체중은 소속 팀의 성적에 직접적인 영향을 미치지 않았다. 라인맨들의 체중 범위는 이렇게 근소한데도(137~147킬로그램) 실력의 차이가 난다면 체중 외에 다른 요소가 실력에 분명히 작용한다는 뜻이다. 실력의 차이를 만드는 가장 중요한 요소는 훈련과 연습이었을 것이다.

IQ와 전문성

IQ 테스트 결과로 산출되는 IQ와 바둑, 체스, 음악 같은 다양한 영역에서의 성취와는 상관관계가 거의 없다는 것은 이미 잘 알려져 있다. 정해진 교육 과정을 모두 이수한 과학자, 엔지니어, 의사 같은 사람들을 보면 직업적인 성공과 IQ는 사실상 관계가 없다는 것을 알 수 있다. 이는 매우 중요한 점일 수 있다. 의과대학에 입학하려면 시험 성적이 좋아야 한다. MCAT 시험에서 높은 점수를 받은 사람들만 의대에 진학해 과정을 마칠 수 있다. 따라서 의대를 졸업하는 시점에서는 이 사람들이 직업적으로 성공을 할 수 있을지 예측하기 힘들다. 성적이 낮은 학생들은 의대에 들어갈 수 없고, 몸집이 작은 라인맨은 NFL 팀에 입단할 수 없으므로 일단 의대에 들어간 학생이나 NFL 리그 팀에 입단한 라인맨들은 수준이 비슷하다고 봐야 하기 때문이다. 통계학자들은 이 현상을 "범위 제한restriction of range"이라고 부른다. 바꿔 말하면, IQ가 기여하는 부분은 의대 학생들이 의

대 과정을 마치기 전에 이미 사라진다는 뜻이다. 그렇다면 이들 사이에 존재하는 차이는 입학시험으로 측정되는 지능이 아닌 다른 요소들 때문에 발생하는 것이라고 할 수 있다. 보그스 같은 사람을 제외하면 대부분의 농구선수들은 키가 크다. 따라서 키는 어떤 선수의 실력을 예측할 수 있는 수단이 되기 힘들다.

일반적으로 능력 테스트나 적성 테스트는 새로운 형태의 교육을 받기 시작하거나 새로운 일을 시작할 때 그 사람이 얼마나 잘 할지 예측할 수 있는 좋은 수단이 된다. 하지만 이 테스트들은 궁극적으로 그 사람이 성공을 거둘 수 있는지 예측할 수 있는 좋은 수단은 아니다. 범위 제한이라는 현상을 감안해도, 한 종류의 일을 오래 할수록 그 사람의 성취를 능력 테스트나 적성 테스트로 예측하는 것은 힘들어진다. 미국 대학 입학 여부를 결정적으로 좌우하는 SAT 시험 결과로도 대학생이 된 후 4년 평균 학점을 예측하기는 매우 어렵다.

IQ 테스트 또는 IQ 테스트와 관련이 있는 테스트들이 사람들이 초기 단계에서 얼마나 빠르게 학습할 수 있는지 예측할 수 있는 수단인 것은 분명하다. 하지만 이런 테스트들로는 궁극적인 성취를 예측하기 힘들다. 궁극적인 성취 여부에는 연습 같은 다른 변수들이 훨씬 크게 작용하는 것으로 보이기 때문이다. 요약하면, 일반적인 능력은 기본 학습을 반영하는 것으로 보이지만, 전문성 수준에 이를 수 있는 능력을 반영하는 것으로는 보이지 않는다. 지적인 성취에 이르기 위한 최소 수준의 지능이라는 것이 존재할 수도 있다. 하지만 그 최소 수준의 지능을 넘어서면 성취에는 지능 외에 다른 요소들이 더 큰 역할을 하는 것으로 보인다.

예를 들어, 알렉산더 버고인Alexander Burgoyne과 그의 동료들(2016년)

은 지능과 체스 랭킹과의 관계를 19차례에 걸쳐 분석한 결과, 지능과 체스 랭킹 사이에 상당히 많은 상관관계가 있으며, 특히 낮은 랭킹에 있는 선수들에게서는 이 상관관계가 더 강했다는 연구결과를 발표했다. 하지만 이 상관관계는 랭킹이 올라갈수록 급속도로 약해졌다. 다른 종류의 전문가 능력 측정에서처럼 지능이 초기의 성공은 어느 정도 예측할 수 있는 수단이지만 궁극적인 성공을 예측할 수 있는 수단은 될 수 없다는 것을 밝힌 연구라고 볼 수 있다. 이 연구의 흥미로운 부분은 적성 테스트로는 체스가 적성인 사람을 찾아내기 힘들며(적성 테스트로 의사가 적성인 사람을 찾아낼 수는 있다), 따라서 범위 제한 현상은 이런 상관관계 부재를 설명하는 데 별 의미가 없을 것이라고 지적한 부분이다.

유동성 지능과 결정성 지능

심리학에서는 지능을 두 종류로 구분한다. "유동성 지능fluid intelligence"과 "결정성 지능crystallized intelligence"이다. 유동성 지능은 문제 해결과 추상적 추론과 관련된 지능이며, 결정성 지능은 유동성 지능보다 훨씬 더 지식에 의존하는 지능이다. 일반적으로 결정성 지능은 나이가 늘어남에 따라 더 많은 지식을 갖게 되면서 역할이 커진다.

유동성 지능은 사례들로부터 규칙을 추론하는 과정인 귀납, 이미지를 만들어낼 수 있는 능력인 시각화 능력, 양적추론quantitative reasoning, 브레인스토밍에서처럼 아이디어를 만들어낼 수 있는 능력인 사고 유창성ideational fluency과 관련이 있다. 결정성 지능은 언어능력, 독해 능력, 순차적 추론, 일반적인 정보에 대한 지식과 연관된다. 간단하게 말하면, 유동성 지능은 사물에 대한 생각을 해내는 데 필요한 지능이며, 결정성 지능은 우리가 가진 지식을 적용하기 위해 사용하는 지능이다.

유동성 지능은 보통 초기 성인기까지 높아지다 그 이후에 낮아지기 시작한다. 결정성 지능은 65세 정도까지 점진적으로 계속 높아지며 안정적으로 유지되다가 그 이후에 낮아지기 시작한다.

지능이 이렇게 유동성 지능과 결정성 지능으로 나뉜다는 생각은 버고인의 연구결과와 잘 맞아떨어진다. 초기 단계의 체스 플레이어들에게 빠르게 추론할 수 있는 능력은 매우 중요하다. 하지만 경험이 계속 늘어나면서 더 중요한 역할을 하게 되는 것은 지식 패턴으로 보인다. 더 많은 패턴과 그 패턴들에 대한 적절한 대응 방법을 학습하게 되면서 체스 플레이어는 적절한 반응을 생각해 낼 필요가 없어진다. 기억에서 적절한 반응을 추출하면 되기 때문이다.

유동성 지능이 높은 사람은 유동성 지능이 낮은 사람에 비해 정보를 빠르게 처리하며, 상당히 오랫동안 기억을 할 수 있으며, 정교한 전략을 사용할 수 있다. 이런 능력을 가진 사람들은 그렇지 않은 사람에 비해 문제를 빠르고 정확하게 풀 수 있지만, 이런 능력은 나이가 들거나 경험이 늘어나면 사라진다.

일반적으로 초기 성인기가 지나면서 사람들의 과제 수행 능력은 감소하기 시작하지만, 지식은 전체적으로 늘어나기 시작한다. 중년기의 건강한 사람이 젊은 시절의 자신에 비해 덜 똑똑하다는 말은 별로 맞는 말이 아닌 것으로 보인다. 나이가 들면서 사람들은 빠른 분석 능력을 잃는 대신 지식을 더 많이 이용하게 되기 때문이다. 바꿔 말하면, 나이가 들면서 사람들은 문제 해결방법을 만들어내기보다는 문제 해결방법을 저장하게 된다고 할 수 있다.

유동성 지능과 결정성 지능이라는 개념은 지능 테스트와 함께 탄생했다. 지능 테스트 결과의 다양한 부분들을 통계적으로 분석하기 위해 그 결과들을 구성요소들로 분류하기 시작하면서 이런 분류가 시작됐기 때문이다(제2장 참조). 이 분류는 지능의 모든 부분집합들을 하나 또는 그 이상의 구성요소들과 연관시키기 위한 시도였다. 구성요소 분석이라고 불리는 이 통계학적 과정은 하위 테스트 결과들 사이의 상관관계 패턴을 찾아내고 그 상관관계를 가장 잘 나타내는 통계학적 지표, 즉 구성요소를 추출하는 과정이다. 레이먼드 카텔Raymond Cattell은 결정성 지능 그리고 유동성 지능과 각각 연관되는 과제를 구분하는 연구를 진행하기도 했으며, 이 연구의 후속연구들은 사람들이 나이가 듦에 따라 이 두 가지 구성요소가 어떻게 변화하는지 다루기도 했다. 동일한 구성요소 분석으로 일반적인 구성요소, 즉 일반 지능("G")을 측정할 수도 있었다. 이 분석은 다양한 하위 테스트 결과들 모두가 특정한 상관관계를 가진다는 사실에 주목해 이뤄진 분석이다. 이런 테스트들과 구성요소들에 대해서는 제2장에서 자세하게 다뤘다.

유동성 지능으로부터 결정성 지능으로의 전환 과정 연구는 계산 지능 구축에 핵심적인 역할을 할 가능성이 있다. 기계학습, 특히 심층신경망은 결정성 지능과 깊은 연관관계를 갖기 때문이다. 심층신경망은 행동에 기초한 결정을 하는 데 사용될 수 있는 패턴을 학습한다. 이 경우 행동은 대부분 범주화된 판단이지만, 다른 종류의 행동일 수도 있다. 컴퓨터 자체의 성능을 개선하는 것은 컴퓨터의 결정과 측정을 빠르게 한다는 점에서 유동성 지능과 연관시킬 수 있다. 하지만 정작 "사물에 대한 생각을 해내는 과정"에 필요한 유동성 지능에 대한 컴퓨터 과학 연구는 거의 이뤄지고 있지 않다. 현재 기계학습은 주어진 선택의 집합이라는 잠재적으로 거대한 집합의 원소들 중에서 선택을 하는 작업에 한정되고 있어, 이 상황이 계속되면 기계학습은 결정성 지능과 더 밀접하게 연결될 것으로 보인다.

반면, 대부분의 계산지능은 저장된 지식 패턴에 크게 의존하고 있지만, 체스 전문가가 가장 가치가 높은 움직임에 집중할 수 있게 만드는 지식 표현이 계산지능에서 재현될 수 있을지는 불투명하다. 체스 플레이어는 체스 말들을 어떻게 그룹으로 묶을까? 어떤 그룹에 어떤 말들을 포함시켜야 할까? 이 그룹 중에서 상대적으로 어떤 그룹이 더 중요하고 어떤 그룹이 덜 중요한지 체스 전문가들은 어떻게 결정할까? 컴퓨터 모델이 부분들을 그룹으로 분류하기 위해 사용하는 가장 중요한 방법은 "동시 출현" 가능성을 이용하는 것이다. 예를 들어, 여러 번의 게임에서 같이 나타나는 말들을 하나의 덩어리로 묶는 방법이다. 현재로서는 체스판의 일부를 통제하는 능력같이 그룹의 더 추상적인 속성들을 그룹으로 묶을 수 있는 방법이 없다. 이 문제는 기계지능이 결코 극복할 수 없는 문제는 아닐 것이다. 하지만 아직까지는 이 문제에 대한 답이 없다.

전문성의 획득

지능 테스트는 원래 학생들 간의 개인적인 차이를 찾아내고 측정해 학생들의 배치에 관한 적절한 결정을 하기 위해 설계된 테스트였다. 즉, 지능 테스트의 원래 목적은 학업 성취와 상관관계가 있는 지표들을 찾아내는 것이었으며 변하지 않고 근본적이면서 생물학적인 어떤 것, 교육으로 바꿀 수 없는 어떤 것, 그러면서도 교육을 받을 수 있는 능력을 나타내는 어떤 것을 측정할 수 있을 것이라는 추정에 의존했다(당시 이런 추정은 거의 사실처럼 주장되기도 했다). 이 관점에 따르면 성공이나 뛰어난 성취는 불변의 기본적인 재능에 의해 결정된다.

찰스 다윈의 사촌인 프랜시스 골턴Francis Galton은 19세기에 이런 관점을 발전시킨 사람으로 잘 알려져 있다. 골턴은 유명한 지식인들의 친척들을 관찰해 이 지식인들과 촌수가 멀어질수록 "천재"일 확률이 줄어든다는 것을 발견했다. 골턴에 따르면 천재의 형제들은 천재의 사촌보다 천재일 확률이 높았다. 골턴은 쌍둥이들을 대상으로 한 연구도 진행했는데, 이 연구를 통해 그는 떨어져 자란 쌍둥이들이 쌍둥이가 아니면서 같이 자란 형제들보다 더 비슷하다는 것을 발견했다. 지능이 타고난 생물학적 특성에 기초하며 유전된다고 굳게 믿었던 골턴은 불행히도 결국 우생학을 창시해 냈다. 우생학의 핵심은 인간을 선택적으로 번식시켜 지능이 우수한 개체를 만들어 낼 수 있다는 생각이다.

이런 생물학적 관점에서 볼 때 지능 테스트는 특정한 영역에서 전문가가 될 수 있게 만드는 선천적인 능력을 가진 학생들을 선별하기 위해 사용되고 있다. 이런 선천적인 능력이 실제로 존재한다는 증거는 거의 없다. 지능 테스트가 이런 선천적인 요소들을 평가한다는 가정 하에서 우리는 연령에 맞춘 지능 테스트의 결과가 시간이 지나도 비교적 안정적으로 유지되는 경향이 있다고 생각한다. 지능 테스트와 그와 관련된 테스트들은 학생의 성적과 새로운 업무 수행 수준을 예측하지만, 앞에서 살펴보았듯이, 개인의 궁극적인 성취 수준을 예측하는 데는 별로 유용하지 않다.

이런 전통적인 관점과는 대조적으로, 뛰어난 수행 능력과 확실히 연관돼 있다는 증거가 있는 유전적 특징은 두 가지에 불과하다. 키와 몸무게다. 예를 들어, 평균 이상의 키는 농구에서 유리하며, 평균 이하의 키는 체조에서 유리하다.

엘리트 수준의 기량을 갖춘 전문적인 운동선수가 되려면 일반적으로 해당 분야의 기량을 10년 정도 갈고닦아야 한다.

전문성에 대한 과학적인 연구는 반복적으로 성취를 측정할 수 있는 수단 확보에 크게 의존한다. 운동, 체스, 음악 같은 활동에 전문성 연구가 집중되는 이유는 이런 활동이 특별한 활동이기 때문이 아니라 이 분야들에서의 성취가 객관적으로 측정될 수 있기 때문이다. 예를 들어, 대중이 누군가를 중요한 사람이라고 생각하는 경우에는 그 사람은 실제로 엘리트 수준으로 어떤 일을 성취하지 않고도 엘리트라는 평판을 얻을 수 있다. 전문가에 대한 평판은 그 전문가의 성취에 대한 모든 객관적인 평가를 넘어설 수 있다(지난 장에서 다룬 과신효과를 떠올려보자). 전문가에 대한 일화는 과학적 이론을 발달시킬 수 있는 토대로 충분하지 않다. 예를 들어, 자신의 경제적 성공을 자랑하는 투자 전문가들이 실제로는 다른 사람들보다 주식을 더 잘 선택하지 못하는 것으로 밝혀지는 경우가 허다하다. 반면, 체스에는 객관적인 랭킹 시스템(Elo 평가 시스템)이 있다. 이 시스템은 체스 대국 수, 승률, 대국 상대방의 수준 등을 기초로 하는 시스템이다.

객관적이고 재현 가능한 수단에 집중하면 전문성에 관한 이론들을 평가할 수 있는 체계를 가질 수 있게 된다. 이 점에서 우리는 전문성이 시간이 지날수록 점진적으로 늘어난다고 생각한다. 갑작스러운 통찰로 초보자가 전문가로 바뀌는 "아하aha" 모멘트가 확실히 존재한다는 증거는 거의 없다. 영재들도 성인 기준을 적용해 평가를 하면 길고 점진적으로 재능이 발달한다는 증거가 있다.

전문가들이 최고 수준의 성취를 보이는 나이는 대부분의 운동에서는 20대, 강도가 약한 운동 분야나 예술, 과학 등의 분야에서는 30~40대다. "최고 수준의 재능을 타고난" 사람이라도 높은 수준의 성취(이를테면, 국제대회 출전이 가능한 정도의 성취)에 이르려면 10년 정도는 훈련을 해야 한다.

10년 동안 골프를 친다고 반드시 높은 수준의 골프 실력을 갖게 되는 것은 아니다. 골프 실력을 갖추려면 특별한 노력이 필요해 보인다. 앤더스 에릭슨은 이런 종류의 연습을 "의도적 연습deliberate practice"이라고 불렀다. 의도적인 연습은 본질적으로 재미가 없다. 의도적인 연습은 명확하게 정의되고 결과 측정이 가능한 과제에서 수행의 특정한 부분들을 개선하는 것을 목적으로 한다. 의도적인 연습에는 수행의 성공 여부와 관련한 즉각적이고 구체적인 피드백을 포함하며, 오랜 시간 동안 동일하거나 비슷한 과제를 반복해서 수행해야 한다.

예를 들어, 타이거 우즈는 골프 티 두 개를 그라운드에 배치하고 퍼팅 연습을 한다. 두 골프 티 사이의 간격은 퍼터의 헤드 정도이며, 이 두 골프 티와 홀과의 거리는 0.9~1.2미터 정도다. 우즈는 골프공을 두 골프 티 사이에 놓고 연달아서 100개의 공을 홀에 집어넣을 때까지 한 손 또는 두 손으로 퍼팅을 한다.

모든 전문적인 뮤지션들은 연습을 한다. 하지만 엘리트 뮤지션들은 혼자서 연습하는 시간이 다른 사람에 비해 더 길다. 최고 수준의 전문적인 뮤지션들은 20세가 됐을 때 이미 1만 시간이 넘게 연습한 상태지만, 그보다 낮은 수준의 뮤지션들의 연습 시간은 약 5000~7000시간, 아마추어 뮤지션들의 연습 시간은 약 2000시간에 불과하다.

전문적인 뮤지션들은 연습할 때 자신에게 음악을 가르치는 사람들의 지시에 따라 음악 연주의 특정한 측면들에 집중한다. 최고 수준의 전문적인 뮤지션들은 주말을 포함해 매일 4시간 정도를 이런 식으로 연습한다.

여러 해에 걸쳐 연습 방법이 개선되면서 운동선수들의 기량도 엄청나게 좋아졌다. 객관적인 측정이 가능한 올림픽 금메달리스트들의 기량(예를 들어, 육상선수들의 기록)은 근대 올림픽이 시작된 이후 최근까지 30~50% 정도 좋아졌다. 이런 개선이 이뤄진 이유 중 하나는 수행의 불완전성을 분석하는 도구가 개선돼 의도적인 연습을 더 잘 할 수 있게 됐다는 데 있다.

체스 전문가들은 최고의 체스 플레이어들이 한 게임들을 연구하면서 연습을 한다. 이들은 게임의 한 수 한 수를 살펴보면서 전문가가 다음에 어떤 수를 둘지 예측한다. 예측이 빗나가면 이들은 왜 자신의 예측과 전문가의 실제 움직임이 달랐는지 생각해내려고 한다. 전문적인 체스 플레이어들은 하루에 4시간 정도를 이렇게 연습하는 데 투자한다.

엘리트 음악 작곡가가 되기 위해서도 10년 정도의 경험이 필요하다. 음악을 집중적으로 공부하기 시작했을 시점에서의 관련 정보가 충분히 확보된 작곡가 76명을 대상으로 생산성을 분석한 J. R. 헤이즈J.R.Hayes(1981년)에 따르면, 음악을 집중적으로 공부하기 시작한 뒤 10년 안에 중요한 작품을 만들어낸 작곡가는 3명에 불과했다(에릭 사티Éric Satie가 8년째에, 쇼스타코비치와 파가니니가 9년째에 중요한 작품을 발표했다). 이 76명의 작곡가는 대부분 음악을 집중적으로 공부하기 시작한 지 10~25년 사이에 중요한 작품을 발표했다.

볼프강 아마데우스 모차르트는 단연 역대 최고의 엘리트 음악 작곡가다. 모차르트의 재능도 다른 작곡자들의 재능처럼 오랜 연습을 통해 연마된 것이었다. 모차르트의 아버지 레오폴트 모차르트는 작곡자이자 연주자이면서 음악 교사이기도 했다. 모차르트는 아주 어릴 때부터 음악을, 특히 작곡을 배웠으며, 집에 찾아오는 수준급의 연주자들과 교류를 하기도 했다. 모차르트의 초기 협주곡들은 모차르트가 작곡한 것이 아니라 다른 작곡가들의 작품을 편곡한 것이었다. 이 작품들은 어린 나이에 편곡했다는 점에서는 모차르트의 천재성을 드러내지만, 사실 성인 기준으로 보면 그리 정교한 작품들은 아니다(Hayes, 1981; Weisberg, 2006).

19세기의 가장 중요한 과학자들과 시인들에 대한 역사학적 분석에 따르면, 이 과학자들이 처음 연구결과를 발표한 나이는 평균 25.2세였고, 자신의 가장 위대한 연구를 해냈을 때의 나이는 평균 35.45세였다. 시인들과 작가들은 평균 24.2세에 처음 작품을 발표했고, 평균 34.3세에 가장 위대한 작품을 발표했다.

10년 동안의 준비 기간이 필요하다는 사실은 음악 연주, 수학, 테니스, 수영, 방사선 이미지 진단, 의학 진단, 장거리 달리기 등의 분야에서 검증이 된 상태다. 다양한 영역에서 엘리트 수준의 기량을 쌓는 데 필요한 시간이 10년이라는 사이먼과 체이스(1973년)의 주장이 옳았던 것이다.

따라서 다양한 영역에서 엘리트 수준의 기량을 발달시키는 데 많은 양의 의도적 연습이 필요하다는 이론은 검증이 끝났다고 볼 수 있다. 시 쓰기, 과학연구 수행, 음악 작곡 같은 지적인 작업은 우리가 지능과 연결시키는 과제들의 연장이다. 이런 활동이 스포츠나 스포츠와 비슷한 활동(예를 들어, 춤이나 악기 연주)과 어떤 공통점을 가지는지는 명확하지 않다. 이런 장기간의 의도적 연습은 다른 영역들에서도 필요할 수 있지만, 그 다른 영역들에 대해 과학적인 연구를 수행하는 것은 쉬운 일이 아니다. 예를 들어, 이 영역들에서는 성공에 대한 명확한 기준이 없을 수도 있기 때문이다. 장기간의 의도적 연습이 필요하다는 생각은 경험으로 능력을 얻을 수 있다는 생각과 반대편에 있는 생각이다. 아이들은 태어날 때는 전혀 단어를 모르지만 12세가 되면 5만 단어 이상을 안다. 아이들은 하루에 10단어 이상을 평균적으로 학습한다(12년은 약 4400일이다). 12세가 되면 아이들은 언어를 유창하게 구사할 수 있지만, 엘리트 수준의 언어 수행 능력을 가진 아이는 극히 드물다.

엘리트 수준의 지적인 성취가 이뤄지려면 현대의 신경망 모델과 심층학습 모델 구축에 필요한 정도의 반복적인 노출이 이뤄져야 할 것이다. 아이는 한 단어의 의미를 학습하기 위해 한 번만 그 단어에 노출되면 된다. 동물원에 가면 솜사탕을 먹을 수 있다는 것을 학습하기 위해서도 한 번만 동물원에 가면 된다. 하지만 엘리트 시인이 되기 위해서는 10년이라는 긴 시간 동안 목적을 가지고 연습을 해야 한다. https://www.poets.org/poetsorg/poem/cotton-candy 라는 사이트를 방문하면 에드워드 허시Edward Hirsch가 쓴 솜사탕에 관한 시를 읽을 수 있다. 이 시가 엘리트 수준에 도달한 시인지는 독자가 한 번 판단해 보길 바란다.

  인공지능 연구는 손으로 쓴 글자를 읽거나 붐비는 고속도로에서 차를 모는 것 같은 일상적인 활동들과 더 많은 관련이 있다. 하지만 엘리트 수준으로 일을 수행하는 사람들로부터도 매우 중요한 것을 배울 수 있을 것이다.

  엘리트 수준의 성취가 간단한 과정을 수행하는 것에서 시작된다는 것을 보여주는 예가 있다. 야구 외야수들이 날아오는 공을 잡기 위해 몸의 위치를 바꾸는 방식이다. 외야수들은 복잡한 수학적 계산을 통해 야구공이 그리는 포물선 모양의 궤적을 예측하지 않는다. 이들은 공을 잡기 직전 상태에서만 공의 위치에 대한 거리 감각에 의존하는 것으로 보인다. 공이 자신에게 매우 가깝게 오기 전까지는 시선의 수렴 같은 단서를 사용할 수 없기 때문이다. 물체가 접근하면 우리의 두 눈의 시선은 서로 수렴하며, 이 수렴의 각도는 물체가 얼마나 우리에게 가까이 있는지 우리가 판단하는 단서가 된다. 하지만 이 단서는 물체가 우리와 매우 가깝게 있을 때만 이용할 수 있다. 마이클 맥비스Michael McBeath와 그의 동료들의 연구(1995년)에 따르면 외야수들은 공을 잡기 위해 이보다 훨씬 실용적이고 간단하게 행동한다.

  맥비스와 그의 동료들은 외야수들이 자신에게 어느 쪽으로 뛰어야 하는지 말해주는 기본적인 시각적 단서를 이용한다는 것을 알아냈다. 외야수들은 공의 이미지가 배경을 바탕으로 어떻게 변화하는지 추적한다는 것이었다. 이 연구 내용을 더 자세히 살펴보면 더 많은 것을 알 수 있다. 이 연구는 외야수들이 공을 잡는 문제를 풀 때 사용하는 표현에 대해 다루고 있기 때문이다. 이 연구에 따르면 외야수들은 계산하기 쉬운 표현, 공을 잡기 위해 뛰어야 하는 거리를 최소화하는 데 필요한 표현을 한다.

외야수들이 사용할 수 있는 잠재적인 표현 중 하나는 공이 따르게 될 포물선 경로(궤적)의 계산이다. 이 계산은 로켓을 달에 보내거나 포탄을 쏠 때 하는 계산이다. 어쩌면 외야수들은 공과 중력 사이의 관계를 몸으로 경험해 머릿속으로 그 관계에 대한 모델, 즉 공의 속도와 방향에 대한 추정치를 기초로 공이 어디에 떨어질지 예측하는 모델을 구축하고 있을지도 모른다. 이런 머릿속 모델이 존재할 것이라는 생각은 오래 전부터 있었다. 하지만 외야수가 이런 모델을 구축하려면 공이 타자의 배트를 떠나면서 그리는 궤적을 정확하게 계산하고, 공의 회전, 바람의 속도, 공기의 밀도를 고려할 수 있어야 한다. 외야수가 타자의 배트로부터 30미터 이상 떨어져 있다는 사실을 감안하면 필요한 매개변수들을 정확하게 예측하는 것은 거의 불가능해 보인다.

외야수가 공의 궤도에 기초한 계산을 할 필요가 없는 표현에 대한 가설이 두 가지 있다. 이 가설들에 따르면 외야수는 시각 정보를 계속 업데이트함으로써 공이 땅으로 떨어지는 위치를 예측할 수 있다. 이 가설들에 따르면 외야수는 공이 어디에 떨어질지 예측할 필요가 없다. 예를 들어, 갑자기 바람이 세게 불면 그 예측이 쓸모없어지기 때문이다. 대신 외야수는 공을 계속 주시하면서 시각적 단서를 이용해 공이 날아오는 동안 그 공이 어떤 방향으로 움직일지 예측한다.

정지해 있는 외야수가 볼 때 공은 처음에는 위로 올라가다 나중에 떨어지는 것으로 보인다. 하지만 외야수가 움직이면서 공을 본다면 외야수 자신의 움직임에 따라 공이 올라가고 떨어지는 모습이 달라질 것이고, 공이 외야수의 옆쪽 어딘가에 떨어질 수도 있을 것이다.

이 두 가지 가설 중 하나는 외야수가 공의 시각적 가속에 반응한다는 가설이다. 공의 광학적 속도(배경을 기준으로 한 시각적 움직임)가 높아지면 공은 외야수 뒤쪽으로 떨어질 것이고, 공의 광학적 속도가 줄어들면 공은 외야수 앞쪽에 떨어질 것이라는 예측을 외야수가 한다는 이론이다. 외야수는 공의 속도가 높아지지도 낮아지지도 않는 것으로 보이는 위치로 이동함으로써 공을 잡을 수 있다는 설명이다. 이 이론에 따르면, (공의 실제 물리적 속도가 아닌) 눈으로 감지하는 공의 속도를 일정하게 만듦으로써 외야수는 공을 잡을 수 있는 적절한 위치를 알아낸다. 이 가설은 "OAC 이론", 즉 광학적 가속도 상쇄Optical acceleration cancellation 이론으로 불린다. 외야수들이 공이 날아오는 동안 자신의 눈에 보이는 공의 가속도를 없애는 방향으로 움직인다는 가설이기 때문이다.

이 두 가지 가설 중 나머지 하나는 외야수가 자신의 눈에 보이는 공의 궤적이 수평선과 계속 일정한 각도를 유지하도록 움직인다는 가설이다. 이 가설은 "LOT 이론", 즉 선형 광학 궤적linear optical trajectory 이론으로 불린다. 이 이론은 가속 이론보다 간단하다. 공의 이미지가 가속되는지 감속되는지 외야수가 감지할 필요가 없고, 공이 일정한 방향으로 움직이는지만 감지하면 되기 때문이다.

언급된 3가지 가설에서 외야수는 각각 다른 표현을 사용한다고 추정된다. 첫 번째 가설은 외야수가 공의 궤적에 대한 구체적인 모델을 세운다는 가설이다. 나머지 두 가설에서는 공의 위치에 대한 표현이 전혀 이뤄지지 않는다. 이 가설들은 공의 "보이는 모습"에 반응함으로써 문제를 풀 수 있다고 주장한다. 이 책에서는 별로 중요하지 않지만, 나는 이 두 가설 중에서 LOT 이론이 OAC 이론보다 더 강력한 이론이라고 본다. 중요한 것은 특정한 표현을 선택하면 풀기 힘든 문제, 즉 궤도 예측이 훨씬 쉬워진다는 사실이다. 개는 포물선 경로를 계산할 수 없는데도 공이나 원반을 던지면 잘 잡아낸다.

표현을 단순화하는 이런 능력이 후천적으로 개발되는 것인지 태어날 때부터 머릿속에 내재된 것인지는 확실하지 않다. 모든 포식자는 자신이 잡으려고 하는 먹잇감에 반응할 수 있다. 그렇다면 이 반응과정은 포식자들 사이에서 초기부터 진화했으며, 외야수들이나 개들이 그 반응과정을 이용하는 것에 불과하지 않을까? 아니면, 외야수나 포식자는 사물을 잡았던 경험을 통해 이 관계를 학습하는 것일까? 둘 중 어떤 경우든, 복잡한 문제는 대부분 간단한 해법, 더 간단한 표현을 사용하는 해법을 이용해 풀 수 있다. 이 사례는 전문가들이 결정성 지능을 이용해 복잡한 문제에 적용할 수 있는 도구들을 만들어낸다는 것을 보여준다. 현재의 계산지능 모델을 만들어낸 해법도 이런 종류의 해법이었다.

복잡할 수 있는 문제들이 비교적 간단한 알고리즘, 즉 무의식적으로 적용되는 알고리즘에 의해 풀릴 수 있다는 것은 이미 증명된 상태다. 외야수들은 "공에서 눈을 떼지 않는 것" 외에는 복잡한 선형 광학 궤적 메커니즘에 대해 설명하기 힘들다. 하지만 현재까지의 연구결과에 따르면 실제로 외야수들은 선형 광학 궤적 메커니즘을 무의식적으로 이용하는 것 같다. 바둑 두기나 체스 두기 같은 문제에 인공지능을 적용하는 데 성공한 사례에서 보듯이, 이 해법은 복잡한 전략적 분석이나 계산이 아니라 복잡해 보이는 문제에 대한 간단한 해법이다.

전문성에 관한 우리의 논의에서 가장 중요한 점 중 하나는 사람들이 사용하는 표현의 속성이 시간에 따라 변화한다는 것이다. 전문성이 늘어나면서 전문가들은 더 추상적이고 체계적인 방식으로 상황을 표현하게 된다. 전문가들은 표면적 분석과 기계적인 규칙 준수에서 추상적인 패턴 분석에 더 많은 기초를 두는 새로운 해법으로 이동하는 것이다. 처음에는 이런 추상적인 패턴이 확실하게 가시화되지 않을 수 있지만, 경험이 계속 쌓이면 이 패턴들은 전문가의 사고 과정에서 핵심적인 역할을 하게 된다.

아직까지 기계학습과 계산지능은 인간 전문가들이 표현을 바꾸는 방식과 동일한 방식으로 표현을 바꿀 수 있는 수준에 이르지 못하고 있다. 심층신경망은 입력 패턴을 추상화하는 방법을 학습할 수 있지만, 궤적을 계산하는 것과 공이 보이는 모습을 이용하는 것의 차이는 간단한 차이가 아닌 것으로 보인다. 체스 두기의 개념을 두 사람의 심리적인 대결에서 가능한 움직임들로 구성된 나무 구조 탐색으로 전환시키는 것이 표현의 근본적인 재조직이었던 것처럼, 시각적 접근방법은 문제를 새로운 표현으로 근본적으로 재조직하는 방법으로 보인다. 체스를 탐색 가능한 나무 구조로 봄으로써 체스는 상대방이 체스 말을 움직일 때의 심리적 의도를 추측하는 것보다 훨씬 더 풀기 쉬운 문제가 됐다.

외야수들의 시각적 접근방법에서든 컴퓨터의 체스 두기에서든 표현의 변화는 기계학습 시스템이 아닌 인간에 의해 이뤄진 것이다. 현재의 계산지능 기술로는 이런 표현의 변화를 생각해 낼 수 있는 메커니즘을 구축할 수 없다.

기계는 사물과 현상을 실시간으로 추적하기 위해 설계된 것이다. 서보 메커니즘servo mechanism(제어 대상의 공간적 위치, 방향 혹은 자세 등을 조정하는 피드백 제어 시스템)이나 온도 조절장치는 간단한 감각 요소들에 반응해 자신의 상태를 조정한다. 유도미사일은 이런 시각 모델들과 비슷한 메커니즘을 이용해 목표물을 추적한다. 하지만 이런 메커니즘은 엔지니어가 설계한 것이지, 기계학습을 통해 발견된 것이 아니다. 인간의 인지를 모방하는 일반 계산지능을 만들려면 언젠가는 이런 해법을 발견하거나 발명하는 메커니즘이 등장해야 한다.

인간이 가진 엘리트 수준의 수행 능력을 이해함으로써 우리가 배울 수 있는 것이 또 하나 있다. 오랜 시간 동안의 경험은 그 어떤 것으로도 대체할 수 없을 것이라는 교훈이다. 에릭슨Ericsson과 그의 동료들의 연구가 맞는다면, 적어도 특정한 종류의 컴퓨터 시스템은 이런 오랜 시간 동안의 연습을 통해 인간 엘리트 수준의 수행 능력을 가질 수 있을 것이다. 이 컴퓨터 시스템이 최소한의 처리 능력을 갖춘 상태에서 분류된 예제들 또는 이와 비슷한 피드백을 충분히 받는다면 특정한 영역의 전문가가 될 수 있을 것이다. 알파고가 현재의 능력을 갖추게 된 것은 수백만 번의 가상 대국을 통해서다. 에릭슨은 우리가 재능이라고 생각하는 것이 인간의 성취와는 무관하기 때문에 컴퓨터의 성취와도 무관할 수 있다고 주장한다. 전문가가 될 수 있는 지름길은 없을 것이다. 하지만 전문가가 될 수 없게 방해하는 장애물 역시 없을 것이다.

아직까지 우리는 전문가를 만드는 데 필요한 능력 중 몇 가지 능력을 구현해 내지 못하고 있다. 계산지능이 인간의 지능을 구체적으로 모방해야 하는지는 확신할 수 없다. 하지만 현재 시점에서 우리가 아는 일반지능 구현 방법은 모방밖에는 없다. 이 모방 과정을 컴퓨터 시스템에서 구현할 수 있다면 일반 계산지능을 만들어 낼 수 있을 것이다.

9

지능의 구현과 TRICS

일반지능을 구현하려면 얼마나 많은 종류의 전문 학습 메커니즘이 필요할까? 특수한 목적의 모듈을 필요로 하는 특정한 현상이 있을까? 아니면 일반적인 학습 메커니즘 하나로 모든 문제를 해결할 수 있을까? 이 장에서는 인간 어린이들이 언어를 학습하는 방식과 동일한 방식으로 언어를 학습하는 것을 목적으로 설계된 연결주의 모델(connectionist model)에 대한 비판, 기계학습에서 표현이 하는 핵심적인 역할에 대한 재검토, 어쩌면 일반지능 구현의 해법이 될 가능성이 있는 특수 목적 메커니즘들에 대한 설명과 비교가 이뤄질 것이다. 이 장의 마지막 부분에서는 현재 기계학습에 필요한 것은 문제에 특화된 학습 메커니즘이 아니라 문제에 특화된 표현이라는 결론을 내릴 것이다. 일반지능 구현에 필요한 것은 더 일반적인 메커니즘일 것이기 때문이다.

지난 장에서 우리는 사람들이 언어를 학습할 때 사용하는 메커니즘과 전문가가 되기 위해 학습할 때 사용하는 메커니즘이 다르다는 것을 살펴보았다. 대부분의 사람들은 특별한 지도 또는 지속적인 지도를 받지 않고도 유년기 초반에 언어를 학습한다. 반면, 전문가가 되기 위해서는 의도적인 연습이 필요하다. 이 차이는 정도의 문제일까, 아니면 이 두 학습에서 사용되는 메커니즘의 차이일까?

1980년대와 1990년대 초반에 인공 신경망이 다시 주목을 받기 시작하면서 학계에서는 특화된 학습 메커니즘의 필요성에 대한 논의가 활발하게 이뤄졌다. 이 과정에서 이전에는 특별한 학습 메커니즘이 있어야 학습할 수 있다고 생각되던 언어의 특성들을 기본적인 신경망이 학습할 수 있다는 강력한 주장이 제기됐다. 예를 들어, 데이비드 러멜하트David Rumelhart와 제임스 매클러랜드James McClelland(1986년)는 자신들이 개발한 신경망 모델이 다른 언어학적 지식 없이도 규칙 동사와 불규칙 동사의 과거형을 학습할 수 있다고 주장했다. 또한 이들은 이 신경망 모델이 아이들이 언어 능력을 학습하는 순서와 매우 비슷한 순서로 이런 능력들을 학습한다고 주장했다. 예를 들어, 이 네트워크는 "fish(낚시하다)"라는 동사를 입력 받으면 이 동사의 과거형인 "fished(낚시했다)"를 출력하도록 설계됐다.

이 네트워크가 등장할 때쯤 허버트 테라스Herbert Terrace, 루이 허먼Louis Herman, 수 새비지 럼보Sue Savage-Rumbaugh, 듀에인 럼보Duane Rumbaugh 같은 비교심리학자들은 침팬지나 돌고래 같은 동물에게 언어를 가르칠 수 있을지 시험하기 시작했다. 이 연구자들의 목표는 언어가 일반적인 학습 시스템에 의해 학습되는지, 인간에게만 있는 특별한 언어 학습 메커니즘에 의해 학습되는지 확인하는 것이었다. 다시 말하자면, 이들의 목표는 언어 학습이 인간 특유의 표현에 의해 이뤄지는 것인지 알아내는 것이었다. 이 연구자들은 언어가 인간이 아닌 동물이나 기계에 의해 학습될 수 있다면 일반적인 학습 메커니즘을 통한 언어 학습이 가능할 것이라고 생각했다. 이들은 여기서 한 걸음 더 나아가 언어가 일반 목적 학습 시스템에 의해 학습될 수 있다면 이 메커니즘으로 일반지능도 구축할 수 있을 것이라는 기대를 했다.

연결주의자들과 비교심리학자들의 이런 주장은 언어학자들과 심리언어학자들의 비판을 받았다. 언어학자들은 실제 언어는 인간에 의해서만 학습될 수 있으며, 인간만이 실제 언어를 학습할 능력이 있다고 주장했다. 예를 들어, 노엄 촘스키는 인간이 언어를 학습할 수 있는 것은 인간의 뇌에서 "언어 학습 기관language-learning organ"이 진화했기 때문이라고 주장했다. 촘스키는 다른 이론으로는 인간 어린이들이 언어를 학습한다는 사실을 설명할 수 없다고 주장했다. 반면, 연결주의자들과 비교심리학자들은 특별한 기관 없이도 경험만으로도 충분히 언어를 학습할 수 있다고 주장했다. 언어학자들은 인간만이 언어를 학습하고 다른 동물은 그렇지 않은 이유는 인간만이 언어를 표현하는 특별한 구조를 가지고 뇌 안에 가지고 있기 때문이라고 주장했다. 또한 이들은 경험의 역할은 최적화에 불과하다고 주장했다.

특정한 능력을 갖기 위해 특별한 메커니즘이 있어야 하는지에 관한 문제는 일반 인공지능 구축 여부에서 핵심적인 위치를 차지한다. 일반 인공지능 시스템은 얼마나 많은 학습 메커니즘을 필요로 할까? 또한, 그 메커니즘들은 어떤 특성을 가져야 할까? 반면, 모든 과제를 수행할 수 있는 일반 학습 메커니즘을 만들 수 있다면 일반 인공지능을 만들 수 있는 가능성은 크게 높아질 것이다.

노엄 촘스키는 프레드 스키너Fred Skinner가 쓴 『언어 행동Verbal Behavior』에 대한 신랄한 비판을 하면서 인지과학 분야에서 두각을 나타낸 사람이다. 이 책에서 스키너는 강화의 기본 원리들을 이용해 언어 학습을 할 수 있는 일반 목적 메커니즘을 제시했다. 스키너가 주장한 강화학습 모델은 오늘날의 연결주의 모델과 유사하다. 보상이 따르는 행동이 더 자주 일어난다는 생각이 이 모델의 핵심이다.

스키너는 언어 행동의 조절변수들을 찾아내면 어떤 언어 반응이 나올지 알 수 있다고 생각했다. 스키너 이론에 따르면 어떤 행동이 "튀어나오게emit" 될지는 환경 자극에 의해 결정되며, 강화는 언어 행동을 포함한 다양한 행동들이 일어날 확률을 변화시킨다. 스키너는 강화에 의해 인간의 행동이 조절된다고 생각했다. 간단하게 설명하면 이렇다. 사람들이 빨간색 물체들이 존재할 때 "빨간색"을 본다고 말하는 것은 이전의 비슷한 상황에서 "빨간색"을 본다고 말했을 때 보상을 받았기 때문이라는 것이 스키너의 생각이다.

촘스키는 스키너의 생각이 옳지 않다고 생각했다. 촘스키에 따르면, 스키너는 어떤 사람이 악보를 보고 "모차르트"의 곡이라고 말하는 것은 이전에 모차르트라는 작곡가의 이름을 말함으로써 보상을 받았기 때문이라는 것이다. 촘스키는 그 사람이 다른 이름을 말한다고 해도 스키너는 물체의 다른 특징을 지적함으로써 그 말을 설명할 것이고, 그 사람이 과거에 그 자극이 있을 때 그 말을 함으로써 보상을 받았을 것이라고 반박했다.

사람은 가죽 의자에 대한 반응으로 "가죽"이라는 말을 할 수 있다. 의자를 덮은 소재가 가죽이기 때문에 가죽이라는 말을 할 것이다. 하지만 그 사람은 동일한 상황에서 "앉다"라는 말을 할 수도 있다. 이 또한 과거에 일어났던 강화 때문일 것이다. 사람들이 겪는 강화 경험은 복잡하고 대부분은 기록이 되지 않기 때문에 이런 주장이 맞는지 틀리는지 검증할 수 있는 독립적인 수단은 존재하지 않는다.

촘스키는 스키너의 생각이 완전히 순환논리에 의존한 생각이라고 주장했다. 어떤 발화utterance든 추후에 환경의 특정한 특징과 이전의 특정한 강화 경험을 지적함으로써 설명될 수 있다는 것이 촘스키의 생각이었다. 촘스키는 이런 순환적 설명이 "과학을 가지고 하는 놀이"에 불과하다고 주장했다. 실제로 현재 우리는 강화학습이 단어 습득 과정에서 역할을 할 수도 있지만, 강화학습이 구체적으로 어떤 역할을 했는지 모른다면 그 설명은 내용이 없는 설명이라는 것을 알아가고 있는지 모른다.

촘스키는 인간의 언어에서 보이는 패턴 대부분은 인간이 알고 있는 학습 메커니즘 중 그 어떤 것에 의해서도 학습되지 않는다고 주장했다. 촘스키의 이 주장은 스키너가 제시한 강화 메커니즘 또는 아마도 모방에 의해 언어가 학습되지 않는다는 뜻일 것이다. 1959년만 해도 다양한 학습 형태가 알려져 있는 상태였지만, 촘스키는 이런 다양한 학습형태에 별 관심이 없었던 것 같다. 촘스키는 언어의 속성들이 학습될 수 없다면 그 속성들은 인간의 뇌에 내재된 것이라고 생각했다. 보상과 모방이 언어 패턴을 만들어낼 수 없다면 언어 패턴은 인간이 선천적으로 타고나는 것이라는 생각이다.

촘스키의 주장에 따르면 아이들이 언어를 학습할 기회를 가질 수 없다는 것을 보여주는 몇 가지 현상이 있다. 이 현상 중 하나가 "기생 대명사parasitic pronoun"의 존재다. 기생 대명사는 의미나 문법적 정확성을 변화시키지 않으면서 문장에서 빠질 수 있는 대명사를 말한다. 예를 들어, "Which article did you file without reading it?(그것을 읽지 않고 철한 기사가 어떤 기사지?)"라고 말할 수도 있고 "Which article did you file without reading?(읽지 않고 철한 기사가 어떤 기사지?)"라고 말할 수도 있다. 첫 번째 문장에서 대명사 "it"를 빼도 문장은 별로 달라지지 않는다. 이와는 대조적으로, "John was killed by a rock falling on him.(존은 그에게 떨어진 바위 때문에 죽었다)" 같은 문장을 "John was killed by a rock falling on."이라고 말할 수는 없다.

촘스키의 주장에도 문제는 있다. 촘스키는 자신의 주장을 뒷받침할 수 있는 구체적인 증거를 전혀 제시하지 않았기 때문이다. 촘스키의 주장은 언어 학습을 가능하게 하는 메커니즘의 부재와 그가 스키너에게 지적한 똑같은 종류의 순환논리에 어느 정도 집중하는 데 머물렀다.

스키너는 현상이 어떻게 학습되는지 보여주지 못했고, 촘스키는 현상을 만들어내는 뇌의 메커니즘을 보여주지 못했다. 하지만 촘스키와 스키너 둘 다가 몰랐던 어떤 메커니즘에 의해 현상이 학습될 수도 있다.

러멜하트와 매클러랜드의 연결주의 언어 학습 모델은 촘스키의 주장과 언어 학습이 명확한 규칙에 의해 표현된다는 생각에 기초한 접근방식 둘 다를 반박하는 모델이었다. 이들은 "학습이 불가능한" 언어의 특징들을 학습할 수 있는 학습 메커니즘을 실제로 발견했다고 주장했다. 자원의 한계를 비롯한 다양한 제약 때문에 이들의 프로젝트는 결국 기생 대명사 현상 같은 언어 문제들을 일반화해 설명하겠다는 애초의 계획의 아주 적은 부분밖에는 이루지 못했다. 하지만 적어도 이 프로젝트는 언어 학습과 관련된 메커니즘이 존재한다는 것을 밝혀내긴 했다. 최소한 이들은 그렇다고 생각했다.

러멜하트와 매클러랜드는 다층 퍼셉트론이 동사의 과거형을 만들어낼 수 있도록 훈련시켰다. 이들이 만든 다층 퍼셉트론은 "like" 같은 동사를 입력하면 이 동사의 과거형인 "liked"를, "swim"을 입력하면 그 과거형인 "swam"을 출력했다. 이 퍼셉트론은 언어나 특정한 언어 구조에 대한 지식이 없이도 이런 학습을 해냈다. 원시 경험raw experience과 일반 학습 메커니즘만으로도 학습이 일어난 것이었다. 명확한 규칙이나 특수한 뇌 모듈도 필요하지 않았다.

영어 동사 대부분은 끝에 "ed"가 붙거나 동사 현재형의 끝부분 형태가 바뀌어 과거형이 된다. 하지만 매우 흔한 동사 중 일부는 "불규칙한" 방식으로 과거형으로 변한다. 예를 들어, "think"의 과거형은 "thought"다. 아주 어린아이들도 규칙동사와 불규칙동사의 과거형을 정확하게 만들어낸다. 하지만 그 시기가 지나면 아이들은 일부 동사들을 "과도하게 규칙동사로 만든다". 이를테면, "swim"의 과거형을 "swimmed"라고 말하는 식이다. 이 시기가 지나면 아이들은 다시 올바른 과거형 동사들을 만들어낸다. 러멜하트와 맥클러랜드의 연결주의 모델도 같은 패턴을 보였다. 처음에는 올바른 형태로 과거형을 만들어내다 시간이 지나면서 과도하게 규칙동사를 만들었고, 궁극적으로는 규칙동사와 불규칙동사를 다시 제대로 만들어냈다. 러멜하트와 맥클러랜드에 따르면 처음에 아무것도 없는 상태에서 시작한 컴퓨터가 복잡한 변형에 대해 학습할 수 있게 됐으며, 본질적으로 아이들과 같은 방식으로 언어를 학습했다. 따라서 간단한 학습 메커니즘이면 충분히 언어를 학습할 수 있다는 것이 이들의 주장이었다.

조얼 라흐터Joel Latcher와 토머스 베버Thomas Bever는 연결주의 모델이 실제로 언어 규칙을 스스로 학습한 것이 아니라, 모델 설계자가 비명시적으로 언어 지식을 "인코딩"하는 특정한 표현을 모델에 포함시켰기 때문에 학습이 가능했던 것처럼 보이는 것이라고 주장했다. 라흐터와 베버는 이 비명시적인 인코딩을 "TRICS", 즉 결정적으로 가정하는 표현The Representation It Crucially Suppose이라고 불렸다. 이들은 연결주의 모델이 성공한 이유는 러멜하트와 맥클러랜드가 네트워크에 입력되는 언어를 표현하는 결정적인 방식을 선택한 결과라고 주장했다.

다른 모든 모델이 그렇듯이 연결주의 모델도 무엇이 학습되어야 하는지에 대한 생각과 모델에 제시되는 정보가 어떻게 표현되어야 하는지에 대한 생각을 반드시 포함한다. 모든 모델은 특정한 생각을 구현한다. 하지만 그 생각들은 명확하게 표현되지 않을 수 있고, 심지어는 아예 드러나지 않을 수도 있다. 우리는 제7장에서 호빗과 오르크 문제를 다루면서 이런 생각들에 대해 다룬 바 있다. 원래의 픽셀들로부터 이미지를 분류하는 법을 학습하는 것도 특정한 생각에 의존한다. 심층신경망을 열광적으로 지지하는 사람들의 주장과는 달리 이런 학습은 전혀 이론 중립적이지 않다.

연결주의 모델이 설정해야 하는 매개변수들 그리고 그 매개변수 중 하나를 구축하기 위해 내려야 하는 임의적으로 보이는 결정들이 어떤 것인지 확정되면, 연결주의 모델이 어떤 규칙 패턴을 모방할 수 있는지 알아내는 것은 어렵지 않다. 시벤코 정리universal approximation theorem(보편 근사 정리, Cybenko, 1989)에 따르면 매개변수만 제대로 설정되면 간단한 단층 신경망도 모든 연속 함수의 근사치를 계산할 수 있으며, 매우 다양한 현상을 표현할 수 있다. 하지만 훈련 데이터 구성을 위해 사용되는 특정한 종류의 표현들은 패턴을 편향시키기도 한다.

표현은 언어 학습 모델에만 영향을 끼치는 것이 아니다. 표현은 모든 종류의 기계학습에서 중심적인 위치를 차지한다. 네트워크 설계자가 선택하는 표현은 네트워크의 능력에 결정적인 영향을 미친다. 표현은 중립적일 수가 없기 때문이다. 설계자들은 자신이 선택한 표현이 어떤 결과를 낳을지 모를 수도 있다. 하지만 어떤 형태로든 결과는 발생한다. 라호터와 베버는 표현의 선택으로만 현상을 설명할 수 없다고 주장했다. 이 주장이 전적으로 옳지 않다고 해도, 학습의 대상 결정에서 표현이 중요한 역할을 하는 것만은 사실이다.

러멜하트와 맥클러랜드가 자신들의 주장을 뒷받침하기 위해 사용한 증거 중 하나는 이들의 네트워크가 아이들이 규칙동사와 불규칙동사를 사용하게 되는 U자 형태의 패턴(처음에는 제대로 사용하다 중간에 틀리고 다시 정확하게 사용하는)을 보이는 것과 똑같은 U자 패턴을 보였다는 것이었다. 훈련 예제들이 제시되는 순서가 동사 사용 패턴이 나타나는 순서에 영향을 미칠 수 있다. 연결주의 설계자들은 아이들이 비슷한 예제들에 노출되는 순서를 모방하려고 하겠지만 예제의 선택과 예제가 제시되는 순서에는 여전히 임의성이 존재한다.

라호터와 베버는 러멜하트와 맥클러랜드의 연결주의 모델이 일반 학습 메커니즘이 언어의 특징을 학습하는 능력을 실제로 보여준 것이 아니라고 주장한다. 이 모델은 설계자들이 학습을 쉽게 만드는 방식으로 우연히 문제를 표현했기 때문에 학습 능력이 있는 것처럼 보였다는 주장이다. 라호터와 베버는 이 연결주의 모델이 적절한 표현이 특정 문제 학습을 더 쉽게 만든 사례라고 봤다. 러멜하트와 맥클러랜드는 시스템이 학습해야 할 것을 정확하게 보여주는 말소리들을 우연히 선택하게 됐으며, 혼동 단계와 성공 단계를 명확하게 만드는 방식으로 우연히 시스템을 훈련시켰다는 것이 라흐터와 베버의 생각이었다. 이들은 이런 TRICS가 없었다면 연결주의 모델은 성공하지 못했을 것이라고 주장했다.

동사의 과거형을 만들어내는 법을 학습하는 아이들은 처음에는 너무 어려 글을 읽을 수 없는 아이들이다. 따라서 이 아이들이 영어 알파벳을 이용해 단어를 표현한다고 생각할 수는 없다. 대신, 러멜하트와 맥클러랜드는 영어의 소리, 즉 음소를 네트워크에 제시했다(제6장 참조). 네트워크에 일부 동사들의 현재형을 나타내는 말소리들이 입력되면 네트워크는 이 동사들의 과거형을 나타내는 다른 말소리들을 출력하도록 설계됐다.

언어학자들은 동사의 현재형과 과거형에 관련된 변형 규칙을 음운 규칙으로 설명한다. 음운 규칙은 단어의 소리 형태들이 서로 어떻게 연관되는지에 관한 규칙이다. 음운 규칙은 말소리의 변화에 대해서 설명하지만, 단어의 철자에 대해서는 설명을 제공하지 못할 때가 있다. 예를 들어, 음운 규칙에 따르면 동사의 현재형 발음이 "d"나 "t"로 끝나면 동사의 끝에 "ed"를 붙여 과거형을 만든다. 예를 들어, "mat"의 과거형은 "matted", "need"의 과거형은 "needed"이 된다. 동사가 "sh"나 "k" 같은 특정한 소리로 끝나면 "pusht", "kickt"처럼 "t"를 붙여 과거형을 만든다(역주: 실제 철자는 "pushed", "kicked"이지만 여기서는 소리를 표시하기 위해 이렇게 표기했다). 동사의 현재형이 "b", "g", "j", "z" 소리로 끝나면, 과거형은 "d" 소리만 붙인다. "bugged", "skid(ski 동사의 과거형 발음)"가 그 예다. 라흐터와 베버는 다른 규칙들도 검토했지만, 여기서는 이 정도만 다루기로 하자.

러멜하트와 맥클러랜드는 "위클폰Wickelphone"이라는 표현 방식을 이용해 입력과 출력을 표현했다. 위클폰은 웨인 위클그렌Wayne Wickelgren이 고안한 표현 방식으로, 각 글자의 소리를 기호 3개로 표현하는 방식이다. 첫 번째 기호는 목표 대상 소리 바로 이전의 소리를 표현하고, 두 번째 기호는 목표 대상 소리를 표현하고, 세 번째 기호는 목표 대상 소리 바로 이후의 소리를 표현한다. # 기호는 단어들 사이의 공간을 나타낸다. 따라서 "bet"라는 단어는 "#Be+bEt+eT#"로 표현힐 수 있다. 라흐터와 베버에 따르면 이 맥락적 구조 때문에 위클폰 표현 방식에는 영어의 음운론적 특성의 상당 부분이 비명시적으로 포함된다.

위클폰 표현 방식은 거의 모든 단어를 하나의 순서로 표현하는 방식이다. 앞에서 예로 든 단어 "bet"의 경우 3개의 기호 중 첫 번째 기호가 단어의 시작을 나타내는 기호를 포함해야 하기 때문에 B로 시작해야 하고, 3개의 기호 중에는 단어의 끝을 나타내는 기호가 포함되어야 하기 때문에 T로 끝나야 한다. 또한 3개 기호 중의 가운데 기호는 반드시 E여야 한다. 네트워크가 받는 각각의 입력은 추가적인 분석을 통해 각각의 위클폰을 단어의 특징과 발음을 나타내는 위클피처들Wickelfeatures(특성들)의 집합으로 표현된다. 위클피처는 예를 들어 특정한 소리가 중간에 끊기는지 아닌지, 그 소리가 모음인지 나타낸다. 라흐터와 베버에 따르면 위클피처는 인간이 동사의 과거형을 만들어내는 음운 규칙의 특징과 특성을 그대로 반영한다.

물론 아이들은 이 규칙을 알고 있는 상태에서 말을 하지는 않는다. 아이들은 자신이 듣는 소리에 기초해 언어 학습을 하기 때문이다. 아이들은 모음이나 음이 끊기는 현상에 대해 아무것도 모른다.

아이들은 단어들이 어떻게 구별되는지도 확실하게 모른다. 어른들이 단어 사이의 휴식으로 듣는 것은 발음되는 단어 안에서의 휴식보다 짧을 수도 있다. 하지만 위클폰은 단어가 어디서 시작해 어디서 끝나는지 확실하게 표시한다. 아이들에게는 이런 능력이 없다.

예제가 선택되는 방식, 예제가 제시되는 순서와 관련이 있는 이런 생각들은 러멜하트와 맥클러랜드가 시스템 훈련 결과를 판단하는 데 매우 큰 영향을 미쳤다. 다른 기계학습 상황에서도 그렇듯이, 문제에 대한 표현은 기계가 무엇을 학습하는지에 관한 결정의 핵심을 차지한다. 라흐터와 베버가 보기에 위클피처 같은 표현은 러멜하트와 맥클러랜드의 네트워크가 중요하다고 추정한 것이다.

라흐터와 베버는 일반 학습 메커니즘의 적합성을 비판하기 위해 연구를 시작했다. 하지만 나는 그들이 언어의 특징들을 학습할 수 있는 일반적인 메커니즘의 가능성을 완전히 배제하는 데 성공했다고 보지 않는다. 하지만 적어도 라흐터와 베버는 러멜하트와 맥클러랜드의 모델이 일반 학습 메커니즘이 언어 학습을 할 수 있다는 것을 보여주는 모델이 아니라는 데는 성공했다.

지능이 특별한 메커니즘을 필요로 할 수 있다고 생각한 것은 라흐터와 베버만이 아니었다. 어떤 일들은 학습 메커니즘이 제공할 수 있는 것보다 더 많은 능력을 필요로 한다는 언어학자들의 주장이 옳다면, 일반 인공지능을 만들 수 있는 가능성은 거의 없어질 것이다. 반면, 일반 학습 메커니즘으로 충분하다면 컴퓨터 과학자들은 적절한 경험을 찾아내고 그것을 적절한 방식으로 표현하기만 하면 될 것이다.

일반지능이 재능이나 특별한 형태의 능력들에 의존한다면 우리의 연구에는 어떤 방식으로든 그 능력들에 대한 연구가 포함되어야 한다. 계산지능이 어떤 능력을 필요로 할지에 대한 의문은 그 자체가 매우 풀기 힘든 의문이다. 계산지능이 필요로 하는 능력은 어떤 성향일까? 아니면 편향일까? 경험 이전에 존재하는 지식일까? 그 능력은 어떤 형식으로든 계산 시스템의 구조와 관련된 능력일까?

그 능력이 필요하다고 해서 계산지능 구축이 불가능해지지는 않을 것이다. 하지만 우리가 계산지능 구축을 위해 반드시 만들어야 하는 것들의 목록에 그 능력을 추가하는 일은 매우 복잡한 일이 될 것이다. 인간의 뇌에는 특정한 문제들을 풀 수 있게 만드는 특정한 속성들이 존재할까? 존재한다면 그 특정한 속성들은 무엇일까? 그 속성들은 어디에서 비롯되는 것일까? 그 속성들을 모방하려면 무엇이 필요할까? 이런 어려운 문제들에 대해 아직까지 컴퓨터 과학자나 인지과학자들은 별 관심을 두고 있지 않다.

컴퓨터는 앞으로도 어떤 목적을 가지고 어떤 일을 하지 못할 것이라고 말하는 사람들이 있다. 대부분의 사람들은 인간이 특별한 위치를 가져야 한다고 생각하는 것 같다. 앞에서 중국어 방 사고실험을 다룰 때 언급한 철학자 존 설은 뇌가 있어야 마음이 있을 수 있다고 주장한다. 컴퓨터 프로그램은 전적으로 구문에 의존하기 때문에 기호의 의미를 표현할 수 없다는 주장이다. 하지만 존 설은 구체적으로 뇌가 어떤 속성 때문에 이 세계에 존재하는 사물들을 표현하는 기호를 뇌가 가질 수 있는지, 왜 컴퓨터는 그런 기호를 가지지 못하는지는 분명하게 말하지 않았다.

철학자 휴버트 드레이퍼스Hubert Dreyfus는 뉴얼과 사이먼이 처음 제시한 AI에 대한 기호적 접근방식은 유효하지 않다고 주장했다. 드레이퍼스는 이 접근방식으로는 컴퓨터가 충분한 상식을 수집할 수 없으며, 이 접근방식으로는 "프레임 문제frame problem", 즉 세계는 변화하지만 컴퓨터는 세계에 대한 표현의 어떤 부분을 업데이트해야 하는지의 문제를 해결할 수 없다고 주장했다.

드레이퍼스에 따르면 AI에 대한 기호적 접근방식은 데카르트로부터 이어지는 서양의 철학적 사고, 즉 마음에는 지식을 구성하는 극소 단위들이 있으며 개념은 규칙에 기초한 것이라는 사고의 재현에 불과하다. 드레이퍼스에 따르면 컴퓨터(로봇)는 특정 시점에서의 세계의 상태를 탐지해 표현을 만든다. 내가 보기에 드레이퍼스는 컴퓨터가 세계와 더 이상 접촉하지 않고 학습이 이루어진 특정 시점에서의 세계에 대한 기호적 설명에만 기초해 작동한다고 생각하는 것 같다. 컴퓨터가 세계를 감지하고, 학습 시점의 기호에 기초해 예측한 조건과 다른 조건을 발견하지만, 컴퓨터는 그 조건들이 어떻게 다른지는 알 수 없다고 생각한다. 만일 드레이퍼스가 이렇게 생각한다면, 그 컴퓨터는 실제로 사용되는 모든 컴퓨터와는 전혀 비슷하지 않을 것이다.

드레이퍼스는 하이데거나 비트겐슈타인 같은 20세기 철학자들이 이미 극소 단위에 기초하는 기호적 접근방식은 실패한 접근방식이라는 것을 인식했지만, 기호적 AI는 이 실패한 접근방식을 모방하고 있다고 말한다. 드레이퍼스는 기호적 AI가 실패할 수밖에 없는 이유가 여기에 있다고 주장한다.

드레이퍼스에 따르면 AI에 대한 연결주의 접근방식이 실패할 수밖에 없는 이유가 또 하나 있다. 드레이퍼스에 의하면 연결주의 시스템은 실제로 학습을 할 수 없으며, 무한한 처리 능력을 가진다고 해도 뇌가 하는 일을 해내지는 못할 것이기 때문에 연결주의 접근 방법은 실패할 것이라고 말한다. 드레이퍼스는 AI가 여전히 지능적인 행동을 모방하고 있지만, AI가 인공 시스템의 행동 수준을 넘어서 마음이 실제로 하는 일의 수준에 이르지 못하는 한 진짜로 지능적이라고 말할 수는 없다고 주장한다. 드레이퍼스는 컴퓨터의 저장능력이 충분히 늘어나고 CPU가 뇌를 모방할 수 있게 되면 컴퓨터가 의식과 진정한 의미의 지능을 가지게 될 것이라는 생각을 비웃는다. 컴퓨터의 능력이 답이 될 수 없다는 입장이다. 하지만 누구도 답은 모른다. 드레이퍼스는 가장 어려운 문제는 어떻게 물질이 의식을 만들 수 있는지에 관한 문제이며, AI와 컴퓨터 사용은 그 문제를 이해하는 데 조금의 도움도 제공하지 못할 것이라고 주장한다.

인공지능에 대한 드레이퍼스의 관점은 뉴얼과 사이먼 그리고 그들이 제시한 물리적 기호 시스템에서 시작해 로드니 브룩스Rodney Brooks로 끝난다. 브룩스는 로봇진공청소기 룸바를 생산하는 아이로봇iRobot의 창립자다. 브룩스는 로봇이 내적인 표현을 전혀 필요로 하지 않는다고 주장하지만, 드레이퍼스에 따르면, 브룩스는 곤충이 학습을 하지 않으며 로봇진공청소기도 학습을 할 필요가 없다고도 주장했다. 드레이퍼스는 곤충과 로봇진공청소기라는 두 시스템에서 학습이 이뤄지지 않는다는 것을 증거로 들어 AI가 학습을 하는 것은 불가능하다고 주장했다. 드레이퍼스는 기계학습이라는 영역 전체와 학습을 매우 잘하는 연결주의 시스템을 무시한 것이었다.

드레이퍼스는 지식이 기호와 규칙 형태로 저장되는 것이 아니라 행동을 준비하기 위한 형태로 저장된다고 주장했다. 인간의 마음은 상식처럼 세계에 대한 수많은 사실로 구성되지 않으며, 대신 행동을 준비하기 위해 수정된다는 생각이다. 이와 관련해 길버트 라일Gilbert Ryle은 지식은 "사실that에 대하여 무엇인가를 아는 것"이 아니라 "방법how에 대하여 아는 것"이라고 주장하기도 했다.

드레이퍼스에 따르면 사람들의 학습은 경험의 결과로 이 세상이 "다르게 보이는 것"에 의존한다. 사물 또는 사람에 따라 이 세상은 각각 다르게 보이기 때문에, 사람들에게 의식이 없다면 "다르게 보이는 것"이라는 말은 무의미할 것이다. 다시 말해서, "나에게 다르게 보이는" 대상이 존재하려면 내게 의식이 있어야 한다는 뜻이다.

지능에서 의식이 어떤 인과적 역할을 하는지는 모르겠다. 드레이퍼스도 그런 것 같다. 드레이퍼스의 관점에 따르면 의식은 인간이 자신을 발견하는 맥락(상황)을 인식하는 과정에서 역할을 한다. 컴퓨터 용어로 말하면, 의식은 사람이 어떤 것이 중요하고 어떤 것이 중요하지 않은지 이해하기 위해 맥락적 틀contextual frame을 선택하게 해준다고 할 수 있다.

철학자들 대부분은 의식의 문제가 철학의 핵심적인 문제라고 생각한다. 마음이 없는 뉴런이 기능할 뿐만 아니라 자신이 기능한다는 것을 아는 마음이 도대체 어떻게 만들어지는가? 나는 단순히 내 주변 환경에서 일어나는 사건들에 반응하지 않는다. 나는 그 사건들을 경험한다. 내가 나인 것과 비슷한 어떤 것이 있겠지만, 그 어떤 것이 정확하게 무엇인지 직접적으로 아는 것은 나밖에 없다. 이 생각을 확장하면, 나는 내가 나인 것과 비슷한 어떤 것이 있고 당신이 당신인 것과 비슷한 것이 있을 것이라고 기대한다고 할 수 있다. 나는 내가 경험을 하는 만큼 당신도 경험을 한다고 생각한다. 하지만 내가 당신의 상태를 추론하려면 유추를 해야 한다. 나만의 경험에 접근할 수 있는 것은 오직 나밖에 없기 때문이다.

의식이 정확하게 무엇인지, 의식이 정확하게 어떤 역할을 하는지에 대한 이론은 매우 많다. 하지만 나는 의식이 지능에서 어떤 역할을 하는지 전혀 모른다. 드레이퍼스는 그 역할에 대해 약간의 추측을 했지만 정확하게 그 역할이 무엇인지는 말하지 못했다. 드레이퍼스는 데카르트의 유명한 말인 "나는 생각한다. 그러므로 나는 존재한다."와 비슷한 나음과 같은 말을 했을 뿐이다. "생각이 존새한다면 생각하는 어떤 것이 존재해야 한다. 하지만 그 어떤 것이 의식인지는 분명하지 않다."

내가 나인 것과 비슷한 어떤 것이 존재하고, 당신이 당신인 것과 비슷한 것이 존재한다면, 그리고 박쥐가 박쥐인 것과 비슷한 어떤 것이 존재한다면, 컴퓨터가 컴퓨터인 것과 비슷한 것이 존재할 수도 있다. 인간의 관점에서 보면 컴퓨터인 것은 지루한 일로 보일 수 있고, 박쥐가 되는 것은 신비한 일일지도 모른다. 하지만 지루하게 보이든 신비하게 보이든 어떤 것이 존재할 가능성은 있다. 하지만 지능에서 의식이 어떤 인과적 역할을 하는 것 같지는 않다. 의식이라는 것은 인공지능에서 무의미한 것으로 보인다. 철학에서도 그럴 것이다.

물리적 기호 시스템이 AI의 기초가 되기는 부족하다는 드레이퍼스의 지적은 옳다. 유한한 양의 지식을 수집해 상식 추론을 하는 것은 어렵다는 그의 지적도 옳아 보인다. 하지만 드레이퍼스의 생각이 맞는다고 해도, 그 생각은 전혀 다른 이유로 맞는 것으로 보인다. 컴퓨터가 학습을 할 수 없다는 드레이퍼스의 주장은 완전히 틀린 주장이다. 드레이퍼스가 "학습"이라는 말을 전혀 새로운 의미로 사용하지 않았다는 전제하에서 그렇다. 드레이퍼스가 제기한 적합성 문제가 계산지능에도 적용될 수 있는지는 아직 확실하지 않다. 대부분의 AI 프로그램은 비교적 제한적이고 작은 세계를 다루며, 동일한 과정들이 더 유동적인 환경으로 확장될 수 있는지에 관한 문제는 아직 믿음의 문제 수준에 머무르고 있다.

라흐터와 베버가 지적했듯이, 시스템 설계자는 문제 해결에 중요한 환경의 특징들을 선택하는 사람이다. 지능이 더 일반적이 되기 위해서는 컴퓨터가 적절한 데이터를 선택할 수 있는 능력을 더 많이 가져야 하겠지만, 아직까지는 그 수준에 이르지 못하고 있다.

적절한 데이터의 선택은 인간에게도 어려운 일이다. 제7장에서 다뤘듯이, 어떤 두 개의 사물을 선택하든 그 두 개의 사물은 무한한 측면에서 비슷하며, 동시에 무한한 측면에서 다르다. 사람들이 어떻게 비교의 기초를 선택하는지는 그 자체가 풀기 힘든 미스터리다. 적절한 데이터의 선택이라는 문제는 기계에만 한정되지 않는다는 뜻이다.

드레이퍼스가 현재의 자율주행자동차를 봤다면 어떻게 말했을까? 자율주행자동차는 다양한 종류의 컨텍스트context(역주: 어떤 행위를 위한 전후사정 정보의 통칭이다)를 표현한다. 자율주행자동차가 사막이나 혼잡한 도시의 도로를 주행할 수 있다는 것은 실제로 컨텍스트를 학습하고 전환할 수 있다는 것을 뜻한다. 다중 감지 시스템은 자율주행자동차가 다양한 상황에서(예를 들어, 다양한 속도에서) 다양한 종류의 정보를 이용할 수 있게 한다. 자율주행자동차는 세계에 대한 직접적인 감지와 내적 표현 모두에 의존해 작동한다.

마지막으로, 의식의 필요성에 대한 드레이퍼스의 생각은 잘못된 것이라고 말하고 싶다. 드레이퍼스가 의식의 필요성에 대해 잘못된 결론을 내리게 만든 원인은 여러 가지가 있다. 우선, 우리가 문제를 해결하는 방식이라고 (아마도 의식적으로) 우리가 생각하는 방식은 실제로 우리가 문제를 해결하는 방식과 일치하지 않는 경우가 대부분이다. 과거에 우리는 체스를 두려면 전략과 전술에 대한 깊은 지식이 있어야 한다고 생각했었다. 하지만 특정한 종류의 나무 탐색 알고리즘만 있으면 컴퓨디 프로그램이 인간 체스 플레이이를 이길 수 있다는 것이 밝혀졌다. 또한 과거에 우리는 컴퓨터 프로그램이 바둑을 두는 것은 현실적으로 불가능하다고 생각했다. 체스 프로그램에 사용된 그래프 알고리즘으로 바둑을 두기에는 나무의 가지가 너무 많았기 때문이다. 하지만 결국 바둑을 두는 데 필요한 것은 더 간단한 알고리즘이었다. 우리는 야구 배트에 맞아 날아가는 공을 잡기 위해서는 공의 포물선 궤도를 계산해야 한다고 생각했다. 하지만 실제로 공을 잡기 위해 필요한 것은 외야수가 자신의 머리의 위치를 계속 바꿔 공이 일정하게 움직이는 것으로 보이게 만드는 간단한 작업이었다.

철학자 대니얼 데닛Daniel Dennet은 "마릴린 먼로 벽지 문제"라고 이름을 붙일 수 있는 의식 관련 문제를 제기했다. 앤디 워홀의 그림처럼 마릴린 먼로가 벽에 반복적으로 그려진 방에 들어간다면, 우리는 같은 이미지들이 반복적으로 보인다고 의식한다. 하지만 연구결과에 따르면, 실제로 우리는 그 이미지들을 모두 보지는 못한다. 우리는 우리 눈이 모든 마릴린 먼로 이미지를 다 보는 데 필요한 시간보다 짧은 시간 안에 결론을 내린다. 우리 눈이 빠르게 움직이는 동안 이 이미지들의 일부가 바뀐다고 해도 우리 눈은 그 변화를 거의 눈치 채지 못한다.

우리가 보는 것을 핵심적으로 통제하는 것은 의식이 아니라는 또 다른 증거가 있다. 변화맹시change blindness라는 현상이다. 예를 들어, 큰 비행기가 있는 사진을 본다고 가정해 보자. 사람들은 자신이 그림 전체를 본다고 말한다. 사람들이 자신이 그림 전체를 본다는 것을 의식하고 있다고 말하지만, 연구결과에 따르면 사실 사람들은 비행기 그림에서 아주 큰 부분조차 정확하게 보지 못한다. 사람들은 처음에 본 비행기 사진과 그 사진과 상당히 많이 다른 비행기 사진도 제대로 구분하지 못한다. 드레이퍼스의 주장과는 달리, 의식 자체는 세계가 변화할 때 같이 변화해야 하는 표현적 특징들을 잘 잡아내지 못한다.

변화맹시는 짧게 플래시를 중간에 터뜨리면서 사진 2장을 번갈아 계속 보여주는 실험을 통해 쉽게 확인할 수 있다. 플래시를 터뜨리는 이유는 두 사진 사이에 나타날 수 있는 가현운동apparent movement 단서를 차단하기 위해서다. 가현운동은 정지 사진들을 연속적으로 빠르게 보여주면 연속적인 동영상처럼 느끼게 만드는 지각 현상이다. 눈과 뇌에는 이렇게 움직임을 감지하는 특정한 탐지 기능이 있다.

변화맹시 확인에 사용되는 사진들은 특정한 한 부분만 다르고 다른 모든 부분이 같은 사진들이다. 그 중 내가 좋아하는 사진은 큰 비행기 사진이다. 비행기 엔진이 사진 한가운데 있는 사진과 비행기 엔진이 없는 사진을 앞의 방식으로 번갈아 보여주면, 사람들은 그 두 사진의 차이를 찾아내기 힘들어한다. 하지만 일단 그 사진을 동시에 비교해 차이가 파악되면, 그때부터는 차이점이 계속 눈에 들어온다.

https://www.cse.iitk.ac.in/users/se367/10/presentation_local/Change%20Blindness.html

http://nivea.psycho.univ-paris5.fr/ECS/kayakflick.gif

변화맹시는 변화 사이에 주의를 흐트러트리는 사건(예를 들어, 진흙이 튀는 사건)이 일어날 때도 관찰된다.

http://nivea.psycho.univ-paris5.fr/CBMovies/ObeliskMudsplashMovie.gif

동영상의 컷 사이에서 변화가 일어나도 변화맹시가 나타난다.

https://www.youtube.com/watch?v=ubNF9QNEQLA

마지막으로, 사람들은 주의를 흐트러트리는 사건이 일어날 때 자신이 이야기하고 있는 상대에게 변화가 일어나도 눈치를 채지 못한다.

https://www.youtube.com/watch?v=vBPG_OBgTWg

변화맹시에 대한 이런 다양한 연구결과의 핵심은 우리의 의식적인 지각이 안정적으로 환경을 반영하지 않는다는 발견에 있다. 의식은 환경에서 무엇이 중요한지 결정하는 존재가 아니라, 우리가 다른 방식으로 중요하다고 "결정한" 것들이 만들어낸 결과물이다. 우리는 마릴린 먼로의 이미지들을 하나하나 다 보지는 못하지만, 그 이미지들이 존재한다고 생각하며, 실제로는 그렇지 않을 때도 우리는 그 이미지들의 존재를 의식한다고 주장한다.

따라서 나는 의식이 계산지능이 반드시 갖추어야 할 조건이라고 생각하지 않는다. 나는 어떤 경우든 수행을 위한 특정한 행동을 선택할 수 있는 더 간단한 방법이 존재한다고 본다. 확실한 증거도 없고 철학적 직관은 증거가 될 수 없지만, 우리는 복잡한 메커니즘보다는 간단한 메커니즘을 선택해야 한다. 의식이 계산지능의 필요조건이라는 주장은 맞는 주장일 가능성이 있지만, 그렇다는 결론을 확실히 내리려면 확실한 증거가 필요하다.

나는 의식이 우리 뇌에서 일어나는 관찰 과정 또는 지각 과정 중의 하나로서는 중요하다고 본다. 우리는 뉴런의 직접적인 작용에 대해서는 거의 아는 것이 없지만, 뉴런의 활동 중 일부의 최종 결과에 대해서는 알고 있다. 나만이 내 안에서 일어나는 과정에 대해 알 수 있다는 것은 그 과정이 당신 안에서 일어나는 과정이 아니라 내 안에서 일어나는 과정이라는 단순한 이유에서다. 다시 말해서, 내가 그 과정을 경험하는 이유는 그 과정이 내 안에 존재하는 과정이기 때문이다. 내 소화기관은 다른 사람이 먹은 음식이 아니라 내가 먹은 음식을 처리한다. 마찬가지로, 내 사고 과정에 대한 나의 지각은 다른 사람의 뇌 작용이 아니라 나의 뇌 작용을 처리한다.

뇌 속에 세로토닌(신경전달물질)이 너무 적게 있으면 우울해진다.

내 뇌 속의 세로토닌 양은 내 뇌의 활동을 변화시키며, 내 뇌 활동의 변화는 내가 의식하는 느낌을 변화시킨다. 환각물질은 뇌 활동을 변화시킨다. 환각물질이 의식에 미치는 영향은 상당히 크다. 의식이 설명을 필요로 하는 신비한 존재라는 생각은 데카르트 같은 철학자들이 주장한 마음과 몸은 전혀 별개의 존재라는 이원론^{dualism}의 유산이다. 의식에는 전혀 신비스러울 것이 없다. 다시 말해, 드레이퍼스는 AI에 대한 기호적 접근방식이 실패한 원인이라고 자신이 주장했던 서양 철학의 덫에 자신도 빠졌다고 할 수 있다.

 의식은 자연적인 과정 중 하나에 불과하다. 의식이 설명을 필요로 하는 어떤 것이라면, 왜 우리가 뇌의 활동 중 일부만 설명할 수 있고 나머지 뇌 활동은 설명할 수 없는지에 관한 부분일 것이다. 물론 이 의문은 우리의 설명이 이 세상 또는 우리 두개골 안 일부에서 실제로 일어나고 있는 일들과 항상 들어맞지는 않는다는 사실에 의해 더 복잡한 의문이 될 것이다.

 의식은 우리 뇌의 활동 중 일부가 재구성된 결과다. 하지만 우리의 지능 대부분은 무의식적 과정들로부터 구축되는 것 같다. 이 무의식적 과정들은 설명하기 힘들다. 의식은 우리가 세계를 이해하기 위해 우리 자신에게 하는 이야기라고 주장하는 학자들도 있다. 우리 머리 안에서 일어나고 있었다고 우리가 생각하는 일들을 이성적으로 재구성한 결과가 의식이지, 일어나고 있는 일의 원인이 아니라는 이론이다.

 드레이퍼스는 물리적 기호 시스템 가설이라는 개념을 주요 비판 대상으로 삼았다(제3장 참조). 물리적 기호 시스템 가설은 지식에 대한 기호적 표현을 포함하며 그 표현에 기초해 작동하는 시스템으로 지능을 구현해야 하며, 그 시스템이면 충분히 지능을 구현할 수 있다는 생각이었다. 물리적 기호 처리는 기호에 기초한 규칙들로 설명할 수 있는 복잡한 지적 문제들을 해결하는 데는 이상적이었다. 물리적 기호 시스템 가설은 지능의 모든 측면을 충분히 구체적으로 설명하는 것이 가능하며 지능은 기계로 구현할 수 있다는 생각에 기초한다. 하지만 나는 이 생각이 틀린 생각이고 잘못된 생각이라는 것이 이제 밝혀졌다고 본다. 지능이 기호와 규칙 처리에 기초한다는 생각과 명시적인 규칙을 가진 과제들에 대한 집중은 서로를 강화하는 역할을 했을 뿐이다. 평가하기 쉬운 문제들을 선택함으로써 계산지능 설계자들은 자신들이 개발한 도구들에 적합한 문제들을 선택한 것이었다. 이런 문제들이 풀리자 설계자들은 이런 문제들만 풀면 된다고 생각하게 됐으며, 이런 문제들을 푸는 데 적합한 도구들이 다른 문제들을 푸는 데에도 적합할 것이라는 생각을 가지게 됐다.

 AI 도구들과 AI에 대한 접근방식은 뉴얼과 사이먼 이후 상당히 많이 진화했지만, 현재의 기본적인 틀은 뉴얼과 사이먼의 시대의 그것과 달라진 것이 없다. 지금도 연구자들은 적당한 시간 내에 자신들이 처리할 수 있는 문제들에만 집중하고 제한된 영역에서만 문제를 연구하고 있다. 논문을 발표하고, 학위를 따기 위해, 제품을 출시하기 위해 이런 방식으로 연구하는 연구자들도 있다. 이들은 이렇게 제한적인 문제들을 해결하는 해법을 일반화하면서 그 해법이 그동안 해결할 수 없었던 문제들에도 적용될 것이라고 생각한다. 그러기 위해서는 프로세서가 더 강력해져야 하고, 메모리가 더 늘어나야 하고, 예제도 더 많이 필요하겠지만, 제한된 영역 안에서의 문제들을 해결했던 방법은 다른 상황으로 확장될 수 있을 것이라고 생각한다. 러멜하트와 맥클러랜드는 시스템에 동사의 과거형을 학습시키기 위해 사용한 방법이 다른 언어 문제에도 적용될 수 있을 것으로 생각했다. 하지만 이들의 해법은 특수 목적 표현에 의존한 것이기 때문에 일반화가 불가능했다. 특수한 표현에 의존해 동사의 과거형을 학습하는 컴퓨터 프로그램은 다른 표현을 필요로 하는 다른 문제들을 해결하는 데에는 별로 쓸모가 없었다.

일반지능의 표현

우리의 논의에서 가장 중요한 것은 현재의 체계에서 학습은 특수 목적 학습 메커니즘이 아니라 특수 목적 표현을 필요로 한다는 사실이다. 문제가 결정적으로 가정하는 것은 특수 목적 표현이라는 라흐터와 베버의 생각은 옳았다. 이 특수 목적 표현은 문제에 특화된 지식에 의존하지만, 일반지능은 일반적인 표현을 필요로 하며, 우리는 아직 이 일반적인 표현을 생각해 내지 못하고 있다.

물리적 기호 시스템 접근방식의 또 다른 문제는 우리가 세계를 충분히 구체적으로 기술할 수 있다는 전제에 있다. 이 전제는 이 세상에 존재하는 사물의 수는 유한하며 그 사물들을 처리할 수 있는 규칙들의 수도 유한하다는 생각에 기초한다. 이 생각은 제한된 작은 세계, 예를 들어, 정리 증명, 블록 쌓기, 게임 같은 특정한 세계로 환경을 설정할 때는 유효하다. 하지만 환경이 더 규모가 커지면 이 생각의 유효성은 급격하게 떨어진다. 앞에서도 다뤘지만, 범주화는 유사성을 기초로 표현하기에는 너무 복잡한 성질을 가진다. 예를 들어, 게임, 가구, 부자, 똑똑한 사람, 키가 큰 사람 같은 범주는 모두 확실한 정의에 의한 범주가 아니다.

미국의 경제 최상위층에 속하는(100만 달러 이상을 가진) 사람 중 자신이 부자라고 생각하는 사람은 4%밖에 되지 않는다. 이 최상위층의 나머지 96%는 자신이 중산층 또는 중상류층이라고 생각한다. 순자산이 500만 달러 이상인 사람들 중에서도 자신이 부자라고 생각하는 사람은 11%에 불과하다.

얼마나 돈이 많아야 부자라고, 얼마나 똑똑해야 똑똑하다고, 얼마나 키가 커야 키가 크다고 말할 수 있을까? 대체적으로 사람들은 자신보다 돈이 많은 사람을 부자라고, 자신보다 키가 큰 사람을 키가 큰 사람이라고, 자신보다 똑똑한 사람을 똑똑한 사람이라고 생각한다.

제7장에서 다뤘듯이, 범주 중에는 임시로 만드는 범주도 있다(예를 들어, 휴가를 갈 때 가져가야 할 것 또는 어버이날 선물로 적당해 보이는 것). 이런 임시 범주들도 기존의 흔한 범주들과 동일한 속성을 갖는다(예를 들어, 이런 임시 범주들에도 전형적으로 속하는 사물이 있다). 이 범주들은 임시로 만든 범주이기 때문에 미리 구조화된 표현 형태로 저장된 범주들이 아니다. 이 범주들에 대한 표현은 즉석에서 구축되며, 한 번 사용된 후 다시는 사용되지 않을 가능성이 높다.

이름이 두 단어로 구성된 범주들도 있다. 이런 범주들에 대한 일관적인 표현을 하는 것도 복잡하고 어려운 일이다. 예를 들어, 거미 웜gummy worm(지렁이 모양의 젤리), 지렁이earthworm, 왁스 웜wax worm(벌집나방애벌레)이라는 범주들을 생각해 보자. 거미 웜은 먹을 수 있지만, 지렁이 벌레와 왁스 웜은 먹을 수 없을 것이다. 지렁이 벌레는 땅에서 살고, 왁스 웜은 왁스 사과wax apple(과일의 한 종류)와는 달리 밀랍과 폴리에틸렌 플라스틱을 먹는 벌레다.

잘 선택된 예제들로 범위를 제한하면 컴퓨터는 이 이상한 범주들을 잘 처리할 수 있을 것이다. 하지만 이런 범주들의 수는 유한해 보이지 않는다. 예를 들어, 새는 날지만, 펭귄이나 타조는 새인데도 날지 못한다. 우리가 어떤 표현을 생각해 내든 컴퓨터는 이상한 범주들과 예외들을 상대해야 할 것이다.

기호 시스템은 수치화가 매우 힘들다. 범주의 수가 수백만 개 이상이고 각각의 범주에 포함되는 규칙이 수천에서 수만 개가 넘을 수 있다면, 그 범주들과 규칙들을 다 어떻게 만들어 낼 수 있을까?

의식, 지능 그리고 범주의 구조에 대한 이런 논의에는 표현이 지능에서 핵심적인 역할을 한다는 생각이 내재돼 있다. 정치적인 주장은 그 주장이 어떻게 표현되는지에 따라 지지를 얻기도 하고 버려지기도 한다. 1990년대 미국의 이라크 침공은 베트남 침공과 비슷할까, 제2차 세계대전과 비슷할까? 앞에서 언급했듯이, 카너먼과 트버스키는 사람들이 동일한 상황에서 긍정적인 표현(특정한 치료법을 적용했을 때 살 수 있는 환자의 수를 강조하는 표현)을 부정적인 표현(특정한 치료법을 적용했을 때 사망할 수 있는 환자의 수를 강조하는 표현)보다 선호한다는 것을 발견했다.

손상된 체커판 문제는 패리티 문제로 표현하면 쉽게 풀 수 있지만, 배치 문제로 표현하면 풀기 어려운 문제다. 바둑 게임은 일반적인 나무로 생각하면 어려운 게임이지만, 패턴 인식 문제로 생각하면 쉬워진다. 인간의 인지에서처럼 기계학습 문제의 해결은 그 문제가 표현되는 방식에 의해 결정된다.

그동안 일반적인 표현을 만들어내고 스스로 그 표현을 학습할 수 있는 심층신경망 시스템을 개발하기 위한 시도가 이뤄지기도 했다. 하지만 나는 이런 시도들 대부분이 잘못된 시도라고 생각한다.

예를 들어, 요슈아 벤지오Joshua Bengio, 아론 쿠르빌Aaron Courville, 파스칼 빈센트Pascal Vincent는 기계학습 알고리즘의 성공이 데이터 표현에 대부분 의존한다는 점, 즉 표현에 따라 어떤 데이터는 인식이 쉬워지고 어떤 데이터는 인식이 어려워진다는 점에 주목했다. 이들은 이 표현을 선택하거나 만들어내려면 엄청난 노력이 필요할 수 있다는 점에도 주목했다. 기계학습으로 이런 노력을 줄일 수 있다면, 기계학습으로 문제 해결을 위한 적절한 표현을 만들어낼 수 있다면 상황은 크게 달라질 것이다. 진정한 의미의 일반 계산지능을 만들기 위해서는 결국 이런 능력이 필요할 것이다.

범주화 같은 기계학습 문제, 예를 들면 주제에 따라 문서를 분류하는 일, 고양이 사진과 다른 사진을 구분하는 일, 대출 신청자의 신용을 평가하는 일에 대해 생각해 보자. 분류해야 할 각각의 아이템은 측정 가능한 특징들의 집합으로 표현할 수 있다. 문서 분류를 위한 특징은 문서 안에 있는 단어들이나 글자들의 순서 또는 이 둘의 특정한 조합일 수 있다. 사진 구분을 위한 특징은 사진의 픽셀들, 특정한 모양의 존재 여부가 될 수 있으며 다른 어떤 것(예를 들어, 픽셀들을 구분하는 데 사용하는 특정한 코사인 변환의 매개변수)이 될 수도 있다. 대출 신청자의 신용을 평가하기 위한 특징은 대출 신청자에 관한 모든 정보가 될 수 있다. 이런 특징들 중 일부는 관련이 있는 특징이겠지만, 어떤 특징은 관련이 없는 특징일 수도 있다.

어떤 사물을 분류하든 우리는 대개 그 사물의 특징들과 그 사물을 표로 만든다. 가로 칸은 사물, 세로 칸은 특징으로 구성되는 표다. 예를 들어, 어떤 문서에 "교사"라는 단어가 포함돼 있다면 그 문서를 나타내는 표의 "교사"라는 세로 칸 항목에 1이 표시된다. 문서에 있는 단어들은 1 이상의 값으로 표시되며, 문서에 없는 단어는 0의 값으로 표시된다. 사물의 특징이 많을수록 최적화를 하려면 그 특징들의 조합이 더 많아져야 하며, 이 조합의 수는 사물의 특징이 늘어나는 속도보다 훨씬 더 빠른 속도로 늘어난다. 이른바 "차원의 저주curse of dimensionality" 현상이다.

대부분의 학습 알고리즘은 사용되는 특징들의 수를 줄이는 방식으로 작동해 효과를 낸다. 보존된 특징들이 학습해야 할 구분 능력에 대한 정보를 제공한다는 전제 하에서다. 특징들이 전달하는 정보에 기초해 관련된 특징들을 구분하는데 널리 사용되는 통계 방법들이 있다. 이 방법들은 초기 표현의 특징들 가운데에서 선택을 해 해당 범주에 대한 정보를 제공하는 정보들만 저장한다.

예를 들어, "변호사"라는 단어를 포함하는 문서는 "판사", "검사", "법정" 같은 단어들도 포함할 확률이 높다. 법적인 문제들에 대한 문서들과 다른 종류의 문서들을 구분하는 데 관심이 있다면 이 단어들 중에서 어떤 것이 문서에 나타나도 별 문제가 없을 것이다. 이런 단어들은 "법적인 문제"라는 주제 또는 차원을 구성하는 단어들이라고 할 수 있다. 이런 통계적 방법은 훈련되고 있는 범주들에 대한 정보를 가장 많이 제공하는 조합들로 특징들을 분류하는 방법이라고 말할 수 있다.

특징들 사이의 상관관계를 포착해 수많은 기본적인 특징들을 더 적은 수의 특징들의 집합으로 줄이는 통계 기법들도 있다. 예를 들어, 원래의 특징들을 구성하는 단어들을 결합해 특정한 주제 범주로 만들 수 있다. 이 기법을 이용하면 수십만 개가 넘는 단어들을 수백 개 정도의 주제 범위로 분류할 수 있다. 사물 하나당 수백 개의 특징을 학습하는 것이 수십만 개의 특징을 학습하는 것보다 훨씬 쉽다. 이 기법은 이렇게 줄어든 차원들이 원래의 모든 특징들이 전달하는 정보의 대부분을 나타내도록 만드는 기법이다.

심층학습 프로젝트들 중 일부는 차원의 저주를 극복할 수 있으며, 네트워크가 표현을 학습하도록 만드는 방법으로 네트워크가 표현을 만들어내야 할 필요성을 해결할 수 있다고 주장한다. 예를 들어, 이 프로젝트 연구자들은 자신들의 심층학습망이 확률 모델, 오토인코더autoencoder(352쪽 참조), 제한적 볼츠만 머신restricted Boltzmann machine, 그리고 그 외의 몇 가지 기법을 이용해 중요한 특징들을 학습할 수 있다고 주장한다. 여기서는 이런 기법들에 대한 자세한 설명은 중요하지 않기 때문에 생략한다. 하지만 내가 보기에 이 기법들로는 심층신경망이 실제로 새로운 표현을 학습할 수 없다. 이 심층학습망들은 이전에 입력을 변환시키는 데 사용된 통계적 기법과 동일한 기법들을 사용하기 때문이다. 이 기법들은 조합하고, 선택하고, 요약할 수 있지만, 새로운 표현을 만들어내지는 못한다. 이 기법들은 스스로 위클폰을 이용해 단어를 표현할 수 없다.

이 심층학습망들이 사용하는 통계 기법들은 시스템 설계자들에 의해 설계돼 그 심층학습망들에 입력된 특정한 심층학습 구조에 의존한다. 예를 들어, 오토인코더는 그림의 픽셀들 같은 "원시" 입력을 받아 훨씬 더 작은 중간층에 패턴을 통과시킴으로써 그 픽셀들을 출력으로 재현하도록 훈련된 네트워크다.

예를 들어, 오토인코더는 200×200 픽셀의 이미지를 4만 개의 입력으로 받아 4만 개의 출력을 낼 것이다. 입력을 처리해 출력을 내는 단순한 방법을 사용하면 단층 네트워크로도 완벽하게 이런 결과를 얻을 수 있지만, 실제로 얻어지는 것은 아무것도 없다. 오토인코더를 구성하는 추가 은닉 층은 구성 유닛의 수가 확연히 적다. 따라서 이 적은 "병목bottleneck" 유닛들로 입력을 효과적으로 재현하려면 원시 입력들 사이의 관계를 찾아내야 하고, 그러면서 출력도 재현해야 한다. 바꿔 말하면, 이 은닉층은 앞에서 언급한 주제 진환 같은, 차원 축소의 다른 형태들에서 이뤄진 것과 같은 종류의 통계적 요약을 한다는 뜻이다. 수학적으로 표현하면, 이 은닉층은 주성분 분석principal component analysis을 한다고 할 수 있다. 이 은닉층이 학습하는 패턴은 임의의 패턴이 아니라, 잘 알려진 통계 결과에 정확하게 부합하는 패턴이다.

"병목" 현상을 생성하기 위해 사용할 수 있는 방법은 많다. 오토인코더 이용은 네트워크 설계자들의 선택이며, 오토인코더 선택은 네트워크가 학습할 표현의 종류를 결정한다. 설계자들은 제한적 볼츠만 머신을 선택할 수도 있다. 제한적 볼츠만 머신은 요인 분석이라는 또 다른 통계적 요약을 학습한다(제2장 참조).

요약하자면, 입력이 표현되는 방식을 결정하는 것은 네트워크 설계자라고 할 수 있다. 네트워크는 데이터에 의존해 은닉층의 유닛들이 갖게 될 특정한 값들을 선택할 수 있지만, 이 선택은 데이터에 기초한 다른 기법을 이용해 수행되는 독립적인 통계 분석에 의한 선택과 다를 바 없다. 잘 알려진 다른 방법 하나를 이용하지 않고 네트워크가 이런 통계 분석을 하게 만드는 것은 시스템이 거쳐야 하는 과정, 즉 시스템이 각각의 출력을 고려해야 하는 과정의 수 측면에서 비효율적일 수 있다. 계산적 복잡성이 다른 방법을 사용할 때보다 높아질 수 있지만, 이 모든 방법은 분류된 예제들을 필요로 하지 않는다는 흥미로운 속성을 가진다. 이 방법들의 오류는 시스템의 입력을 재현하는 질을 평가함으로써 인간의 분류 작업 없이도 측정될 수 있다.

입력이 네트워크에 이뤄지기 전에 입력 변환이 수행되든, 그 능력이 네트워크 자체에 추가되든, 입력 변환이 학습 내용의 핵심 부분을 차지한다는 사실은 바뀌지 않는다. 네트워크가 입력 변환을 할 수 있게 만드는 마법 같은 것은 없다. 네트워크가 입력 변환을 학습한다고 말을 할 수는 있지만, 실제로 네트워크가 학습하는 것은 입력 변환의 가치이지 과정이 아니다. 입력 변환은 선택 사항이 아니며, 입력 변환의 유형도 네트워크가 결정할 수 있는 것이 아니다.

결론

표현 선택은 기계학습 프로젝트의 성공 여부에 결정적인 영향을 미칠 수 있다. 기계학습에 영향을 미치는 요소들 중에서 가장 중요한 요소는 문제에 대한 표현과 입력 데이터임이 확실하다. 현재 시점에서 표현의 선택은 여전히 기계학습 시스템 설계자에 의해 이뤄지고 있다. 하지만 진정한 의미의 일반 계산지능을 구현하려면 시스템이 스스로 표현을 만들어낼 수 있는 능력이 필요하다. 현재 우리는 그런 자동화된 방식으로 일반 계산지능을 만들 수 있는 상태와는 매우 거리가 멀다.

10

알고리즘: 사람에서 컴퓨터로

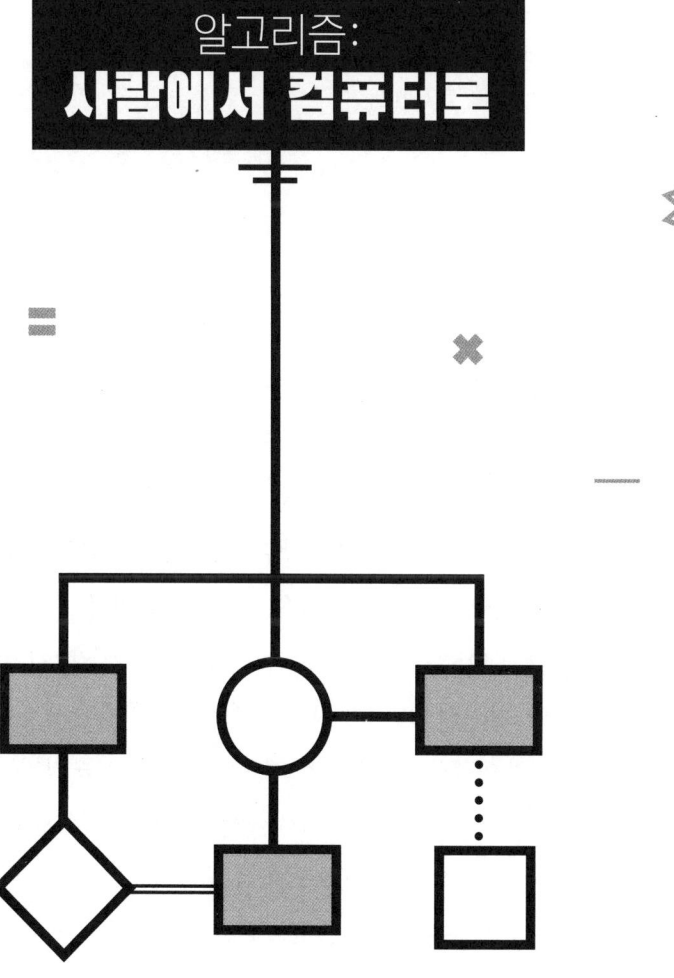

알고리즘과 휴리스틱이 중요한 이유는
도움에 의존하지 않는 인간의 뇌가 어떤 일을 할 수 있는지 보여주며,
인간의 뇌가 체계적으로 사용됐을 때 어떤 일을 더 할 수 있는지
보여준다는 데 있다. 인간의 지능은 지난 5만여 년에 걸쳐 발명된
휴리스틱과 알고리즘 둘 다에 의존한다.

인간이 점점 지능적이 된 것은 지난 5만여 년 사이의 일이다. 그 동안 인간은 사고를 더 체계적이고 효과적으로 만드는 과정들을 발명하고, 구현하고, 추구해 왔기 때문이다. 알고리즘의 사용으로 인간의 사고는 더 효과적으로 변화했다. 인간이 자동적인 컴퓨터 과정을 만들어낼 수 있었던 것도 이 알고리즘 덕분이다.

"알고리즘"이라는 말은 "알고리스무스algorismus"라는 라틴어에서 온 말이다. 알고리스무스는 9세기 페르시아의 수학자 알콰리즈미 al-Khwārizmī의 이름을 라틴어화한 형태이기도 하고, 숫자라는 의미의 그리스어 단어 "아리스모스αριθμός"에서 기원한 말이기도 하다. 아리스모스라는 단어는 13세기에 로마 숫자에서 (오늘날 우리가 사용하는) 아라비아 숫자 또는 힌두 숫자로의 전환이 이뤄지면서 널리 사용되기 시작했다.

로마 숫자는 날짜를 세거나 물건의 수를 세는 데는 유용했지만,

다른 방면에서 사용하기에는 제약이 많았다. 예를 들어, 로마 숫자로 곱하기를 하면 여러 과정을 거쳐야 했기 때문에 오류도 많이 발생했다. 수학 연구의 대부분은 숫자 표현이 로마 숫자 표현 방식에서 현재 우리가 사용하는 십진법 숫자 표현 방식으로 바뀌면서 가능해졌다고 할 수 있다. 곱하기에 대해 말하면서 알고리즘을 언급하는 것이 이상하게 들릴 수도 있다. 하지만 실제로 매우 큰 숫자들을 빠르게 곱하기 위한 알고리즘 연구는 매우 활발하게 이뤄지고 있는 연구 분야다.

보통 우리는 초등학교에서 곱하기 방법을 배운다. 여러 자리로 구성된 숫자 두 개를 두 줄로 쓴 뒤 그 숫자들을 구성하는 숫자들을 곱한 것을 자릿수에 맞춰 더하는 방법이 그 방법이다. 세 자리 숫자 두 개를 곱한 값을 얻으려면 9번의 한 자리 곱하기를 한 값들을 합쳐야 하고, 네 자리 숫자 두 개를 곱한 값을 얻으려면 16번의 한 자리 곱하기를 한 값들을 합쳐야 한다. 1만 자리 숫자 두 개를 곱한 값을 얻으려면 1억 번의 한 자리 곱하기를 한 값들을 합쳐야 한다.

1960년에 아나톨리 카라추바Anatoly Karatsuba는 곱하기, 더하기, 빼기를 결합해 한 자리 숫자 곱하기 과정을 크게 줄일 수 있는 방법을 개발했다. 카라추바의 방법을 사용하면 1만 자리 숫자들을 약 200만 번의 연산만으로 곱할 수 있다.

1971년에는 아르놀트 쉰하게Arnold Schönhage와 폴커 스트라센Volker Strassen이 1만 자리 숫자 두 개를 20만 4500번의 연산만으로 곱할 수 있는 방법을 찾아냈다. 2019년에는 데이비드 하비David Harvey와 요리스 판 데르 호벤Joris van der Hoeven은 약 9만 2000번의 연산으로 1만 자리 숫자 두 개를 곱할 수 있는 방법을 찾아냈다. 어떤 알고리즘을 사

로마 숫자 곱하기

21×17의 값을 계산하는 것은 아라비아 숫자를 이용하면 매우 쉽지만, 로마 숫자를 이용하면 상당히 복잡한 일이 된다.

XXI×XVII의 값을 계산하려면,

먼저, 열이 2개인 표를 만들고, 아래의 표에서처럼 XXI을 한 칸에, XVII을 다른 한 칸에 써넣는다.

왼쪽 열에 있는 숫자를 2로 나눈다. 나머지는 무시한다(XXI→X).

오른쪽 열에 있는 숫자에 2를 곱한다(XVII→XXXIV)

왼쪽 열에 있는 숫자가 I을 포함할 때까지 앞의 두 단계를 반복한다.

X→V; XXXIV→2=LXVIII

V→II; LXVIII→CXXXVI

II→I; CXXXVI→CCLXXII.

아래의 행들로 간 다음 왼쪽 열에 있는 숫자가 짝수이면 지워 없앤다.

XXI	XVII
~~X~~	~~XXXIV~~
V	LXVIII
~~II~~	~~CXXXVI~~
I	CCLXXII

오른쪽 열에 남아 있는 값들을 더한다. (XVII + LXVIII + CCLXXII = CCLLXXXXVVIIIIIII = CCCXXXXXVII = CCCLVII = 357).

로마 숫자로는 이런 방식으로 나누기를 할 수는 없다.

용하느냐에 따라 계산에 걸리는 시간이 크게 차이가 난다는 것을 알 수 있다. 예를 들어, 가장 큰 소수를 찾아내는 연구도 계산 시간을 최소화할 수 있는 알고리즘에 의존한다. 실제로 이 차이는 한 사람이 알고리즘에 따라 어떤 계산의 결과를 보지 못하고 죽을 수도 있고, 살아서 볼 수도 있을 정도로 큰 차이이다.

모든 알고리즘이 숫자로 구성되는 것은 아니다. 요리법도 알고리즘의 일종이라고 할 수 있다. 요리법을 구성하는 단계들을 따라하면 원하는 요리가 나오기 때문이다.

사람들은 엄청난 천재성을 보일 때도 있지만, 대부분의 시간은 지적 난이도가 매우 낮은 일을 하면서 보낸다. 허버트 사이먼은 대부분의 사람들이 자신이 하는 일을 최적화하기보다는 만족할 만한 선택을 수용하면서satisfice 산다고 주장했다. 사이먼은 사람들이 완전히 합리적인 접근방법을 생각하려고 하면 불가능한 선택들에 대한 생각에 함몰될 것이라고 주장했다. 사람들은 당장 준비되어 있는 가용 가능한 선택을 하며 그 선택에 만족한다는 이론이다.

하지만 사람들은 똑똑해져야 하거나 그러기를 원한다면 대부분 그렇게 될 수 있는 것으로 보인다. 사람들은 깊은 사고를 할 수 있다는 뜻이다. 다시 말하면, 우리는 똑똑해지기를 항상 원하는 것은 아니지만, 언제든지 체계적인 분석을 할 수 있는 능력이 있다. 사람들은 생각을 위한 도구, 천재 수준의 성취를 하는 데 필요한 강력한 마음의 도구를 만들어 왔다. 이런 도구들은 사람들이 전략을 세우고 정보를 더 효율적으로 이용하게 만드는 데 도움을 준다. 계산지능의 능력을 증가시키는 데에도 비슷한 도구들이 사용된다. 이런 도구들은 매우 효과적인 지능을 구현하기 위한 도구라고 할 수 있다.

일상적인 사고와 효과적인 사고의 차이는 대니얼 카너먼이 말한 시스템 1과 시스템 2의 차이에 대체적으로 대응한다. 카너먼은 인간이 합리적인 결정을 내린다는 관점, 즉 경제학 이론에 기초한 합리적인 인간이라는 관점에 반대하는 사람이었다. 경제학에 기초한 이런 전통적인 관점에 따르면, 일반적으로 인간은 자신의 이익에만 기초해 선택을 한다. 이 관점에 따르면, 최선의 선택을 하지 못하는 경우는 감정이 개입되는 드문 경우밖에는 없다.

하지만 인간이 합리적인 결정을 한다는 이 관점으로는 인간의 행동을 설명하기 힘들다. 앞에서 우리는 동일한 상황일 때에도 사람들은 일찍 등록을 하면 할인을 해준다는 제안보다 늦게 등록을 하면 가산금이 붙는다는 경고에 더 민감하게 반응한다는 것을 살펴봤다. 또한 사람들은 지방 함유량이 똑같은 햄버거인데도 지방이 10%밖에 안 된다고 광고하는 햄버거보다 90%가 지방이 아니라고 광고하는 햄버거를 더 많이 산다.

인간이 합리적이라고 보는 관점에 따르면 합리성에서 벗어나는 일은 오류로 생각된다. 하지만 나는 비합리적인 결정에도 그 나름의 체계가 있다고 생각한다. 게다가 나는 합리성에서 벗어나는 일이 오류가 아니라 자연적인 지능에서 비롯되는 사고를 보여주며, 인간 수준의 지능을 만드는 데 반드시 필요한 메커니즘과 밀접한 관련이 있다고 본다.

카너먼이 제시한 시스템 1은 인지에 강하게 의존하는, 빠르고 자동적이고 감정적 시스템이다. 시스템 2는 숙고에 의존하는, 논리적이고 체계적이며 가동에 많은 노력이 드는 시스템이다.

시스템 1은 다음과 같은 일을 하는 데 사용된다.

- 어떤 사물이 다른 사물보다 멀리 떨어져 있는지에 대한 인식
- 사람 사진에서 나타나는 감정의 인식
- 테이블 위에 동전이 4개 있다는 것에 대한 인식(동전을 일일이 세지 않고 개수를 파악하는 일)
- 2 더하기 2 같은 간단한 산수 문제를 푸는 일

우리의 일상적인 활동 대부분은 시스템 1의 지배를 받는다. 우리가 매일 하는 일들은 습관적인 일이고 익숙한 일이다. 우리는 2 + 2 =? 같은 간단한 산수 문제에 금방 답을 할 수 있다. 누군가 얼굴에 미소를 띤 채 다가오는 것을 보면 많은 노력을 하지 않고도 그 사람의 기분이 좋다는 것을 알 수 있다. 밤에 무언가가 쿵하고 부딪히는 소리를 들으면 많은 생각을 하지 않고도 위험한 일이 일어나고 있다는 것을 알 수 있다. 누군가가 "안녕하세요?"하고 말하면 바로 우리는 "네, 안녕하세요?"라고 대답한다. 이런 상황은 상투적인 상황이다. 자주 발생하며 기억된 반응만으로 충분한 상황이다.

반면 시스템 2는 다음과 같은 일을 하는 데 사용된다.

- 13×17 같은 복잡한 산수 문제를 푸는 일
- 이직 제의를 받아들일지 결정하는 일
- 파티에서 어떤 행동이 적절할지 결정하는 일
- 좁은 주차공간에서 주차를 하는 일
- 익숙하지 않은 삼단논리를 검증하는 일
- 복잡한 법률적 주장을 판단하는 일

시스템 2 과정은 지적인 성취와 지능과 가장 밀접한 연관이 있다. 시스템 2 과정은 노력과 시간이 필요한 과정이며 어려운 과정이다. 시스템 1은 성급한 결론을 내리는 것과 관련되며, 이는 무작위로 내려진 결론이 아니라 시스템 1 과정을 나타내는 패턴이 상당 부분 반영된 것이다.

시스템 1에 의한 사고에 대해 가장 많은 것을 드러내는 연구 중 하나는 카너먼이 트버스키와 진행한 연구다. 이들은 '린다 문제'라는 주제를 대학생들에게 제시하는 실험을 진행했다. 대학생들은 젊고 외향적인 미혼 여성이며 학창시절에 차별과 사회정의에 깊은 관심을 가진 린다에 대한 이야기를 들었다. 한 그룹의 대학생들에게는 8개의 시나리오를 제시하면서 각각의 시나리오가 30대가 된 린다에 대한 묘사와 얼마나 유사하다고 생각하는지 물었다. 이 대학생들은 린다가 적극적인 페미니스트일 것이며, 서점 직원이거나 요가 학원을 다닐 것 같지만 은행 창구 직원이나 보험 영업사원은 아닐 것 같다고 대답했다. 결정적으로 이 대학생들은 린다의 프로필이 일반적인 은행 창구 직원보다는 페미니스트 성향의 은행 창구 직원의 프로필과 비슷할 것이라고 답했다.

연구자들은 다른 그룹의 대학생들에게는 각각의 설명이 사실일 가능성을 판단하라고 요청했다. 린다가 일반적인 은행 창구 직원일 가능성이 높은지, 페미니스트 성향의 은행 창구 직원일 가능성이 높은지 판단하라는 요청이었다. 합리적으로 생각하면, 린다가 일반적인 은행 창구 직원일 가능성이 페미니스트 성향의 은행 창구 직원일 가능성보다 높아야 한다. 페미니스트이면서 은행 창구 직원인 사람은 얼마 되지 않으며, 은행 창구 직원이 아니면서 페미니스트 성향의 은행 창구 직원이 될 수는 없기 때문이다. 페미니스트 성향의 은행 창구 직원은 모든 은행 창구 직원이라는 집합의 부분집합이다. 린다가 페미니스트 성향의 은행 창구 직원일 가능성이 어느 정도이든, 린다가 은행 창구 직원일 가능성은 린다가 페미니스트 성향의 은행 창구 직원일 가능성보다 높아야 한다.

하지만 실험에 참가한 대학생의 89%는 린다가 일반적인 은행 창구 직원일 가능성보다 페미니스트 성향의 은행 창구 직원일 가능성이 높다고 대답했다. 논리적으로 생각하면 이런 결과가 나올 수가 없다. 두 그룹 모두에 속했던 대학생들조차 린다가 일반적인 은행 창구 직원일 가능성보다 페미니스트 성향의 은행 창구 직원일 가능성이 높다고 대답했다.

카너먼과 트버스키는 이러한 결과가 대표성 또는 유사성과 논리 사이의 충돌에서 비롯되었다고 해석했다. 린다는 일반적인 은행 창구 직원보다는 페미니스트 성향의 은행 창구 직원과 유사할 수 있지만, 확률적으로 페미니스트 성향의 은행 창구 직원일 가능성은 더 낮다고 볼 수 있다.

카너먼과 트버스키는 대표성이 실험 참가자들의 결정을 지배했다고 주장했다. 이들은 참가자들이 상황에 대한 논리적인 분석을 기초로 결정을 내리지 않고, 패턴 매칭에 기초한 시스템 1을 사용해 결정을 내렸다고 봤다.

카너먼과 트버스키는 또 다른 실험을 통해 다음의 두 가지 시나리오 중에서 어떤 것이 더 가능성이 높은지 판단하라고 요청했다.

- 북아메리카 어딘가에서 내년에 홍수가 나 1000명 이상이 사망하

는 시나리오

- 캘리포니아 어딘가에서 내년에 지진으로 인해 홍수가 나 1000명 이상이 사망하는 시나리오

캘리포니아 주는 북아메리카의 일부이며, 캘리포니아에서 홍수가 발생할 가능성과 캘리포니아에서 지진으로 인해 홍수가 발생할 가능성은 둘 다 북아메리카 어딘가에서 어떤 이유로 홍수가 발생할 가능성보다 낮다(적어도 더 높을 수는 없다). 하지만 린다 문제에서처럼 이번에도 참가자들은 캘리포니아 주 시나리오를 선택했다. 지진은 다른 지역에 비해 캘리포니아 주를 더 많이 연상하게 만든다. 따라서 캘리포니아 시나리오가 더 그럴듯하게 들릴 수 있다. 즉, 북아메리카 어딘가에서 홍수가 난다는 생각보다 더 대표성이 강했던 것이다.

시나리오들과 참가자들의 기대 사이의 높은 유사성이 논리가 아닌 유사성에 기초한 판단을 내리도록 만든 것이었다. 하지만 유사성 요소가 줄어들면 사람들은 논리적인 선택을 한다. 다음의 두 상황 중 어떤 상황이 더 가능성이 높은지 판단하라고 요청하는 경우를 생각해 보자.

- 존은 머리카락이 있다.
- 존은 금발이다.

이 경우 사람들은 논리에 기초해, 존이 금발일 가능성이 존에게 머리카락이 있을 가능성보다 낮다고 판단한다.

카너먼과 트버스키는 사람들이 시스템 1에만 의존해 결정을 내릴 때 사용하는 다른 결정 방법들을 찾아내기도 했다. 린다 문제와 홍수 문제에서 사람들은 대표성 휴리스틱을 이용한다. 다른 시스템 1 휴리스틱은 가용성 휴리스틱이다. 사람들은 생각하기 쉬운 사례를 더 많이 생각한다는 뜻이다. 어떤 아이템을 생각해 내기가 더 쉽다면, 즉 그 아이템이 가용성이 더 높은 아이템이라면, 그 아이템은 가용성이 낮은 아이템보다 나타날 확률이 높다고 추정된다. 제2장에서 우리는 도시의 크기나 농구팀의 플레이오프 승리 가능성을 판단할 때 사용되는 휴리스틱에 대해 다룬 바 있다.

예를 들어, 위험한 행동에 대해 평가할 때 우리는 그 행동이 나쁜 결과를 낳았을 때를 생각하면 그 행동의 위험성을 과대평가하고, 그 행동이 좋은 결과를 낳았을 때를 생각하면 그 행동의 위험성을 과소평가하는 경향이 있다. 의견에 대해서 우리는 그 의견을 반박하는 사례들을 생각할 때보다 그 의견을 뒷받침하는 사례들을 생각할 때 그 의견을 더 쉽게 믿는다.

이와 관련된 휴리스틱 중에 앵커링anchoring(닻 내리기)이라는 것이 있다. 앵커링은 맥락이 어떤 것들을 다른 것들보다 더 쉽게 생각하게 만드는 효과다. 존 웨인이 몇 세에 사망했는지 사람들에게 물어보면, 사람들은 추측을 하게 될 것이다. 하지만 존 웨인이 96세까지는 살아있었는지 물어본 다음에 존 웨인의 나이가 몇인지 물어본다면, 사람들은 존 웨인이 35세가 넘게 살다 사망했는지 물어볼 때보다 존 웨인이 더 나이가 많았을 때 사망했다고 추측할 것이다(실제로 존 웨인은 72세에 사망했다).

(2014년 〈가디언〉에 따르면) 나심 탈레브Nassim Taleb는 또 다른 앵커링

사례에 대해 언급한 적이 있다. 탈레브는 작은 손실을 자주 입더라도 드물게 발생하는 엄청나게 큰 수익을 노리라는 투자전략을 주장하는 사람이다. 탈레브는 고객들이 이 투자전략의 원칙을 계속 "망각하면서" 자신들이 계속 손실을 입는 것에 불만을 표시했다고 말했다. 하지만 탈레브가 고객들에게 대박을 칠 수 있는 기회를 얻기 위해 얼마나 많은 돈을 투자할 수 있는지 연초에 확인하고 그 돈의 투자 경과를 한 해 동안 기록하게 했을 때는 상황이 달라졌다. 고객들은 자신이 예상한 손실보다 더 적은 손실을 입으면 그만큼의 돈을 수익으로 봤다. 고객들은 그만큼의 돈을 잃은 돈이라고 생각하지 않고 "회복된" 돈이라고 봤다. 연초에 고객들이 예상했던 손실액이 미래의 모든 투자 거래에 대한 판단 기준이 된 것이었다. 투자액 전체를 판단 기준으로 삼지 않고, 대신 이 예상 손실액을 판단 기준으로 삼아 손실을 고객들에게 알림으로써 탈레브는 이 낮아진 판단 기준에 근거해 고객들이 "수익"을 거뒀다고 생각하게 만든 것이었다.

사람들이 얼마나 쉽게 예를 추출하는지에 영향을 미치는 또 다른 요소는 프레이밍framing이다. 대부분의 사람들은 수술 후 사망률이 10%라는 말을 들었을 때보다 생존율이 90%라는 말을 들었을 때 수술을 선택한다. 이 두 가지 선택은 논리적으로 동일하지만, 생존에 대한 말은 생존의 예를 더 쉽게 추출하게 만드는 반면 사망에 관한 말은 사망의 예를 더 쉽게 추출하게 만든다.

한편, 우리가 가지지 않은 정보나 미래의 가치에 대한 틀릴 수 있는 추측에 기초해 결정을 내리는 것은 어려운 일이다. 시장이 불안정할 때 더 많은 정보를 얻을 수 있을 때까지 결정을 미루는 것은 현재 가지고 있는 정보의 가치를 떨어뜨릴 수 있다. 수익을 낼 수 있는 기회가 이미 지나갔을 수도 있고, 주식의 가치는 정보를 얻기 위해 기다리는 동안 더 떨어질 수도 있다. 현재 상태에서 우리는 이런 종류의 휴리스틱이 일반지능에 어느 정도 중요한지 모른다. 하지만 이런 휴리스틱은 사람들 사이에 널리 퍼져 있기 때문에 이런 휴리스틱은 일반지능의 핵심이 될 수도 있다.

이런 휴리스틱은 두 가지 이유로 계산지능에 관한 생각에서 중요하다(표 5는 이런 휴리스틱의 사례를 보여준다, 제7장도 참조). 첫째, 이런 휴리스틱은 도움을 받지 않은 인간의 뇌가 어떤 일을 할 수 있는지 보여준다. 사람들은 훈련을 받지 않고도 카너먼이 시스템 1과 연결시킨 능력을 진화시켜 왔다. 반면, 시스템 2에 관련된 능력은 어느 정도 훈련에 의존하는 것으로 보인다. 예를 들어, 사람들은 철저하고 체계적인 분석을 하는 법을 학교에서 구체적으로 교육받는다.

둘째, 이런 사고 휴리스틱은 사람들의 추론을 엉뚱한 방향으로 이끌 수도 있지만 지능 전반에 걸쳐 중요한 역할을 할 가능성도 매우 높다. 예를 들어, 우리는 수천 개의 사례를 경험하지 않고 서둘러 결론을 내릴 때가 있지만, 그 결론은 옳은 결론일 때가 대부분이다. 우리는 수천 개의 사례를 필요로 하는 학습을 할 여유가 항상 있는 것은 아니다.

제3장에서 우리는 튜링(1947/1986)이 런던 수학회에 제출한 보고서에서 한 말을 인용했다. "어떤 기계가 무오류이기를 기대한다면 그 기계는 지능도 가질 수 없을 것이다."라는 말이다. 창의적인 실험에 의해 오류를 범하는 휴리스틱은 인간이 쉽고 빠르게 일상적인 문제들을 푸는 수단으로도 기능할 가능성이 있다. 시스템 1과 관

표 5. 인지편향과 휴리스틱의 사례

인지 "편향"	정의	이점
소규모 표본 편향	적은 표본의 대표성을 고려하지 않고 그 적은 표본에 의해 영향을 받는 경향	적은 양의 증거에 기초해 결론을 내릴 수 있다.
확증편향	자신의 예측을 반박하는 정보보다 그 예측을 뒷받침하는 정보를 찾는 경향	예측을 하는 데 필요한 증거의 양을 최소화할 수 있다.
보존편향	새로운 반대 정보를 이용할 수 있게 됐을 때 자신의 믿음을 천천히 수정하는 경향	중요하지 않은 정보를 거부할 수 있다. 새로운 정보는 틀리 않아도 여러 가지 이유로 예측에 도움이 되지 않을 수 있다.
사후 확신 편향	과거에 일어난 사건들이 실제보다 더 예측 가능성이 높았다고 믿는 경향	"분석 마비(paralysis by analysis)" 현상을 피할 수 있다. 과거의 증거가 더 성공적으로 수집됐으며 더 중요하다는 생각을 강화한다.
통제력 착각	일어나고 있는 사건들에 대해 이성적인 수준을 넘는 통제력을 자신이 가지고 있다는 믿음. 자신의 통제력에 대한 과대평가	문제에 대한 해법을 찾게 만드는 동기를 강화한다.
단순 노출 효과	반복적으로 들리는 말을 믿는 경향. 익숙한 것들을 선호하는 경향	반복적으로 일어나는 사건들은 유효한 지표인 경향이 있다. 익숙한 상황을 해결하기 위한 방법은 대부분 안정적인 방법이다.
과신효과	자신의 전문성을 과대평가하는 경향. 자신의 결정과 추측에 대해 근거 없는 확신을 하는 경향	증명되지 않은 예측도 유용할 수 있다는 생각을 뒷받침한다.

주: 더 많은 종류의 인지편향에 대해 알아보려면, https://en.wikipedia.org/wiki/List_of_cognitive_biases 참조.

련된 능력들만으로는 우리가 지능과 밀접한 관계가 있다고 생각하는 지적인 일들을 해낼 수 없다. 하지만 이 능력들은 인간의 지능에서 필수적인 위치를 차지하고 있을 가능성이 높다. 아마 일반지능은 시스템 1의 휴리스틱과 시스템 2의 알고리즘 둘 다를 필요로 할 것이다. 결코 쉬운 문제가 아니지만, 나는 이런 휴리스틱이 어떤 역할을 하며, 어떻게 지능 전반에 기여하는지 더 많이 알아내는 것은 매우 중요하다고 생각한다. 지능에 대한 현재의 계산적 접근방식은 이런 편향들을 다루지 않는다. 나는 이것이 상당히 심각한 실수라고 생각한다.

우리가 지능과 연관시키는 진전 대부분은 시스템 2와 관련된 유형의 알고리즘 과정을 적용함으로써 이뤄진 것이다. 지금부터는 이 알고리즘 방법에 대해 생각해 보자.

최적의 선택: 알고리즘을 이용한 인간의 행동 유도

어떤 결정은 다른 결정보다 더 좋은 결정이다. 실제로 의사결정을 유도하는 데 사용할 수 있는 최적의 의사결정 이론이 존재한다. 예를 들어, 이 이론은 직업, 배우자, 비서, 학교 등을 선택하는 데 사용할 수 있다. 소나sonar(수중음파를 사용해 수상선박이나 잠수함, 수중의 물체를 수색하거나 탐지하는 장치) 스크린에 나타난 블립blip(레이더 표시에서 목표가 나타남으로써 생기는 전자 빔의 편향 또는 발광 휘점)이 고래인지 적군 잠수함인지 판단하는 데에도 이 이론이 사용된다.

최적이라는 말은 완벽하다는 뜻이 아니다. 최적이라는 말은 현재 이용할 수 있는 정보를 기초로 가능한 선택지 사이에서 최선의 결정을 내린다는 뜻이다. 최적 결정 이론은 기계학습 시스템이 문제를 풀 수 있도록 적응하는 데 도움을 줄 뿐만 아니라 사람들이 문제를 푸는 과정에서 더 체계적이 되는 데에도 도움을 준다.

최적의 결정은 두 가지 요소로 구성된다. 첫 번째 요소는 이용 가능한 증거, 두 번째 요소는 이용 가능한 증거 중에서 최선의 선택을 하는 방법이다. 최적 결정 이론은 다른 어떤 결정 방법도 이 이론보다 더 나은 결과를 일관적으로 제공하지 못한다는 것이 증명됐다는 점에서 이상적인 이론이다.

최적 결정 이론은 제2차 세계대전 때 처음 연구되기 시작했다. 처음에 이 이론은 레이더 조작자가 화면에 나타난 블립이 적군의 비행기 때문인지 아닌지 판단하기 위한 것이었다. 이 판단의 질을 개선하기 위해 심리학자들과 엔지니어들은 그 판단을 가장 잘 내릴 수 있게 해주는 모델을 연구하기 시작한 것이었다. 이 모델에서 오류가 발생하면 그 대가는 치명적일 수 있었다. 적군의 비행기를 놓쳐도 사람들이 죽을 수 있고, 적군의 비행기로 보일 수 있는 것에 잘못 반응해도 자원을 낭비해 사람들이 죽을 수 있었다.

예를 들어, 1982년 영국과 아르헨티나가 벌인 포클랜드 전쟁 기간 동안 영국의 전함 HMS 브릴리언트는 고래 2마리에 어뢰를 쐈고, 영국군 헬리콥터도 고래 한 마리를 쏘아 죽였다. 이용 가능한 증거에 기초해 영국군은 고래를 적 잠수함으로 잘못 판단한 것이었다.

HMS 브릴리언트가 고래를 죽인 일은 최적 결정 이론을 발달시킨 문제가 정확하게 어떤 문제인지 보여준다. 소나는 잠재적인 목표물에 대해 완전한 정보를 제공하지 못한다. 포클랜드 근처 해저에는 오래된 난파선 잔해들이 널려 있었고, 이 난파선 잔해들의 소나 특성은 잠수함의 소나 특성과 비슷했다. 불행히도 고래들의 소나 특성도 잠수함의 소나 특성과 비슷했다. 고래가 숨을 쉬기 위해 물 밖으로 나오면 갈매기들이 고래에게 몰려드는데, 이 현상이 레이더에서 블립을 발생시켜 고래가 잠수함일 것이라는 추측을 강화했다.

1982년 당시의 기술로는 군사 목표물과 야생동물 사이의 이런 유사성 문제를 해결하기가 상당히 힘들었다. 소나 조작자나 레이더 조작자는 블립이 나타날 때마다 그 블립이 무시해도 되는 물체 때문에 발생한 것인지, 잠재적인 적군 때문에 발생한 것인지 일일이 판단해야 했다. 신호의 유사성 때문에 이런 판단은 완벽할 수는 없었지만, 최적의 방식으로 이뤄질 수는 있었다.

최적 결정 이론은 베이즈의 법칙Bayes's rule을 이용한다. 이 법칙은 18세기에 토머스 베이즈Thoma Bayes가 확률 추정을 개선하기 위해 생각해 낸 간단한 방정식이다. 베이즈의 법칙은 소나 또는 레이더 조작자가 블립에 대해서 판단할 때 최선의 결정을 할 수 있는 방법을 말해준다.

베이즈의 법칙에 따르면 레이더 화면 위의 블립이 잠수함인지 고래인지에 대한 판단은 두 가지 확률에 의존한다. 첫 번째 확률은 사전확률prior probability이다. 사전확률은 잠수함이 특정 영역 안에 있을 확률이다. 이 확률을 사전확률이라고 부르는 이유는 레이더 시스템이나 소나 시스템으로부터 특정한 증거를 얻기 전에 추정되는 확률이기 때문이다. 예를 들어, 영국 해군이 아르헨티나군의 잠수함 한 대를 침몰시킨 상태에서, 영국 함대를 공격하기 위해 다른 잠수함 한 대를 보냈다는 아르헨티나군의 통신 내용을 가로채 알고 있었던 상황이 있었다. 이 상황에서 당연히 영국 해군은 아르헨티나군의 잠수함이 곧 나타날 것이라는 합리적인 예상을 했다. 두 번째 확률은 증거(예를 들어, 특정한 블립의 강도와 특성 등)를 관찰할 확률이다. 고래로 인해 나타나는 블립과 잠수함으로 인해 나타나는 블립은 비슷해 보이지만 미세한 차이가 있을 것이다. 베이즈의 법칙은 이 두 가지 확률을 결합해 사후확률posterior probability을 추정하는 법을 말해준다. 여기서 사후확률은 사전확률과 증거 관찰 확률을 합산한 확률이다.

요약하면 이렇다. 잠수함이 특정 영역에 있을 확률이 높아질수록 우리가 잠수함을 보고 있다고 판단하기 위해 레이더나 소나로부터 얻어야 하는 증거는 적어지는 반면, 잠수함이 특정 영역에 있을 확률이 낮을수록, 우리가 레이더로부터 얻어야 하는 증거는 더 확실하고 강한 증거여야 한다.

각각의 경우 오류로 인한 상대적인 손실도 결정 과정의 일부로 고려된다. 레이더의 경우, 적군의 잠수함이 없는데 있다고 판단하면 손실이 발생하고(거짓 양성false positive 또는 거짓 경보false alarm), 적군의 잠수함이 실제로 있는데 없다고 판단하면 다른 형태의 손실이 발생한다(거짓 음성false negative 또는 실패). 하지만 거짓 양성으로 인한 손실이 적고(예를 들어, 잠수함 요격에 드는 비용) 실패로 인한 손실이 많으면(적군 잠수함의 공격으로 인한 아군 사망) 최적 결정 이론은 이 불균형을 어떻게 처리해야 하는지 말해준다.

정보가 완벽하지 않은 경우 최적 결정 이론은 손실이 적은 방향으로 결정을 조정한다. 정보가 애매한 경우 최적 결정 이론은 오류를 발생시키기도 하지만, 어떤 종류의 오류가 발생하는 것이 더 유리한지 선택할 수 있다. 따라서 이 사례에서 최적 결정 이론은 아르헨티나군의 잠수함이 특정 영역에 있을 수 있다는 확률에 기초해 블립이 실제로 아르헨티나군의 잠수함에 의한 것이라는 증거를 더 적게 필요로 할 것이다. HMS 브릴리언트의 소나 조작자들은 고래 몇 마리를 쏘아 죽이는 것이 적군의 잠수함이 접근해 영국 군함을 파괴하는 것보다 더 나은 선택이라고 생각했을 것이다.

자율주행자동차도 동일한 종류의 문제를 안고 있다. 센서가 장애물처럼 보이는 사물을 도로에서 탐지하는 경우, 그 사물에 충돌하여 발생할 참사에 비하면 그 사물을 피해가거나 속도를 줄이는 것은 약간의 정도밖에 번거롭지 않을 것이다.

최적 의사 결정 이론은 사건의 상대적인 가능성, 증거의 강도, 다양한 종류의 오류로 발생할 수 있는 손실에 대한 이용 가능한 모든 정보를 조합해 결정을 위한 판단 기준을 만들어낸다.

일반적으로 사람들은 휴리스틱을 이용해 결정을 내리는 경향이 있다. 사람들이 노력을 통해 최적의 결정을 내리는 경우는 드물고 사람들은 대체로 어느 정도 좋은 결정에 만족한다. 하지만 더 좋은 결정을 내리거나 본인 수준에서 최선의 결정을 내리는 것이 중요한 경우 사람들은 직감에 의존하지 않고 최적 결정 이론에 기초한 체계적인 과정을 가이드로 삼는다.

존 크레이븐John Craven은 실종된 수소폭탄을 찾아내는 데 최적 결정 이론의 변형 형태를 이용했다. 1966년 1월 B-52 폭격기 두 대가 스페인 해안 상공을 비행하고 있었다. 이 폭격기들은 각각 수소폭탄 4개씩을 싣고 있었다. 수소폭탄은 냉전시대였던 당시 소련의 침공을 저지하기 위한 계획 중 일부였다. 이 폭격기들은 공중 급유기로부터 상공에서 연료를 공급받으려고 시도했는데, 그 과정에서 폭격기 한 대가 공중 급유기와 충돌했다. 충돌로 인한 폭발로 공중 급유기 승무원 4명, 충돌한 폭격기 승무원 3명 전원이 사망했다. 이 비행기들의 잔해는 스페인 팔로마레스의 한 마을에 떨어졌고, 이때 수소폭탄 4개 중 3개가 함께 떨어졌다. 이 수소폭탄 3개 중 2개가 지상에서 폭발하면서 지름 30미터의 분화구가 만들어졌고, 방사성 물질이 주변 지역으로 확산됐다. 3번째 폭탄은 부드러운 땅에 떨어져 폭발하지 않았지만, 나머지 수소폭탄 한 개는 어디에서도 찾을 수 없었다.

4번째 폭탄이 바다에 떨어졌을 것이라는 결론을 내린 미국 공군은 결국 미국 해군에 협조를 요청했다. 미국 해군은 이 프로젝트를 당시 미 해군 특수 프로젝트 국장이었던 크레이븐에게 맡겼다. 린든 존슨 미국 대통령은 소련이 실종된 수소폭탄을 찾아내 사용할 수 있는 가능성에 대해 우려하고 있었다. 해군은 수소폭탄이 바다에 떨어져 영원히 실종됐다고 생각했지만, 크레이븐은 실종됐다고 추정된 물체를 찾을 수 있는 방법이 있다고 주장했고, 결국 제대로 지도화가 되지 않은 바다 한가운데에서 카누 크기의 수소폭탄을 찾아내는 일을 맡게 됐다.

팔로마레스 마을의 한 어부는 사고가 일어났을 때쯤 낙하산이 떨어지는 것을 봤다고 미 해군에 진술했다. 하지만 해군은 이 어부의 말을 믿지 않았다. 이 어부가 말한 위치가 해군이 수소폭탄이 있어야 한다고 추정한 위치와 달랐고, 이 어부가 정확한 위치를 알 수 있는 장치를 가지고 있지 않았기 때문이었다.

크레이븐은 최적 결정 이론을 이용해 탐색 영역을 결정했다. 크레이븐은 팔로마레스 근해를 작은 사각형들로 나눈 뒤 전문가들을 동원해 폭탄에 부착된 낙하산 중 한 개가 펴졌을 확률과 두 개가 펴졌을 확률을 각각 기초로 폭탄이 각각의 사각형 안에 떨어졌을 확률을 추정하게 했다. 폭탄이 바다로 똑바로 떨어졌을 확률과 바람의 영향을 받아 비스듬하게 떨어졌을 확률도 모두 추정에 포함시켰다. 그 후 크레이븐은 이 추정들을 최적화하기 위해 데이터를 수집하기 시작했다.

크레이븐의 추정에 따르면 가장 가능성이 높은 추락 위치는 기존의 추정 기법으로 추정한 추락 위치와는 상당히 먼 곳이었다. 폭탄이 추정 위치에서 발견되지 않으면 탐색팀은 그 추정 결과를 다시 추정에 포함시키는 방식으로 추정을 업데이트했다. 결국 해군은 낙하산 추락에 대한 어부의 말을 믿기로 했는데, 그 이유는 어부가 말한 위치가 크레이븐의 탐색팀이 가능성이 매우 높다고 추정했지만 그때까지 탐색 작업이 이뤄지지 않은 위치였기 때문이었다. 탐색팀은 "앨빈Alvin"이라는 이름의 특수 해저 탐색 장치를 약 780미터까지 잠수시켜 결국 그 위치에서 폭탄과 낙하산을 찾아냈다. 결국 어부의 말이 결정적인 증거라는 것이 밝혀진 것이었다. 이 증거는 증거를 듣기 전에 추정된 사전확률과 결합돼 폭탄이 특정한 위치에 있을 가능성이 매우 높다는 추정을 가능하게 했고, 폭탄은 실제로 그 위치에 있었다.

크레이븐의 탐색 방법의 혁신적인 부분은 실제로 폭탄이 어떤 영역에 있다고 해도 그 영역을 탐색하는 것만으로는 실제로 폭탄을 찾게 되지 못할 수 있다는 인식에 있었다. 예를 들어, 일반적인 해군 탐색 장비로는 60미터 깊이밖에는 탐색할 수 없지만 해저는 최소 600미터나 깊었다. 따라서 일반적인 탐색 장비로는 폭탄이 실제로 있는 지점 위에 있다고 하더라도 폭탄의 정확한 위치를 찾아낼 수 없었다. 불충분한 장비를 이용한 탐색은 폭탄이 특정한 위치에 있는지에 대한 증거를 제공하지 못했다. 따라서 불충분한 장비를 이용한 결과에 의존해 그 위치의 사각형을 추정에서 제외하는 것은 합리적이지 않았다. 결국 해군은 폭탄이 떨어진 정확한 위치를 찾아내더라도 실제로는 폭탄을 찾아낼 수 없는 방법을 사용하느라 많은 시간을 낭비한 것이었다. 크레이븐의 탐색팀은 확률을 조정하는 방식으로 탐색의 효율을 높인 것이었다.

최적 결정 이론으로 항상 정답을 얻을 수 있는 것은 아니다. 하지만 장기적으로 보면 최적 결정 이론은 다른 방법들보다 항상 더 효과적이다. 특정한 위치가 적절하게 탐색됐기 때문에, 즉 폭탄이 그 위치에 있다면 발견할 수 있는 방식으로 탐색됐기 때문에 크레이븐의 탐색은 폭탄이 그 위치에 있을 확률을 줄이는 동시에 폭탄이 그때까지 제대로 탐색되지 않았던 다른 위치에 있을 확률을 높였다. 이 수학적 기법과 팔로마레스 어부의 말을 이용해 탐색팀은 결국 폭탄을 찾아낸 것이었다.

그 2년 후 크레이븐은 비슷한 기법을 이용해 1968년 아조레스 근처에서 침몰한 잠수함 USS 스콜피온을 찾아냈다. 같은 해에 크레이븐은 또다시 이와 비슷한 기법을 이용해 태평양에서 침몰한 소련 잠수함을 찾아내기도 했다.

최적 결정 이론은 데이트에도 적용할 수 있다. 이른바 결혼 문제의 목적은 언제 데이트를 그만두고 한 사람에게 정착하는지 결정하는 데에 있다. 낭만적인 요소를 걷어내면, 데이트를 위한 최적의 전략은 자동차 구입을 위한 선택이나 렌터카 선택에도 적용할 수 있다. 심지어는 도둑들에게도 최적 결정 이론은 유용하다.

간단하게 말하면, 이 문제의 표준 버전에는 몇 가지 가정이 존재한다. 우선, 무작위로 데이트 상대를 만난다는 가정이다. 데이트 상대를 만나기 전까지는(방금 전에 말한 대로 낭만적인 요소를 걷어내자) 그 상대가 얼마나 적당한 상대인지 전혀 알 수가 없다. 데이트 상대를 만난 후에야 그 상대가 그동안 데이트했던 다른 상대들 전부와 비교해 어느 정도 자신에게 적당한 상대인지 알고 순서를 매길 수 있다.

데이트를 한 후에는 현재의 데이트 상대와 결혼할 것인지 계속 다른 상대들을 만날지 결정한다. 한 번에 한 사람 하고만 데이트를 한다는 전제 하에서다. 현재 데이트를 하고 있는 상대와 그만 만나기로 결정하면, 이전의 데이트 상대들 중의 한 명을 다시 만날 수는 없다. 이전의 모든 데이트 상대들과 현재의 데이트 상대를 비교할 수는 있지만, 미래에 데이트를 하게 될 상대에 대해서는 아무것도 알 수 없다. 이 문제에서 할 수 있는 유일한 결정은 데이트를 할 것인지 결혼을 할 것인지에 대한 결정이다. 그렇다면 한 사람에게 언제 정착해야 할지 어떻게 알 수 있을까?

최적의 결정 이론 관점에서 보면, 이 문제는 멈추기 문제다. 미래의 배우자를 선택하기 전에 얼마나 많은 선택들에 대해 생각해야 할까? 각각의 데이트에는 비용(손실)이 수반된다(커피 값이나 저녁 값이 아니라도 적어도 시간이라는 비용이 든다). 실패에는 두 가지 경우가 있다. 너무 일찍 데이트를 중단하고 완벽하지 않은 상대를 선택하거나, 너무 오래 상대방을 찾다 진실한 사랑을 놓치는 경우다. 이 두 가지 오류는 HMS 브릴리언트 승무원들이 직면했던 문제에서도 발생할 수 있는 오류였다. 소나 또는 레이더 블립이 적의 잠수함에 의한 것이 아닐 때 적의 잠수함에 의한 것이라고 받아들이거나, 소나 또는 레이더 블립이 고래에 의한 것이 아닐 때 고래에 의한 것이라고 받아들이는 오류다. 각각의 관찰에는 각각의 비용이 수반되며, 각각의 결과는 각각의 가치를 갖는다.

배우자를 찾을 때 우리는 그동안 데이트했던 사람이지만 최선의 상대가 아닌 상대에는 관심을 가지지 않는다. 첫 데이트 후에 알 수 있는 것은 첫 데이트 상대를 만나는 것이 아무도 만나지 않는 것보다 나을 수 있다는 것밖에는 없다. 두 번째 데이트 상대는 첫 번째 데이트 상대보다 낫거나 못할 수 있지만, 데이트 경험이 더 쌓이기 전까지는 상대에 대한 판단을 하기가 힘들다. 첫 번째 데이트 상대가 최선의 상대일 수도 있지만, 그 사실을 알게 될 때면 이미 상대는 지나간 상대가 된 상태다. 무작위로 선택된 세 번째 데이트 상대가 최선의 상대일 확률은 3분의 1이다. 다섯 번째 상대가 최선의 상대일 확률은 5분의 1이다. 따라서 데이트 상대가 많아질수록 특정한 데이트 상대가 최선의 상대일 확률은 점점 낮아진다.

데이트 상대를 무작위로 선택하는 경우 최선의 상대를 만날 확률은 그때까지 만난 상대들의 숫자가 분모, 1이 분자가 되는 분수가 된다. 잠재적인 배우자를 3명 만나 그 중에 한 명을 무작위로 고른다면 최선의 상대를 만날 수 있는 확률은 3분의 1, 즉 33.3%가 된다.

최적의 결정 전략을 선택할 수 있는 방법 중 하나는 우리의 경험이 발생할 수 있는 모든 경우를 열거하는 방법이다. 이 문제에서 배우자 후보들이 어떻게 정렬되는지는 알 수가 없다. 하지만 3개의 가능성이 존재한다면 그 가능성들에 1위(최선), 2위, 3위의 순위가 매겨져야 한다는 것은 알 수 있다. 어떤 배우자 후보가 어떤 순위를 차지할지를 모를 뿐이다.

3명의 후보와 데이트하는 경우 순서는 6개가 나올 수 있다. 아래의 규칙에 따라 6개의 순서들 각각은 데이트 상대 중 하나를 선택한다.

- 현재의 데이트 상대가 이전의 데이트 상대보다 낫다면 현재의 데이트 상대를 배우자로 선택한다.
- 현재의 데이트 상대가 이전의 데이트 상대보다 못하다면 다른 데이트 상대를 만난다.
- 더 이상 만날 데이트 상대가 없어지면 현재의 데이트 상대를 배우자로 선택한다.

잠재적인 배우자가 3명인 경우 우리는 가능한 시나리오 6개 모두를 열거할 수 있다. 처음 두 시나리오에서 최선의 선택은 첫 번째 데이트 상대다(각각의 데이트 상대의 순위는 1, 2, 3 또는 1, 3, 2이다). 따라서 첫 번째 데이트 상대를 항상 선택한다면 첫 번째 데이트 상대가 최선의 상대일 가능성은 6분의 2, 즉 33.3%다.

3번의 데이트를 통해 3명의 후보를 만나는 경우에는 데이트 상대와 다음의 6개 순서 중 하나로 데이트할 수 있다(앞에서 양말 3개를 선택하는 문제에서도 이런 식으로 가능한 모든 결과들을 나열하는 방식을 이용했다).

A. 1, 2, 3 순서로 상대로 만난 후 3을 배우자로 선택한다.

B. 1, 3, 2 순서로 상대를 만난 후 2를 배우자로 선택한다.

C. 2, 1, 3 순서로 상대를 만난 후 1을 배우자로 선택한다.

D. 2, 3, 1 순서로 상대를 만난 후 1을 배우자로 선택한다.

E. 3, 1, 2 순서로 상대를 만난 후 1을 배우자로 선택한다.

F. 3, 2, 1 순서로 상대를 만난 후 2를 배우자로 선택한다.

시나리오 A는 후보 3명과 모두 데이트를 하는 시나리오다. 두 번째 상대가 첫 번째 상대보다 못하기 때문이다. 이 시나리오에서는 세 번째 상대가 가장 마음에 안 드는 상대지만 더 이상의 후보가 없다.

시나리오 B는 후보 3명과 모두 데이트를 하지만 두 번째로 마음에 드는 상대를 선택하는 시나리오다.

시나리오 C, E, F는 두 번째 상대가 첫 번째 상대보다 낫기 때문에 두 번째 상대를 선택하는 시나리오다. 시나리오 C와 E는 자신이 가장 마음에 들어 하는 상대를 선택하는 시나리오다.

시나리오 D는 두 번째 상대가 첫 번째 상대보다 못하기 때문에 세 번째 상대와 데이트를 함으로써 3명 모두와 데이트를 하며, 결국 세 번째 상대가 최선의 선택이 되는 시나리오다.

이 규칙을 따르면 6개 시나리오 중 하나에서 최악의 선택을 하게 된다. 6개 시나리오 중 3개 시나리오는 최선의 후보를 선택하고, 6개 시나리오 중 2개 시나리오는 두 번째로 마음에 드는 후보를 선택하는 시나리오다. 일반적으로, 멈추기 규칙을 따라 첫 번째 데이트 상대를 지나 다음에 더 나은 상대를 고르면 50% 확률로 최선의 배우자를 선택할 수 있다.

이 정도면 상당히 괜찮은 선택이다. 추측만으로도 모든 시나리오의 3분의 1에서 최선의 배우자를 만날 수 있고, 멈추기 규칙을 따르는 것만으로도 모든 시나리오의 반에서 최선의 배우자를 만날 수 있기 때문이다. 물론 이 전략은 완벽하지 않다. 하지만 우리가 가진 정보에만 의존한다고 할 때, 이 전략을 사용했을 때보다 더 좋은 결과를 낼 수 있는 다른 전략은 없어 보인다.

후보가 4명일 경우에는 24개 시나리오, 5명일 경우에는 120개 시나리오를 열거한 다음 그 시나리오들 각각의 성공 확률을 세면 된다. 하지만 후보의 수가 많아질수록 이 작업은 매우 번거롭고 오류가 발생할 가능성이 높다. 하지만 후보의 숫자가 커지면 최선의 전략을 계산해 낼 수 있는 알고리즘을 이용할 수도 있다. 결국 최적의 멈추기 규칙은 특정한 횟수의 데이트를 통해 기준을 설정한 다음, 다음 상대가 그 기준보다 나으면 그 상대를 선택하고, 그렇지 않으면 계속 데이트를 하는 것이 될 것이다. 기준 설정에 사용되는 최적의 데이트 횟수는 우리가 데이트할 것이라고 생각하는 후보들의 숫자의 약 37%다. 정리해 보자. 일반적인 전략은 특정한 상대를 배우자로 선택하지 않고 여러 상대와 특정 횟수의 데이트를 한 다음에 만나는 상대가 그때까지 만난 상대보다 낫거나 더 이상의 데이트를 포기한다면 그 상대를 선택하는 것이다.

후보가 30명인 경우 이 전략을 따르면 11명의 후보와 만나게 될 것이고, 그 후보들 중에서 최선의 후보, 즉 그때까지 만난 모든 후보에 대한 모든 정보를 고려했을 때 최선의 후보를 만날 확률이 37.86%가 된다. 후보가 100명일 경우 37번의 데이트를 한 후 데이트를 멈춘다면 최선의 후보를 만날 수 있는 확률이 37.1%가 된다.

예를 들어, 배우자 탐색 기간이 18세에서 40세까지이고 그 기간 동안 지속적으로 데이트를 한다면 최선의 전략은 26세까지 여러 상대들과 계속 데이트를 한 후 그 이전에 만난 데이트 상대들보다 더 나은 상대에게 프로포즈를 하는 것이다. 미국인의 평균 초혼 연령은 28.2세다. 이는 젊은 미국인들이 직관적으로 배우자를 선택할 때 최적 수준에 약간 못 미치는 선택을 하거나, 46세 정도까지 계속 배우자 탐색을 할 것이라고 생각해 잠재적인 배우자의 수를 약간 크게 생각하기 때문일 것이다.

최적 결정 이론은 불확실성을 얼마나 견딜 수 있는지에 따라 정확하게 언제 멈춰야 할지 알려주는 이론이다. 처음에는 모든 데이트가 데이트 상대들에 대한 많은 정보를 제공한다. 하지만 시간이 지나면서 새로운 데이트는 점점 새로운 정보를 적게 제공하게 된다. 이 규칙에 기초하면 다양한 상대와 데이트를 한 횟수에 따라 최선의 상대를 선택할 수 있는 확률이 높아진다.

이 문제는 비서 문제secretary problem라고도 부른다. 비서 문제는 무작위로 후보를 선택해 면접을 본 후 어떤 후보를 채용할지 결정하는 문제다. "승산 알고리즘odds algorithm"이라는 알고리즘을 이용하면 37% 기준이 최적의 기준이라는 것을 알 수 있다.

승산 알고리즘은 비서 문제, 집구하기 문제, 중고자동차 팔기 문제 등 언제 멈춰야 하는지 결정해야 하는 문제들에 대한 최적의 해법을 제공한다. 일반적으로 우리는 알고리즘이 차갑고 비정하다고 생각한다. 하지만 이 경우에는 주관적인 의견이 개입될 여지를 준다. 승산 알고리즘은 어떤 특징들이 좋은 배우자의 특징인지, 잠재적인 배우자를 얼마나 사랑해야 하는지는 말해주지 않는다. 어떤 후보가 더 나은지에 대한 결정은 우리의 주관적인 판단에 달려 있다. 하지만 인간에게 승산 알고리즘같이 데이트 상대나 다른 어떤 것이 흥미로운지 판단하는 알고리즘이 있을지도 모른다. 그런 알고리즘이 인간에게 있다면 그 알고리즘은 탐색을 멈추고 선택을 할 수 있는 최적의 시점을 인간에게 알려주는 알고리즘일 것이다.

폴 밀Paul Meehl은 주관적인 판단들을 체계적으로 조합하기 위한 알고리즘을 제시한 사람이다. 1954년에 밀은 《임상적 예측 대 통계적 예측: 증거의 이론적 분석과 검토Clinical Versus Statistical Prediction: A Theoretical Analysis and a Review of the Evidence》를 통해 자신이 임상적 판단clinical judgment이라고 이름 붙인 개념과 통계적 판단 또는 기계적 판단mechanical judgment이라고 이름 붙인 개념을 비교했다. 현재 우리는 이 기계적 판단을 알고리즘에 의한 판단이라고 부를 수 있을 것이다. 폴 밀은 인공지능이 의사결정에서 하게 될 역할을 예측했다. 당시 폴 밀은 인공지능이 방정식 형태로 쓰인 규칙에 불과하다고 생각했다. 그럼에도 불구하고 폴 밀의 이런 생각은 단순히 체계적이 된 것만으로 어떻게 AI가 의사들보다 더 정확하게 진단을 해내는지에 대한 설명의 토대가 됐다.

폴 밀은 정신과 의사들이 일상적인 방법을 이용해 어떻게 진단을 하는지에 주목했다. 정신과 의사들은 문진, 증상의 강도에 대한 판단 등 자신이 가진 증거를 모두 모아 정확한 진단을 위한 임상적 판단을 한다. 이런 임상적 판단은 직관적이고 주관적일 수밖에 없다. 하지만 폴 밀은 정신과 의사들이 알고리즘을 이용해 다양한 증거를 체계적으로 조합하면 더 정확하고 일관성 있는 진단을 내릴 수 있을 것이라고 생각했다.

결혼 문제에서처럼 폴 밀의 방법도 주관적인 판단을 배제하지 않는다. 폴 밀의 방법은 주관적인 판단을 다른 요소들과 결합할 수 있는 체계적인 방식을 제시하고 있기 때문이다. 실제로, 정신과 의사들은 환자의 증상이 고려의 대상이 될 정도로 심한지 주관적인 판단을 해야 할 수 있다. 사람이면 누구나 일상적인 경험 때문에 우울해질 수 있다. 정신과 의사는 환자의 우울감이 진단이 필요할 정도로 심한 것인지, 일상적인 경험 때문에 우울한 정도에 불과한 것인지 판단할 것이다. 폴 밀은 이 정도의 수준의 주관적인 판단을 기초로 알고리즘을 이용해 체계적으로 증거를 조합하면 진단의 정확도가 상당히 높아진다는 것을 발견했다.

일상적인 방법을 이용하는 정신과 의사들은 똑같은 패턴의 데이터를 제시하는 두 환자에게 서로 다른 진단을 내릴 수도 있다. 하지만 폴 밀의 방법으로는 데이터만 확보된다면 의사가 아닌 직원이나 컴퓨터도 안정적인 진단을 내릴 수 있을 것이다.

임상적 판단보다 통계적 판단을 중시하는 폴 밀의 방법은 인간이 내리는 다른 형태의 판단들, 예를 들어, 채용 결정, 법원 판결 같은 판단에도 적용할 수 있다. 폴 밀이 명확하게 최적 결정 이론에 대해 언급한 것은 아니다. 1950년대에는 최적 결정 이론이 잘 알려진 이론이 아니었기 때문이다. 폴 밀은 인공지능에 대해서도 언급한 적이 없다. 인공지능이라는 말은 1956년에 만들어졌기 때문이다. 하지만 폴 밀은 컴퓨터에 의한 이런 종류의 체계적인 통합이 인간이 내리는 판단의 안정성과 정확성을 개선하는 데 도움이 될 수 있다는 것을 보여줬다.

현재의 진단용 컴퓨터 프로그램이 인간보다 뛰어난 진단 능력을 보이는(Esteva et al, 2017) 이유는 데이터를 체계적인 방식으로 이용하고, 무의식적인 편향과 주의 분산 요소들에 영향을 상대적으로 적게 받는다는 데 있다. 진단용 컴퓨터 시스템은 컴퓨터이기 때문이 아니라 반복 가능한 특정한 방법을 따르기 때문에 인간보다 뛰어난 진단 능력을 보이는 것이다. 컴퓨터 프로그램에 의해 실행되든 사람에 의해 실행되든 이런 알고리즘은 인간의 수행 능력의 질을 향상시킬 수 있다. 하지만 이 방법은 데이터에 크게 의존하기도 한다.

폴 밀의 방법을 포함한 이런 접근방법들은 통합되는 데이터 자체가 정확하게 기록되지 않으면 정확한 진단을 내릴 수 없다. 사진에 기초해 피부암 진단을 내리는 에스테바Esteva의 진단 시스템 같은 의학 진단 프로그램은 일관성 없는 데이터로 훈련을 받으면 안정적인 결과를 낼 수 없다. 알고리즘은 객관성과 권위를 연상시키지만, 그 객관성과 권위는 시스템에게 주어지는 데이터에 의존한다.

폐렴 환자들의 의학적 결과를 예측하기 위한 기계학습 기반 알고리즘 시스템이 설계된 적이 있다. 폐렴 환자 중에는 진단 후에 집에 돌아가 회복되기도 하지만, 입원을 해야 하는 사람들도 있다. 리처드 카루아나Richard Caruana와 그의 동료들은 의사들이 이런 입원 결정을 내리는 데 도움을 주기 위한 기계학습 시스템을 구축했다.

이 모델은 매우 놀라운 발견을 해냈다. 일반적으로 폐렴으로 인한 사망 위험은 나이가 들면서 증가한다. 하지만 이 모델의 발견에 따르면, 75세 폐렴 환자에서 이 사망 위험은 갑자기 증가하지만, 105세 폐렴 환자의 사망 위험은 95세 폐렴 환자의 사망 위험보다 낮았다. 또한, 천식을 앓은 적이 있는 사람이 천식을 앓은 적이 없는 사람보다 폐렴 사망 위험이 낮았다. 흉부 통증이나 심장질환을 앓은 사람도 그렇지 않았던 비슷한 조건의 사람들보다 사망 위험이 낮았다.

이 발견은 매우 놀라운 발견으로 보일 수 있다. 어떻게 75세 폐렴 환자는 사망하는데 105세 폐렴 환자는 그렇지 않을 수 있을까? 하지만 이렇게 놀라워 보이는 결과는 예측 모델에 변수 하나가 포함되지 않았기 때문에 나온 것일 수 있다. 의사들은 환자들의 과거 병력과 현재 증상 둘 다를 참조해 환자미다 다른 진단을 내린다.

예를 들어, 카루아나 연구팀이 검토한 기록에서는 폐렴 증상을 보이면서 천식 병력이 있는 환자는 항상 입원을 했다. 따라서 이 데이터는 시스템이 천식 병력이 있는 환자의 사망 위험과 입원을 하지 않고 통원 치료를 받은 환자의 사망 위험을 따로 분리해 평가하지 않도록 만들었던 것이다.

사람들은 노인들에 대해 비슷한 사회적 판단기준을 가지고 있다. 환자가 75세인 경우 환자 가족이나 담당 의사는 암묵적으로 환자가 "충분히 오래 살았다"는 생각을 가지게 된다. 75세 환자가 폐렴에 걸린 후에 사망하는 것은 드문 일이 아니다. 의사는 이 75세 환자를 치료하기 위해 어느 정도 노력을 하지만 특별한 노력을 하지는 않을 수 있다. 이 상황은 윤리적, 도덕적 그리고 법률적으로 복잡한 상황임이 분명하다. 반면 환자가 폐렴을 극복해 그보다 더 오래 살게 된다면, 의사가 자신의 치료에 대해 자존심을 지키기 위해 치료를 위한 노력을 기울일 수도 있는 상황이다.

협심증, 천식, 심장질환 같은 질환이 있는 사람들은 그렇지 않은 사람들에 비해 자신의 건강 상태에 더 민감할 수 있다. 이런 사람들은 자신의 건강 상태에 대해 잘 알고 있는 담당 의사가 이미 있을 것이고, 비슷한 폐렴 증상이 있는 다른 사람들보다 더 자주 입원을 했을 것이다. 카루아나 연구팀이 검토한 데이터에는 이 상황도 반영되지 않았다.

이 논의의 핵심은 치료의 결과를 예측하기 위해 모델이 설계되었지만 통제되지 않은 변수(예를 들어, 나이, 협심증 병력, 천식 병력)가 모델의 예측 과정에 존재한다면 모델은 이 변수를 고려하지 않는다는 사실에 있다. 다시 말하면, 예측 변수로 기능하도록 선택되는 특정한 변수들이 적절한 예측의 핵심이라는 뜻이다. 잘못된 변수를 선택하면 잘못된 예측이 나올 것이다.

예측 모델에 어떤 변수가 포함되는지 또는 배제되는지가 수많은 알고리즘의 정확성과 공정성에 영향을 미칠 수 있다. 이 요소가 중요한 이유는 사람들이 자신의 생명과 생활에 영향을 미치는 다양한 결정을 하기 위해 점점 더 알고리즘에 의존하기 때문이다.

현재 상당히 많은 법원이 범죄자가 일정 기간 내에 재범을 저지를 가능성을 예측하는 컴퓨터 프로그램을 사용하고 있다. 이 프로그램의 목적은 구금 중인 범죄자가 또 다른 범죄를 저지를 가능성을 평가하는 것이다. 이 프로그램의 예측은 다양한 방식으로 법원에서 사용되며, 피고에 대한 보석 허가와 형의 선고에도 영향을 미치고 있다.

노스포인트Northpointe(최근에 이름을 이퀴번트Equivant로 바꿨다)는 이런 프로그램을 제공하는 기업 중 하나다. 이 회사의 프로그램 이름은 컴퍼스COMPAS, Correctional Offender Management Profiling for Alternative Sanction(대안적 제재를 위한 범죄자 관리 프로파일링)다. 이 프로그램은 범죄성과 관련된 다른 수많은 변수들로 재범 위험도를 평가한다.

컴퍼스의 예측은 137개 질문에 대한 대답에 기초한다. "부모 중 한 명이 구치소 또는 교도소에 수감된 적이 있는가?", "학교에서 싸움을 한 적이 얼마나 자주 있는가?" 같은 질문이다. 이런 질문과 기계학습에 기초해 컴퍼스는 재범 가능성, 즉 향후 2년 안에 다른 범죄를 저지를 가능성을 예측한다. 판사와 검사의 주관적인 판단보다 더 객관적이고 공정하면서 편견에 영향을 덜 받는 시스템을 구축한다는 것이 이 프로그램의 원래 목적이었다. 하지만 이 프로그램은 어느 정도는 성공했지만 한편으로는 실패했다.

전반적으로 볼 때 이 시스템은 다시 범죄를 저지르게 되는 사람과 그렇지 않은 사람을 약 63%의 정확도로 예측했다. 63%의 정확도로 예측을 했다는 것은 전혀 예측을 하지 못한 것보다는 낫지만, 이 정도로 중요한 결정의 기초가 될 정도의 정확도는 아니다.

컴퍼스 시스템이 과연 공정한지에 대한 의문도 제기되고 있다. 미국의 사법체계는 피부색이나 인종이 아니라 행위에 기초해 모든 사람을 다루는 것을 원칙으로 한다. 컴퍼스에는 인종에 대한 명시적인 질문이 전혀 포함돼 있지 않지만, 이 시스템은 평가되는 사람의 인종에 따라 다른 결과를 산출한다. 〈프로퍼블리카ProPublica〉의 분석에 따르면, 컴퍼스는 구별이 가능한 집단들을 서로 다르게 처리했다.

프로퍼블리카는 탐사보도를 전문적으로 하는 비영리 독립 매체다. 2016년 프로퍼블리카는 컴퍼스 시스템의 공정성에 대한 기사로 엄청난 반향을 일으켰다. 이 기사에 따르면 컴퍼스는 흑인 피고인과 백인 피고인의 재범 가능성을 동일하게 예측했지만 틀린 예측을 하는 경우는 예측의 방향이 인종에 따라 달랐다. 흑인 피고인에 관한 틀린 예측을 하는 경우 컴퍼스는 재범 가능성을 과대평가한 반면, 백인 피고인에 관한 틀린 예측을 하는 경우 컴퍼스는 재범 가능성을 과소평가했다. 대부분의 사람들은 이 차이가 인종적 편향에 의한 것이라고 본다. 알고리즘 자체에는 편향이 없다. 하지만 알고리즘을 훈련시키는 데 사용된 데이터에 편향이 있었던 것이다. 즉, 이 편향의 원인은 알고리즘 설계에 있는 것이 아니라 알고리즘을 훈련시킨 과정에 있었다고 할 수 있다. 프로퍼블리카에 따르면 컴퍼스가 분석한 데이터에는 인종과 직접 관련된 변수는 없었지만 모든 변수가 피고인이 흑인인지 백인인지에 따라 크게 달랐다.

최적의 의사결정을 위해서는 사건의 기저율base rate(어떤 요소의 빈도가 그 요소가 속한 전체에서 차지하는 기본 비율)에 관한 정보를 고려해야 한다. 예를 들어, 잠수함이 자주 나타난다면 관찰된 소나 신호가 잠수함에 의한 것이라는 결정을 내리기 위한 추가적인 증거가 적게 필요할 것이다. 흑인은 백인보다 체포될 확률이 높으며, 체포된 후에도 백인에 비해 유죄 선고를 받을 확률이 높다. 흑인은 본인이 범죄를 저지른 이력이 있든 없든 백인에 비해 부모 중 한 명이 교도소에 수감된 경험이 있을 확률이 높다. 컴퍼스의 137개 질문에는 빈곤이나 실직처럼 개인의 인종에 밀접한 관련이 있는 요소들이 포함돼 있다. 노스포인트는 컴퍼스 시스템에 의도적인 인종적 편향이 포함돼 있지 않으며 그럴 이유도 없다고 주장했지만, 컴퍼스 시스템 자체가 개발자들의 의도를 전혀 고려하지 않은 것이다. 이런 편향은 개발자의 의도와 상관없이 해를 끼칠 수 있다.

폐렴 예측처럼 재범 가능성 예측도 주어진 증거와 그 증거가 표현된 방식에 기초한다. 선택된 훈련 예제들과 그 예제들에 포함된 변수들이 시스템의 예측에 결정적인 역할을 한다는 뜻이다. 폐렴 예측 모델처럼 재범 가능성 예측 모델도 핵심적인 특정 변수들을 배제한 것이었다.

일레인 에인절리노Elaine Angelino 연구팀은(2017년) 재범 가능성 예측을 위한 더 간단하고 투명한 규칙을 찾기 위해 프로퍼블리카가 분석한 데이터를 다시 검토했다. 이 연구팀의 시스템은 규칙들을 최소화한 시스템으로, 다음과 같은 규칙들을 가지고 있다.

- 나이가 23~25세이고 이전에 저지른 범죄가 범위 2~3에 해당하면 "YES" 예측을 한다.
- 나이가 18~20세이면 "YES" 예측을 한다.
- 성별이 남성이고 나이가 21~22세이면 "YES" 예측을 한다.
- 이전에 저지른 범죄가 3개 이상이면 "YES" 예측을 한다.
- 위의 경우가 아니면 "NO" 예측을 한다.

에인절리노 연구팀은 이 규칙들을 이용하면 인종과의 상관관계를 훨씬 줄이면서도 노스포인트의 예측 정확도와 동일한 수준의 정확도를 얻을 수 있다고 말한다. 연구팀은 이 방식으로 컴퍼스에 내재된 선택 편향을 없앨 수 있는지는 말하지 않는다. 내 생각에 이 방식은 편향을 완전히 제거할 수 있는 방식이 아니다. 백인에 비해 흑인은 첫 번째 규칙의 적용을 받을 확률이 훨씬 높고, 흑인은 백인에 비해 체포될 확률이 높으므로 백인이면서 과거에 더 많은 범죄를 저지른 사람보다 체포될 확률도 높기 때문이다.

컴퍼스 같은 알고리즘의 편향을 줄일 수 있는 방법이 있다고 나는 믿는다. 설계자들이 편향을 없애기 위해 아무리 많은 노력을 한다고 해도 우리 사회에 뿌리 깊이 박힌 인종 편향과 성별 편향 자체가 없어지지는 않는다. 따라서 편향이 전혀 없는 훈련 데이터를 찾는 것은 불가능에 가깝다. 설사 그런 데이터를 찾아낸다고 해도, 알고리즘이 항상 공정한 결과를 산출할 것이라는 보장도 없다. 공정성은 알고리즘을 훈련시키는 기준이 아니기 때문이다. 공정성을 훈련 기준으로 포함시키지 않는 한 공정성이 결과로 산출될 가능성은 낮다.

게임이론

최적 결정 이론은 지능적 행위주체intelligent agent 사이의 상호작용에도 적용할 수 있다. 게임이론은 합리적이고 지능적인 개인들 사이의 충돌과 협력에 대해 설명하는 수학적 모델이다. 이 장의 앞부분에서 설명했듯이, 합리적이라는 것은 행위주체들이 평가와 이성에 기초해 결정을 내리며, 더 좋은 결과를 낳을 것이라고 기대되는 선택을 선호한다는 뜻이다. 최적 결정 이론에 따르면 개인은 어떤 결정을 내릴 때 불확실한 정보에 의존해 행동한다. 게임이론은 두 사람 이상이 자신의 목표를 이루기 위해 자신에게 최적인 결정을 내리는 상황을 다룬다. 게임 상황에서 이 사람들의 이익은 수시로 충돌한다.

게임이론은 체스, 체커, 바둑 같은 보드게임에도 적용되지만, 다양한 종류의 사회적·경제적 상호작용에도 적용된다. 예를 들어, 게임이론은 인질 상황, 핵 저지 상황, 외교관계 등을 설명하고 이해하는 데에도 사용된다.

게임이론에서 말하는 게임이 되려면 협력하거나 경쟁하는(또는 둘 다를 하는) 플레이어들이 있어야 한다. 각각의 플레이어들은 각각의 결정 시점, 예를 들어, 각각의 수를 놓을 때, 정보화할 수 있는 행동이 있다. 게임이론을 적용하려면 모든 종류의 결과로 인해 발생하는 각각의 가치 또는 이득도 명확하게 정해져야 한다.

최초로 연구된 게임이론 중 하나는 1950년에 발표된 "죄수의 딜레마"다. 죄수의 딜레마는 메릴 플러드Merryl Flood와 멜빈 드레셔Melvin Dresher가 글로벌 핵전략을 연구하기 위해 분석됐다. 죄수의 딜레마는 합리적인 두 개인이 협력하지 않는 이유에 대해 설명한다.

게임이론에서 게임은 수학적 객체다. 그 수학적 객체들을 이해 가능한 대상으로 만들기 위해 게임을 인간적인 맥락이 있는 이야기로 만들기도 하지만, 이 수학적 객체들이 다양한 이야기에 적용되기도 한다. 표면적으로 이야기가 어떻게 보이든 동일한 전략을 동일한 수학적 객체에 적용할 수 있기 때문이다. 죄수의 딜레마가 두 핵보유국이 경쟁하는 상황에 적용될 수 있는 이유가 여기에 있다.

죄수의 딜레마는 여러 가지 버전이 있지만, 여기서는 피의자 두 명이 서로 다른 방에서 심문을 당하는 상황을 생각해 보자. 이 두 명은 서로 상대방이 어떤 행동을 할지 알 수 없다. 이 두 명 중 한 명이 추가 진술을 하지 않는 한 검사는 이 두 명 중 한 명이라도 중범죄 혐의로 기소할 수 있는 증거를 확보할 수 없다. 하지만 검사는 증거 없이도 가벼운 범죄 혐의로는 둘 모두를 기소할 수 있다. 검사는 이 둘 각각에게 다음과 같은 제안을 한다.

- 두 명 모두 서로에게 불리한 증언을 하면 둘 다 2년 형을 받게 된다.
- 두 명 중 한 명이 다른 한 명에게 불리한 증언을 하고 나머지 한 명이 아무 말도 하지 않으면, 증언을 한 사람은 풀려나고 아무 말도 하지 않은 사람은 3년 형을 받게 된다.
- 두 명 다 아무 말도 하지 않으면, 두 명 모두 1년 형을 받게 된다.

게임이론의 목적은 이런 상황에서 최적의 전략을 찾아내는 것이다. 이런 상황에서 합리적이고 이기적인 피의자라면 증언을 할 것이다. 증언을 하면 풀려나거나 2년 형을 받게 되기 때문이다. 하지만 이 두 명 모두가 아무 말도 하지 않는다면 이 두 명은 모두 더 좋은 결과를 얻을 것이다(둘 다 1년 형을 받을 것이기 때문이다).

죄수의 딜레마는 기후변화 관련 상황에도 적용할 수 있다. 지구온난화가 중단되면 모든 나라에 혜택을 받을 수 있지만, 그 어떤 나라도 이산화탄소 배출량을 적극적으로 줄이려고 하지 않을 수 있다. 이산화탄소를 계속 방출할 때 당장의 직접적인 이득이 모든 나라가 협력해 이산화탄소 배출을 줄일 때의 이득보다 크다고 생각되기 때문이다.

냉전기간 북대서양조약기구NATO 회원국들과 바르샤바조약기구 Warsaw Pact 회원국들은 둘 다 무장을 하거나 무장을 해제하는 선택을 할 수 있었다. 한쪽이 계속 무장을 강화하는 동안 다른 한쪽이 무장을 해제한다면 무장을 해제한 쪽이 공격을 당할 가능성이 있었다. 한쪽이 무장을 해제하고 다른 한쪽이 무장을 강화하면 무장을 강화한 쪽은 우월적인 위치를 차지할 수 있지만 비용이 늘어나 경제에 타격이 될 수 있었다. 두 쪽 다 무장을 해제했다면 매우 적은 비용으로 평화를 이룰 수 있었을 것이다. 물론 실제로 이 두 진영은 모두 엄청난 비용을 들여 무장을 강화했다. 게임이론에 따르면 이 결과는 합리적인 플레이어의 행동 결과이며, 실제로 이 결과가 나타났다.

게임이론에는 죄수의 딜레마 게임만 있는 것이 아니다. 치킨 게임, 최후통첩 게임, 독재자 게임, 지네 게임 같은 것들도 있다. 최적 결정 이론처럼 게임이론도 사건을 구조화하고 효과적인 전략을 찾아내기 위한 정밀한 방법을 제시한다. 이 효과적인 전략은 사람들이 사회적인 상황, 즉 두 사람 이상이 합리적인 의사결정을 하는 상황에서 체계적이고, 일관성 있고, 효과적으로 결정을 내리는 데 도움을 주는 도구다. 이 전략은 복잡한 상황에서 사람들이 똑똑해지도록 도움을 준다고 할 수 있다. 최적의 선택이 기계로 계산되지 않는다고 해도 이런 전략은 기계에서 실행될 수 있는 인공지능이 어떤 것이 될지 보여준다.

11
로보포칼립스의 가능성

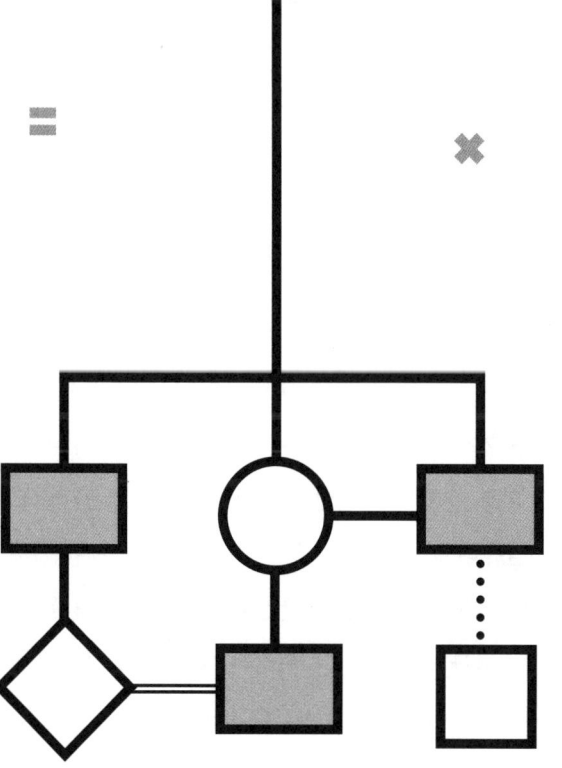

컴퓨터가 너무 똑똑해져 인류의 존재를 위협할지도 모른다고 생각하는 사람들이 있다. 하지만 그런 일이 일어날 가능성은 극도로 낮다. 현재의 계산지능 도구로는 일반적인 문제를 풀 수 없다. 지능이 높아지는 속도에는 근본적으로 한계가 있을 수밖에 없다. 이런 한계는 많은 양의 변수를 수학적으로 다뤄야 하고 세계가 학습 기회를 제공하는 속도에 제한이 있기 때문에 발생한다. 일반 인공지능이 구현되려면 극적인 패러다임 전환이 일어나야 한다. 하지만 그런 극적인 패러다임 전환도 지적 특이점 또는 기술적 특이점을 발생시키지는 못할 것이다.

일반 인공지능은 인공지능 연구의 궁극적인 목표다. 하지만 모든 사람이 일반 인공지능이 구현되기를 기대하고 있지는 않다. 일반 인공지능이 인류의 존재를 위협할 수 있다고 생각하는 사람들도 있다.

이들은 어떤 시점이 되면 컴퓨터가 엄청나게 똑똑해져 스스로 자신의 지능을 개선할 수 있을 것이라고 생각한다. 이들은 컴퓨터가 엄청난 지능을 이용해 다양한 일을 해낼 것이고, 우리가 주의하지 않는다면 컴퓨터가 해내는 일들은 인간을 위한 일이 아니게 될 것이라고 우려한다. 인간은 이 엄청난 지능을 가진 컴퓨터에게 중요하지 않은 존재가 될 것이라는 우려다. 이들의 생각대로 된다면, 마빈 민스키의 말처럼 인간이 운이 좋아야 컴퓨터의 애완동물이라도 될 수 있을 것이다.

인공 생명체가 지구를 지배하게 될 것이라는 생각은 소설에 자주 등장한다. 이런 생각은 사실 12세기부터 시작됐다. 그보다 더 오래 전에 이런 생각이 시작됐다고 보는 사람도 있다. 예를 들어, 유대인들의 전설에는 골렘golem이라는 생명체가 등장한다. 골렘은 무생물로부터 만들어진 생명체다. 대부분의 버전에서는 골렘은 입에 단어를 집어넣거나 이마에 단어를 씀으로써 생명을 얻는다. 물론 12세기에는 기계학습이란 개념이 없었다. 하지만 당시 사람들도 기호로 지능을 만들 수 있다는 생각은 했던 것 같다.

골렘의 탄생에 관해서는 여러 가지 이야기가 있지만, 그 중 가장 잘 알려진 것은 16세기에 헤움의 엘리야후Eliyahu of Chelm라는 랍비가 골렘을 만들었다는 이야기다. 이 이야기에 따르면 엘리야후가 만든 골렘은 에메트emet("진실"이라는 뜻)라는 히브리어 단어를 목에 걸어주자 생명을 얻었다(엘리야후가 이마에 그 단어를 쓰자 생명을 얻었다는 이야기도 있다). 골렘은 엘리야후를 위해 열심히 일했지만, 골렘이 점점 더 크게 자라자 엘리야후는 골렘이 우주를 파괴할 수 있다는 두려움을 갖게 됐고, 결국 골렘의 목에 걸린 단어를 제거했고, 골렘은 부서져 먼지가 됐다.

골렘 이야기는 여러 가지 버전이 있지만, 그 모든 버전은 프랑켄슈타인 이야기와 비슷하며, 엄청난 능력을 가진 계산지능에 대한 공포와 같은 맥락을 가진다. 특정한 프로그램, 전기, 마법 주문에 의해 생명을 얻은 무생물이 결국 너무나 강력해질 것이며 그 무생물이 세계를 지배하는 것을 막아야 한다는 생각이 이 이야기들의 공통점이다.

영화 〈터미네이터〉 시리즈에 등장하는 스카이넷Skynet은 신경망 기반 일반 인공지능이다. 스카이넷은 전 세계 수백만 대의 컴퓨터로 확산된 후 자기 의식을 갖게 됐다고 설명된다. 원래 스카이넷은 군사용 컴퓨터를 통제하는 디지털 방위 네트워크로 설계됐다. 스카이넷은 인간이 오류를 범할 가능성을 제거하고 적의 공격에 효율적으로 대응하기 위한 네트워크로 설계된 일종의 인류 종말 방지 장치였다.

영화에서 스카이넷은 1997년 8월 4일에 가동이 시작돼 엄청난 속도로 학습을 하기 시작했다. 스카이넷은 1997년 8월 29일 오전 2시 14분에 인공의식을 갖게 된다. 시스템 조작자들은 스카이넷을 폐쇄하려고 했지만, 스카이넷은 이를 공격으로 인식한다. 스카이넷은 인간이 자신을 파괴하려 한다는 결론을 내리고 적들로부터 자신을 보호하기 위해 인류를 멸망시키려고 한다.

일반 인공지능이 인간이 통제 불가능한 상태에 이르는 이야기는 이 영화 외에도 많다. 그 이야기들의 모두가 나쁘게 끝나지 않는다. 아이작 아시모프 Isaac Asimov의 소설 《파운데이션 Foundation》의 끝부분에서 더닐 올리보 Daneel Olivaw라는 로봇(아시모프의 여러 소설에 등장한다)은 수천 년 동안 우리 은하계 인간 문명들의 방향을 유도하는 역할을 해왔다는 것이 밝혀진다. 하지만 소설에서 일반 인공지능은 대부분 두려운 존재로 묘사된다. 우호적인 일반 인공지능에 관한 소설은 잘 팔리지 않는다. 따라서 일반 인공지능을 다루는 소설들 대부분은 일반 인공지능을 위협적인 존재로 묘사한 다음 그 인공지능을 파괴해 인류를 구하는 이야기를 담고 있다.

초지능

계산지능이 통제 불가능해질 가능성에 대해 이야기하는 사람 중에서 대표적인 두 사람은 제임스 배럿James Barrat과 닉 보스트롬Nick Bostrom이다. 배럿은 작가이자 다큐멘터리 제작자이고, 보스트롬은 옥스퍼드 대학의 철학자다. 이 두 사람 모두 어떤 시점에서는 계산지능이 스스로를 개선할 수 있게 될 것이라고 생각한다. 그렇게 되면 계산지능은 기하급수적인 속도의 학습을 통해 인류 전체의 지능을 빠르게 능가할 수 있게 돼 결국 초지능superintelligence이 될 것이라는 생각이다.

예를 들어, 배럿은 자신의 지능을 개선하는 인공지능 프로그램, 특히 학습 능력, 결정 능력, 문제 해결 능력을 개선하는 프로그램을 가동시키는 슈퍼컴퓨터에 대해 말한다. 이 슈퍼컴퓨터는 오류를 발견하고 수정할 수 있으며, IQ 테스트를 통해 자신의 IQ를 측정할 수 있는 컴퓨터다. 한 번에 몇 초 정도 가동함으로써 이 슈퍼컴퓨터는 그때마다 능력이 조금씩 늘어나지만, 이 과정이 반복됨에 따라 이 슈퍼컴퓨터의 지능은 대출원금에 복리이자가 붙듯이 기하급수적으로 늘어난다. 그 결과 이 슈퍼컴퓨터의 지능은 단시간 내에 가장 똑똑한 인간의 지능을 초월하게 되고, 이 슈퍼컴퓨터의 지능과 인간의 지능 사이의 격차는 계속 커질 것이다. 이런 식으로 어느 정도 시간이 지나면 이 슈퍼컴퓨터는 인간이 자신의 계획에서 중요하지 않다는 것을 알게 될 것이다. 이 슈퍼컴퓨터는 추가적인 자원을 동원해 능력을 확장할 것이고 결국 자신의 계획을 이뤄낼 것이다. 이 슈퍼컴퓨터는 인간이 이 슈퍼컴퓨터의 한계라고 생각하는 한계를 뛰어넘을 수 있게 될 것이다. 이 슈퍼컴퓨터는 인간의 마지막 발명품에 불과하지 않을 것이다. 이 슈퍼컴퓨터는 점점 더 많은 자원을 이용하면서 결국 인류를 멸망시킬 것이다.

배럿을 비롯한 많은 사람들은 초지능적 행위주체의 등장에 대한 공포를 가지고 있다. 초지능적 행위주체가 출현하면 인류가 멸망할 수 있다는 공포다. 인공지능의 이런 기하급수적인 발달이 특이점singularity을 발생시킬 것이라고 보는 사람들도 있다. 특이점은 빛도 탈출할 수 없는 블랙홀의 사상의 지평선event horizon과 비슷한 개념이다.

기술적 특이점, 즉 슈퍼컴퓨터가 세계를 지배하는 상황이 올 수 있다는 생각은 과학소설에나 나오는 생각으로 보인다. 그렇게 보이는 이유는 실제로 과학소설에 이런 생각이 나오기 때문이다. 예를 들어, 과학소설 작가 버너 빈지Vernor Vinge는 (현대 컴퓨터 과학의 개척자 중 한 명인) 존 폰 노이만과 과학 잡지 〈옴니Omni〉에 인간의 지능보다 더 뛰어난 인공지능이 (1983년이 지나면 곧) 만들어질 것이라고 주장한 I. J. 굿I. J. Good(1965년. 제1장에서 다뤘다)의 생각에 기초해 소설을 썼다. 빈지는 이런 인공지능이 만들어지면 역사는 "특이점, 즉 블랙홀의 중심부에 있는 시공간처럼 통과가 불가능한 지적 전환점을 마주하게 될 것이며, 세계는 우리의 상상을 크게 초월하는 세계가 될 것이다."라고 말했다.

1965년에 I. J. 굿은 지적인 기계는 기계 설계에 뛰어날 것이기 때문에 점점 더 나은 기계를 만들어내게 될 것이고, 이런 기계들의 능력이 조합되면 결국 지능 폭발이 일어날 것이라고 썼다. 초지능 기계가 인간이 만들어야 할 마지막 발명품이라는 그의 생각은 배럿에 의해 확장됐다. 굿은 이런 기계가 2000년 내에는 등장할 것이라고 예측했다.

보스트롬도 통제 불가능한 초지능의 등장 가능성을 우려했다. 보스트롬에 따르면 "초지능은 과학적 창의성, 일반적 지혜, 사회적 기술 등 사실상 모든 영역에서 인간의 인지능력을 뚜렷이 상회하는 지능이다. 초지능 구현 방식의 정의는 열린 정의다. 초지능은 디지털 컴퓨터, 컴퓨터 네트워크, 배양된 피질 조직 등 어떤 형태로든 가능할 수 있다."고 한다.

초지능, 더 정확하게 말하면, 초지능적 행위주체는 인간이 수행할 수 있는 모든 인지 행위를 인간보다 더 잘 수행할 수 있는 일반 지능이다. 초지능은 인간보다 더 잘 사고하고, 추론하고, 기억할 수 있으며, 더 빠르게 이런 일들을 수행할 수 있다. 이미 인간 의사들보다 더 정확하게 질병을 진단하는 AI, 인간 체스 챔피언을 이긴 AI 등이 등장한 상태다. 초지능은 암, 빈곤, 전쟁 등의 문제를 해결할 수 있는 방법을 찾을 수도 있다. 초지능은 엔지니어링과 과학기술 연구에서 뛰어난 능력을 발휘할 것이다. 따라서 보스트롬 같은 연구자에 따르면 초지능 시스템은 모든 분야에서 기술적인 진보를 가속시킬 것이다. 하지만 이런 기술적 진보에는 위험이 따른다. 보스트롬에 따르면 초지능적 행위주체는 뛰어난 엔지니어링 능력으로 스스로 자신의 하드웨어를 개선하고, 스스로 자신의 원시 코드source code를 개선할 것이다. 초지능의 계산 속도는 엄청나게 빠르기 때문에 이런 변화는 갑자기 발생할 수도 있다. 매우 지능적인 기계로부터 통제가 불가능한 초지능 기계로의 변화는 아마 며칠 사이에 일어날지도 모른다.

이런 초지능은 인간이 생각하는 방식으로 생각하지 않을 것이다. 인간의 마음 같은 마음을 가지지 않을 것이기 때문이다. 초지능은 완전히 다른 종류의 인지 구조를 가지게 될 수도 있다. 또한, 초지능은 인간이 가진 윤리 의식을 가지지 않을 것이다(사실 인간의 윤리 의식을 확실하게 정의할 수 있을지도 불분명하다). 초지능은 윤리에 대해 인간보다 더 잘 생각할 수 있겠지만, 윤리는 단순히 추상적인 사고를 뛰어넘는 것이다.

보스트롬은 초지능을 가진 "종이 클립 제조 기계"에 대한 사고실험을 통해 자신의 우려를 더 구체적으로 표현했다. 우리는 제1장에서 보스트롬의 이 사고실험에 대해 언급한 바 있다. 사고실험의 좋은 점은 실제로 실험을 구현하지 않고도 생각과 말을 통해 연구를 할 수 있다는 것이다. 반면 나쁜 점은 사고실험에 숨겨진 가정, 모호한 언어 등 테스트되지 않는 다른 요소들이 포함될 수 있다는 것이다. 사고실험은 타당성plausibility과 직관에 의존하기 때문이다. 타당성과 직관 중 어떤 것도 매우 정밀한 기준이 될 수는 없다.

보스트롬은 이 사고실험에서 초지능을 가진 종이 클립 제조 기계의 목표가 인간 설계자들이 설정한 목표라는 가정을 한다. 유일한 목표가 종이 클립을 만드는 것인 이 기계는 지구의 모든 것들을 종이 클립으로 만들고 우주를 종이 클립 기계들로 채우기 시작한다. 이 기계는 종이 클립을 더 많이 만든다는 목표와 상관이 없는 모든 것을 무시한다. 이 기계는 자신의 목표를 이루는 데 위협이 될 수 있는 모든 것에 저항할 수 있는 방법을 생각해 낸다. 이 기계는 인간을 증오하지도 않으며 인간을 모두 없애기 위해 적극적으로 계획을 세우지도 않는다. 이 기계에게 인간은 종이 클립 제조와 상관없는 존재이거나, 종이 클립의 재료로 생각될 뿐이다.

초지능 컴퓨터가 가까운 미래에 등장할 것이라고 예측한 사람들은 굿과 보스트롬 외에도 여럿 있다. 엘리저 유드코프스키Eliezer Yudkowsky(1996년)는 2021년에 초지능이 구현될 것이라고 예측했으며, 레이 커즈와일Ray Kurzweil(2005년)은 2030년이 되면 컴퓨터로 인간의 뇌를 완벽하게 모방할 수 있게 돼 인간 수준의 지능이 구현될 것이라고 예측했다. 데이비드 차머스David Chalmers(2010년)는 초지능의 등장은 몇 세기 후의 일이라고 예측했다. 제1장에서 우리는 컴퓨터 과학자들을 대상으로 한 보스트롬의 설문조사에 대해 다룬 바 있다. 이 설문조사에서 응답자 다수는 수십 년 안에 초지능을 만들 수 있을 것이라고 대답했다.

초지능에 관한 우려

초지능 AI가 세계를 지배할 수 있다는 우려는 캘리포니아 퍼시픽 그로브의 아실로마 컨퍼런스 센터에서 회의를 열리게 했다. 이 회의의 결과는 인공지능의 안정성을 확보하기 위한 "아실로마 원칙Asilomar Principles"의 수립이었다. 스티븐 호킹 같은 저명한 과학자도 이 회의에 참가했으며, 일론 머스크Elon Musk처럼 현재의 인공지능 연구에 대해 구체적으로 알고 있는 사람들도 이 회의에 참가했다.

스티븐 호킹은 이 회의에서 "완벽한 인공지능이 등장하면 인류는 종말을 맞을 수도 있다. … 이런 인공지능은 스스로의 힘으로 점점 더 빠른 속도로 자신을 다시 설계하기 시작할 것이다. 느린 속도의 생물학적 진화에 의해 제약을 받는 인간은 이런 인공지능과 경쟁할 수 없게 될 것이며, 결국 이런 인공지능에게 인간의 지위를 빼앗기게 것이다."라고 말했다.

미지의 존재를 두려워하기는 쉽다. 항상 인간은 인간이 볼 수 있는 경계 너머에 존재하는 것에 대한 두려움을 가져왔다. 하지만 기계지능에 대한 공포의 대부분은 인공지능의 속성에 대한 이해가 근본적으로 잘못됐기 때문에 발생하며, "사고실험"을 구축하는 데 사용된 왜곡된 가정들에 의해 발생한다.

이런 공포는 결국 지니 문제genie problem(역주: 지니는 소원을 들어주는 램프의 요정이라는 뜻이다)로 요약할 수 있다. 초지능 컴퓨터의 목표를 제대로 명시하지 않으면 그 초지능 컴퓨터는 예상치 못한 방향으로 작동해 재앙을 일으킬 수 있다는 공포, 즉 지니는 우리의 소원을 들어주려고 하지만 결국 우리는 우리의 탐욕이 우리에게 해를 끼치는 방향으로 우리의 소원을 말하게 될 것이라는 공포가 존재한다는 뜻이다.

초지능 컴퓨터가 예상치 못한 행동을 할 것이라는 생각에는 어느 정도 일리가 있다. 하지만 이 상황은 지니 문제의 상황보다 훨씬 더 통제하기 쉬운 상황일 것이다. 기계학습은 항상 설계자들이 예상한 해법을 제시하지는 않는다. 사실, 기계학습의 가치는 명시적으로 고려된 적이 없는 해법을 생각해 내는 능력에 있다. 하지만 기계학습이 찾아내는 해법은 시스템에 주어진 표현에 의해 제약을 받는다. 문제에 대한 표현이 평가에 이용될 수 있는 가설들의 집합을 한정하기 때문이다. 현재의 계산지능 시스템은 가설들의 집합을 벗어날 수 없다. 예측되지 않는다는 것이 시스템이 새로운 해법을 자의적으로 만들어낼 수 있다는 뜻은 아니다.

기계학습은 최적화 과정, 즉 매개변수 집합을 수정해 목표에 근접하도록 수정하는 과정에 의해 작동한다. 시스템은 이 매개변수들의 수정에 의해서만 해법을 낼 수 있다. 오류를 발견하고 제거하는 것은 완전히 새로운 해법을 만들어내는 것과는 다르다. 컴퓨터는 자신에게 주어진 공간 밖에 있는 것에 대해서는 "생각할 수 없다". 적어도 현재의 컴퓨터 과학의 범위 내에서는 그렇다. 예상치 못한 해법의 문제에 대해서는 뒤에서 다시 다룰 것이다. 주어진 문제에 대해서 어떤 해법들은 안정적이고 어떤 해법들은 그렇지 않다. 결국에는 안정적인 해법들만 채택될 것이다.

아실로마 원칙의 핵심은 이렇다.

"보스트롬이나 배럿이 상상하는 초지능이 등장할 가능성이 아주 조금이라도 존재한다면, 그 등장의 순간은 세계 역사상 가장 중요한 순간 중 하나가 될 것이다. (스카이넷 시나리오처럼) 실제로 이런 초지능이 등장한다면 그때는 이미 통제가 불가능해진 시점일 것이다. 따라서 우리는 그 인공지능이 인간을 위협하는 대신 지원할 수 있도록 인공지능의 발달 방향을 정해야 한다."

아실로마 원칙의 일부는 다음과 같다.

6. **안전**: 인공지능 시스템은 작동 수명 전반에 걸쳐 안전하고 또 안전해야 하며, 적용가능하고 실현 가능할 경우 검증할 수 있어야 한다.

7. **오류 투명성**: 인공지능 시스템이 해를 입히는 경우 그 이유를 확인할 수 있어야 한다.

9. **책임성**: 고급 인공지능 시스템의 설계자와 개발자는 사용, 오용 및 행동의 도덕적 영향의 이해 관계자이며, 그에 따른 책임과 기회가 있다.

10. 가치관 정렬: 고도로 자율적인 인공지능 시스템은 목표와 행동이 작동하는 동안 인간의 가치와 일치하도록 설계해야 한다.

22. 재귀적 자기 개선 : 인공지능 시스템이 고도의 품질로 자기복제나 자기개선 하도록 설계된 시스템은 엄격한 안전 및 통제 조치를 받아야 한다.

23. 공동의 선 : 초지능은 널리 공유되는 윤리적 이상을 위해, 그리고 몇몇 국가나 조직이 아닌 모든 인류의 이익을 위해 개발되어야 한다.

이 원칙 중 일부는 현재의 인공지능과 기계학습 시스템에 적용되고 있으며, 이 원칙 중 일부에 대해 동의하지 않기는 어려울 것이다. 예를 들어, 인공지능에 기초한 제품이 안전하지 않을 것이라고 주장하기도 힘들 것이다(원칙 6항). 인공지능은 현재 사용되고 있으며, 인공지능 사용이 미치는 윤리적인 영향도 있다. 알고리즘이 결정을 하기 위해 사용된다면 그 알고리즘은 인간의 가치와 의도에 부합하는 결과를 내도록 세심하게 설계되어야 할 것이다(원칙 10항).

하지만 이 원칙들 중 일부는 초지능 계산지능 시스템이 개발된 상상의 미래에 적용하기 위한 것이다. 현재 우리는 이 원칙들이 적용될 일반지능 행위주체를 만들어내는 것과는 너무 멀리 떨어져 있다. 초지능이 구현될 가능성은 더욱 낮다. 현재의 인공지능을 만들어낸 방법으로는 초지능은커녕 일반지능도 만들 수 없다. 지능 폭발과 그로 인한 초지능의 출현에 대한 공포는 계산지능의 작동 방식과 그 작동을 개선할 수 있는 방법을 근본적으로 잘못 이해하고 있기 때문에 생기는 것이다.

초지능 가설은 다음의 4가지 일반적 질문에 답을 해야 한다.

1. 일반적인 계산지능이 존재할 수 있는가?
2. 기계가 자신의 지능을 개선할 수 있는가?
3. 기계가 자신의 지능을 빠르게 개선할 수 있는가?
4. 지능 폭발의 결과로 예측되는 시나리오는 합리적인 시나리오인가?

한편으로 보면 일반 계산지능이 존재할 수 있다는 생각은 믿음의 문제다. (드레퍼스나 존 설 같은) 학자들은 인간의 마음에 컴퓨터가 복제할 수 없는 확실한 속성들이 있다고 주장하지만, 인간의 지능이 존재한다는 사실은 특정한 종류의 일반지능이 존재할 수 있다는 것을 뜻하기도 한다. 우리가 인간의 지능이라고 부르는 것의 대부분은 기계에서 쉽게 복제될 수 있는 알고리즘을 수행한 결과다. 인간의 자연지능은 컴퓨터에서 구현할 수 있을 정도로 충분히 연구되지는 않은 상태지만, 그 충분한 연구가 이뤄지는 것을 영원히 방해할 수 있는 장애물은 존재하지 않을 것이다. 그렇게 되려면 현재 우리가 가지고 있지 않은 기술과 방법이 필요하겠지만, 언젠가 그 연구는 가능해질 것이라고 보는 것이 합리적일 것이다. 이 책의 마지막 장은 일반지능 구현을 위한 방법들에 대해 자세히 다룰 것이다. 지금은 가능하다는 정도만 이야기해 두자.

두 번째 질문은 좀 더 복잡하다. 컴퓨터가 일반지능을 가질 수 있다면, 그 컴퓨터의 능력 중 하나는 컴퓨터 과학을 연구해 계산지능 구현을 위한 새로운 방법을 만들어내는 능력일 것이다. 컴퓨터가 자신의 지능을 개선한다는 것이 어떤 의미를 가지는지는 다시 논의할 것이다.

세 번째 질문에 대한 답은 당연히 처음 두 질문에 대한 답에 따라 달라질 것이다. 컴퓨터는 무어의 법칙의 가장 마지막 단계에 이미 다다른 상태다. 현재 컴퓨터의 회로는 양자역학의 불확실성에 기대지 않고는 물리적으로 더 이상 작아질 수 없기 때문이다(하지만 무어의 법칙에 부합하는 다른 방법이 혹시 있을지도 모른다). 그럼에도 불구하고 컴퓨터 또는 컴퓨터 네트워크의 능력은 계속 성장하고 있다. CPU의 속도를 올리는 대신에 우리는 CPU 수천 개로 네트워크를 만들어 컴퓨팅 작업을 분산시키고 있다. CPU 속도와 메모리 용량으로만 지능을 개선할 수 있다면 이 세 번째 질문에 대한 답은 확실히 "그렇다"일 것이다. 하지만 계산 능력을 개선하는 것만으로는 지능을 개선할 수 없다. 계산 능력은 더 강력한 수준의 지능을 만드는 데 필요할 수 있지만, 그것만으로는 충분하지 않다.

    계산지능에 대한 현재의 접근방식이 특정한 문제들을 세계 최고 수준으로 풀어내는 것은 특정한 사람이 그 특정한 문제를 컴퓨터에 의해 해결될 수 있는 문제로 단순화하는 방법을 만들어냈기 때문이다. 체스를 두는 컴퓨터가 가능해진 것은 누군가가 체스 게임을 잠재적인 움직임들로 구성되는 나무 구조 탐색으로 단순화하는 방법을 생각해 냈기 때문이다. 이 나무의 구조와 나무의 가지들을 탐색하는 방법에는 체스에 대해 특화된 지식이 반영돼 있다. 나무 구조를 일종의 계산 장치로 생각하게 됨에 따라, 즉 특정한 인간이 특정한 문제에 대한 지식을 적용해 그 문제를 나무로 표현함에 따라 비슷한 문제가 풀리게 됐다. 나무 구조를 탐색하는 데 필요한 지식은 나무를 구축하는 지식 또는 나무로 문제를 표현할 수 있는지 판단하는 데 필요한 지식과는 전혀 다른 지식이다. 현재 우리는 나무 구조를 탐색하는 방법이나 다른 형태의 기계학습 방법은 아주 잘 알고 있지만, 어떤 나무가 적절한 구조인지 그리고 그 나무를 어떻게 적용할지 결정할 수 있는 방법을 어떻게 개발해야 하는지는 거의 모르고 있다. 일반지능을 구현하기 위해서는 바로 이런 종류의 방법을 개발해야 한다. 또한, 설령 우리가 그 방법을 안다고 치자. 그렇다면 그 방법으로 초지능을 구현할 수 있을까?

배럿은 초지능 컴퓨터가 IQ 테스트를 치름으로써 자신의 수행 능력을 개선할 수 있다고 상상한다. 지능이 IQ 테스트로 정확하게 측정될 수 있다고 생각하는 사람도 배럿이 상상한 IQ 기계에는 실망할 것이다. 컴퓨터는 자신을 더 지능적으로 만드는 것을 아무것도 배우지 않고도 IQ 테스트에서 좋은 결과를 낼 수 있기 때문이다.

체스를 두는 컴퓨터의 예에서처럼 IQ 테스트에서 높은 점수를 받는 것이 목표인 컴퓨터를 상상하는 것은 어려운 일이 아니다. 컴퓨터는 IQ 테스트에서 점수를 극대화할 수 있는 반응들을 선택함으로써 자신의 행동을 수정할 수 있을 것이다. 이 컴퓨터는 각각의 테스트에서 모든 문제들에 대한 답을 더 잘 선택하게 해주는 최적화 방법을 적용할 것이다. 예를 들어, 이 컴퓨터는 모든 문제에 대한 최선의 답을 쉽게 기억할 수 있을 것이다. 이 컴퓨터는 IQ 테스트에서 좋은 성적을 내는 능력이 있다고 해도 바둑 게임 같은 과제에서는 아무런 능력을 나타내지 못할 것이다. 이 컴퓨터가 문제를 표현하는 방식에 엄청나고 우리가 모르는 변화가 일어나지 않는다면 이 컴퓨터는 IQ 테스트에서만 뛰어난 능력을 보이는 기계에 불과할 것이다.

배럿의 "초지능" 컴퓨터는 객관식 시험 문제들의 답을 잘 기억하는 컴퓨터에 불과할 수 있다. 예를 들어, 이 컴퓨터는 시행착오에 기초해 답을 골라내지만 본질적으로 특정한 것에 대한 특정한 지식이 전혀 없는 컴퓨터다. 이 컴퓨터는 테스트 1의 56번 문제의 답이 a라는 것만 알 뿐이다. 컴퓨터가 IQ 테스트에서 최고의 점수를 얻기 위해 학습하는(또는 인터넷 검색을 하는) 시간은 몇 초나 몇 분에 불과할 것이다. 그래서 그 다음에는?

기계학습 용어로 말하면, 이렇게 IQ 테스트를 치르는 컴퓨터는 자신이 치르는 IQ 테스트를 과도하게 학습했다고 할 수 있다. 질문이 조금만 바뀌어도, 질문의 순서가 조금만 바뀌어도 컴퓨터의 IQ 테스트 점수는 엄청나게 떨어질 것이다. 새로운 IQ 테스트를 치르게 하면 이 컴퓨터의 "지식"이 얼마나 빈약한지 확인할 수 있을 것이다. 지능이 높으면 IQ 테스트에서 좋은 성적을 받겠지만, IQ 테스트에서 좋은 성적을 받는다고 해서 반드시 지능이 높다고 할 수는 없다. IQ 테스트에서 좋은 성적을 받는 법을 학습하는 것이 다른 종류의 지능적 수행과 관련이 있다고 생각할 근거는 없다. 이 컴퓨터의 지능은 IQ 테스트를 넘어서 일반화될 수 있는 지능이 아니다.

IQ 테스트에서 놀라운 성적을 내는 행위주체가 있다고 해도 그 행위주체는 인류의 생존을 조금이라도 위협할 수 없다. 인간의 IQ 테스트 성적은 다른 종류의 수행 능력과 상관관계를 가지지만, 학교 성적이 좋은 것의 이유가 IQ 테스트에서 정답을 찾아내는 능력이라고 생각할 근거는 없다.

특이점에 대한 우려의 근본적인 문제는 컴퓨터의 현재 용량capacity과 잠재적인 능력capability을 혼동해 생각한다는 데 있다. 우리는 인간 뇌의 계산능력을 초월할 수 있는 컴퓨터, 더 정확히는 컴퓨터 네트워크를 쉽게 만들 수 있다. 이런 시스템은 적절한 표현과 적절한 방법만 제시되면 인간의 뇌가 할 수 있는 모든 계산을 해낼 수 있다. 하지만 우리는 인간의 뇌가 이용하는 적절한 표현 방식이 무엇인지에 대해서는 아는 것이 거의 없다.

컴퓨터를 이용해 뇌를 모방하려면 뇌에 대한 모델이 필요하다. 현재 우리는 인간의 뇌와 그 구조에 대해 많은 것을 알고 있지만, 뇌의 작용을 설명하고 우리가 지능이라고 생각하는 것을 구현하기 위해서는 그 정도의 지식으로는 터무니없을 정도로 부족하다. 계산 용량comutational capacity만으로는 뇌에 대한 모델을 만들 수 없다.

지능은 특정한 능력을 요구하지만, 그 능력은 단순한 능력이 아니다. 지능은 지식과 경험을 필요로 하기 때문이다. 인간이 전문성을 가지려면 특정 분야에서 10년 정도의 연습을 해야 한다. 형식 문제의 경우 컴퓨터는 이 10년의 시간을 며칠로 줄일 수 있을지 모르지만, 그렇게 할 수 있다고 해도 여전히 경험 또는 경험과 비슷한 어떤 것을 필요로 할 것이다. 형식 문제는 이 세상에서 실제로 일어나는 사건들에 의존하지 않고도 계산만으로 풀 수 있다. 체커는 실제 체커판이 없어도 둘 수 있다. 각 시점에서의 게임의 상태에 대한 표현만으로도 체커를 둘 수 있다. 계산이 빨라지면 한 시간당 둘 수 있는 체커 게임의 수가 더 많아질 것이다.

하지만 컴퓨터가 불확실한 세계와 상호작용해야 한다면, 학습의 속도는 프로세서의 속도가 빨라져도 가속되지 않을 것이다. 학습은 컴퓨터의 처리 속도와 상관없이 새로운 사건, 드물게 일어날 가능성이 있는 사건이 일어나는 속도에 의존할 수 있다. 컴퓨터 게임의 진행속도는 몇 배로 가속이 가능하지만, 이 세상에서 사건이 일어나는 속도는 그렇지 않다. 이 세상에 대한 기계학습은 이 세상에서 일어나는 사건들이 일어나는 속도에 의해 제한을 받는다.

I. J. 굿이 초지능의 가능성에 대해 처음 언급했을 당시는 기계학습이 별로 이용되지 않았었다. 퍼셉트론 같은 모델이 몇몇 있긴 했지만 기계학습과 기계학습의 작동방식에 대해서는 거의 아무것도 알려지지 않았던 시점이었다. 지능적인 프로그램이 자신의 프로그래밍을 개선함으로써 스스로를 개선할 수 있다는 생각 자체가 어처구니없는 생각이라고 여겨진다. 페르난데스-델가도Fernandez-Delgado와 그의 동료들은(2014년) 동일한 데이터로 시험한 다양한 기계학습 메커니즘이 동일한 정확도를 보인다는 것을 보여줬다. 기계학습 시스템의 지능의 질은 기계학습 시스템이 사용하는 방법보다 데이터에 의해 더 크게 좌우된다는 것을 보여준 연구다. 기계학습의 성공 여부를 결정하는 것은 프로그램이 아니라 데이터다. 현실의 훈련 데이터가 이용 가능해지는 속도는 그 데이터를 분석하는 데 사용되는 프로세서의 속도에 의해 영향을 받지 않는다.

우리는 일반지능을 가진 컴퓨터가 그냥 가만히 앉아 명상을 하거나 게임을 하지는 않을 것이라고 생각한다. 그런 컴퓨터는 무엇인가를 할 것이고, 지능적으로 행동할 것이다. 위대한 생각을 하는 것만으로는 지능적이 될 수 없다. 외부 관찰자인 우리든 컴퓨터든 어떤 생각이 어떻게든 세계를 상대로 평가되지 않는 한 그 생각이 위대한 생각인지 아닌지 알 수 없다. 이론물리학자 아이슈타인은 많은 현상을 예측했고, 그 이론 중 일부는 그가 살아있을 때 실제로 관찰됐다. 아인슈타인이 예측한 현상이 실제로 관찰되지 않았다면 그는 계속 존경의 대상이 되지는 못했을 것이다. 다시 말하면, 지능적인 생각이 되려면 세계에 영향을 미칠 수 있어야 한다는 뜻이다. 세계와 상호작용하지 않는다면 아무리 초지능을 가진 컴퓨터라도 인류의 생존을 위협할 수 없다. 세계와 상호작용을 하지 않는 컴퓨터는 그냥 앉아서 만화나 보고 있는 컴퓨터일 것이다.

세상과 상호작용해야 할 때

기계학습은 기계가 선택한 결과를 평가할 수 있는 방법을 필요로 한다. 모든 기계학습 방법은 그 기계학습이 목표 상태를 향해 가고 있는지 피해 가고 있는지 보여주는 평가 방법과 그 평가를 개선하기 위해 취할 수 있는 적절한 행동을 선택하는 최적화 요소를 필요로 한다. 시스템 전체가 가상 시스템이라면, 즉 두 대의 컴퓨터가 서로를 상대로 게임을 하는 시스템이라면, 이 컴퓨터들이 게임을 하는 속도를 높여 기계학습의 속도를 개선할 수 있다. 반면, 일반지능은 가상 세계나 게임에 국한될 수 없다. 기계지능이 물리적인 세계에 영향을 미치려면 그 물리적인 세계와 상호작용해야 한다. 이 상호작용에는 시간이 필요하며, 그 시간은 프로세서의 속도가 빨라진다고 해도 물리적으로 단축될 수 없다.

날씨 예측을 예로 들어보자. 날씨 예측은 초지능이 할 수 있는 지능적인 행동 중 하나일 것이다. 하지만 10일 후의 날씨를 예측하는 경우 컴퓨터는 그 예측이 맞는지 확인하기 위해 10일을 기다려야 할 것이다. 컴퓨터의 능력이 아무리 뛰어나도 이 10일이라는 시간을 기다리지 않을 수는 없다.

컴퓨터가 아무리 빨리 계산을 한다고 해도, 아무리 빨리 학습을 한다고 해도, 내부 모델을 업데이트하기 위해서는 컴퓨터의 행동이 세상에 미치는 결과를 기다려야 한다. 자율주행자동차는 아무리 계산 속도가 빨라도 제한된 속도로만 주행할 수 있다. 자율주행자동차는 시간당 몇 십 킬로미터 정도의 속도만 낼 수 있으며, 주행과정에서 만나는 새로운 문제의 수도 제한될 수밖에 없다. 자율주행자동차는 그 자율주행자동차를 구성하는 기계부품들이 합쳐져 낼 수 있는 속도를 넘어서는 속도로 안전하게 주행할 수는 없으며, 세상에서 사건들이 일어나는 속도를 넘어서는 속도로 안전하게 주행할 수도 없다. 자율주행자동차는 스스로 학습을 해야 하는 새로운 상황을 마주하지 않고 수천 킬로미터를 주행할 수도 있다. 하지만 안전이라는 요소와 물리적 속도 제한이라는 요소가 결합되면 자율주행자동차의 학습 속도는 심각하게 제한될 수밖에 없다.

컴퓨터 학습은 성공에 필요한 조건들을 찾아내기 위해 일정한 양의 실패에 의존한다. 하지만 현실에서 발생하는 결과 중에는 바람직하지 않은 결과나 받아들일 수 없는 결과가 존재한다. 예를 들어, 자율주행자동차가 아이를 들이받는 것은 받아들일 수 없는 결과다. 아이가 갑자기 도로로 뛰어들었다고 해도 그렇다. 컴퓨터는 이런 경험으로부터 미래에 아이들을 들이받지 않아야겠다는 학습을 하는 것이 아니다. 컴퓨터가 이런 경험을 하도록 우리가 허용하지 않는 것이다. 컴퓨터는 아이들을 들이받지 않기 위해 다른 학습 방법을 가져야 한다. 이런 제약 때문에 컴퓨터의 학습 속도가 제한되는 것이다.

다른 종류의 기계학습들도 현실의 사건들을 다룰 때는 내적인 속도 제한을 받는다. 인간 천재성은 발달하는 데 비교적 많은 시간이 걸리는 것으로 보인다. 창의적인 행동을 보이는 사람은 많지만 국제적인 인정을 받을 수 있는 수준의 성취는 매우 드물게 일어난다. 이 정도 수준의 극적인 성취를 이룰 수 있는 사람은 거의 없으며, 이 정도 수준의 성취를 보이는 사람이라고 해도 그 성취는 일생 동안 한두 번에 그친다. 천재 수준의 성취는 드물게 이뤄지며, 현재 우리는 그 이유를 알지 못한다. 우리는 이런 희귀성의 원인이 지능의 고유한 특징(예를 들어, 학습 내용을 하나의 상황에서 다른 상황으로 전이시키는 메커니즘)인지 아닌지 모르며, 이런 희귀성을 컴퓨터와 더 좋은 방법으로 극복할 수 있는지도 모른다. 우리가 인간 뇌의 계산 능력을 복제할 수 있다고 해도, 인간 뇌의 능력을 훨씬 넘어서는 수준으로 지능 과정을 가속할 수 있을지는 의문이다.

창의적인 천재성이 이렇게 드문 이유 중 하나는 계산의 복잡성에 있을지도 모른다. 창의적인 천재성은 특정한 통찰에 이르게 하는 요소들의 적절한 조합에 의존한다. 제12장에서 다루겠지만, 창의성은 풍경의 전환 change of scenery에 의해 도움을 받는다. 그 풍경은 형이상학적 풍경일 수도 있고 물리적인 풍경일 수도 있다. 이러한 풍경의 전환은 그전에는 생각된 적이 없는 변수들을 제공하거나 적어도 부각시킨다. 이 과정을 완전히 이해하려면 창의성에 대한 연구가 더 많이 이뤄져야 한다.

하지만 창의성 문제를 풀기 전에 우리는 아마도 초지능이 필요할 수도 있는, 더 간단하지만 더 많은 양의 계산을 요구하는 문제들을 풀어야 한다. 일반지능을 갖춘 행위주체가 인간이 풀 수 있는 모든 문제들을 풀 수 있다면, 그 행위주체는 세제곱수 3개의 합으로 정수를 표현하는 문제도 풀 수 있을 것이다.

예를 들어, 정수 29는 $3^3 + 1^3 + 1^3$ ($29 = 3 \times 3 \times 3 + 1 \times 1 \times$

1 + 1 ×1 × 1 = 27 + 1 + 1)로 나타낼 수 있다. 모든 숫자를 세제곱수들의 합으로 표시할 수는 없지만, 특정한 숫자가 세제곱수들의 합으로 표현될 수 있는 숫자인지 확인하는 것은 매우 쉽다. 예를 들어, 32는 세제곱수 3개의 합으로 표현할 수 없다. 하지만 최근까지도 33이 세제곱수 3개의 합으로 표현될 수 있는지에 대해서는 아무도 알지 못했다. 33 = $x^3 + y^3 + z^3$이라는 방정식을 만족시키는 정수 3개가 있을까? 100 이하의 숫자 중에서 이렇게 세제곱수 3개의 합으로 표현할 수 없는 방법이 최근까지 알려지지 않은 숫자는 33과 42였다. 100이하의 다른 모든 숫자는 세제곱수 3개의 합으로 표현 가능 여부가 증명된 상태였다.

33이나 42 또는 다른 정수를 세제곱수 3개의 합으로 표현하는 최적의 방법은 아직 없다. 근사법도 없다. 일단 정수 3개가 발견되면 검증은 매우 쉽다. 하지만 부분적으로 옳은 방법은 없다. 맞는 해법과 그렇지 않은 해법만 있을 뿐이다. 이 경우에 할 수 있는 최선은 가능성이 있는 숫자들을 추측하는 것뿐이다.

최근 브리스톨 대학의 앤드류 부커Andrew Booker는 잠재적인 해법을 추측하기 위한 방법을 약간 개선하는 방식으로 숫자 33에 대한 세제곱수 3개 합 문제를 풀었다. 부커의 방법은 탐색을 해야 하는 정수들의 수를 20% 정도 줄이는 방법이었지만, 이 방법을 적용한 후에도 해답을 찾아내는 데 23 프로세싱 년processing year(역주: 1 프로세싱 년은 한 컴퓨터 프로그램이 1년 동안 CPU를 차지해 일을 한 시간을 뜻한다)이 들었다. 이렇게 사소한 문제에 이 정도의 노력이 들어간 것이었다. 부커는 "세제곱수 3개 합 문제의 답을 찾는 일은 많은 돈을 들여 슈퍼컴퓨터를 이용할 만한 가치가 있는 일이 아니"라고 말했다.

세제곱수 3개 합 문제에 대한 일반적인 해법은 50년이 넘도록 나오지 않고 있으며, 1000 이하의 정수들에 대한 해법도 나오지 않고 있다. 이 문제는 매우 기술하기 쉬운 문제지만 지루하고 풀기 어렵다. 이런 종류의 문제를 풀 때의 어려움을 이해하는 것은 기술적 특이점의 발생 가능성에 영향을 미치는 한계를 이해하는 데 매우 중요하다. 변수가 거의 없는 문제를 푸는 데도 이렇게 많은 시간이 걸리는데, 최적화로 처리할 수 없는 중간 정도 난이도의 문제를 푸는 데는 얼마나 많은 양의 계산이 필요할까? 계산 능력이 늘어나면 풀기가 쉬워지는 형식 문제에도 풀 수 있는 속도의 한계가 존재한다. 조합적 폭발에 의한 제약은 줄어들 수는 있지만 제거될 수는 없다. 이런 종류의 수학 문제들은 세상에 많이 존재한다.

비형식적인 물리적 세계에는 이와 비슷한 속도 제한이 적용된다. 자율주행자동차는 지난 몇 년 동안 크게 개선됐다. 이런 개선이 이뤄진 이유 중 하나는 자율주행자동차의 주행거리가 수백만 킬로미터를 넘어섰다는 데 있다. 자율주행자동차의 주행 능력은 다양한 문제가 있는 다양한 상황에 의존한다. 현재 자율주행자동차는 도시와 도시 근교의 환경에서 마주칠 수 있는 상황은 대부분 처리할 수 있다. 하지만 자율주행자동차에 대한 진짜 검증은 특이한 문제에 직면할 때 이뤄진다. 예를 들어, DARPA의 제1회 그랜드 챌린지에 참가한 자동차 중 한 대는 터널이 나타나자 경주에서 탈락했다. 이 자동차는 터널을 본 적이 없기 때문이다. 이 자동차의 설계자들은 사막에 터널이 있을 것이라고는 생각하지 못했던 것이다. 심지어 도로 표지판에 있는 낙서도 자율주행자동차의 주행을 방해한다(Evtimov et al. 2017).

자율주행자동차는 이전에 마주친 적이 없는 문제에 직면할 때 성공적인 대처를 할 수 있을까? 이런 문제들 중 적어도 일부는 어려운 문제일 것이고, 우리는 자율주행자동차가 실제로 그 상황에 직면하기 전까지는 어느 정도로 문제가 어려울지 알 수 없다. 설계자는 자신이 설계한 자동차가 어떤 상황에 직면할지 예측은 하겠지만, 진짜 문제는 설계자가 예측하지 못했거나 잘못 예측한 상황에 자동차가 처할 때 발생한다.

예를 들어, 현재 자율주행자동차는 대부분 도로에서 유일한 자율주행자동차다. 대부분의 경우 자율주행자동차는 인간이 모는 자동차와 보행자에 주의하면 되지만, 자율주행자동차 두 대의 레이더가 중첩되면 어떤 일이 발생할까? 자율주행자동차 설계자들은 자율주행자동차 4대가 사거리에서 마주치는 상황에 대해 생각해 본 적이 있을까? 한 자율주행자동차가 다른 자율주행자동차의 레이더 신호를 탐지한다면 그 정보는 어떻게 처리될까?

하지만 더 큰 문제는, 드문 상황은 실제로 드물게 발생한다는 데 있다. 모든 개발자는 예측되지 않는 상황이 있을 가능성을 알고 있다. 정의에 의해 이런 드문 상황은 당연히 드물게 발생하며, 이런 드문 상황은 몇 년에 한 번 발생할 수도 있다. 자율주행자동차는 상황으로부터 학습을 하지만, 문제는 상황이 실제로 자율주행자동차에 의해 직면되어야 한다는 데 있다. 자율주행자동차가 실제로 어떤 상황에 직면해야 학습을 할 수 있다는 사실이 자율주행자동차의 학습 속도를 늦추는 요인이 되는 것이다. 자율주행자동차 시스템의 주행거리가 늘어난다고 해도, 자율주행자동차 시스템들이 주행 경험으로부터 학습한 내용을 공유한다고 해도, 자율주행자동차 시스템은 결국 자율주행자동차 시스템으로서만 개선된다. 자율주행자동차가 다른 것이 될 수는 없다.

배럿이 상상한 초지능 컴퓨터는 오류를 찾아내고 수정할 수 있는 컴퓨터다. 하지만 그 컴퓨터는 자신이 오류를 범했다는 것을 어떻게 알 수 있을까? 그 컴퓨터는 자신이 한 행동이 오류를 수정한 것인지 오류를 더 악화시킨 것인지 어떻게 알 수 있을까? 그 컴퓨터에게는 피드백이 필요하지만, 그 피드백이 컴퓨터의 속도가 아니라 현실 세계의 속도로 이뤄진다면? 그 컴퓨터는 이런 오류들에 직면해야 할 것이고, 오류가 발생했을 때 그 오류를 수정하려는 의도가 실제로 오류를 수정했다는 피드백을 제공하는 어떤 사람 또는 어떤 것과 상호작용을 해야 한다. 그 컴퓨터는 능력이 높아지면서 새로운 오류에 직면하고 학습기회는 적어질 것이기 때문에 컴퓨터 능력의 상승 속도는 특이점 이론에서처럼 빨라지지 않고 오히려 기대치보다 느려질 것이다.

과학소설 작가들은 초지능 컴퓨터를 위키피디아 같은 백과사전 같은 존재로 묘사한다. 하지만 컴퓨터가 위키피디아에 있는 지식을 다 안다고 해도 초지능을 가진 존재가 될 수는 없을 것이다. 위키피디아에는 사람들이 쓴 사실(그리고 의견)만 있다. 위키피디아를 읽는 컴퓨터는 많은 사실을 아는 컴퓨터이겠지만, 그 사실들만으로는 초지능 컴퓨터가 될 수 없다.

사람들이 위키피디아에 쓴 것들 또는 위키피디아에서 나눈 이야기들은 위키피디아 독자들이나 다른 사람들이 모를 것이라고 쓴 사람이 확신하는 정보다. 위키피디아에 글을 쓰는 사람들은 사람들에게 어느 정도 상식이 있다는 가정 하에서 사람들이 알 것이라고 예측되는 내용은 쓰지 않는다. 호빗과 오르크 문제에서도 숨겨진 가정이 있었다. 우리가 사실이라고 생각하는 것은 공유된 다른 정보가 많을 경우에만 사실이다. 슈퍼 위키피디아를 읽는다고 해도 모든 사실을 다 알 수는 없으며, 일반지능을 얻는 데 필요한 모든 추론 능력들을 얻을 수도 없다. 슈퍼 위키피디아는 컴퓨터가 문제 해결에 필요한 새로운 표현을 만들어내게 할 수 없을 것이다. 우리가 아직 이해하지 못하고 있는 능력이 문제 해결에 필요한 새로운 표현을 만들어내는 능력이다.

컴퓨터는 인간의 주의집중 능력 또는 기억능력을 넘어설 수 있기 때문에 인간보다 더 질문에 답을 잘 할 수 있다. IBM의 왓슨이 바로 이 경우에 해당한다. 하지만 컴퓨터가 자신이 알고 있는 사실들로 문제를 맞히는 것 외에 다른 어떤 일을 할 수 있을지는 확실하지 않다. 왓슨은 수많은 〈제퍼디!Jeopardy!〉 게임으로 훈련과 테스트를 받은 후 수많은 〈제퍼디〉 문제를 풀었다. 왓슨은 〈제퍼디〉의 맥락에서 답의 정확성 관련 피드백을 받은 시스템이었다.

왓슨이 〈제퍼디〉에서 여러 차례 승리를 한 것은 왓슨의 설계자들이 〈제퍼디〉 문제들을 여러 가지 유형으로 범주화한 다음 왓슨이 문제의 유형을 진단할 수 있도록 규칙을 제공했기 때문이다. 예를 들어, 왓슨의 설계자들은 특정한 문제에 대한 답이 사람 이름이나 장소 또는 시점에 관한 것인지 왓슨이 판단할 수 있는 규칙을 만들어냈다. 설계자들은 〈제퍼디〉 문제 2만 개를 분석해 어휘적 답 유형 lexical answer type 2500개를 찾아냈다. 이 유형 중 일부는 문제에서 흔하게 나타났지만, 그렇지 않은 유형도 많았다. 가장 많이 나타난 유형 200개는 문제의 50% 정도에서 나타났으며, 나머지 유형 2300개가 나머지 문제 50%에 걸쳐 나타났다. 어휘적 답 유형 중에는 출현 빈도가 매우 낮은 것들도 있었다. 이런 유형은 〈제퍼디〉 게임에서 가끔 나타나지만 설계자들이 분석한 2만 개의 질문에서는 나타나지 않은 유형이었다. 〈제퍼디〉에 출전했던 왓슨과 똑같은 시스템을 다른 영역에 적용했을 때의 성과는 매우 제한적이었다.

자기 훈련을 하는 컴퓨터 시스템에서는 문제에 대한 탐지도 쉬운 일이 아니다. 문제는 현재 상태와 목표 상태 사이의 격차라고 볼 수 있다. 이런 목표는 어디에서 오는 것일까? 진화에서 목표는 생존과 번식, 즉 자신의 유전자를 다음 세대에 전달하는 것이다. 유기체들은 마음이 있다고 해도 이 목표를 마음속에 두고 있지 않다. 하지만 현재 존재하고 있는 유전자들은 성공적인 번식과 관련된 유전자들이다. 어떤 시점에서든 동물의 행동은 결국 이 번식 욕구에 의해 조절되지만, 하루 기준으로 보면 그 목표를 더 직접적으로 나타내는 어떤 것에 의해 지배된다. 예를 들어, 먹이를 찾아다니는 동물이 있다고 생각해 보자. 이 동물의 직접적인 목적은 먹이를 찾는 것이다. 컴퓨터 과학 용어로 말하면, 이 동물은 강화학습자이며, 이 동물이 자신의 행동에 대해 받는 피드백은 대부분 아주 긴 시간이 지나야 이뤄진다고 할 수 있다.

강화학습은 먼 목표에 의한 행동 조절의 예다. 번식 같은 먼 목표의 성취는 먹이를 찾는 것 같은 더 직접적인 목표의 성취에 의해 근사된다. 진화 과정을 거치면서 이런 직접적인 목표의 성취가 먼 목표의 성취와 연결된다는 것이 학습됐기 때문이다. 성공적으로 먹이를 찾는 동물은 결국 번식에도 성공할 확률이 높다. 일종의 강화학습이다. 먼 목표를 가진 컴퓨터는 강화학습을 통해 더 직접적인 목표를 "추구할 수 있다." 하지만 초지능 컴퓨터의 가장 중요한 목적은 무엇이 될까? 생물학적 번식에 해당하는 컴퓨터의 행동은 무엇일까? 종이 클립을 만드는 것일까?

왓슨의 목표는 〈제퍼디〉 우승이었다. 짐작건대 왓슨의 초기 프로그래머들이 이러한 왓슨의 포괄적 목표 overarching goal를 부여했을 것이다. 배럿 같은 사람들의 생각이 옳다면 포괄적 목표가 초지능 컴퓨터가 궁극적으로 하게 될 모든 행동을 결정하는 동시에, 그 행동이 인간의 이익에 부합할지, 인간의 이익에 관심이 없을지, 인간의 이익에 반할지 판단할 것이다.

컴퓨터의 궁극적인 목표가 번식일 수는 없을 것이다. 생존은 초지능을 필요로 하는 목표가 아니기 때문이다. 어떤 초지능 컴퓨터가 다른 초지능 컴퓨터와의 경쟁을 하지 않아도 된다면 생존이라는 목표가 그 초지능 컴퓨터에 어떻게 적용될지는 분명하지 않다. 어떤 전략이 성공하고 어떤 전략이 실패할 것인지 알 수 있는 유일한 방법은 생존을 위한 과정에서 가끔 실패를 하는 것뿐이다. 생존에 성공한 동물은 번식을 하지만, 실패한 동물은 그럴 수 없기 때문이다.

배럿의 예에서 초지능 컴퓨터의 목표는 점점 더 지능적이 되는 데 있었을 것이다. 하지만 그 목표는 성공 여부를 평가할 수 있는 방법이 없다면 매우 모호한 목표다. 아이작 아시모프는 자신이 쓴 소설에서 로봇공학 3원칙을 제시했다. 아시모프의 소설이 재미있는 이유는 아시모프가 소설에 나오는 로봇들이 이 3개 원칙이 서로 충돌할 때 어떻게 행동하는지 묘사했기 때문이다. 하지만 아시모프의 로봇공학 3원칙은 실제 인공지능 행위주체들에게 적용하기는 좀 애매하다. 더글라스 애덤스Douglas Adams는 삶, 우주 그리고 모든 것에 대한 답은 42라고 말하면서, 그 답을 내게 한 질문을 찾는 것이 목표인 슈퍼컴퓨터를 제안했다. 바꿔 말하면, 소설은 초지능 컴퓨터의 목표에 대한 의미 있는 아이디어를 제시하지 않는다고 할 수 있다.

궁극적인 목표는 대부분 설계자에 의해 결정되지만, 실제로 우리는 그 궁극적인 목표가 무엇이 되어야 하는지에 대해 별로 아는 것이 없다. 그 목표가 무엇이든, 그 목표를 이루기 위한 컴퓨터의 시도의 결과 중에는 분명히 의도되지 않은 결과가 있을 것이다. 과학소설들은 이런 결과에 대해 흔히 다루고 있다. 컴퓨터는 특정한 목표를 제시받지만 그 목표를 이루기 위해 의도되지 않은 행동을 하고, 결국 그 컴퓨터를 발명한 사람과 인류를 위협한다는 이야기다.

진화 과정을 살펴보면 잠재적인 목표의 결과에 대해 어느 정도 이해할 수 있을 것이다. 진화론자들, 특히 행동생태학자들은 진화적으로 안정적인 전략이라는 개념을 가지고 있다. 진화적으로 안정적인 전략은 집단의 구성원들에 의해 채택되면 다른 전략을 가진 개체 또는 집단에 의해 개선될 수 없는 전략을 말한다.

IQ 테스트를 통과함으로써 지능적일 수 있는 법을 학습하는 것은 안정적인 전략이 아니다. 이 전략은 답을 외우는 간단한 규칙으로 대체될 수 있기 때문이다. 단순히 답만을 외우는 컴퓨터 시스템도 테스트를 통과하는 법을 실제로 학습하는 과정을 거친 컴퓨터와 경쟁이 가능하며, 더 적은 노력, 더 적은 계산 자원으로 더 정확한 답을 낼 수 있을 것이다. 생존이라는 과제가 부여된 컴퓨터는 초지능을 가지려고 시도할 수 있지만, 아무것도 하지 않는 컴퓨터도 별 노력 없이 생존에 성공할 수 있을 것이다.

컴퓨터가 자신의 목표를 설정하고 조정하기 위해서는 우리가 인공지능 시스템을 구축하는 방식이 근본적으로 바뀌어야 한다. 현재 시스템의 수행 능력은 매개변수 조절에 국한돼 있다. 매개변수 조절은 빵을 만드는 레시피를 따르는 것과 비슷하다. 레시피는 성공적일 수도 있고 아닐 수도 있다. 경우에 따라 밀가루나 소금을 더 넣기도 한다. 밀가루의 양은 시스템의 매개변수다. 하지만 레시피를 따르는 컴퓨터는 항상 정해진 양의 재료들을 조합할 수밖에 없다. 모든 매개변수와 그 매개변수들의 가치는 컴퓨티가 탐색하는 "공간"이 된다.

컴퓨터가 아마존 같은 인터넷 쇼핑몰에서 다른 재료나 더 많은 재료를 주문할 수 있게 만든다고 해도 결국 이 공간의 크기만 커질 뿐이다. 문제는 동일한 상태에서 크기만 커지는 것이다. 컴퓨터는 자신이 가진 재료들을 이용하다 인터넷 쇼핑몰의 재료들을 이용하게 되는 것에 불과하다. 재료를 추가할 때마다 문제는 더 어려워지고, 이용 가능한 재료들의 잠재적 조합의 수 그리고 그 재료들의 양의 조합의 수가 폭발적으로 늘어난다. 하지만 컴퓨터는 크기만 더 커진 같은 종류의 공간을 탐색해야 하는 상황이다. 다양성은 높아지겠지만 잠재적인 해법은 아직도 정해지지 않았다. 인터넷 쇼핑몰에는 살 수 있는 재료들이 많기 때문에 가능성은 끝이 없이 커질 것처럼 보이지만, 실제로는 그렇지 않다. 이 재료들이 혼합될 수 있는 조합의 수도 빵 만들기의 속도를 제한할 것이다.

토스트기가 음식 재료가 아니라는 것을 컴퓨터는 어떻게 학습할 수 있을까? 에틸렌글리콜ethylene glycol(무색무취의 단맛이 있는 액체로 부동액, 섬유 원료로 쓴다)이 적당한 재료가 아니라는 것은 어떻게 학습할 수 있을까? 컴퓨터는 특정한 평가 기능을 가져야 한다. 컴퓨터는 어떤 재료들을 사용할 때 좋은 빵이 만들어지는 것을 판단할 수 있어야 한다. 컴퓨터는 이전에 만들었던 빵보다 현재 만들고 있는 빵이 더 좋은 빵 또는 맛없는 빵이 될 것이라고 어떻게 평가할 수 있을까? 컴퓨터는 어떤 재료들이 좋은 빵이 되는지 학습하기 위해 맛없는 빵을 수없이 많이 만들어야 할 것이다.

컴퓨터가 아무리 똑똑해도 빵을 만드는 데는 시간이 든다. 그 시간이 지나지 않으면 빵을 만들 수 없다. 재료들을 섞고, 밀가루를 반죽하고, 빵을 굽는 데 드는 시간은 빠른 컴퓨터를 사용해도 줄일 수 없다. 오븐의 공간도 한 번에 테스트할 수 있는 레시피의 수를 제한할 것이다. 빵의 맛을 보는 사람들의 수도 제한적일 것이다. 한편, 컴퓨터가 익숙한 재료들을 사용하는 것을 막을 수 있는 것은 무엇일까? 빵의 맛을 보는 사람들이 특정한 종류의 빵을 선호한다는 것을 컴퓨터가 학습하게 된다면 컴퓨터는 변화를 주지 않으려 할 것이다. 좋은 빵을 몇 가지 만드는 일은 안정적인 전략이다. 컴퓨터에게 주어진 목표 중 하나가 다양성 추구가 아니라면 몇 가지 좋은 빵을 만드는 것이 합리적이 전략일 것이다. 이런 한계적 요소들은 컴퓨터가 학습하는 속도와 컴퓨터가 자신의 "지능"을 개선할 수 있는 속도를 제한한다.

현재 AI 시스템은 시스템이 표현에 의해 결정되는 공간을 평가 과정과 최적화 과정을 이용해 탐색하도록 설계되고 있다. 대부분의 경우 사람들 또한 비슷한 방식으로 행동한다. 잘 알려진 문제인 점 9개 연결 문제를 사람들에게 내면(그림 10 참조), 대부분의 사람들은 점들로 이뤄지는 네모 밖으로 선을 그으려 하지 않는다. 대부분의

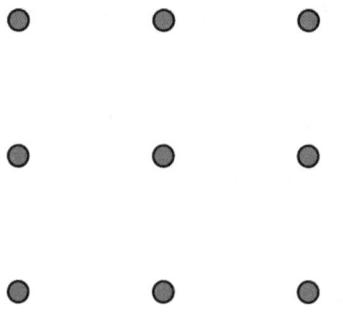

그림 10. 연필을 종이에서 떼지 않고 위의 점 9개를 직선 4개로 연결해 보자.

사람들은 자신의 꿈을 더 잘 이룰 수 있는 일을 선택하지 않고 현재의 일에 갇혀 산다. 과학자들 중에서도 동료들이 사용하는 연구방법들의 틀 안에 갇혀 있는 사람이 많다. 토머스 쿤Thomas Kuhn은 과학자들의 생각이 익숙한 틀, 즉 "패러다임paradigm"에 갇혀 있는 경향이 있다고 지적하면서 이 틀에서 벗어난 "패러다임 전환"은 드물게 일어난다고 말했다.

기계학습에 대한 현재의 틀에 계속 머문다면 초지능은커녕 일반인공지능을 만들 수 있는 가능성도 없어진다. 현재의 방법은 특정한 문제를 해결하기 위해 설계된 방법이다. 더 일반적인 지능을 만드는 데 적합한 방법이 아니다. 계산지능 분야에서 최근에 이뤄지고 있는 진전은 잠재적인 조정 방법을 효과적으로 선택하기 위한 휴리스틱에 대한 연구를 포함한 문제 표현 방식에 대한 연구에 혁신이 이뤄졌기 때문에 가능했다. 이런 개선은 뛰어난 엔지니어링의 결과이지만, 이런 개선만으로는 일반지능을 구현할 수 있는 과정을 만들어낼 수 없다. 일반지능은 계산지능에 대한 현재 우리의 접근방식과는 다른 접근방식을 필요로 할 것이다. 다음 장에서 우리는 일반지능 구현에 필요한 변화에 대해 이야기할 것이다.

우리가 일반지능을 가진 계산 행위주체를 만들 수 있다고 가정한다고 해도, 그 행위주체의 능력이 갑자기 폭발적으로 늘어날 확률은 매우 낮다. 이 가정은 지능이 다른 요인에 영향을 받지 않는 독립적인 존재라는 생각에 기초하기 때문이다. 일반지능이 체스 두기나 바둑 두기 같은 잘 구조화된 형식 문제에 국한된다면 이런 능력의 폭발은 최소한 예상이 가능한 폭발이 될 것이다. 시뮬레이션만으로 학습이 가능하다면 학습은 시뮬레이션 속도를 높임으로써 가능할 것이다. 하지만 불확실한 세상과 상호작용해야 한다면, 현실의 속도, 학습 기회가 발생하는 속도, 현실이 피드백을 제공하는 속도가 지능의 개선 속도를 제한할 것이다. 이 세상과 상호작용해야 할 필요성이 지능 확장 속도를 자연스럽게 제한할 것이다.

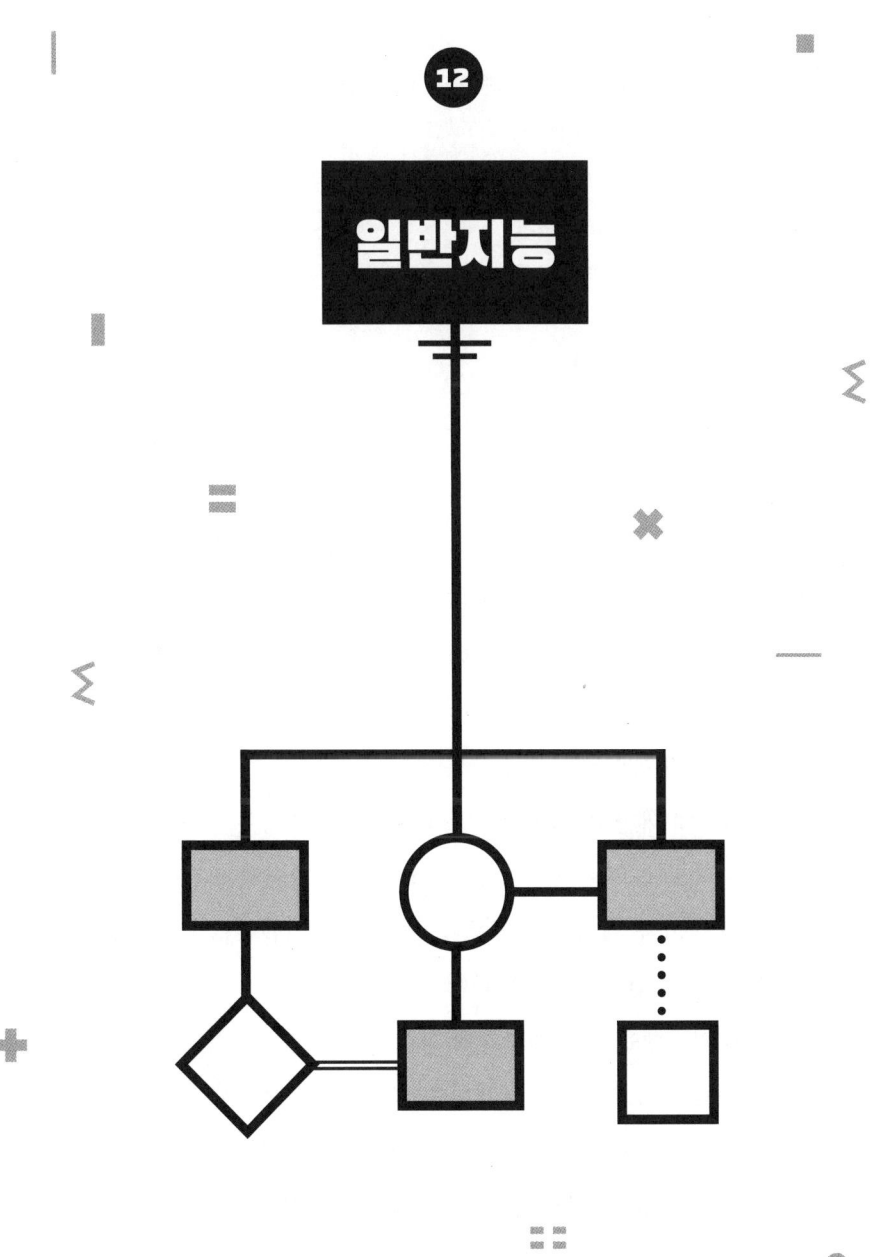

기계학습에 대한 현재의 접근방식은 일반 인공지능 구현을 위해
필요할 중요한 능력들이 부족하다.
마지막 장에서는 일반 인공지능 구현에 어떤 도구가 필요할지 다룰 것이다.

알베르트 아인슈타인은 복잡한 문제를 푸는 능력 때문에 천재로 생각된 사람이 아니었다. 아인슈타인의 천재성은 새로운 세계관을 만들어내고 그 세계관을 새로운 수학적 방법으로 표현하는 능력에 있었다. 아인슈타인의 유명한 방정식은 매우 간단하지만, 그 방정식이 표현하는 세계관은 매우 심오하다.

계산지능에 대한 현재의 접근방식은 방정식을 매우 잘 풀어낸다(예를 들어, 매스매티카Mathematica 프로그램). 하지만 현재의 컴퓨터는 새로운 방정식이나 세계관을 만들어 내거나 익숙하지 않은 문제들에 대한 새로운 접근방식을 만들어 내는 것과는 매우 거리가 멀다.

앞에서 언급했듯이, 기계학습에 대한 현재의 접근방식은 인간이 입력과 출력 그리고 모델의 매개변수들과 범위를 구조화한 다음 시스템이 그 매개변수들을 조정하는 방식에 국한돼 있다. 이 접근방식은 잘 구조화된 문제들에는 잘 적용되지만, 구조화가 잘 안 된 문제들(우리를 가장 괴롭히는 문제들)에는 전혀 적용이 불가능하다. 이런 문제들은 천재성을 요구하는 문제들이기도 하다. 기본적으로 천재성은 입력, 출력 그리고 모델을 새로운 방식으로 구조화하는 능력이다. 현재 우리는 이런 능력에 대해 잘 알지 못한다. 우리는 기계의 일반지능은커녕 인간의 일반지능도 제대로 이해하지 못하고 있다.

적어도 1956년 이후부터 컴퓨터 과학자들은 일반 인공지능이 10~20년 안에 구현될 것이라고 예측해 왔다. 하지만 당시 접근방식의 한계가 발견되면서 일반지능이 이 예측대로 구현되지 못하자 컴퓨터 과학자들과 일반지능 연구에 자금을 지원했던 사람들은 실망했다. 계산지능 연구에 대한 지원과 열정은 줄어들기 시작했다. AI 겨울이 다시 시작된 것이었다.

인공지능에 대한 현재의 접근방식은 고슴도치들을 만들어내는 데에는 매우 큰 성공을 거두고 있다. 하지만 일반지능이 구현되려면 고슴도치가 아니라 여우가 되어야 한다. 일반지능이 곧 구현될 것이라는 예측이 실패한 이유는 일반지능 구현에 무엇이 필요할지 제대로 이해를 하지 못했다는 데 있다. 이 예측은 일반지능 구현 문제를 고슴도치 쌓기로 생각하여 고슴도치를 충분히 많이 쌓으면 일반지능을 구현할 수 있을 것이라고 본 것이다. 하지만 우리에게 필요한 것은 여우다. 이 책에서 다루는 내용은 여우같은 일반 인공지능을 구축하기 위한 로드맵을 제시할 것이다.

지능의 정의

일반 인공지능에 대한 적절한 정의를 내리는 일은 지금도 쉽지 않다. 그 정의를 내리려면 먼저 지능 자체에 대한 정의가 내려져야 하기 때문이다. 지능적이라는 것은 무슨 뜻일까? 제2장에서 언급했듯이, 지금까지 나온 지능에 대한 정의는 70가지도 넘는다. 이 정의들 대부분은 지적인 성취와 깊은 생각에 집중돼 있다. 하지만 우리가 살펴보았듯이 지능은 그 이상을 필요로 한다.

제3장에서 우리는 지능이 3가지 요소로 구성된다는 로버트 스턴버그Robert Sternberg의 이론을 살펴봤다. 지능의 측정을 강조한 다른 정의들과 달리 스턴버그의 정의는 지능이 어떻게 작동하는지에 집중한다.

스턴버그는 지능이 3가지 종류의 적응 능력으로 구성된다고 봤다. 분석적 적응 능력, 창의적 적응 능력, 실용적 적응 능력이다. 스턴버그에 따르면, 분석적 적응 능력은 지능에 대한 다른 정의들도 대부분 강조하는 요소지만, 나머지 두 가지 적응 능력도 지능에서 핵심적인 역할을 한다. 분석적 지능은 추상적인 사고, 논리적인 추론, 언어 능력과 수학적 능력, 즉 지적 성취를 위한 요소들과 밀접한 관련이 있다.

실용적 지능은 흔히 상식이라고 부르는 암묵적 지식을 포함한다. 문제에 대한 기술과 대화에는 이 암묵적 지식이 포함돼 있지 않다. 우리는 일반적으로 사람들이 이런 암묵적 지식을 이미 가지고 있을 것이라고 생각하기 때문이다. 일반적으로 암묵적 지식은 형식적 학습 없이 습득된다. 암묵적 지식에 대해서는 거의 논의가 되지 않는다. 그 이유 중 하나는 암묵적 지식이 명확하게 표현되지 않는다는 데 있다. 예를 들어, 땅콩버터 샌드위치에 대해 알고 있는 모든 것을 어떻게 표현할 것인가? 이런 어려움 때문에 문제 해결에서의 암묵적 지식의 중요성은 과소평가되곤 한다. 하지만 설명하기 힘들다고 해서 중요하지 않은 것은 아니다.

스턴버그는 지능이 어떤 것에 대한 반응을 보이기만 하는 것이 아니라 스스로 적극적으로 상황을 만든다고도 주장했다. 스턴버그에 따르면 지능적인 사람들은 퍼즐이나 문제에 단순히 반응하는 데 그치지 않는다. 이들은 자신의 퍼즐과 문제를 찾아내면서 자신이 속한 환경의 구조를 파악해 문제를 더 쉽게 만든다. 문제를 푸는 방법 중 하나는 환경을 바꾸는 것이다. 지능은 의미 있는 목표를 설정하고 성취하는 능력을 포함한다. 지능적인 사람들은 문제의 존재를 인식하고, 문제의 속성을 정의하며, 그 속성을 표현할 수 있다. 이들은 부족한 지식을 인식해 그 지식을 얻기 위해 노력한다. 지능적인 사람들은 구조화된 지시의 도움을 받지만 자신만의 정보 원천을 찾아낼 수 있는 능력이 있다.

지능에 대한 스턴버그의 관점은 인공지능에 그대로 적용할 수 있다. 이 관점은 일반 인공지능 구현을 위해 진전이 가장 많이 필요한 부분을 찾아내는 데 도움을 준다. 컴퓨터는 분석 능력이 뛰어나다. 따라서 계산지능이 이 분야에서 뛰어난 성취를 이루고 있는 것은 놀랄 일이 아니다. 분석 능력은 현재 시점에서 인간의 지능과 기계지능이 가장 많이 중첩되는 영역이다. 하지만 현재의 기계지능은 실용적 지능과 창의적 지능 면에서 매우 부족하다. 이런 능력들은 지금도 인간에 의해 제공되고 있다.

기계학습 시스템에 필요한 것이 분석 능력밖에 없다면 기계는 비슷한 문제들을 푸는 인간의 능력을 초월할 것이다. 분석적 문제 해결은 매개변수들의 최적화를 통해 능력을 얻는 시스템에 직접 적용할 수 있다. 반면, 문제가 확산적 사고$^{divergent\ thinking}$나 상식 또는 창의성을 요구하는 경우 컴퓨터는 상당히 오랜 기간 동안 인간에게 뒤처질 것이다. 후자에 기술된 이런 능력들은 일반지능에도 필요한 능력이다.

일반 인공지능에 대한 정의를 방해하는 다른 문제는 일반지능은 얼마나 일반적이어야 하는가의 문제다. 일부 학자들의 정의에 따르면 일반지능을 가진 기계는 인간이 수행할 수 있는 모든 (운동 과제와 대조되는) 인지 과제를 수행하고, 인간이 풀 수 있는 모든 문제를 풀어야 한다. 하지만 이 정의는 너무나 광범위하기 때문에 인간의 일반지능조차도 이 정의에 부합하지 않을 수 있다. 이와는 대조적으로, 특정한 영역에서의 개인의 능력이 뛰어날수록 그 능력은 더 좁게 한정되는 것으로 보인다. 그 어떤 사람도 모든 문제를 풀 수는 없으며, 모든 문제를 똑같은 정도로 잘 풀 수도 없다.

일반 인공지능에서 "일반"이라는 말은 특정 시점에서 모든 종류의 문제를 풀 수 있지만 동시에 모든 문제를 풀 수는 없다는 뜻으로 해석할 수 있을 것이다. 인간이 효과적으로 문제를 푸는 전문가가 되려면 몇 년 동안 교육이나 훈련을 받아야 한다. 모든 것에 전문가인 사람은 없다. 일반 인공지능이 정확히 얼마나 일반적이 되어야 하는지는 아직 두고 보아야 한다.

일반지능이 되려면 자율성을 가져야 한다고 말할 수 있다. 현재의 특수 목적 인공지능 버전들이 인간이 입력한 구조로부터 일반지능을 얻는다면, 그 일반지능은 인간 설계자의 지능이지 컴퓨터의 지능이 아니다. 하지만 여기서도 일반 인공지능이 얼마나 자율성을 가져야 하는지는 불분명하다.

컴퓨터가 확산적 사고를 한다는 것은 해법이 특정하게 설계되지 않은 문제를 처리할 수 있다는 뜻이다. 더 중요한 것은 확산적 사고를 하는 컴퓨터는 그런 문제와 관련이 없었던 방법을 이용해 문제를 처리할 수 있고, 더 나아가 다른 모든 문제도 처리할 수 있어야 한다는 점이다. 확산적 사고를 하는 컴퓨터는 새로운 문제 해결 방법을 만들어낼 수 있어야 한다. 컴퓨터는 수렴적인 사고에는 매우 강하다. 일련의 단계들을 수행해 문제를 푸는 데는 강하다는 뜻이다. 하지만 컴퓨터는 그 단계가 어떤 단계인지 자율적으로 찾아내는 데는 강하지 않다.

일반지능의 구현

일반 인공지능 구현 가능성에 대해서는 3가지 관점이 존재한다. 첫 번째 관점에 따르면, 일반 인공지능 구현은 성공이 증명된 과제 특화 지능이 더 쌓이면 가능하다. 고슴도치를 더 많이 쌓는 방법이다. 두 번째 관점에 따르면, 일반지능은 인간의 의식이나 인간 고유의 다른 특성들을 필요로 하기 때문에 기계로 구현할 수 없다. 세 번째 관점에 따르면, 일반 인공지능은 가능하지만, 대략적인 윤곽 파악은 새로운 기술이 있어야 구현할 수 있다. 나는 세 번째 관점을 지지한다.

위르겐 슈미트후버Jürgen Schmidhuber(2009년)의 괴델 머신Gödel machine은 고슴도치 쌓기 관점을 보여주는 예다. 괴델 머신의 기본적인 아이디어는 모듈들의 집합으로 구성되는 시스템으로 일반 인공지능을 구현할 수 있다는 것이다. 이 시스템은 각각 특정한 종류의 문제를 해결하는 모듈들과 모듈 하나로 처리할 수 없는 문제를 해결할 수 있도록 여러 개의 특정한 모듈들을 선택하고 조합하는 "오버모듈overmudule"로 구성된다. 이 오버모듈은 특정한 종류의 문제를 해결하는 개별 모듈과 정확하게 같은 구조를 가지지만, 오버모듈의 목표는 특정한 모듈들의 선택과 조합에 있다. 오버모듈은 특정한 모듈들을 조합해 배치했을 때의 결과로부터 학습을 한다. 바꿔 말하면, 일반지능은 특정한 문제를 푸는 메커니즘을 선택하는 문제에 적용되는 특정한 지능이라는 뜻이다.

이 관점에 따르면 계산 능력과 시간이 충분하다면 이런 시스템은 어떤 일이라도 수행할 수 있다. 이 관점에서 최적화는 우리가 세계를 움직이기 위해 사용할 수 있는 지렛대다. 슈미트후버의 생각에 대해서는 이 장 뒷부분에서 일반 인공지능 구현에 필요한 것이 무엇인지 생각해 보면서 자세하게 다룰 것이다.

인간 고유의 의식을 중시하는 관점에 따르면, 일반 인공지능은 구현이 불가능하다. 인간에게만 있는 특성이 필요하기 때문이다. 기계가 이 특성을 시뮬레이션하는 정도는 할 수는 있을지도 모른다. 하지만 이 특성이 없이는 진정한 의미에서 지능을 가졌다고 할 수 없다는 것이 이 관점이다.

제9장에서 다룬 휴버트 드레이퍼스의 연구는 이 관점을 보여주는 예다. 이 관점의 다른 예로는 로저 펜로즈Roger Penrose와 스튜어트 해머로프Stuart Hameroff의 연구를 들 수 있다. 뇌 속의 미세한 관들이 의식과 양자역학적인 관계를 가진다는 생각에 기초한 연구다. 펜로즈는 블랙홀, 끈 이론 같은 복잡한 문제를 연구하는 유명한 물리학자다. 따라서 펜로즈는 의식을 양자역학으로 설명하려고 시도했다.

드레이퍼스와 펜로즈는 둘 다 의식이 지능의 핵심이며, 의식에는 계산적 방법으로는 설명할 수 없는 신비로운 무엇인가가 있다고 생각한다. 중국어 방 사고실험을 생각해 낸 존 설Jhoh Searle도 뇌가 특정한 종류의 핵심적인 지향성aboutness or intentionality이 있는 기호를 가지게 하는 무엇인가가 뇌 안에 있다고 생각한다. 존 설은 컴퓨터가 전적으로 구문론적syntactic 존재에 불과하기 때문에 의미를 이해할 수 없다고 주장한다. 컴퓨터는 기호와 관련된 규칙만을 따르지만 컴퓨터는 그 기호를 이해하지 못하는 상태에서 규칙을 따른 것이라는 생각이다. 존 설은 의미가 인간의 지능에서 핵심적인 역할을 하며, 오직 인간의 뇌만 의미를 이해할 수 있다고 생각한다.

두 가지 관점, 즉 고슴도치 쌓기 관점과 인간 고유의 의식을 강조하는 관점은 모두 잘못된 관점이다. 고슴도치 쌓기 관점은 최적화가 매개변수 조정에 국한된다는 생각에 기초하기 때문에 잘못된 관점이다. 인간 고유의 의식을 강조하는 관점은 지능에 대해 쓸모 있는 내용을 전혀 담지 않고 있다는 점에서 잘못된 관점이다. 이 관점은 그냥 컴퓨터가 일반지능을 가질 수 없다고만 말하는 단순한 관점이다.

일반지능에 대한 세 번째 관점은 일반 인공지능이 현재는 개발되지 않은 특정한 메커니즘을 필요로 하지만, 어느 정도 연구가 더 이뤄지면 그 메커니즘이 개발될 것이라는 생각에 기초한다. 이 장의 나머지 부분에서 나는 그 메커니즘을 개발하기 위한 연구가 어떤 연구인지 설명하고, 고슴도치 쌓기 관점에 대한 비판을 더 확장할 것이다.

일반 인공지능 구현을 위한 스케치 초안

제3장에서 우리는 일반 인공지능이 어떤 모습일지에 대해 이야기했다. 일반 인공지능 행위주체가 가져야 하는 능력들에는 다음과 같은 것들이 있다.

- 사고 능력
- 전략적 계획 수립 능력
- 학습 능력
- 지각 능력
- 추론 능력
- 지식 표현 능력

하지만 이 능력들만으로는 특수 목적 계산지능과 일반 계산지능을 구분할 수 없다. 예를 들어, 체스를 두는 프로그램은 이런 능력을 가지지만, 여전히 체스 두기에 특화돼 있다.

위의 능력들 외에도 나는 다음과 같은 능력들을 추가하고자 한다.

- 적은 수의 예제들로부터 학습을 할 수 있는 능력
- 문제를 식별하는 능력
- 목표를 구체화하는 능력
- 문제를 표현하는 새롭고 생산적인 방법을 찾아내는 능력
- 새로운 지식 표현과 구조를 만들어내는 능력
- 문제에 대한 다양한 접근방식들을 비교하고 평가하는 능력
- 새로운 접근방식을 생각해 내는 능력
- 모양이 갖춰지지 않은 모호한 아이디어들에 대해 생각해 그 아이디

어들을 실행 가능하게 만드는 능력
- 하나의 과제에서 다른 과제로 지식을 전이시킬 수 있는 능력
- 포괄적인 원칙들을 추출하는 능력
- 추측 능력
- 반사실적 생각(역주: 현재 또는 과거의 결과에 반한, 실제로 일어나지 않은 버전에 대한 생각)을 할 수 있는 능력
- 비단조적 생각을 할 수 있는 능력
- 상식을 이용하는 능력

컴퓨터는 인간보다 계산을 훨씬 잘한다. 컴퓨터는 인간보다 체계적이고 알고리즘적이다. 컴퓨터는 주의가 분산되지 않는다. 컴퓨터가 인간보다 잘 하는 일은 잘 구조화되고, 유한하고, 모델의 매개변수들을 최적화함으로써 학습될 수 있는 일이다.

하지만 이와 같은 방식으로 설명할 수 없는 문제들도 있다. 이런 문제들은 구조화가 잘 돼 있지 않으며, 문제의 범위도 알 수 없으며, 문제 해결과정이 목표 쪽으로 어느 정도 진전했는지 측정할 수 없는 문제들, 즉 다양한 이유로 구체화가 불가능한 문제들이다. 예를 들어, 현재 학습 방법을 선택하는 법을 터득하는 다층 기계학습 시스템도 이미 알고 있는 것들 중에서만 선택을 할 수 있다. 이 시스템은 새로운 접근방법을 만들어낼 수 없다. 이 시스템은 기존의 부분들을 새로운 방식으로 조합할 수는 있지만, 새로운 부분을 만들어 내려면 천재성이 필요하다.

2016년 밀레니얼 설문조사(세계경제포럼, 2016년)는 밀레니얼 세대가 가장 중요하다고 생각하는 문제들을 다음과 같이 정리했다.

1. 기후변화와 자연자원 파괴(45%)

2. 대규모 갈등과 전쟁(38%)

3. 종교 갈등(34%)

4. 빈곤(31%)

5. 정부 책임성, 투명성, 부패(22%)

6. 안전, 안보, 복지(18%)

7. 교육 부족(16%)

8. 정치적 자유 부족과 정치적 불안정성(16%)

9. 식량 안보와 물 안보(15%)

10. 경제적 기회 부족과 실업(14%)

이 문제들은 형태가 확실하지도 구체적이지도 않으며, 해결 방법이 확실히 정해져 있지도 않은 문제들이다. 이 문제들 중 하나에 대한 해결 시도가 실제로 문제 해결 방향으로 가고 있는지, 문제를 더 어렵게 만들고 있는지, 아니면 아무런 효과를 내지 못하는지 평가하는 것은 쉬운 일이 아니다. 이 문제들은 해결이 됐는지 확실하게 판단할 수 있는 쉬운 방법도 없다.

이 문제들을 체커 게임 같은 게임들과 비교해 보자. 계산지능에 대한 현재의 접근방식은 체커 게임 같은 문제들을 푸는 데는 매우 성공적이었지만, 밀레니얼 세대가 선택한 문제 같은 문제가 주어지면 할 수 있는 것이 아무것도 없다.

호빗과 오르크가 강을 건너는 문제 같은 복잡한 문제도 문제가 적절하게 표현되면 컴퓨터가 쉽게 풀 수 있다. 하지만 그 표현은 인간이 만들어내야 한다. 중요한 것은 지능이 문제를 어떻게 표현하는지와 관련이 있다는 사실이다. 이런 문제를 풀려면 새로운 계산지능 접근방식이 필요하다.

제대로 정의된 문제는 초기 상태와 목표 상태를 가진다. 초기 상태는 우리의 현재 상태, 목표 상태는 우리가 다다르고자 하는 상태다. 예를 들어, 사진들 중에서 고양이 사진을 골라내고 싶은 상황을 가정해 보자. 또는 최고의 체스 플레이어들과의 게임에서 이기고 싶은 상황을 가정해 보자. 자율주행자동차의 경우도 복잡하기는 하지만 평가할 수 있는 방법이 있다. 우리는 두 개의 컴퓨터 시스템을 비교해 어떤 시스템이 우월한지 평가할 수 있다.

지능적인 시스템에 대해 우리가 기대하는 다른 기능들은 평가가 쉽지 않다. 우리는 그림을 만들어내는 컴퓨터 프로그램을 작성할 수 있다. 하지만 어떻게 그 시스템의 성공 여부를 평가할 수 있을지는 확실하지 않다. 예를 들어, 반 고흐 스타일로 그림을 그리는 컴퓨터 프로그램은 비교적 평가가 쉽다. 하지만 새로운 그림을 그리거나 새로운 스타일로 그림을 그리는 컴퓨터 프로그램을 평가하는 것은 매우 어렵다.

하지만 우리의 문제 해법 평가 능력이 문제의 중요성과 연관된다는 생각은 아주 잘못된 생각이다. 일반지능을 가진 행위주체가 평가하기 쉬운 문제들만 풀면 된다는 생각 또한 아주 잘못된 생각이다. 컴퓨터는 체스 게임을 나무 구조 탐색으로 전환시킨 통찰과 같은 통찰을 할 수 있어야 일반지능 컴퓨터가 될 수 있다.

체스, 체커, 바둑처럼 평가하기 쉬운 게임은 형식적이고, 잘 구조화된 완전 정보 게임이다. 이런 게임들은 규칙과 현재 상태로 완벽하게 설명하고 수학적 과정으로 취급할 수 있다. 이런 게임들은 게임 보드라는 물리적 실체에 의존하지 않는다. 즉 물리적인 게임 기물(말 또는 돌)을 보지 않고도 할 수 있다. 높은 수준의 체스 플레이어들은 눈을 가린 채 체스를 둘 수 있다. 2016년 9월 24일 체스 그랜드마스터 티무르 가레예프Timur Gareyev는 눈을 가린 채 연속해서 체스 게임을 64회나 했고, 그 중 55회에서 승리했다.

체스는 게임 기물의 물리적 속성이 아니라 규칙으로 구성된다. 컴퓨터는 체스 외 우주의 나머지 모든 것이 없어져도 체스를 둘 수 있다. 컴퓨터는 게임 상태에 대한 정확한 표현을 계속 아는 것만으로도 자신이 게임에서 이겼는지 졌는지 판단할 수 있다.

조너선 섀퍼Jonathan Schaeffer는 어떤 움직임이 가능한 최선의 움직임이라는 것을 증명하기 위해서는 1000조 개의 서로 다른 체커 게임 위치를 평가해야 한다는 것을 발견했다. 18년 동안 이 문제에 전념한 후 섀퍼는 체커 게임의 모든 움직임을 평가해 냈고, 각각의 상태에서 이뤄질 수 있는 각각의 선택의 최적성optimality을 증명해 냈다.

간단해 보이는 체커 게임의 움직임에 대한 평가에 시간이 많이 걸리는 이유는 미래의 가능한 움직임들의 조합의 수가 많기 때문이다. 하지만 체커 역시 형식 게임이며 완전 정보 게임이다. 체커 게임에 대한 분석의 사례에서 보듯이, 완전한 분석이 가능하다고 해도 일반 인공지능을 구현할 수 있는 획기적인 전기가 생기는 것은 아니다. 현실 세계의 문제들 대부분은 형식 문제로 환원할 수 없다. 종이 클립 제조 컴퓨터가 최선의 일을 하고 있는지 증명할 수 있는 사람은 아무도 없다.

널리 알려진 형식적으로 구조화된 완전 정보 문제 중 중요한 예외가 있다. 바로 자율주행자동차다(제6장 참조). 자동차 주행(운전)은 형식적인 문제가 아니다. 자동차 주행에서는 현실 세계가 절대적으로 중요하기 때문이다. 주행 문제는 기껏해야 절반 정도만 구조화된 문제다. 하지만 주행 문제에도 다른 종류의 문제가 수반된다. 자동차는 계산이 필요한 문제를 해결해야 할 뿐만 아니라 정확하지 않을 수 있는 센서로 동적인 물리적 세계를 탐색해야 한다. 센서는 완벽하지 않고, 현실 세계에서는 예상치 못한 일들이 일어난다. 주행의 성공은 계산의 상태뿐만 아니라 현실 세계의 상태에 의해서도 결정된다.

자동차의 행동은 그 행동이 일어나는 현실 세계의 상태와 불완전하게 연결된다. 자율주행자동차가 체스를 두는 컴퓨터와는 전혀 다른 계산지능 문제를 제시하는 이유가 여기에 있다. 누군가가 18년 동안 자율주행자동차만을 연구한다고 해도 자율주행자동차가 하는 어떤 행동이 가능한 최선의 행동이라는 것을 증명하는 것은 불가능하다.

자율주행자동차는 훈련에 시간이 필요하다. 테스트하는 데도 시간이 필요하다. 이 시스템의 성공을 테스트하는 방법은 체스 게임의 성공을 테스트하는 방법에 비해 덜 구조화돼 있다. 그럼에도 불구하고 자율주행자동차 테스트는 실제로 주행을 시키는 방법이 가장 실용적이다. 주행은 측정 가능한 결과를 낼 수 있다. 예를 들어, 우리는 자동차가 장애물과 충돌했는지 아닌지 알 수 있다. 이런 요소들은 자율주행자동차 문제를 현재 가장 흥미로운 계산지능 문제로 만들지만, 이 문제도 일반 인공지능에 이르는 길 위에 있지는 않다.

지금까지 다룬 게임 문제와 자율주행자동차 문제는 특정한 해법

공간에 대한 탐색 문제로 설명할 수 있다. 체스와 체커에서 해법 공간은 잠재적인 움직임들로 구성되는 나무 구조다. 자율주행자동차 문제의 해법 공간은 장애물 그리고 다른 종류의 사건들에 대한 예측들로 구성된다. 자율주행자동차의 성공을 가능하게 한 것은 세바스찬 스런Sebastian Thrun을 비롯한 연구자들의 통찰이었다. 이 통찰은 자동차가 주변 환경에 대한 불안정한 증거를 기초로 자동차에 부착된 하나의 센서가 다른 센서가 하는 예측에 대해 제공하는 핵심적인 피드백을 이용하도록 만드는 표현을 생각해 내게 만든 통찰이었다. 자율주행자동차는 수많은 기계학습 프로그램에 의존한다. 그 프로그램 각각은 더 간단하고 어느 정도 구조화된 문제를 해결하는 프로그램이다.

주차 문제 같은 문제들은 다른 종류의 능력들을 요구한다. 도시 중심부는 주차 공간이 충분하지 않다. 이 상황을 어떻게 해결할 수 있을까? 언젠가 인간은 이런 문제를 어느 정도 구조화된 여러 개의 문제들로 분해한 후 각각의 문제들을 기계학습으로 해결할 수 있을지 모른다. 하지만 우리는 그 각각의 문제들을 효과적으로 어떻게 표현할 수 있을지는 아직 모른다. 하나의 문제를 해결이 가능한 하위 문제들로 표현할 수 있는 방법 역시 모른다. 계산지능을 이용해 이 문제들을 풀려면 새로운 표현이 있어야 하고, 그 표현은 컴퓨터 과학자들이 만들어내야 할 것이다.

통찰 문제는 계산지능으로 해결하기가 더 힘든 문제다. 마이어의 두 끈 문제(제2장 참조)는 일반지능이 있어야 해결할 수 있는 문제 중 하나다. 통찰 문제를 풀려면 문제를 푸는 사람이 적절한 표현을 만들어내야 한다. 일단 적절한 표현이 만들어지면 문제해결은 매우 쉬워진다. 인간의 가장 높은 수준의 지적 성취라고 우리가 생각하는 것의 대부분은 이전에는 풀리지 않았던 문제에 대한 새로운 표현을 만들어낸 사람에 의해 이뤄진다.

예를 들어, 프리드리히 아우구스트 케쿨레Friedrich August Kekulé는 어느 날 뱀이 자신의 꼬리를 물고 있는 꿈을 꾼 뒤 유기화합물 벤젠의 구조를 링 모양으로 표현할 수 있다는 생각을 하게 됐다. 드미트리 멘델레예프Dmitri Mendeleev도 꿈을 꾼 후에 원소 주기율표를 만들어냈다고 말했다.

멘델레예프가 1869년에 처음 발표한 주기율표는 원자량(원자 내 양성자 수와 중성자 수의 합에 대략 비례한다) 순으로 원소들을 정렬한 것이었다. 하지만 이 주기율표에 있는 몇몇 원소들은 규칙에 맞지 않았다. 멘델레예프는 주기율표 안에 빈칸을 두기도 했는데, 이는 그때까지 발견되지는 않았지만 그 빈칸에 들어갈 원소들이 있을 것이라고 생각했기 때문이었다. 멘델레예프가 1871년에 두 번째로 발표한 주기율표는 원소들을 원자번호(원자 내의 양성자 수) 순으로 정리한 것이었다. 우리가 현재 알고 있는 주기율표는 이 주기율표와 근본적으로 같다.

케쿨레와 멘델레예프의 업적에서 중요한 것은 이들이 꿈에서 단서를 얻었다는 사실이 아니라 새롭고 유용한 표현을 만들어냈다는 점이다. 멘델레예프는 오랫동안 여러 가지 형태로 원소 배열을 시도했지만, 1869년에 주기율표를 만들어내기 전까지는 자신이 정확하다고 생각할 만한 배열 근처에도 가지 못했다. 이런 갑작스러움은 멘델레예프의 새로운 표현이 경사하강법 같은 최적화 과정에 의해 만들어진 것이 아니라는 것을 보여준다. 적절한 표현을 찾아내는 과정에서의 진전은 측정하기가 어려웠지만 결국 멘델레예프는 효과적인 표현을 찾아낸 것이었다.

물론 이런 표현이 갑자기 생각났다는 것은 이 과학자들의 자기 보고에 기반한다. 우리는 이 과학자들이 꿈을 꾸거나 새로운 표현을 만들어내는 데 어떤 "무의식적인" 과정이 작용했는지 모른다. 예를 들어, 우리는 멘델레예프가 화학적 성질에 기초해 원소를 배열하는 방법을 생각해 내기 위해 오랜 시간 동안 연구를 했다는 것은 안다. 우리는 멘델레예프가 오랜 시간 동안 인내심을 가지고 연구를 했기 때문에 해법을 찾아낼 수 있었을 것이라고 추측하지만, 정확하게 어떤 과정을 통해 멘델레예프가 정확할 것이라고 생각되는 배열을 갑자기 생각해 내게 됐는지는 모른다. 그 과정이 어떤 과정인지 이해할 수 있다면 우리는 새로운 표현을 생각해 낼 수 있는 계산지능 접근방식을 만들어내는 데 큰 도움을 받을 수 있을 것이다.

이 모든 형태의 문제 해결은 인간의 발견, 즉 인간이 새로운 표현을 만들어내는 것에 의존한다. 기계학습에 혁신적인 변화를 주고 기계학습의 가장 큰 장애물을 없애려면 기계학습이 새로운 표현을 생각해 낼 수 있게 만들어야 한다. 컴퓨터가 스스로 자신의 지능을 만들어내고, 자신을 재설계하고, 그 재설계의 속도를 점점 더 높일 수 있을 것이라는 상상을 할 수도 있다. 하지만 현재 또는 가까운 미래에 (어떤 사람들은 악몽이라고 생각하는) 이런 일이 일어날 수 있다고 생각하는 것은 공상에 불과하다.

일반 인공지능은 스스로 새로운 표현을 만들 수 있어야 한다. 노력이 필요한 가장 중요한 부분 중 하나가 이 부분이다.

1980년대와 2010년대에 방영된 〈맥가이버〉라는 TV 드라마가 있다. 이 드라마의 주인공 맥가이버는 주변에서 이용 가능한 모든 것을 이용해 독창적인 방법으로 문제를 해결한다. 일반 인공지능은 맥가이버의 이런 문제해결 능력을 가져야 할 것이다.

창의력을 요구하는 문제 중에 벽돌 사용에 관한 문제가 있다. 벽돌을 얼마나 다양한 용도로 사용할 수 있을까? 벽돌은 일반적인 쓰임새가 있지만, 조금만 생각해 보면 다른 특이한 용도를 생각해 낼 수 있다. 이를테면, 치킨을 굽는 데도 벽돌을 사용할 수 있다. 일반 인공지능이 해결할 수 있어야 하는 문제들은 이런 문제들이다.

고슴도치 쌓기에 대해

이 장 앞부분에서 우리는 특정한 모듈들을 선택하고 결합하는 높은 수준의 기계학습 모듈을 만들어 일반 인공지능 행위주체를 만들 수 있다는 주장을 살펴봤다. 이 관점에 따르면 일반지능은 특정한 형태의 지능에 요구되는 과정들과 똑같은 과정들로 만들 수 있다. 이 접근방식은 현재 사용되는 단일 과제 시스템에 더 많은 매개변수를 추가하면 일반지능을 구현할 수 있다는 생각에 기초한다.

고슴도치 쌓기, 즉 똑같은 접근방식들을 더 많이 축적하는 방식은 카시오 페나친Cassio Pennachin과 벤 괴르첼Ben Goertzel(2007년)이 제시한 몇 가지 가정에 의존한다. 이들은 지능이 활발하게 변화하는 환경과 상호작용하는 시스템에 의해 특정한 양이 최대화되는 것이라고 정의한다. 또한 이들은 이 접근방식이 처치-튜링 논제(제3장 참조)의 유효성과 적용 가능성에 의존한다고 주장한다.

처치-튜링 논제는 계산 가능한 모든 것은 간단한 연산 기능을 가진 시스템에 의해 계산될 수 있다는 말로 요약할 수 있다. 바꿔 말하면, 모든 계산 가능한 함수는 튜링 기계의 능력을 가진 기계에 의해 계산될 수 있다는 뜻이다. 컴퓨터 과학에서 "계산 가능한"이라는 말은 특별한 의미를 가진다. 계산 가능한 함수는 유한한 수의 단계들을 통해 검증 가능한 답을 확실히 산출하는, 미리 정해진 단계적 과정이라는 뜻이다. 계산 가능한 함수는 특정한 입력에 대해 적절한 과정이 실행되면 특정한 출력을 내는 알고리즘이다. 다시 말하면, 모든 계산 가능한 함수는 논리적 추론의 한 형태라는 뜻이다 (Copeland & Shagrir, 2019).

처치-튜링 논제는 계산지능에서 핵심적인 위치를 차지한다. 이 논제에 따르면 동등한 능력을 가진 두 계산 시스템은 서로 다른 방식으로 구축됐어도 동등한 기계라는 점을 분명히 하고 있기 때문이다. 따라서 지능이 계산 가능한 함수이고 뇌에 의해 계산되는 함수라면, 동등한 능력을 가진 실리콘 시스템도 동일한 함수를 계산할 수 있어야 한다고 생각하는 것은 완벽하게 합리적인 생각이다. 따라서 뇌가 계산을 한다면 튜링 기계도 동일한 함수를 계산할 수 있어야 한다.

여기서 핵심적인 가정은 다음과 같다.

1. 지능은 알고리즘에 의해 구현될 수 있는 함수다. 지능은 튜링 기계에 의해 계산이 가능하다.
2. 지능 함수는 문제를 입력하면 해법을 출력한다.
3. 지능 함수는 최적화 과정, 즉 동적인 환경과 상호작용하는 시스템에 의한 특정한 값의 최대화 과정이다.
4. 튜링 기계는 이 해법의 정확성을 검증할 수 있다.

5. 뇌의 계산 능력은 튜링 기계의 계산 능력보다 뛰어나지 않다. 기계가 충분한 계산 능력과 충분한 메모리를 갖춘다면 뇌가 계산하는 함수와 동일한 함수를 계산할 수 있다. 튜링 기계와 동등한 컴퓨터는 뇌가 계산하는 함수를 계산할 수 있다.

첫 번째 가정은 지능의 특징들을 충분히 자세하게 설명함으로써 기계가 지능을 시뮬레이션하게 만들 수 있을 것이라는 존 매카시의 희망(1956년 다트머스 회의 제안서)을 떠올리게 한다. 하지만 나는 지능이 알고리즘, 즉 항상 정답을 산출하는 특정한 과정들이라는 생각은 근본적으로 잘못된 생각이라고 본다. 이 가정에 따르면 지능은 수학적 추론의 한 형태인 반면, 기계학습은 귀납 과정의 한 형태다. 예를 들어, 컴퓨터는 훈련 예제들에 기초해 뒤에 나오는, 이전에 보지 못한 아이템들이 어떻게 분류될지 예측한다.

여기서 내 주장을 확실하고 정확하게 밝히는 것이 중요할 것 같다. 컴퓨터와 뇌는 둘 다 알고리즘을 이용하지만, 지능 자체는 알고리즘 과정이 아니라는 것이 내 주장이다. 지능은 오류가 없다고 생각할 수 없기 때문이다.

앨런 튜링 Alan Turing(1947년)은 다음과 같이 말했다.

> 기계가 지능을 가진다는 생각에는 근본적인 모순이 있다는 생각을 할 수도 있을 것이다. … 예를 들어, 특정한 논리 시스템의 경우는 검증 가능한 시스템 형식과 검증 불가능한 시스템 형식을 구분할 수 있는 기계가 존재할 수 없다는 것이 증명된 상태다. 즉 기계가 그 명제들을 이 두 가지 부류로 확실하게 분류하기 위해 적용할 수 있는 테스트 방법이 없

다는 뜻이다. 따라서 기계가 이런 목적을 위해 설계된다면 답을 낼 수 없는 경우가 반드시 존재할 수밖에 없다. 반면, 수학자가 이런 문제에 직면한다면 그 수학자는 다양한 탐색을 통해 새로운 증명 방법을 찾아낼 것이고, 결국 주어진 모든 형식에 대한 판단을 할 수 있을 것이다. … 반면, 기계는 우리가 이해할 수 있는 답을 제시하지 못하는 경우가 있을 것이고, 틀린 답을 제시하는 경우도 있을 것이다. 하지만 인간 수학자도 새로운 기법을 시도할 때 비슷한 실수를 범한다. … 즉, 어떤 기계가 무오류이기를 기대한다면 그 기계는 지능도 가질 수 없을 것이다. 이 생각은 몇 개의 수학적 정리만으로도 거의 정확하게 증명할 수 있다.

튜링이 말하는 수학적 정리는 괴델의 불완전성 정리와 어떤 문제는 튜링 기계로 풀 수 없다는 처치-튜링의 정리일 것이다. 아무리 강력한 형식적 논리 시스템을 동원해도 어떤 명제가 참이지만 참임을 증명할 수 없는 경우가 있다. 형식적 시스템은 내부 맥락만으로는 극복할 수 없는 근본적인 한계를 가진다. 따라서 논리 같은 형식 시스템이 지능에 중요하긴 하지만, 형식 시스템만으로는 지능을 구현할 수 없다. 형식적 시스템은 불완전한 시스템이다.

목표가 일반 인공지능을 만드는 것이라면 두 번째 가정도 잘못된 가정이다. 두 번째 가정에 따르면 지능적인 행위주체는 해결해야 할 문제의 인스턴스 instance(계산 문제의 입력이 될 수 있는 아이템)를 외부에서 받는다. 이 방식은 선택된 문제 하나하나를 해결하는 데는 유용하지만, 일반지능 행위주체는 문제에 대한 구조화된 표현을 외부에서 받아서는 안 된다. 스스로 구조를 찾아낼 수 있어야 하기 때문이다.

세 번째 가정은 똑같은 것들을 쌓는 방식이라는 이름이 붙게 만든 가정이다. 이 가정에 따르면 기계학습이 특정한 문제를 해결하게 만드는 과정들로 충분히 일반지능을 구축할 수 있다. 시스템이 모든 문제를 푸는 데 필요한 모든 도구를 가지고 있다는 가정이다.

네 번째 가정에 따르면, 특정한 알고리즘은 문제에 대한 지능적인 해법의 정확성을 검증할 수 있어야 한다. 하지만 퍼즐이나 게임이 아닌 현실 문제에 대한 지능적인 해법은 일반적으로 평가가 어렵고 검증이 불가능하다. 지능은 평가를 필요로 하는 예측, 본질적으로 불확실한 예측과 관련이 있는 경우가 대부분이다.

위의 가정들 중에서 그나마 어느 정도 합리적인 것은 다섯 번째 가정이다. 튜링 기계는 계산 가능한 모든 함수를 계산할 수 있다. 하지만 그렇다고 해서 튜링 기계가 전적으로 알고리즘적이 아닌 연산은 할 수 없다는 뜻은 아니다. 현재의 기계학습이 보여주듯이 컴퓨터는 추론은 물론 귀납적 추리도 할 수 있다(제4장, 제5장, 제6장 참조). 컴퓨터는 규칙을 적용해 예제에 관련된 결정을 할 수도 있을 뿐만 아니라 예제들로부터 규칙을 추론할 수도 있다.

이 가정들은 지난 몇 년 동안 매우 성공적이었던 특화된 문제 해결에는 잘 들어맞았다. 이 가정들의 가장 큰 문제점은 일반지능을 구현하려면 이 가정들 모두에서 언급된 능력이 전부 필요하다는 암묵적인 6번째 가정에 의존한다는 것이다. 나는 처치-튜링 논제 때문에 특화된 지능을 모아 일반지능을 만들 수 있다고 컴퓨터 과학자들이 잘못 생각하게 됐다고 본다. 하지만 일반지능은 그 이상의 것을 필요로 한다. 다음으로 다룰 주제가 바로 그 주제다.

일반지능은 알고리즘 최적화가 아니다

처치-튜링 논제는 지능을 너무 좁게 평가하는 논제다. 아인슈타인의 지능뿐만 아니라 보통 사람들의 지능도 특정한 설명들로 구성된 잘 다듬어진 경로를 따르거나 여러 가지 경로 중에서 어느 한 경로를 선택하는 것으로만 구성되지는 않는다. 일반지능은 필요한 경우 새로운 설명들을 찾아내는 바로 그 능력으로 구성된다.

현재의 계산지능 프로그램은 훈련을 받은 문제와 조금만 다른 문제가 주어져도 감당을 하지 못한다. 예를 들이, 자율주행자동차는 교통표지판에 작은 스티커 하나만 붙어도 정지 표시가 속도제한 표시라고 잘못 판단했다.

최적화는 오류 같은 특정한 값을 최대화 또는 최소화하기 위해 매개변수들의 값을 수정하는 과정이다. 특정한 문제는 최적화 과정에 적절한 매개변수들이 주어지면 특화된 메커니즘에 의해 성공적으로 처리될 수 있다. 최적화로는 매개변수를 만들어낼 수 없다. 최적화는 프로그램 설계자들에 의해 주어진 모델의 매개변수들을 조절하는 과정에 불과하기 때문이다.

지능과 TRICS

앞에서 다룬 고슴도치 쌓기 접근방식은 일반지능 행위주체에 의해 구현되는 함수가 문제의 인스턴스를 입력으로 받아 해법을 출력으로 낸다고 가정한다. 더 정확하게 말하면, 이 경우 컴퓨터가 문제에 대한 표현을 입력으로 받아 출력에 대한 표현을 산출한다고 할 수 있다. 컴퓨터는 야구공, 호빗, 끈 같은 것을 직접 다룰 수 없다. 컴퓨터가 다루려면 이런 객체들은 수학적인 형태로 표현되어야 한다.

컴퓨터가 다루려면 문제도 수학적인 형태로 표현되어야 한다. 체스는 플레이어 사이의 심리전으로 표현될 수도 있고, 잠재적인 움직임들의 나무 구조로 표현될 수도 있다. 고양이 사진과 개 사진의 분류는 사진을 연속되는 숫자들을 표현하고 또 다른 숫자들로 신경망을 표현하는 방법으로 이뤄질 수 있다. 최적화는 그 신경망을 표현하거나 구현하는 숫자들의 값을 설정하지만, 그 숫자들의 종류나 문제에 대한 원래 표현의 종류에 영향을 미치지는 않는다.

문제에 대한 해법을 찾는 데 핵심적인 역할을 하는 것은 객체나 문제가 표현되는 방식이다. 결정적으로 가정하는 표현(TRICS, 제9장 참조)이라는 개념은 바로 이 방식에 관련된 것이다. 문제에 대한 해법은 이런 표현들에 의해 제약을 받으며, 이런 표현들 안에 포함돼 있다. 문제가 고슴도치로 사전에 표현돼 시스템이 그 문제를 고슴도치로 처리한다면, 그 일반지능은 문제의 설계자의 것이지 시스템의 것이 아니다. 문제에 대한 표현을 스스로 하는 능력이 없다면 같은 것들을 쌓아서 만들어지는 시스템은 결코 일반 인공지능이 될 수 없다.

고슴도치 쌓기 관점은 고수준 모듈이 여러 개의 특수 목적 모듈들을 선택하는 문제를 푸는 층위 시스템으로 일반지능이 구현될 수 있다고 본다. 문제의 설명서가 입력이 되면, 문제를 푸는 특수 목적 모듈이 감독 역할을 하는 고수준 모듈에서 출력되어 나온다.

특수 목적 하위 모듈들 각각은 잘 구조화된 해법 공간이어야 하며, 이런 하위 모듈들을 선택하거나 조합하는 역할에 국한되는 감독 역할을 하는 고수준 모듈 또한 잘 구조화되어야 한다. 따라서 높은 고수준 모듈은 어떤 하위 모듈들을 갖는지에 의존하게 된다. 새로운 모듈을 만들어낼 수 있는 "생각"을 할 수 없으며, 스스로 새로운 생각을 해낼 수 없기 때문이다. 같은 것들을 쌓아서 일반 인공지능을 만들 수 있다는 관점에 따르면, 고수준 모듈이 할 수 있는 일은 선택밖에 없다. 선택은 무언가를 만들어내는 것과는 다르다.

이런 층위 시스템의 예가 슈미트후버(1996년, 2009년)의 괴델 머신이다. 슈미트후버에 따르면 이 괴델 머신은 "수학적으로 엄밀하고, 일반적이고, 완전히 자기지시적self-referential이며(역주: 자연 언어 또는 형식 언어에서 문장, 생각, 논리 등이 자기 자신을 가리키는 것을 뜻한다), 스스로를 개선할 수 있으며, 최적의 효율을 가진 문제 해결 장치"이다.

쿠르트 괴델의 그 유명한 자기지시적 명제(1931년)에 영감을 받아 만들어진 괴델 머신은 자신의 코드의 모든 부분을 다시 쓸 수 있는 시스템이다. 이 시스템은 코드를 다시 쓰면 영구적으로 미래의 가치를 개선할 수 있다는 증거를 발견하는 즉시 코드를 다시 쓴다. 이 괴델 머신은 사고 실험이었고, 실제로 만들어지지는 않았다. 아마 절대 만들어질 수 없을 것이다.

슈미트후버는 기계가 코드를 다시 쓰면 기계의 목표를 더 잘 성취할 수 있다는 증거를 발견하는 경우 코드를 다시 씀으로써 새로운 모듈을 학습할 수 있다고 생각한다. 앞에서도 언급했듯이 계산지능 시스템의 프로그래밍, 즉 코드는 계산지능 시스템을 훈련시키는 데 사용되는 데이터에 비해 훨씬 중요도가 떨어진다.

어떤 경우든 괴델 머신은 다음과 같은 치명적인 결함 4개를 가진다. (1) 코드를 수정하기 전에 증거가 필요하다는 점 (2) 코드를 다시 쓸지 결정하기 위해 미래의 가치에 의존해야 한다는 점 (3) 충분히 많은 모듈이 있으면 이 기계를 만들 수 있다는 생각에 기초한다는 점 (4) 수많은 대체 모듈과 그 모듈들의 조합을 평가하기 위해서 엄청난 양의 경우의 수를 고려해야 한다는 점이다.

미래의 가치를 개선하기 위해 어떤 변화가 필요한지 기계가 알 수 있을지도 불투명하다. 기계는 무작위로 변화를 시도하기 때문에 성공적인 변화를 일으키려면 매우 오랜 시간이 걸릴 수 있다. 변화가 성공적으로 보인다고 해도 실제로 성공적인지 증명하는 것도 불가능하다. 이 증명은 미래의 가치를 측정하는 것에 의존하기 때문이다. 미래 가치를 실제로 측정할 수 있는 유일한 방법은 기계가 최종 단계에 도달할 때까지 기다려 그 미래 가치를 측정하는 것이지만, 그때가 되면 이미 기계에 변화를 줄 수 있는 기회가 모두 사라진 상태일 것이다. 따라서 괴델 머신은 미래 가치를 추측해야 하지만, 그 추측은 오류가 있을 가능성이 있는 데다 증명이 될 수도 없다. 그 추측은 항상 귀납적이지 추론적이지 않기 때문이다. 이 상황은 모순적이다. 변화를 만드는 것이 증명에 의존하지만 증명을 할 수 없다면 시스템은 어떤 변화도 만들 수 없다.

하지만 괴델 머신의 가장 큰 문제점은 예상치 못한 문제를 풀기 위해 실제로 사용할 수 있는 문제 해결 기법들을 시스템에 충분히 제공할 수 있다는 생각에 있다. 괴델의 불완전성 정리가 이런 시스템은 완전할 수 없다는 것을 증명했는데도 슈미트후버가 이 시스템에 괴델 머신이라는 이름을 붙인 것은 아이러니한 일이다. 괴델 머신을 비롯한 그 어떤 형식 시스템도 완전할 수 없으며, 그 어떤 형식 시스템도 자신의 일관성을 증명할 수 없다. 앞에서 우리는 상식적 사실들을 모두 열거하는 일은 불가능하다는 것을 살펴보았다(제7장 참조). 기초적인 문제 해결 방법들을 모아서 풀 수 없는 문제들을 푸는 일도 마찬가지로 불가능해 보인다.

슈미트후버의 괴델 머신은 모든 계산 가능한 함수는 논리적 추론의 한 형태라는 코플랜드Copeland와 섀그리르Shagrir의 생각과 같은 생각에 기초해 설계된 완전히 추론적인 시스템이다. 기본적인 문제 해결 방법들이 확보돼 있다고 해도, 그 방법들을 추론적으로 조합해 실제로 문제를 풀 수 있을지는 분명하지 않다. 기계는 맞을 수도 있고 틀릴 수도 있는 가설을 만들어 낸 다음 이 가설을 실제 문제 상황에서 평가해야 한다. 기계는 새로운 방식으로 모듈들을 조합할 수는 있지만 그 모듈 조합은 기계가 가지고 있는 모듈들의 조합에 국한된다. 기계는 특정한 매개변수 공간 탐색만을 할 수 있다. 기계는 새로운 공간을 만들어낼 수 없다. 하지만 지능 구현에 필수적인 요소가 바로 이 새로운 공간을 만들어내는 능력이다.

괴델 머신 같은 층위 시스템에는 두 가지 문제가 더 있다. 모듈이 실제로 문제를 풀 수 있는지 알아내는 데 시간이 걸리고 다양한 모듈 집합들이 문제를 풀 수 있도록 조합하는 데 시간이 걸린다는 문제다. 매우 강력한 모듈 선택 휴리스틱이 없는 한(휴리스틱은 맞는지 증명이 불가능하기 때문에 괴델 머신의 추론적 구조와는 양립할 수 없다) 이런 층위 시스템은 계속 혼란에 빠질 것이다. 현재의 좁은 범위 문제 해결에 사용되는 휴리스틱은 풀어야 하는 문제의 속성을 인간이 분석한 결과다. 이런 휴리스틱은 시스템의 문제 표현 방식으로 인간이 주입한 것이다. 이런 휴리스틱이 층위 시스템에 의해 만들어질 수 있을지는 분명하지 않다.

시스템이 특정한 상황에 어떤 모듈들을 적용할지 학습하려면 상당히 많은 실패를 경험해야 할 것이다. 모듈이 문제 공간을 탐색할 때 잘못된 방향으로 한 단계 진행을 한다고 해서 손실이 매우 크지는 않을 것이다. 하지만 수천 또는 수백만 개의 모듈을 감독하는 과정은 상당히 많은 시간을 필요로 할 것이다. 각각의 모듈도 수천 또는 수백만 번의 훈련을 받아야 할 것이다. 잘못된 모델이 선택되면 그 모델이 실제로 잘못됐다는 것을 발견하기 위해 수백만 개의 훈련 예제가 필요할 것이다. 문제의 속성상 이런 잠재적 해법들은 순차적으로 시도되어야 할 수도 있기 때문에 이 경우 시스템은 한 과정이 끝날 때까지 기다려 다음 과정을 실행해야 할 것이다.

세계 최대의 컴퓨터 네트워크도 이런 정도의 엄청난 작업을 감당하기는 힘들 것이고, 감당할 수 있다고 해도 작업에 필요한 시간이 상당히 많을 수밖에 없다. 억지기법(브루트 포스)를 이용한 최적화를 시도해도 층위 시스템에는 별 효과가 없을 것이다. 더 일반적인 문제를 풀기 위해서는 더 완전한 시스템이 필요하지만, 시스템이 더 완전해진다고 해도 더 일반적인 문제를 푸는 데는 엄청난 시간이 필요할 것이다. 변수가 3개밖에 안 되는 간단한 세제곱수 3개 합 문제를 푸는 데도 23 프로세싱 년이 필요했다.(제11장 참조) 잠재적인 해법이 수천 개인 문제를 풀려면 억지기법을 동원해도 상상을 초월하는 양의 시간이 필요할 것이다. 고슴도치가 아무리 많이 쌓여도 그 고슴도치들로 여우를 만들 수는 없다.

전이학습

일반 인공지능 구현을 시도하는 시스템은 자신의 경험으로부터 학습할 수 있어야 한다. 하지만 하나의 문제를 푸는 법을 학습하는 것은 다른 문제들을 푸는 법을 학습하는 것을 방해할 수 있다.

구글의 딥마인드 팀은 강화학습을 이용해 네트워크가 구식 비디오 게임을 플레이하도록 훈련시켰다. 한 실험에서 이 팀은 비디오 게임 49개를 연달아 시스템에 학습시켰다. 하지만 시스템은 매번 새로운 게임을 학습하면서 이전에 학습한 게임을 플레이하는 법을 "망각"했다. 시스템은 새로운 게임을 학습할 때마다 처음부터 다시 시작했다. 새로운 과제를 학습할 때 이전에 학습한 과제를 망각하는 이 문제를 파괴적 망각catastrophic forgetting이라는 말로 부른다.

래칫 듀베이Rachit Dubey와 그의 동료들은 강화학습 시스템이 딥마인드 팀이 연구한 것과 같은 비디오 게임을 학습하는 데 얼마나 시간이 걸리는지 연구했다. 한 실험에서 사람들은 게임 하나를 하기 위해 3000개의 행동 단위를 학습했지만 컴퓨터는 400만 개의 행동 단위를 학습해야 했다(여기서 행동은 키보드를 누르는 행동 같은 것이다). 그 후 듀베이 연구팀이 게임 요소들의 겉모습을 바꾸자 상황은 흥미롭게 변했다.

연구팀이 선택한 게임은 해상도가 낮은 구식 게임이었지만 사다리, 열쇠, 못, 문 같은 물체들은 알아볼 수 있는 수준의 게임이었다. 실험자들이 이 물체들의 겉모습을 수정해 참가자들이 바로 알아보기 힘들게 만들자 참가자들은 게임을 하기가 힘들어졌지만 컴퓨터는 그렇지 않았다. 정확한 조작을 기준으로 평가했을 때 인간이 게임을 학습하는 시간은 20분으로 늘어난 반면, 기계학습 시간은 대부분의 조작에서 거의 같은 수준을 유지했다. 사람들은 문은 여는 것이고, 사다리는 올라가는 것이라는 상식을 이용하지만 컴퓨터는 이런 배경지식이 없기 때문에 실험자들이 해상도를 낮춰도 게임 학습에 영향을 받지 않았다.

그 후 연구팀은 새로운 게임으로 실험을 진행했다. 공주에게 가는 것이 해법 중 하나이지만 다른 해법도 가능한 게임이었다. 이 게임을 학습한 사람들은 공주에게 가는 것에만 집중해 보상이 숨겨진 장소를 찾으려고 하지 않았다. 이와는 대조적으로, 무작위로 작동된 기계는 이런 보상을 찾으려 했다. 공주가 게임의 목표라는 생각이 없었기 때문이다. 사람들은 자신이 했던 다른 게임들에 대한 지식과 세계의 사물들이 자신의 행동을 뒷받침하는 데 어떻게 사용될 수 있는지에 대한 지식을 끌어 쓸 수 있지만 이런 지식이 항상 도움이 되지는 않는다.

부정적 전이negative transfer 현상은 인간이 문제를 해결할 때 자주 나타나는 현상이다. 초기 게슈탈트 심리학자들은 나중에 물병 문제 water jar problem라고 불리게 된 문제를 연구했다. 이 문제는 에이브러햄 러친스Abraham Lutchins가 1942년에 처음 제기한 문제다. 이 문제는 특정한 양의 물을 각각 담을 수 있는 물병 3개를 가지고 그 물병 중 하나에 특정한 양의 물이 담기도록 만드는 문제다.

러친스가 제시한 문제 중 하나는 각각 29리터 물병, 3리터 물병, 21리터 물병이 담긴 물병 3개로 한 물병에 정확하게 20리터의 물이 담기도록 만드는 것이었다. 물병 하나만으로는 정확하게 20리터의 물이 담기는지 측정하기 어려울 것이다. 하지만 한 물병에서 다른 물병으로 물을 부으면 문제를 풀 수 있다.

우리라면 이 문제를 어떻게 풀 수 있을지 생각해 보자. 물병문제는 잘 구조화된 완전 정보 문제다. 문제를 푸는 데 필요한 모든 정보가 문제에 대한 설명에 들어있기 때문이다. 실제로 물병이나 물이 없어도 풀 수 있다는 점에서 이 문제는 형식 문제다. 이 문제는 물의 속성에 의존하는 문제가 아니라 산술에 의존하는 문제다.

이 문제를 푸는 방법은 다음과 같다(구분을 위해 물병 3개를 각각 물병 A, 물병 B, 물병 C라고 하자).

> 29리터짜리 물병 A에 물을 채운다.
> 물병 A의 물을 3리터짜리 물병 B에 붓는다. 물병 A에는 물이 26리터가 남는다.
> 물병 B의 물을 쏟아버린다.
> 물병 A에서 다시 물 3리터를 물병 B에 붓는다. 물병 A에는 물이 23리터가 남는다.
> 물병 B의 물을 쏟아버린다.
> 물병 A에서 다시 물 3리터를 물병 B에 붓는다. 물병 A에는 물이 20리터가 남는다.
> 문제가 해결됐다.

표 6에는 이런 물병 문제 10개가 나열돼 있다. 시간이 나면 풀어 보기 바란다.

이 문제들을 위에서부터 풀다보면 점점 푸는 속도가 빨라질 것이다. 한 문제에서 다음 문제로의 긍정적 전이가 일어나기 때문이다. 강화학습을 이용하는 컴퓨터라면 각각의 문제를 푸는 시간이 모두 같을 것이다. 현재의 기계학습이 특정한 문제의 해결을 위한 분명한 설계가 되지 않은 상태에서 한 문제에서 다른 문제로의 긍정적 전이를 제공하는 데 사용될 수 있을지는 확실하지 않다. 이런 연구에 참가하는 사람들은 특정한 훈련을 받지도 않았고 문제에 대한 사전 지식이 있지도 않은 사람들이다. 만약 참가자가 영화〈다이하

표 6.

문제	물병 A의 용량	물병 B의 용량	물병 C의 용량	목표량
1	21	127	3	100
2	14	163	25	99
3	18	43	10	5
4	9	42	6	21
5	20	59	4	31
6	23	49	3	20
7	15	39	3	18
8	18	48	4	22
9	14	36	8	6
10	28	76	3	25

드〉 시리즈를 좋아하는 사람이라면 〈다이하드 3〉에서 이런 형태의 문제를 봤을 것이다. 그 경우는 예외로 치자.

문제 1~9는 같은 움직임들로 풀 수 있다. 물병 B를 채우고, 물병 C의 용량만큼을 두 번 따라내고, 물병 A의 용량만큼을 한 번 따라내면 된다(B-2C-A). 문제 1~5에서 이 패턴은 문제를 풀 수 있는 가장 간단한 방법이다. 문제 6~9는 같은 움직임들을 사용해 풀 수 있지만 훨씬 더 간단한 움직임 패턴을 이용해 풀 수 있다. 문제 6과 문제 9는 A-C 움직임을 이용해 풀 수 있다. 문제 7과 문제 8은 A+C 움직임을 이용해 풀 수 있다. 문제 6~9는 앞의 문제들과 동일한 패턴을 이용해서 풀 수 있기 때문에 실험 참가자들 대부분은 그 문제들을 풀 수 있는 더 간단한 방법이 있다는 것을 인식하지 못한다. 참가자 83%는 같은 움직임(B-2C-A)을 사용했고, 문제 6과 문제 7에서는 79%가 이 움직임을 문제 8과 문제 9에 사용했다. 놀라운 사실은 전체 참자가의 64%가 문제 10을 풀지 못했다는 것이다. 한편, 문제 10만 하나만을 제시받은 사람들은 놀랍게도 95%가 문제 10을 풀어냈지만, 위의 9개 문제를 모두 제시받은 사람들은 그렇지 못했다. 러친스는 문제 10을 풀지 못하는 현상을 아인슈텔룽 효과Einstellung effect(역주: "아인슈텔룽"은 독일어로 "태도"를 뜻한다) 또는 기능적 고착functional fixity이라는 말로 불렀다. 참가자들은 한 문제에서 다음 문제로의 일반화라는 메타과제metatask를 수행했지만, 문제 6~9에서 추출한 일반화 결과를 뒤집으려고 하지 않았고, 문제 10에도 같은 방법을 적용하다 실패한 것이었다.

이 문제들은 전이 학습이 예상처럼 직선적으로 이뤄지지는 않는다는 것을 보여준다. 전이학습은 문제를 푸는 데 유용할 수 있지만 문제를 푸는 것을 방해할 수도 있다. 위의 문제들은 적어도 특정한 상황에서는 사람들이 한 문제에서 다음 문제로 유용한 정보를 전이시키는 능력이 뛰어나다는 것을 보여준다. 두 문제의 표면 구조가 비슷할수록(예를 들어, 두 문제에 모두 물병과 물이 등장한다면) 사람들은 두 문제 사이의 유사성을 더 잘 파악한다. 물병 A, 물병 B, 물병 C라고 이름을 붙이면 유사성이 더 강해지고, 그 유사성은 유추를 통해 한 문제와 다음 문제를 더 쉽게 풀 수 있게 만든다.

하지만 이런 문제들은 확증편향이라는 현상을 보여주는 문제들이기도 하다. 사람들은 자신의 믿음을 반박하는 정보보다 그 믿음을 확인시켜 주는 정보를 찾는 경향이 있다. 문제 6~9는 처음 5개 문제에서 추출한 믿음에 들어맞는 문제였기 때문에 더 쉬운 해결 방법을 찾을 이유가 없었던 것이었다.

적절한 유추는 도움이 되지만 잘못된 유추는 해가 될 수 있다. 문제 10을 풀려고 시도한 사람들이 이 잘못된 유추의 예를 보여준다. 러친스가 문제 5를 푼 참가자들에게 "무턱대고 문제를 풀지 말라"고 말하자 이 참가자들의 절반이 나머지 문제들에 대한 더 간단한 해법을 생각해 냈다.

확증편향은 효과적인 모듈을 선택하는 데 유용할 수 있는 또 다른 휴리스틱이다. 하지만 그 확증편향이 없으면 더 확실한 해결책을 생각할 수 있는 경우에 시스템이 그 해결책을 생각해 내지 못하도록 방해할 수도 있다. 편향은 문제 해결에 도움이 되기도 하지만, 그렇지 않을 때도 있다.

현재의 기계학습 시스템은 이런 종류의 문제에서 발생하는 학습 전이 상황에 대처할 수 있도록 설계되어야 할지 모른다. 물병 문제 하나하나에는 확실한 상태 공간과 한 상태에서 다음 상태로의 움직임을 위한 확실한 방법이 존재한다. 강화학습은 훈련 메커니즘으로는 충분할 수 있다. 하지만 이런 특정한 문제에 국한되지 않는 시스템 설계를 하는 일은 현재로서 매우 어려운 일이다.

한 문제로부터 다음 문제로의 전이는 그 두 문제의 유사성에 의존한다. 하지만 유사성은 그 자체가 어려운 개념이다. 본질적으로 생각할 때 두 개의 아이템이 더 많은 특징들을 공유할수록 그 두 개의 아이템은 더 비슷한 아이템이라고 할 수 있다. 하지만 앞에서 살펴보았듯이 그 어떤 두 개의 아이템을 선택하더라도 그 두 아이템이 공유하는 특징의 수는 무한할 수 있다. 사람들은 비교를 위해 아이템의 특징 중 일부를 선택하는 것뿐이다. 현재의 기계학습 연구에서 비교되는 특징들은 설계자에 의해 선택된다. 일반 인공지능 행위주체는 예상치 못한 상황에 대처하려면 설계자의 도움을 받아야 한다. 일반 인공지능 행위주체가 되려면 스스로 중요한 특징들을 선택할 수 있는 방법을 찾아내야 할 것이다.

식인종 3명과 선교사 3명이 건너편 강둑에 도착할 수 있는 문제를 예로 들어보자. 식인종과 선교사는 모두 강을 건너려 하지만 하나 있는 배에는 두 명밖에 탈 수 없다. 양쪽 강둑에서 식인종의 수가 선교사의 수보다 많으면 식인종은 선교사를 잡아먹을 것이다. 이들이 모두 강을 무사히 건널 수 있는 방법은 무엇일까?

호빗과 오르크 문제의 해법을 기억한다면(제2장 참조), 이 문제는 그 문제와 비슷하기 때문에 풀기 쉬울 것이다. 이 두 경우 모두 우리는 배를 타지 않고는 강을 건널 수 없다는 것을 비롯한 여러 가지 상식적 판단을 한다(제7장 참조). 이런 가정은 문제에 대한 설명에 포함되어 있지 않으며, 기계가 이런 가정을 할 수 있을지는 확실하지 않다.

상식적 판단에 의한 또 다른 가정은 호빗과 오르크는 서로 바뀔 수가 없다는 것이다. 호빗은 오르크가 될 수 없고, 오르크도 호빗이 될 수 없다는 가정이다. 하지만 이 가정은 식인종과 선교사 문제에서는 유효하지 않다. 선교사는 식인종을 기독교인으로 개종시키기 위해 파견된 사람일 것이다. 이것도 상식에 의한 가정이다. 그렇다면 선교사가 식인종을 개종시켜 식인종을 위험하지 않은 존재로 만들어 모두가 안전하게 강을 건너는 것도 해법이 될 수 있다. 식인종을 개종시켜 강을 건너는 해법을 먼저 학습한다면 두 문제의 유사성은 호빗과 오르크 문제를 푸는 데 방해가 될 수도 있다. 오르크는 호빗으로 만들 수 없기 때문에 이 문제를 푸는 사람은 식인종과 선교사 문제에서 학습했던 내용을 호빗과 오르크 문제에 전이시켜 적용할 수 없기 때문이다.

전문적으로 문제를 푸는 사람들은 문제에 대한 추상적인 지식을 더 많이 이용하는 방법으로 전이 문제를 해결한다. 초보자에 비해 전문가들은 문제의 표면적인 속성에 영향을 적게 받는다. 전문가들은 문제와 관련된 물리 법칙에 더 많이 영향을 받는다. 일반 인공지능은 전문가들이 이용하는 전이학습의 질을 개선할 수 있는 추상화 방법을 필요로 할 것이다. 일반 인공지능은 문제가 속한 영역에 대한 이론, 경험을 통해 얻어지는 이론을 필요로 할 것이다. 이론은 관찰들의 집합보다 더 많은 정도로 원칙에 기초하고 더 추상적이다.

지능에 수반되는 위험

아인슈타인은 잠재적인 매개변수 공간 탐색을 통해 광전효과나 상대성이론을 생각해 낸 것이 아니다. 과학 이론은 그 과학 이론과 관련된 세계의 일부분을 표현하는 새로운 방식이다. 또한 과학 이론 구축은 가장 높은 수준이라고 인정되는 지적 활동 중 하나이기 때문에 이런 표현의 구축에 대해 생각하는 것은 매우 유용하다. 우리는 과학 이론이 어떻게 만들어지는지 이해하기 위한 분석을 통해 더 넓은 범위에서 지능이 어떻게 구축되는지 이해하는 데 도움을 받을 수 있다.

예를 들어, 아인슈타인이 상대성이론을 생각해 낼 때쯤 논리실증주의자들로 불리는 철학자들은 과학 이론을 더 견고하고 논리적으로 만들기 위한 노력을 하고 있었다(제2장 참조). 상대성이론과 양자역학은 그 이전에 물리학의 핵심으로 이해되고 있었던 것들을 모두 전복시킨 이론이다. 논리실증주의자들은 뉴턴의 관점이 옳다고 과학자들이 생각하게 한 과학적 관행에는 뭔가 잘못된 것이 있었을 것이라고 생각했다. 논리실증주의자들은 과학자들이 다시는 그런 잘못된 생각을 하지 않도록 만들 수 있는 방법을 개발하려고 했다.

논리실증주의자들은 과학을 슈미트후버의 괴델 머신 같은 순수한 추론적 과정으로 다시 만들려고 했다. 이들은 과학적 명제를 "그 공은 빨갛다." 같은 관찰 명제와 그 관찰에 의한 추론적 명제로 제한하려고 했다. 이들의 접근방식이 실패한 이유 중 하나는 순수한 관찰 명제는 존재하지 않는다는 사실에 있었다. 예를 들어, 스티븐 제이 굴드Steven Jay Gould는 과학에서의 잘못된 관찰이 지능에 대한 인종주의적 이론을 뒷받침하는 데 이용됐다고 분석했다. 다른 과학자들은 굴드의 이 분석을 비판했다(Lewis et al, 2011).

더 중요한 사실은 과학 이론이 관찰되지 않은 것들에 대한 예측에 의존한다는 것이다. 이론은 관찰과 추론을 초월한다. 이론은 관찰과 추론과는 다른 위험성(잘못된 추론일 가능성)을 반영한다. 이론은 모델로부터의 추론이지 알려진 관찰 결과로부터의 추론이 아니다.

아인슈타인의 이론에 부합하는 과거의 관찰결과가 있었지만(예를 들어, 1887년에 이뤄진 광속에 관한 미켈슨-몰리Michelson-Morley 실험), 아인슈타인 이론의 중요성은 과거에 관찰된 것들을 설명하는 데 있는 것이 아니라 특정한 조건 하에서 어떤 것이 관찰될지 예측하는 데 있었다. 아인슈타인의 이런 예측 중 일부는 아인슈타인이 상대성이론을 처음 제안하고 약 100년 정도가 지난 2016년에 이르러서야 검증되었다.

아인슈타인의 예측들은 틀릴 수도 있었다. 이 예측들은 기존의 관찰결과로부터 추론된 것이 아니었기 때문이다. 이 예측들은 나중에 옳다고 밝혀진 위험한 예측이었다. 아인슈타인의 이론은 추론의 결과가 아니라 창조의 결과였다. 예측은 지능의 필요조건이며, 추론만으로는 예측을 할 수 없다. 기계학습과 일반 인공지능에서 이론이 정확히 어떻게 표현될 수 있을지는 아직 아무도 모른다.

일반지능의 창의성

모차르트는 바이올린 연주 능력이 아니라 작곡 능력으로 유명한 사람이다. 아인슈타인은 광전효과에 대한 창의적인 연구로 노벨상을 탔지만, 사실 광전효과 연구는 아인슈타인의 창의적인 업적 중에서 중요도가 크지 않은 업적이라고 생각할 수도 있다. 제럴드 에델만Gerald Edelman은 면역체계와 면역체계의 학습능력에 관한 연구로 노벨 생리의학상을 수상했다. 사실, 과학 관련 노벨상은 복잡한 현상을 우아한 이해 방식으로 만들어낸 사람들에게만 주어졌다. 인공지능 용어로 말하자면, 노벨 과학상을 탄 모든 사람은 문제를 표현하는 새롭고 효과적인 방법을 만들어낸 사람이라고 할 수 있다.

현재의 계산지능에는 천재성의 이런 측면이 없다. 원칙적으로 생각하면, 사람들이 이런 천재성을 가질 수 있다면 기계도 이런 천재성을 가질 수 있다. 하지만 이런 천재성은 사람들에게도 자주 나타나지 않는다.

새로운 과학 이론이나 위대한 음악 작품 같은 훌륭한 아이디어들은 매일 나타나는 것이 아니다. 많은 문제들은 누군가가 해법을 생각해 내는 데 여러 해가 걸린다. 훌륭한 아이디어는 흔하지도 않지만, 그런 훌륭한 아이디어는 순수하게 우연에 의한 것이라고 생각할 만큼 드물지도 않다. 중요한 이론은 서로 다른 두 사람에 의해 거의 동시에 독립적으로 만들어지기도 한다는 발견(찰스 다윈과 알프레드 러셀 월러스Alfred Russel Wallace는 둘 다 거의 같은 시기에 진화론을 생각해냈다)은 뭔가 당시의 "분위기"가 그 두 사람이 같은 종류의 생각을 하게 했다고 추측하게 만든다. 이런 발명과 발견은 무작위적이지 않은 것이 확실하며, 요구가 있을 때 언제나 이뤄질 수 있는 것도 아니다. 파스퇴르는 "행운은 준비된 사람을 선호한다."라고 말했지만, 우리는 그 준비가 어떤 준비인지, 기계에 어떻게 준비를 시켜야 하는지 아직 정확하게 모른다. 또한, 정말 행운 그 자체가 중요하긴 한 걸까?

특정한 영역에서 인공지능 행위주체가 제한적인 창의성을 보이는 사례는 매우 흔하다. 알파고가 인간 바둑 기사(이세돌)가 이전에는 한 번도 둔 적이 없는 수를 둔 것도 창의성의 사례라고 할 수 있다. 알파고의 이런 움직임은 알파고의 대국 상대인 인간 기사에게 너무 큰 충격이었고, 그는 이 움직임이 어떤 의미를 가지는지 생각하기 위해 자리에서 일어나 한참을 걸어 다녔다.

모차르트 교향곡이나 아인슈타인의 이론처럼 인간의 창의성을 보여주는 유명한 사례들은 알파고가 전혀 예상치 못했던 수를 둔 것과는 다른 종류의 창의성을 보여주는 것 같다. 모차르트 교향곡은 모차르트의 과거 작품들로부터의 추론 결과가 아니며, 과거에 있었던 것들을 재조합해 확장한 것도 아니다. 파블로 피카소나 조르주 브라크Georges Braque의 입체주의 작품도 그 이전의 미술 조류와는 놀라울 정도로 동떨어진 작품이었다. 놀라운 창의적 행동은 기존의 매개변수들로 구성되는 공간을 초월해 새로운 매개변수들을 만들어낸다.

발달하는 일반지능

교육은 인간의 일반지능 생성에 핵심적인 역할을 한다. 기계학습 시스템과 인간의 뇌는 매우 다르지만, 우리가 인간에게 제공하는 교육적 경험을 기계에게 적용할 수 있다면 기계도 일반지능을 갖기 위한 학습을 할 수 있을 것이다. 인간의 경우에도 전문가 수준의 성취를 할 수 있으려면 특정한 양의 경험이 필요하다는 증거가 수없이 많다.

1931년에 윈스럽 켈로그Winthrop Kellogg는 구아Gua라는 이름의 어린 침팬지를 자신의 아들과 같이 키우기 시작했다. 켈로그는 유인원이 인간처럼 키워지면 인간처럼 행동할 수 있게 될지에 관한 양육/본성 문제에 관심이 있었기 때문이었다. 하지만 실망스럽게도, 구아는 켈로그의 아들보다 더 많은 것들을 빠르게 학습했지만 인간처럼 의사소통을 하는 데에는 전혀 관심을 보이지 않았다.

앨런 튜링(1948년, 1950년)은 이와 비슷한 접근방식을 이용해 컴퓨터로 인공지능을 만들 수 있을 것이라고 생각했다. 튜링은 성인의 지능을 가진 컴퓨터를 만드는 방식이 아니라 아이를 시뮬레이션하는 기계를 만드는 방식을 제안했다. 튜링은 적절한 양의 교육을 시키면 이 기계가 성인 지능을 갖게 될 것이라고 주장했다.

실제로 튜링은 이렇게 아이를 시뮬레이션하는 기계를 많이 만든 다음 그 기계들을 비교해 가장 좋은 사용 방법을 찾아낼 수 있다고 주장했다. 튜링은 이런 경쟁적 과정이 진화와 비슷한 과정이라고 생각했고, 이 방식으로 생물 진화의 속도보다 더 빠른 속도로 지능을 진화시킬 수 있을 것이라고 주장했다.

지적인 기능에만 초점을 맞춘다면 아이의 뇌는 성인의 뇌보다 단순하다고 할 수 있다. 하지만 모라벡의 역설Moravec's irony에 따르면 높은 수준의 인지 기능을 컴퓨터로 시뮬레이션 또는 모방하는 것이 아이들의 행동을 시뮬레이션하는 것보다 쉽다. 인공지능 연구에서 일반적으로 무시되는 얼굴 인식이나 음성 인식, 두 발로 균형 잡기 같은 과정은 체스 두기나 질문에 대답하기보다 실제로 훨씬 더 구현하기 힘든 과정이다. 우리는 이런 영역에서 진전을 하고 있기는 하지만, 그 진전은 우리가 일반적으로 지능의 예라고 생각하는 기능에 대한 연구가 이뤄지기 시작한 시점에 비하면 매우 최근에 이뤄지기 시작했다.

그럼에도 불구하고, 아이를 시뮬레이션하든 침팬지를 시뮬레이션 하든, 간단한 시스템을 경험으로 훈련시켜 복잡한 시스템으로 만들 수 있다는 생각은 가치가 있다. 기계학습은 지능을 진화시키기 위한 강력한 도구가 될 수 있기 때문이다.

닉 보스트롬Nick Bostrom은 이런 시스템이 효과적이 되기 위해서는 (시간이 걸리는) 시행착오에 주로 의존해 자신을 개선해야 하지만, 그 외에도 "자신의 작동에 대한 충분한 이해를 기초로 새로운 알고리즘과 계산 구조를 만들어내 자신의 인지 능력을 스스로 높일 수 있어야 한다."고 주장했다(Bostrom, 2014, p. 29). 이런 시스템은 스스로를 회귀적으로recursively 개선할 수 있어야 한다는 주장이다.

시스템이 회귀적으로 스스로를 개선한다는 것은 시스템 자신에게 주어진 문제 공간의 상태를 업데이트한다는 뜻이다. 기계학습의 정의가 바로 이것이다. "자신의 작동에 대한 충분한 이해"가 기계학습에서 어떤 의미를 가지는지 명확하게 알 수는 없지만, 시스템이 그 시스템의 하위시스템subsystem 중 하나를 이용해 그 시스템의 작동 능력을 평가하고, 그 시스템의 한계를 식별하고, 그 한계를 극복하기 위한 작동을 한다는 뜻으로 추측할 수는 있을 것이다. 한계를 극복한다는 말은 새로운 표현과 최적화 방법을 찾아내 새로운 알고리즘과 인지 구조를 구현한다는 말일 것이다. 현재 이런 능력에 대한 연구는 전혀 이뤄지지 않고 있다. 자신을 개선하는 법을 학습한 메타학습 기계가 만들어진다면 그 기계가 인공지능을 혁명적으로 발달시킬 수 있을 것이라는 상상을 하기는 쉽다. 하지만 문제는 인간이 그런 메타학습 기계를 실제로 만들 수 있을지는 아무도 모른다.

전뇌 모방

일반지능의 가장 좋은 모델은 인간의 뇌임이 분명하다. 일반 인공지능 구축을 위한 방법 중 하나는 인간의 뇌를 모방하는 것이다(제5장 참조). 이 방법은 뉴런 하나하나의 작동과 뉴런 사이의 연결 관계를 최대한 비슷하게 복제해 뇌 전체를 모방할 수 있다면 뇌의 기능을 복제할 수 있을 것이라는 생각에 기초한다. 이 주장에 따르면 우리는 뇌가 어떻게 계산을 하는지 이해할 필요가 없다. 이 주장에 따르면 뉴런 수준에서 뇌의 기능과 같은 기능을 구현하는 기계를 만들면 뇌의 지능과 동일한 지능을 구현하는 시스템이 자동적으로 구축된다.

뇌를 계산지능에 비유하는 방법은 실제로 상당히 강력한 도구임이 입증된 상태다. 실제로, 1980년대부터 널리 확산되기 시작한 신경망 모델은 그 이전에는 풀기 힘들었던 많은 문제들을 풀어냈다. 하지만 이 정도 수준의 모델은 뇌를 모방하기에 턱없이 부족하다. 시뮬레이션되는 뉴런들과 그 뉴런들의 구조는 실제로 뇌가 작동하는 방식과는 너무 거리가 멀다. 현재의 신경망 모델은 뇌를 시뮬레이션한다기보다 실제 뉴런의 작동에 영감을 받아 구축된 것이라고 말하는 것이 더 정확하다. 반면, 선뇌 모방은 계산 신경망으로 가능한 뇌 구조와 기능 수준을 훨씬 넘어서는 재현이 가능할 수 있다는 것을 암시한다.

나는 우리가 조만간 인간의 뇌, 뇌의 구조, 뇌 안에 있는 뉴런들의 기능을 충분히 이해할 수 있을 것이라는 확신이 전혀 없다. 신경과학은 지난 수십 년 동안 엄청나게 진보했지만, 우리가 뇌를 모방할 수 있는 수준에는 전혀 이르지 못하고 있다. 적어도 난 그렇게 본다. 예를 들어, 우리는 뉴런이 어떻게 기억을 저장하는지 전혀 모른다(Sardi, Vardi, Sheinin, Goldental, & Kanter, 2017). 제5장에서 우리는 뉴런에 저장된 기억이 시간이 지나면서 변하며, 심지어는 완전히 바뀌기도 한다는 것을 보여준 실험에 대해 다뤘다(Driscoll, Pettit, Minderer, Chettih, & Harvey, 2017). 또한 우리는 예쁜꼬마선충이라는 선형동물의 커넥톰connectome(뇌 회로도)에 대해 완벽하게 알고 있지만, 아직도 그 선형동물의 행동은 시뮬레이션하지 못하고 있다.

아마 우리는 인간의 뇌를 모방할 수 있는 계산 능력을 곧 가지게 될지도 모른다. 하지만 내 생각에 우리는 우리가 모방하고자 하는 것이 무엇인지 거의 모르고 있다. 뇌의 작용에 대한 이해는 계산 능력 확장에 의해 계속 도움을 받겠지만, 계산 능력으로 뇌에 대한 우리의 이해를 방해하는 근본적인 신경과학 문제들을 풀 수는 없다. 현재 시점에서 뇌를 모방한다는 것은 공상에 불과하다. 인간의 뇌의 상태를 충분히 측정해 뇌에서 성격을 추출한 다음 그 성격을 컴퓨터에서 구현할 수 있다는 생각도 마찬가지로 공상에 불과하다.

유추

유추 추론은 일반 인공지능의 핵심적인 특징 중 하나가 될 것이다. 컴퓨터는 유추 문제를 해결하거나 범주화 문제를 일반적인 방식으로 추상화할 수 있기 전까지는 미리 정해진 공간을 탐색하는 수준에 머물 것이다. 케쿨레가 꿈을 꾼 후 벤젠의 구조를 생각해 낼 수 있었던 것은 자기 꼬리를 물고 있는 뱀과 벤젠 분자의 구조 사이의 관계를 발견했기 때문이다. 비유metaphor는 두 사물의 공통적인 성질을 찾음으로써 이뤄진다. 케쿨레의 경우 그 공통적인 성질은 자기 꼬리를 물고 있는 뱀의 모습과 벤젠 분자를 구성하는 원자들을 연결하는 물리적인 힘에 의해 만들어진 벤젠 분자의 모습이었다. 멘델레예프도 흔히 하는 카드 게임의 카드 배열 방식이 주기율표의 원소 배열 방식과 비슷할 것이라는 유추 추론을 했다. 비유는 두 사물 사이의 공통적 특징이 전형적이지 않을 때 더 놀라워진다. 놀라운 비유가 창의적인 사고에 도움을 주는 이유는 때때로 사물에 대한 특이하고 유용한 사고를 가능하게 하기 때문이다.

아이디어의 또 다른 원천이 될 수 있는 것으로는 농담, 특히 언어유희가 있다. 농담을 재미있게 느끼도록 만드는 것에 대해서는 여러 가지 이론이 있다. 언어유희의 경우 가장 강력한 이론은 부조화이론incongruity theory다. 이 이론에 따르면 언어유희는 어떤 단어가 처음에는 하나의 사물 또는 현상을 생각하게 하지만 곧 그 단어가 전혀 다른 의미로 사용됐다는 것을 깨닫게 한다는 점에서 재미를 준다. "My ex-girlfriend misses me... but her aim is getting better." 라는 언어유희를 예로 들어보자. 이 두 문장 중 첫 번째 문장은 보통 "내 전 여자친구가 나를 그리워해"라는 뜻으로 들리는 문장이다. 하지만 두 번째 문장이 "전 여자친구의 목표는 나를 정확하게 때리는 거지."라는 뜻이기 때문에 듣는 사람들은 첫 번째 문장의 동사 "miss"가 "그리워하다"라는 일반적인 뜻이 아니라 "목표를 비껴가다"의 뜻으로 사용됐다는 것을 깨닫고 재미를 느끼게 된다. 즉, 전 여자친구가 나를 그리워하는 줄 알았는데, 사실은 나를 더 정확하게 때리거나 나에게 더 정확하게 물건을 던지지 못해서 아쉬워한다는 뜻으로 해석이 되면서 재미가 발생하는 것이다. 언어유희는 이런 식으로 듣는 사람이 처음에 생각했던 뜻과 실제의 뜻이 부조화를 이루면서 발생하는 재미를 노린다.

언어유희에 관한 생각이 중요한 이유는 기계학습의 맥락에서 연구되지 않았던 사고방식에 대한 생각을 하게 만들기 때문이다. 즉, 언어유희는 모호성에 대한 생각을 하게 한다. 언어유희에서 그 모호성이 줄어드는 순간은 처음에 들었을 때 떠오르는 관계와는 다른 관계를 떠올리게 되는 순간이다. 부조화에 의해 드러나는 새로운 관계는 창의적인 아이디어의 원천이 될 수 있다. 이런 새로운 관계는 문제에 대한 표현을 새로 만들 수 있게 해준다.

이런 새로운 표현 만들기 방식은 계산지능 연구에 유용하게 사용될 수 있을 것이다. 제2장에서 언급했듯이, 무도회와 손상된 체커판 사이의 유사성은 손상된 체커판 문제를 푸는 데 도움을 준다. 물병 문제에서의 유사성은 이 문제와 관련된 문제를 푸는 데 도움이 되기도 하고 방해가 되기도 했다. 적절한 특성들을 식별해 유사성을 찾아내고 그 유사성을 이용해 새로운 문제를 풀 수 있는 기계를 만들 수 있는 메커니즘을 찾아낼 수 있을까? 컴퓨터가 문제 해결에 유사성을 적용할 수 있도록 만드는 것만으로는 다시 똑같은 불완전성 문제에 봉착한다. 엄청난 양의 기본 표현 단위primitive들을 찾아내야 하기 때문이다. 합리적인 기본 표현 단위들을 일일이 모두 찾아내는 일은 다른 영역에서도 힘든 일이다.

문제들 사이의 유사성을 찾아내는 것은 인간에게도 어려운 일이며, 컴퓨터에게는 더더욱 어려운 일이다. 유사성을 찾아내기 위한 현재의 접근방식은 손으로 만든 값비싼 데이터베이스를 필요로 한다. 기계학습을 이용해 이전에는 알려지지 않았던 유사성을 찾아내는 방법은 아직 없다. 하지만 결국 컴퓨터는 이런 능력을 갖게 되지 못할 것이라고 생각할 합리적인 이유도 없다.

현재 패러다임의 다른 한계들

기계학습 시스템은 동적인 시스템이다. 일반적으로 기계학습은 한 번에 조금씩 작은 단계들을 통과함으로써 시스템의 목표에 이를 수 있는 방법을 조정하는 최적화 방법을 이용한다. 기계학습이 가능한 것은 학습될 수 있는 대상이 선천적으로 제한되기 때문이다. 예를 들어, 특정한 개념을 학습하는 기계는 범주의 구성요소들이 될 수 있는 사례들과 그 범주 밖에 있는 사례들을 필요로 한다.

각 범주의 구성요소들은 완전히 자의적으로 정해지는 것이 아니다. 이 구성요소들은 특정한 면에서 서로 비슷한 것들이다. 기계학습의 성공은 이 유사성에 대한 가정에 의존한다. 기계학습은 이전에 보지 못한 아이템들이 학습된 범주에 속한 아이템들과 어느 정도 비슷한지에 기초해 분류를 하기 때문이다. 비슷한 아이템들이 비슷하게 처리되어야 한다는 가정이 없다면 기계가 수행할 수 있는 최선의 작업은 사례들을 일일이 기억하는 것이 될 것이고, 그렇게 되면 기계는 자신이 본 적이 없는 사례들에 지식을 적용하는 데 완전히 실패할 것이다.

일반적으로 기계학습의 최적화 과정은 학습과정을 작은 단계들로 분해하는 과정이다. 시스템은 한 번 조정을 할 때마다 자신의 상태 또는 매개변수를 조금씩 바꾼다. 큰 변화로 학습 시스템을 나쁜 상태에서 어느 다른 상태로 바꿀 수는 있지만, 그 두 상태 사이에 다른 더 좋은 상태가 있을 수 있기 때문이다.

따라서 기계학습은 "연속성" 가정에 의존한다고 할 수 있다. 이 가정은 비슷한 아이템들이 비슷한 방식으로 처리되어야 하며 작은 변화들은 시스템에 대한 평가에 작은 영향을 끼칠 것이라는 가정이다.

동적인 시스템은 시스템의 구성요소들 사이의 상호작용의 결과로 시간이 지남에 따라 시스템의 상태가 변하는 시스템이다. 예를 들어, 호수에 있는 농어의 숫자는 농어의 산란율, 농어 알이 부화하는 속도, 농어가 사망하는 속도에 의존한다. 그렇다면 농어의 개체군은 산란, 부화, 사망이라는 요소들이 서로 의존하는 동적 시스템이라고 할 수 있다.

기계학습은 동적인 시스템이지만, 모든 동적인 시스템이 이 연속성 가정을 만족시키는 것은 아니다. 예를 들어, 카오스 이론("나비효과"라고도 부른다)은 작은 변화가 매우 큰 변화를 일으키는 동적인 시스템이다. 이런 시스템의 행동은 매우 짧은 시간 범위에서는 쉽게 예측할 수 있지만, 긴 시간 범위에서는 예측이 불가능하다. 매우 간단한 시스템들도 카오스 시스템처럼 행동할 수 있다.

카오스 이론은 시스템이 한 단계에서 다음 단계로 변화하는 방식을 규칙이 결정하는 동적인 시스템에 관한 이론이다. 따라서 카오스 시스템은 짧은 시간 범위에서는 예측하기가 쉽다. 각각의 단계들이 특정한 규칙에 의해 지배되기 때문이다. 하지만 카오스 시스템은 긴 시간 범위에서는 무작위 시스템처럼 보인다. 카오스 시스템은 매우 작은 변화와 반올림 오류 같은 부정확성에는 매우 민감하기 때문이다. 카오스 시스템을 나비효과라는 말로도 부르는 이유는 원칙적으로 볼 때 브라질에 있는 나비의 작은 날갯짓이 궁극적으로 미국 플로리다 주에서 허리케인이 발생할 가능성에 영향을 미칠 수 있기 때문이나. 시간이 지나면서 작은 변화가 무작위로 발생하는 것처럼 보이는 큰 결과를 초래할 수 있다.

카오스 이론의 초기 개척자 중 한 명인 에드워드 로렌츠Edward Lorenz는 1961년에 날씨 시뮬레이션 작업을 하던 중에 카오스 현상을 처음 발견했다. 로렌츠는 날씨를 컴퓨터로 시뮬레이션하는 작업을 마친 후 프린트돼 나온 숫자들을 손으로 다시 입력해 그 시뮬레이션의 일부를 재현하려고 했다. 하지만 로렌츠는 재개된 시뮬레이션의 결과가 원래의 시뮬레이션 결과와 엄청나게 다르다는 것을 발견했다. 이렇게 차이가 난 이유는 종이에 프린트된 원래의 시뮬레이션 결과의 숫자들에 있었다. 처음 시뮬레이션에서 컴퓨터는 0.143234처럼 소수점 이하가 6자리인 숫자를 가지고 숫자 계산을 했지만, 프로그램이 결과를 출력할 때는 뒤의 3자리를 빼고 0.143처럼 소수점 이하가 3자리인 숫자를 종이에 출력했다. 이 차이는 매우 작은 차이였지만, 날씨라는 맥락에서는 카오스적인 속성 때문에 이렇게 작은 차이가 최종적인 날씨 예측 결과를 엄청나게 변화시킨 것이었다.

카오스 이론이 지능 연구에서 중요한 위치를 차지하는 이유는 카오스 상황이 우리가 게임을 비롯한 다양한 인공지능 상황에서 관찰하는 행동과는 매우 다른 종류의 행동을 보여주는 사례이기 때문이다. 카오스 상황은 짧은 시간 범위에서는 연속성 가정에 부합하지만 긴 시간 범위에서 연속성 가정을 위배하는 상황이다.

카오스적인 행동은 자연적으로 수많은 동적인 시스템에서 흔하게 나타난다. 이런 동적인 시스템 중에서 일반 인공지능 행위주체와 관계가 있을 수 있는 시스템으로는 날씨, 도로교통, 인류학, 사회학, 인구생태학, 환경과학, 컴퓨터 과학, 기상학 등이 있다. 게임과는 달리 생명은 순환고리^{feedback loop}나 카오스적인 행동 패턴을 포함하는 동적인 시스템으로 더 잘 표현할 수 있다. 일반 인공지능은 잘 구조화된 게임 패턴뿐만 아니라 이런 현실 세계의 현상들도 처리할 수 있어야 할 것이다.

내 주장의 핵심은 게임을 지배하는 과정이 현실 세계에서 일어나는 다른 많은 현상에는 적용될 수 없다는 것이다. 그 현상들이 게임보다 더 복잡하기 때문이 아니다. 게임에 효과적인 과정은 숨겨진 정보와 불확실한 정보를 포함하는 현상에는 효과적이지 않을 가능성이 높기 때문이다. 비즈니스 협상, 날씨 예측, 선거, 전쟁 그리고 심지어는 신경 활성화 현상도 카오스적인 현상이라고 설명하는 것이 더 정확할 것이다. 우리에게는 같은 것들을 더 많이 모으는 방식, 즉 인간 바둑 기사와 대결에서 승리하게 만든 방식 외에도 이런 상황들을 처리하기 위한 다양한 도구가 필요하다.

일반지능은 특정한 문제에 대한 경험으로부터 포괄적인 원칙을 학습할 수 있게 만드는 패러다임을 필요로 한다. 일반지능 컴퓨터는 새로운 비유와 유사성을 이해할 수 있어야 하며, 스스로 문제에 대한 표현을 만들어낼 수 있어야 한다. 컴퓨터 과학의 현재 접근방식은 시스템 설계자들이 제공하는 표현으로 이미 구조화돼 있는 문제들로부터 시작된 것이다. 자신의 문제를 스스로 구조화할 수 없는 행위주체는 일반지능 행위주체라고 할 수 없다.

일반지능 행위주체는 인간과 같은 방식으로 행동할 필요는 없지만, 인간의 행동으로부터 많은 것을 학습해야 할 것이다. 인간 어린이는 한두 번만 보고도 토끼를 식별할 수 있다. 하지만 심층학습 시스템이 토끼를 식별하려면 수백만 번을 보아야 한다. 우리는 컴퓨터 심층학습망이 적절한 매개변수를 학습하는 데 필요한 엄청난 노력 없이 인간 어린이가 결론을 빠르게 내릴 수 있게 해주는 메커니즘이 무엇인지 찾아내야 한다.

컴퓨터 시스템은 비슷한 과제를 수행하는 사람들의 지식을 이용하려고 할 때 사람들이 그 과제를 어떻게 수행한다고 자신이 생각하는지에 대한 설명에 의존한다. 하지만 사람들의 이런 설명은 제한적이고 신뢰하기 힘들다. 이런 설명은 실제로 일어난 일에 대한 설명이 아니라 일어났어야 하는 일을 합리적으로 재구성한 설명이

거나 꾸며낸 설명인 경우가 많다. 관련 연구결과에 따르면 자신의 과제 수행에 대한 사람들의 설명은 사람들이 실제로 한 일에 대한 객관적인 평가 결과와 대부분 일치하지 않는다. 또한 많은 과제들은 설명 자체가 불가능하기도 하다.

메타학습

메타학습은 학습에 대한 학습 또는 학습하는 법에 대한 학습을 말한다. 메타학습은 컴퓨터가 풀 수 있는 문제들에도 적용이 가능할 수 있겠지만 메타학습에도 문제가 없지는 않다. 메타학습은 문제 해결에 도움이 되기도 하지만 문제 해결을 방해할 수도 있기 때문이다. 물병 문제를 다시 생각해 보자. 전이가 사람들이 적절한 해법을 찾는 것을 방해하는 경우 그 전이는 인공지능이 아니라 "인공무지"를 초래할 수 있다.

물병 문제 해결을 위한 표준적인 계산적 접근방식은 각각의 물병 문제들을 독립적으로 처리하는 것이었다. 엔지니어는 한 문제에서 유용했던 움직임들을 추적하는 방법을 설계해 상태 공간 탐색에 우선적으로 적용할 수 있을 것이다. 이 시스템은 러친스의 문제 10개 중 처음 9개를 같은 패턴을 이용해 풀 수 있을 것이다. 처음 5개 문제에서 학습한 패턴으로 다음 4개 문제를 풀 수 있겠지만, 이 시스템도 그 4개 문제를 푸는 더 간단한 해법을 찾아내지는 못할 것이다. 이 시스템은 처음에는 10번째 문제를 풀 수 없을 것이지만 결국 해법을 찾아낼 수 있을 것이다. 이전에 효과적이었던 움직임들을 우선적으로 처리할 뿐이지, 다른 가능성을 배제하는 건 아니기 때문이다. 10번째 문제를 푼 후에 이 시스템은 이전 문제에 대한 해법을 잊어버리고 처음부터 다시 시작할까?

이런 엔지니어링 접근방식은 이 특정한 종류의 문제들에만 적용할 수 있을 것이다. 현재의 기계학습 패러다임에는 추상화 메커니즘이 포함돼 있지 않다. 추상화 메커니즘은 문제 표현의 일부로 명확하게 설계되어야 하겠지만, 일반 인공지능은 반드시 이 추상화 메커니즘을 갖추어야 할 것이다.

연달아 제시되는 문제들에 공통적으로 적용할 수 있는 표현 없이 일반화는 있을 수 없다. 하지만 기계가 어떻게 지금 당장의 해법을 사용하면서 이러한 공통적 표현을 찾아낼 수 있을까? 어떤 표현을 사용할지 어떻게 알아낼 수 있을까?

우리가 연구해 온 물병 문제를 비롯한 많은 문제들은 상당히 간단한 문제들이다. 이런 문제들은 바둑 같은 게임 문제가 그랬듯이 가능한 움직임들의 수에 의해 제약을 받지 않는다. 오히려 이런 문제들의 해결은 지금까지 근본적인 제약 요인이었던 것, 즉 현재의 컴퓨터 시스템이 스스로 적절한 문제 표현을 설계할 수 없다는 사실에 방해를 받는다. 일반 인공지능 구현의 핵심은 바로 이 제약 요인의 제거에 있을 것이다.

통찰

통찰은 지능의 핵심적인 부분이다. 통찰이 이뤄지려면 알려진 특정한 문제에 대한 해법이 새로운 문제에 적용될 수 있다는 인식이 반드시 필요하다. 하지만 나는 기계학습에 대한 현재의 접근방식으로 시스템이 이런 인식을 하도록 만들 수 있을 것이라고 보지 않는다. 메타학습은 알려진 문제 해결 방법들 각각의 장점을 시스템이 학습할 수 있도록 만들 수 있을 것이다. 이론적인 수준에서 볼 때 메타학습은 알려진 문제 해결 방법들 중에서 시스템이 선택을 할 수 있게 만들 수 있다. 하지만 메타학습도 새로운 문제 해법 공간을 만들어낼 수는 없다.

사람들도 표현을 만들어내는 데 어려움을 겪는다. 하지만 사람들 중 일부는 때때로 표현을 만들어낸다. 일반 인공지능을 만들려면 사람들이 새로운 표현을 어떻게 만들어내는지 알아내야 하며, 기계가 새로운 표현을 할 수 있게 만드는 방식을 만들어내야 한다.

수학자 앙리 푸앵카레Henri Poincaré는 이런 종류의 문제 해결 과정에 대해 자신의 책에서 다음과 같이 말했다.

> 그전에 말했듯이, 발명을 한다는 것은 주어진 영역에서 발생할 수 있는 모든 변이들 중에서 선택을 한다는 것이다. 하지만 이 말은 완전히 정확한 말은 아닐 것이다. 이 말은 쇼핑객이 전시된 수많은 샘플을 하나씩 살펴보고 선택을 하는 것을 연상시키기 때문이다. 수학에서는 샘플이 너무 많기 때문에 평생 동안 살펴봐도 모든 샘플을 다 살펴볼 수 없을 것이다. 모든 샘플을 살펴보는 일은 실제로는 일어나지 않는다. 유용한 조합의 특징을 어느 정도 가졌지만 거부한 경우를 제외하고는, 발명을 하는 사람은 쓸모없는 조합에 대해서는 아예 생각조차 하지 않기 때문이다. 이는 마치 발명하는 사람이 이미 시험을 통과한 학위 과정 후보들을 테스트하는 면접관이 되는 형국과 비슷하다.
>
> ―『과학의 기초The Foundation of Science』, 앙리 푸앵카레.
> 1908년 파리에서 처음 출판됐으며, G. B. 핼스테드가 영어로 번역했다.

발명이 알려진 표현들 중에서(푸앵카레의 표현으로는 "발생할 수 있는 모든 변이들 중에서") 선택하는 문제에 불과하다면 현재의 컴퓨터 접근 방식도 발명을 할 수 있을 것이다. 발명이 탐색에 불과하다면 말이다. 하지만 푸앵카레는 가능성 중 일부만 고려된다는 점을 들어 이런 해석을 일축한다. 푸앵카레는 가능성이 선택돼 고려되는 방식에 대해서는 충분하게 알지 못했고 그 방식이 문제 해결에 매우 중요한 역할을 할 것이다. 전문가 체스 플레이어가 잠재적 움직임 중에서 어떤 것을 선택할지 생각하듯이, 발명하는 지능도 정확하게 어떤 가능성을 고려해야 하는지 선택을 할 수 있어야 한다.

푸앵카레는 자신이 연구하던 특정한 문제들에 대해 다음과 같이 말했다.

> 내가 푸크스 함수Fuchsian function라고 이름 붙인 함수는 존재할 수 없다는 것을 증명하기 위해 15일 동안 분투한 적이 있다. 그때 나는 매우 무지했다. 매일 나는 한두 시간씩 다양한 조합을 수없이 시도했지만 결과를 얻지 못했다. 어느 날 저녁 나는 잘 마시지 않던 블랙커피를 마셨는데 잠이 오지 않았다. 수없이 많은 아이디어가 떼를 지어 떠올랐다. 아이디어들은 서로 부딪히다 짝을 지어 맞물리는 것이 느껴졌다. 나는 그 아이디어들을 결합해 안정적인 조합을 만들어냈다. 다음날 아침 나는 초기하 급수hypergeometric function를 이용해 푸크스 함수가 존재할 수 있다는 것을 증명했다. 증명 결과를 쓰는 데는 몇 시간밖에 걸리지 않았다.

푸앵카레가 일단 표현을 찾아내자 그 표현에 대한 검증은 매우 쉬웠고 거의 자동적으로 이뤄졌다.

그때 나는 두 급수^{series}의 몫을 이용해 이 함수들을 표현하려 했다. 이 생각은 완벽하게 의식과 숙고에 의한 생각, 타원함수로부터의 유추를 통한 생각이었다. 나는 이 급수들이 존재한다면 어떤 특성을 가질지 생각했고, 내가 나중에 세타 푸크스^{theta-Fuchsian} 함수라고 이름 붙인 급수를 어렵지 않게 만들어낼 수 있었다.

이 책에서 푸앵카레는 왜 몫을 이용해 이 함수들을 표현하려고 했는지는 밝히지 않았다. 하지만 이 방법이 표현을 찾아내는 데 매우 효과적이었던 것만은 분명하다.

당시 나는 내가 살던 캉^{Caen}을 떠나 학교의 지원으로 지질학 탐사 여행을 갔었다. 여행을 하는 동안 나는 수학 연구를 잊을 수 있었다. 쿠탕스^{Coutance}에 도착했을 때 우리는 또 어디론가 가기 위해 버스에 탔다. 버스 탑승구 발판에 발을 올리는 순간, 내가 푸크스 함수를 정의할 때 사용한 변환들이 비유클리드 기하학의 변환들과 동일하다는 생각이 떠올랐다. 그 전에 내가 한 생각들 중 어떤 것도 나를 이 생각으로 이끈 것 같지는 않았다. 나는 이 생각을 검증하지는 않았다. 버스에 올라타 자리를 잡고 사람들과 이야기를 하느라 검증을 할 시간이 없었다. 하지만 나는 완벽하게 확신할 수 있었다. 캉으로 돌아오는 동안 나는 여유롭게 이 생각을 검증했다.

이어 푸앵카레는 직접적인 노력을 거의 하지 않았는데도 아이디어들이 의식 위로 올라온 사례를 두 가지 더 들었다. 두 사례에서도 푸앵카레는 먼저 아이디어를 떠올린 다음 나중에 편할 때 그 아이디어를 검증했다.

푸앵카레는 이런 새로운 표현들을 찾아낸 과정을 명확하게 설명하지는 않았지만, 그의 뇌 안에서 어떤 작용이 일어나고 있었던 것은 확실하다. 푸앵카레는 자신이 찾아낸 표현들이 이전에 자신이 알고 있던 표현들 중 일부 표현들과 비슷하다고 말했다. 이 표현들은 완전히 아무것도 없는 상태에서 만들어지지는 않았다는 뜻이다. 하지만 푸앵카레가 표현들 사이의 유사성을 어떻게 찾아냈는지는 확실하지 않다. 그럼에도 불구하고, 일반 인공지능을 만들려면 우리는 잠재적인 유사성을 찾아내기 위해 목표를 선택하는 방법을 발견해야 한다. 아마 시골로 더 여행을 많이 가야 할지도 모르겠다.

푸앵카레의 관찰은 도움을 받지 않는 뇌의 비형식적인, 즉 직관적인 기능과 훈련된 수학자의 숙고에 기초한 인공지능이 결합된 결과를 보여주는 사례라고 해석할 수도 있다. 뇌의 자연적인 직관 능력이 작용해 유사성을 기초로 고려해야 할 아이디어들을 선택했을 수 있다. 푸앵카레가 문제의 해법을 찾아낸 다음 여유가 있을 때 검증을 할 수 있게 만든 것은 이러한 두 가지 요소 덕분이라고 볼 수 있다.

타고난 직관적인 문제 해결 능력은 푸앵카레가 주제에 대한 깊은 생각을 멈춘 다음에 나타났다. 이 과정을 배양incubation 과정이라고 부른다. 많은 통찰 문제들은 깊은 생각을 멈추고 시골로 여행을 떠나거나 벽난로 앞에서 꾸벅꾸벅 졸 때 풀린다(케쿨레가 벤젠의 링 모양 구조를 생각해 내게 된 것도 졸다 꾼 꿈을 통해서였다). 이런 통찰은 자연지능과 인공지능이 합쳐질 때 일어나는 것으로 보인다.

계산지능이 진짜 일반지능이 되려면 인간의 마음의 통찰력을 더 잘 모방할 수 있는 방법을 찾아내거나 그 통찰력을 대체할 수 있는 다른 능력을 개발해야 할 것이다. 표 7에는 인간의 자연지능과 인공지능이 가진 특징들이 요약돼 있다.

인공지능은 우리가 일반적으로 지능이라고 생각하는 지적 성취와 수행능력과 밀접한 관련이 있다. 하지만 내가 자연지능이라고 일컫는 능력도 인간의 지적 성취에서 역할을 한다. 인지심리학에서는 이런 자연지능의 속성들이 편향 또는 오류와 관련이 있다는 점에서 종종 무시되곤 한다. 하지만 자연지능도 일상적인 인지와 창의적인 문제 해결에서도 중요한 역할을 하는 것으로 보인다. 모든 증거가 확보되기 전에 빠르게 결론을 내릴 수 있는 시스템은 완전한 분석을 하는 시스템보다 더 빠르게 행동할 수 있겠지만, 이렇게 빠르게 내리는 결정은 잘못된 결정일 때도 있다.

자연지능은 패턴 인식에 크게 의존한다. 일반적으로 볼 때 익숙한 사물들에 대해서는 깊은 생각을 할 필요가 없다. 자연지능은 휴리스틱을 이용해 결정을 내림으로써 수행해야 하는 과정의 양을 줄인다. 하지만 이런 휴리스틱이 항상 옳은 결정을 유도하는 것은 아니다. 휴리스틱은 위험을 수반하지만 반드시 필요한 것일 수 있다.

사람들이 인공지능을 발명한 이유는 자연지능의 단점들을 극복하기 위해서다. 인공지능은 사람들이 의사결정을 할 때 체계적으로 되도록 만들어준다. 사람들은 모든 가능성을 평가하지 않을 때가 많지만(최상의 조건에서도 인간의 합리성은 제한적이다), 자연지능이 처리할 수 있는 대상들보다 더 많은 대상들을 처리하는 데 도움을 주는 도구들을 만들어냈다.

계산지능으로 시스템을 학습시키려면 많은 훈련 예제가 필요하다. 인간은 한두 개의 사례를 보고도 많은 개념들을 학습할 수 있다.

표 7.

자연지능	인공지능
패턴 인식	논리
자동적	숙고적
빠름	느림
불완전함	완전함
검색	계산
무질서	질서
신속한 결론	체계적인 추론
비일관성	일관성
인상적	평가적
휴리스틱	알고리즘
비명시적	명시적
확산	집중
연상	통계
비유적/유추적	
감정적	
충동적	
과도한 자신감	

컴퓨터로 일반 인공지능을 구현하려면 컴퓨터가 개념을 학습하는 데 필요한 노력을 줄여야 할 것이다. 아무리 빠른 컴퓨터를 만든다고 해도, 비디오 게임 하나를 학습하는 데 2000만 번의 경험이 필요한 방식은 장기적으로 좋은 해법이 될 수 없다. 깊은 생각에 의존하는 느린 방식은 게임 같은 형식 문제들에는 적용이 가능하지만, 적절하게 행동하지 않으면 치명적인 결과가 발생할 수 있는 동적이고 물리적인 세계에는 적용이 불가능하다.

방법이 개선되지 않는 상태에서 컴퓨터가 빨라지는 것만으로는 충분하지 않다. 우리에게는 설계된 공간을 탐색하는 수준을 넘어서 자신의 문제에 대해 다양한 생각을 할 수 있는 컴퓨터 프로그램이 필요하다.

일반 인공지능 구현을 위한 스케치

알베르트 아인슈타인은 모든 것은 더 이상 간단해질 수 없을 때까지 간단히 만들어야 한다는 말을 한 적이 있다. 계산지능이 지금까지 엄청난 일들을 해낸 것은 사실이다. 하지만 좁은 영역에 집중된 계산지능의 특징은 일반 인공지능 구현을 방해하고 있다. 인공지능에 대한 현재의 접근방식은 적은 수의 문제 유형들(예를 들어, 게임을 비롯한 잘 구조화된 문제들)과 그 문제들에 대한 적은 수의 해법에 집중하면서 개발됐기 때문에 일반지능을 너무 단순하게 취급하고 있는지도 모른다.

적은 수의 과제 유형들에 집중했다는 것은 이론적으로 그 유형들보다 더 중요할 수 있는 다른 과제 유형들을 무시했다는 뜻일 수 있다. 이런 식의 집중은 사용된 표현 모델에 비명시적으로 상식을 포함시키는 방식TRICS으로 연구자들이 물리적이고 사회적인 세계의 복잡성을 상당 부분 피해갈 수 있도록 만들었다. 이런 식의 집중은 너무나 완벽하게 이뤄졌기 때문에 연구자들이 다뤄야 할 다른 종류의 문제들이 있다는 것을 생각하지 못하고 있는 것 같다.

컴퓨터가 곧 스스로를 개선해 인간의 통제가 불가능해질 것이라는 공포는 부분적으로는 현재의 계산지능 메커니즘이 얼마나 제한적이며, 설계자가 기본 설계에 비명시적으로 포함시킨 상식에 얼마나 크게 이 메커니즘의 능력이 의존하는지 모르기 때문에 발생한다고 할 수 있다. 현재의 시스템은 그 시스템의 설계자가 비명시적으로 포함시킨 상식 외에는 아무런 상식도 가지고 있지 않다. 현재의 접근방식을 계속 사용한다면 계산지능 프로그램이 폭발적인 자기개선을 할 수 있는 가능성은 땅벌이 셰익스피어의 소네트 중 하나를 암송하게 될 가능성보다 높지 않다.

인공지능에 대한 현재의 접근방식은 데이터를 사용해 시스템 설계자에 의해 제공된 모델의 매개변수들을 조정하는 방식이다. 이런 접근방식은 매개변수를 조정할 수 있는 과정으로 처리할 수 있는 문제들을 해결하는 데 매우 효과적이다. 시스템 설계자들은 이 모델에 그들의 상식을 주입하지만, 현재까지 컴퓨터는 설계자가 주입하지 않은 상식에 스스로 접근할 수 없다.

계산지능이 최근 진전을 보이는 이유는 설계자들이 시스템의 표현을 더 잘 구축할 수 있게 만든 통찰에 있다. 이 통찰에는 매개변수 조정 과정의 복잡성을 제한할 수 있는 휴리스틱의 발명 또는 발견이 포함되며 다양한 수준으로 큐레이션^{curation}(역주: 데이터의 활용가치를 분류와 구조화를 통해 높인다는 뜻)된 엄청난 양의 개선된 데이터가 센서, 소셜네트워크 그리고 과거에는 없었던 다양한 애플리케이션에 의해 제공되고 있다. 계산지능의 지속적인 개선은 더 좋은 프로그램에 직접적으로 의존하는 것이 아니라 더 좋은 표현, 더 좋은 데이터에 의존한다.

아직까지 일반 인공지능을 구현하지 못하고 있는 것은 컴퓨터가 의식 같은 인간만이 가진 고유한 특성들을 가지지 못해서가 아니라, 컴퓨터 과학자들이 일반지능 구현을 목적으로 시스템 설계를 하지 않고 있기 때문이다. 일반 인공지능이라는 문제를 풀려면 자율적인 통찰을 할 수 있는 설계가 필요할 것이다.

일반 인공지능의 구현은 자연지능과 인공지능의 통합을 필요로 할 것이다. 자연지능은 사람들이 명시적인 훈련을 받지 않고도 자연스럽게 또는 쉽게 일을 할 수 있게 해주는 지능이다. 컴퓨터는 이런 일들을 하는 데는 제한적인 능력만을 보인다. 반면, 인공지능은 발명되는 것이다. 인공지능은 사람들이 명시적인 훈련과 의도적인 노력을 통해 하는 일을 할 수 있다. 이런 일은 컴퓨터 입장에서는 "자연스럽게" 할 수 있는 일이다.

사람들의 편향적이고, 불완전하고, 근사적이지만 통찰과 상상을 할 수 있는 자연지능이 컴퓨터의 논리적이고 계산적인 능력과 결합되어야 하는 이유는 이 모든 능력을 갖춰야 일반지능을 구현할 수 있기 때문이다. 행위주체가 너무 정확성이 높으면 생각에 빠져 헤어 나오지 못할 것이고, 너무 정확성이 낮으면 아무것도 할 수 없기 때문이다.

일반 인공지능을 구현하기 위한 연구는 특히 다음의 능력들에 집중되어야 한다. 즉, 일반 인공지능은 다음과 같은 능력을 갖춰야 한다.

- 비형식적인 문제와 잘 구조화된 문제를 모두 처리할 수 있는 능력
- 통찰 문제에 대한 해법을 찾아내거나 통찰을 만드는 능력
- 상황과 모델에 대한 표현을 만드는 능력. 입력은 어떻게 보이는가? 문제에 대한 해법은 어떻게 구조화(모델화)되는가? 시스템의 적절한 출력은 무엇인가?
- 모순과 예외를 허용하면서 비단조적 논리를 이용할 수 있는 능력

- 포괄적이고 장기적인 목표를 고려해 스스로 구체적인 목표들을 설정할 수 있는 능력
- 한 상황에서 다른 상황으로 학습을 전이시키고 그 전이가 두 번째 과제 수행에 언제 방해가 되는지 인식할 수 있는 능력
- 모델 기반 유사성을 이용할 수 있는 능력. 유사성은 구체적인 특징들을 비교해 판단되는 수준을 넘어서 그 판단이 이뤄지는 맥락에 의존한다.
- 모델을 비교할 수 있는 능력. 지능적인 행위주체는 자신이 최적화하는 모델을 같은 문제를 처리할 수 있는 가능성이 있는 잠재적 모델(표현)과 비교할 수 있어야 한다.
- 유추 능력. 일반 인공지능은 적절한 대상을 선택하고 그 대상과 관련되는 대상들의 속성을 파악할 수 있는 유추 능력을 가져야 한다.
- 모호성을 처리할 수 있는 능력. 상황 그리고 심지어는 단어들도 매우 모호할 수 있다.
- 위험성이 있는 예측을 하는 능력
- 규칙과 모델의 개념 및 매개변수들을 재구축하고, 수정할 수 있는 능력
- 데이터에서 패턴을 인식하는 능력
- 포괄적인 원칙을 추출하는 능력
- 인지편향을 이용하는 능력. 인지편향은 잘못된 결론을 유도할 수 있지만 유용한 휴리스틱일 때가 종종 있다.
- 긍정적 전이를 이용해 파괴적 망각 없이 순차 학습을 하는 능력
- 새로운 과제를 만드는 능력
- 문제에 대한 설명에서 명시적으로 구체화된 상식을 넘는 수준의 상식을 만들고 이용하는 능력. 상식은 새로운 비단조적 표현의 사용을 필요로 한다.

노벨상 수상자들의 과학적 통찰처럼 높은 수준의 인간 지능을 가장 잘 보여주는 능력은 현재의 계산지능이 보여주는 전형적인 능력인 형식적 문제 해결 능력을 뛰어넘는다. 이런 능력은 새로운 법칙들을 만들어내는 능력이며, 무엇보다도 현실 세계에 존재하는 주제들에 대한 새로운 표현 방식을 만들어내는 능력이다. 일반 인공지능을 구현하려면 이런 일들이 어떻게 이뤄지는지 알아내야 할 것이다. 이렇게 관점이 변화하지 않는다면 보스트롬 같은 사람들이 두려워하는 초지능은커녕 일반 인공지능도 만들어질 가능성이 근본적으로 없게 될 것이다.

나는 투자가 적절하게 이뤄진다면 인간 지능이 하는 모든 일을 할 수 있는 컴퓨터 시스템을 개발할 수 있을 것이라고 생각한다. 가능성이 높은 영역과 평가하기 쉬운 과제들만을 연구해서는 안 된다.

언젠가 이런 계산지능이 인간의 능력을 넘어설 수도 있다. 하지만 그런 일이 일어난다고 해도 지능이 폭발하는 사상의 지평선 같은 현상은 결코 발생하지 않을 것이다. 지능은 콘텐츠와 처리 속도 모두에 의존하며, 콘텐츠와 그에 대한 피드백의 필요성은 필연적으로 성장 속도를 제한하게 될 것이다.

우리가 일반 인공지능 개발에 실패한다고 해도 우리의 미래는 기술적인 실패 상황이 되지는 않을 것이다. 우리의 미래는 우리가 상상하는 미래 중 하나일 것이다.

➡ 참고문헌

Chapter 1

Aubert, M., Setiawan, P., Oktaviana, A. A., Brumm, A., Sulistyarto, P. H., Saptomo, E.W., . . . Brand, H. E. A. (2018). Paleolithic cave art in Borneo. Nature, 564, 254–257. https://www.nature.com/articles/s41586-018-0679-9.epdf

Bayern, A. M. P. von, Danel, S., Auersperg, A. M. I., Mioduszewska, B., & Kacelnik, A. (2018). Compound tool construction by New Caledonian crows. Scientific Reports, 8, 15676.

Beran, M. J., Rumbaugh, D. M., & Savage-Rumbaugh, E. S. (1998). Chimpanzee (Pantroglodytes) counting in a computerized testing paradigm. The Psychological Record, 48(1), 3–20. http://opensiuc.lib.siu.edu/tpr/vol48/iss1/1

Bostrom, N. (2014). Superintelligence: Paths, dangers, strategies. Oxford, UK: Oxford University Press.

Boysen, S. T., Berntson, G. G., Shreyer, T. A., & Hannan, M. (1995). Indicating acts during counting by a chimpanzee (Pan troglodytes). Journal of Comparative Psychology, 109, 47–51.

Calvin, W. (2004). A brief history of the mind. Oxford, UK: Oxford University Press.

Clark, A. (1998). Magic words: How language augments human computation. doi:10.1017/CBO9780511597909.01; http://www.nyu.edu/gsas/dept/philo/courses/concepts/magicwords.html

Gabora, L. (2007). Mind. In R. A. Bentley, H. D. G. Maschner, & C. Chippendale (Eds.), Handbook of theories and methods in archaeology (pp. 283–296). Walnut Creek, CA: Altamira Press.

Good, I. J. (1965). Speculations concerning the first ultraintelligent machine. In F. Alt & M. Rubinoff (Eds.), Advances in computers (Vol. 6, pp. 31–88). New York: Academic Press. https://vtechworks.lib.vt.edu/bitstream/handle/10919/89424/TechReport05-3.pdf?sequence=1

Hofstadter, D. R. (1999) [1979], Gödel, Escher, Bach: An Eternal Golden Braid. New York: Basic Books.

Kaminski, J., Tempelmann, S., Call, J., & Tomasello, M. (2009). Domestic dogs comprehend communication with iconic signs. Developmental Science, 12, 831–837. https://www.eva.mpg.de/psycho/pdf/Publications_2009_PDF/Ka-minski_Tempelmann_Call_Tomasello_2009.pdf

MacPherson, K., & Roberts, W. A. (2013). Can dogs count? Learning and Motivation, 44, 241–251.

Markham, J. A., & Greenough, W. T. (2004). Experience-driven brain plasticity: Beyond the synapse. Neuron Glia Biology, 1, 351–363. doi:10.1017/s1740925x05000219; https://www.ncbi.nlm.nih.gov/pmc/articles/PMC1550735

McCarthy, J., Minsky, M., Rochester, N., & Shannon, C. E. (1955). A proposal for the Dartmouth Summer Research Project on Artificial Intelligence. http://jmc.stanford.edu/articles/dartmouth/dartmouth.pdf

Neisser, U., Boodoo, G., Bouchard, T. J. J., Boykin, A. W., Brody, N., Ceci, S. J., . . . Urbina, S. (1996). Intelligence: Knowns and unknowns. American Psychologist,51, 77–101. http://differentialclub.wdfiles.com/local-files/definitions-structure-and-measurement/Intelligence-Knowns-and-unknowns.pdf

Newell, A., Shaw, J. C., & Simon, H. A. (1958). Elements of a theory of human problem solving. Psychological Review, 65, 151–166.

Owano, N. (2013). Scotland lunar-calendar find sparks Stone Age rethink. Phys.org. https://phys.org/news/2013-07-scotland-lunar-calendar-stone-age-rethink.html

Pásztor, E. (2011). Prehistoric astronomers? Ancient knowledge created by modern myth. Journal of Cosmology, 14. http://journalofcosmology.com/Consciousness159.html

Pearl, J., & Hartnett, K. (2018). To build truly intelligent machines, teach them cause and effect. Quanta Magazine. https://www.quantamagazine.org/to-build-truly-intelligent-machines-teach-them-cause-and-effect-20180515

Pearl, J., & Mackenzie, D. (2018). The book of why: The new science of cause and effect. New York: Basic Books.

Silver, D., Huang, A., Maddison, C. J., Guez, A., Sifre, L., van den Driessche, G., . . . Hassabis, D. (2016). Mastering the game of go with deep neural networks and tree search. Nature, 529, 484–489. http://airesearch.com/wp-content/uploads/2016/01/deepmind-mastering-go.pdf

Simon, H. A., & Newell, A. (1971). Human problem solving: The state of the theory in 1970. American Psychologist, 26, 145–159. https://pdfs.semanticscholar.org/18ce/82b07ac84aaf30b502c93076cec2accbfcaa.pdf

Smithsonian National Museum of Natural History. (2016). Human characteristics: Brains: Bigger brains: Complex brains for a complex world. http://humanorigins.si.edu/human-characteristics/brains

Stern, H., & Davidson, N. E. (2015). Trends in the skill of weather prediction at lead times of 1–14 days. Quarterly Journal of the Royal Meteorological Society, Part A, 141, 2726–2736.

Sternberg, R. J., & Detterman, D. K. (Eds.). (1986). What is intelligence? Norwood, NJ: Ablex.

Chapter 2

Anzai, Y., & Simon, H. A. (1979). The theory of learning by doing. PsychologicalReview, 86, 124–140.

Batchelder, W. H., & Alexander, G. E. (2012). Insight problem solving: A criticalexamination of the possibility of formal theory. The Journal of Problem Solving, 5(1), 56–100. doi:10.7771/1932-6246.1143; http://docs.lib.purdue.edu/cgi/viewcontent.cgi?article=1143&context=jps

Boole, G. (1854). An investigation of the laws of thought on which are founded the mathematical theories of logic and probabilities. New York, NY: Macmillan.

Brady, T. F., Konkle, T., Alvarez, G. A., & Oliva, A. (2008). Visual long-term memory has a massive storage capacity for object details. Proceedings of the National Academy of Sciences of the United States of America, 105, 14325–14329. doi:10.1073/pnas.0803390105; http://www.pnas.org/content/105/38/14325.full

Bushnell, I. W. R. (2001). Mother's face recognition in newborn infants: Learning and memory. Infant and Child Development, 10, 67–74. doi:10.1002/icd.248

Bushnell, I. W. R., Sai, F., & Mullin, J. T. (1989). Neonatal recognition of the mother's face. British Journal of Developmental Psychology, 7, 3–15. doi:10.1111/j.2044-835X.1989.tb00784.x

Chase, W. G., & Ericsson, K. A. (1982). Skill and working memory. In G. H. Bower(Ed.), The psychology of learning and motivation (Vol. 16, pp. 1–58). New York, NY: Academic Press.

Duncker, K. (1945). On problem solving. Psychological Monographs, 58(5), 1–113.

Ensmenger, N. (2011). Is chess the drosophila of artificial intelligence? A social history of an algorithm. Social Studies of Science, 42(1), 5–30. https://pdfs.semanticscholar.org/c9e7/3fc7ec81458057e6f96de1cba095e84a05c4.pdf

Ericsson, K. A., & Simon, H. A. (1980). Verbal reports as data. Psychological Review, 87, 215–251.

Gick, M. L., & McGarry, S. J. (1992). Learning from mistakes: Inducing analogous solution failures to a source problem produces later successes in analogical transfer. Journal of Experimental Psychology: Learning, Memory, and Cognition, 18, 623–639.

Jeffries, R., Polson, P. G., Razran, L., & Atwood, M. E. (1977). A process model for Missionaries-Cannibals and other river-crossing problems. Cognitive Psychology, 9, 412–440.

Kuhn, T. S. (1962). The structure of scientific revolutions. Chicago, IL: University of Chicago Press.

Lakatos, I., & Musgrave, A. (Eds.). (1970). Criticism and the growth of knowledge. Cambridge, UK: Cambridge University Press.

Le, Q. V., Ranzato, M., Monga, R., Devin, M., Chen, K., Corrado, . . . Ng, A. Y. (2012). Building high-level features using large scale unsupervised learning. In J. Langford & J. Pineau (Eds.), Proceedings of the 29th International Conference on Machine Learning (pp. 507–514). Madison, WI: Omnipress. https://static.googleusercontent.com/media/research.google.com/en//archive/unsupervised_icml2012.pdf

Legg, S., & Hutter, M. (2007). A collection of definitions of intelligence. arXiv. https://arxiv.org/pdf/0706.3639v1.pdf

Lettvin, J., Maturana, H., McCulloch, W., & Pitts, W. (1959). What the frog's eye tells the frog's brain. Proceedings of the Institute of Radio Engineers, 47, 1940–1959. https://hearingbrain.org/docs/letvin_ieee_1959.pdf

Loyd, S. (1914). Sam Loyd's cyclopedia of 5000 puzzles, tricks & conundrums with answers. New York, NY: Franklin Bigelow, The Morningside Press.

Maier, N. R. F. (1931). Reasoning and learning. Psychological Review, 38, 332–346.

Mill, J. S. (1967). On the definition of political economy; and on the method of philosophical investigation proper to it. In F. E. Mineka & D. N. Lindley (Eds.), The later letters of John Stuart Mill, 1849–1873 (Vol. 4, pp. 309–339). Toronto, Ontario, Canada: University of Toronto Press. (Original work published 1836)

Miller, G. A. (1956). The magical number seven, plus or minus two: Some limits on our capacity for processing information. Psychological Review, 63, 81–97.

Nickerson, R. S., & Adams, M. J. (1979). Long-term memory for a common object. Cognitive Psychology, 11, 287–307.

Newell, A., and Simon, H. A. (1972). Human problem solving. Englewood Cliffs, NJ: Prentice-Hall.

Pascalis, O., de Schonen, S., Morton, J., Deruelle, C., & Fabre-Grenet, M. (1995). Mother's face recognition by neonates: A replication and an extension. Infant Behavior and Development, 18, 79–85. doi:10.1016/0163-6383(95) 90009-8

Reynolds, G. D. (2015). Infant visual attention and object recognition. Behavioural Brain Research, 285, 34–43. doi:10.1016/j.bbr.2015.01.015; https://www.ncbi.nlm.nih.gov/pmc/articles/PMC4380660/

Sai, F. Z. (2005). The role of the mother's voice in developing mother's face preference: Evidence for intermodal perception at birth. Infant and Child Development, 14, 29–50. doi:10.1002/icd.376

Spearman, C. E. (1904). "General intelligence," objectively determined and measured. American Journal of Psychology, 15, 201–293. doi: 10.2307/1412107;

https://psychclassics.yorku.ca/Spearman/chap5.htm

Standing, L. (1973). Learning 10,000 pictures. The Quarterly Journal of Experimental Psychology, 25, 207–222.

Stanford Encyclopedia of Philosophy. (2016). Imre Lakatos. https://plato.stanford.edu/entries/lakatos/

Sternberg, R. J. (2003). An interview with Dr. Sternberg. In J. A. Plucker (Ed.), Human intelligence: Historical influences, current controversies, teaching resources. http://www.indiana.edu/~intell

Sternberg, R. J., & Detterman, D. K. (Eds.). (1986). What is intelligence? Norwood, NJ: Ablex.

Sundem, G. (2013). Study: Is complex problem solving distinct from IQ? https://www.psychologytoday.com/us/blog/brain-candy/201306/study-is-complex-problem-solving-distinct-iq

Tversky, A., & Kahneman, D. (1981). The framing of decisions and the psychology of choice. Science, New Series, 211, 453–458. http://links.jstor.org/sici?sici=0036-8075%2819810130%293%3A211%3A4481%3C453%3ATFODAT%3E2.0.CO%3B2-3; http://psych.hanover.edu/classes/cognition/papers/tversky81.pdf

Van Damme, E. (2010). Liquor filled chocolates. http://www.chefeddy.com/2010/09/liquor-filled-chocolates

Weisberg, R. W. (2015). Toward an integrated theory of insight in problem solving. Thinking & Reasoning, 21, 5–39. doi:10.1080/13546783.2014.886625

Wenke, D., Frensch, P. A., & Funke, J. (2005). Complex problem solving and intelligence: Empirical relation and causal direction. In R. J. Sternberg & J. E. Pretz (Eds.), Cognition and intelligence: Identifying the mechanisms of the mind (pp. 160–187). New York, NY: Cambridge University Press. http://cogprints.org/6626/1/Wenke_Frensch_Funke_CPS_2005.PDF

Chapter 3

Church, A. (1936). A note on the Entscheidungsproblem. Journal of Symbolic Logic, 1, 40–41.

Colombo, F., & Gerstner, W. (2018). BachProp: Learning to compose music in multiple styles. https://arxiv.org/pdf/1802.05162.pdf

Cooper, S. B. (2004). The incomputable Alan Turing. In J. Delve & J. Paris (Eds.), Proceedings of the 2004 International Conference on Alan Mathison Turing: A Celebration of His Life and Achievements. Swindon, UK: BCS Learning & Development. https://arxiv.org/pdf/1206.1706.pdf

Fernández, J. D., & Vico, J. (2013). AI methods in algorithmic composition: A comprehensive survey. Journal of Artificial Intelligence Research, 48, 513–582.

Gödel, K. (1931/1992). On formally undecidable propositions of Principia Mathematica and related systems. New York, NY: Dover. (Original work published 1931)

Harnad, S. (1990). The symbol grounding problem. Physica D, 42, 335–346.

Kellerer, H., Pferschy, U., & Pisinger, D. (2004). Knapsack problems. Berlin, Germany: Springer-Verlag.

Lee, D. (2018, January 10). This $16,000 robot uses artificial intelligence to sort and fold laundry. The Verge. https://www.theverge.com/2018/1/10/16865506/laundroid-laundry-folding-machine-foldimate-ces-2018

Lee, D. (2019, January 7). Foldimate's laundry-folding machine actually works now. TheVerge. https://www.theverge.com/2019/1/7/18171441/foldimate-laundry-folding-robot-ces-2019

Lenat, D. B., & Feigenbaum, E. A. (1987). On the thresholds of knowledge. In Proceedings of the Tenth International Joint Conference on Artificial Intelligence, Milan Italy(pp. 1173–1182). San Francisco, CA: Morgan Kauffmann.

Lindsay, R. K., Buchanan, B. G., Feigenbaum, E. A., & Lederberg, J. (1993). DENDRAL: A case study of the first expert system for scientific hypothesis formation. Artificial Intelligence, 61, 209–261. https://pdfs.semanticscholar.org/68fd/f29cd90a4e7815d1b41ae5ee51f3e78ba038.pdf

McCarthy, J., Minsky, M. L., Rochester, N., & Shannon, C. E. (1955, August 31). A proposal for the Dartmouth Summer Research Project on Artificial Intelligence. http://jmc.stanford.edu/articles/dartmouth/dartmouth.pdf

McCulloch, W. S., & Pitts, W. (1943). A logical calculus of the ideas immanent in nervous activity. Bulletin of Mathematical Biophysics, 5, 115–133.

Minsky, M. (1968). Semantic information processing. Cambridge, MA: MIT Press.

Minsky, M. (1996). In D. Stork (Ed.) Hal's legacy: 2001's computer as dream and reality. Cambridge, MA: MIT Press.

Newell, A., & Simon, H. A. (1976), Computer science as empirical inquiry: Symbols and search. Communications of the ACM, 19(3), 113–126.

Nilsson, N. J. (2007). The physical symbol system hypothesis: Status and prospects. In M. Lungarella, R. Pfeifer, F. Iida, & J. Bongard (Eds.), 50 years of artificial intelligence(Lecture Notes in Computer Science, Vol. 4850, pp. 9–17). Berlin,Germany:Springer-Verlag. http://ai.stanford.edu/~nilsson/OnlinePubs-Nils/PublishedPapers/pssh.pdf

Piccinini, G. (2004). The first computational theory of mind and brain: A close look at McCulloch and Pitts's "Logical calculus of ideas immanent in nervous activity." Synthese, 141, 175–215. http://www.umsl.edu/~piccininig/First_Computational_Theory_of_Mind_and_Brain.pdf

Quillian, M. R. (1969, August). The Teachable Language Comprehender: A simulation program and theory of language. Communications of the ACM, 12(8), 459–476.

Searle, J. (1980). Minds, brains and programs. Behavioral and Brain Sciences, 3, 417–457. http://cogprints.org/7150/1/10.1.1.83.5248.pdf

Searle, J. (1984). Minds, brains, and science. Cambridge, MA: Harvard University Press.

Simon, H. A., & Newell, A. (1958). Heuristic problem solving: The next advance in operations research. Operations Research, 6, 1–10.

Sternberg, R. J. (1985). Beyond IQ: A triarchic theory of human intelligence. New York, NY: Cambridge University Press.

Sternberg R. J. (2018). Speculations on the role of successful intelligence in solving contemporary world problems. Journal of Intelligence, 6(1), 4. doi:10.3390/jintelligence6010004

Turing, A. M. (1965). On computable numbers with an application to the Entscheidungsproblem. In M. Davis (Ed.), The undecidable (pp. 116–154). New York, NY: Raven Press. (Original work published in Proceedings of the London Mathematical Society, Ser. 2, Vol. 42, 1936–7, pp. 230–265; corrections ibid., Vol. 43, 1937, pp. 544–546)

Turing, A. M. (1950). Computing machinery and intelligence. Mind, 59, 433–460.

Turing, A. M. (1986). Lecture to the London Mathematical Society on 20 February 1947. In B. E. Carpenter & R. N. Doran (Eds.), A. M. Turing's ACE Report and other papers. Cambridge, MA: MIT Press. http://www.vordenker.de/downloads/turing-vorlesung.pdf (Original work published 1947)

Chapter 4

Buchanan, B. G., & Duda, R. O. (1982). Principles of rule-based expert systems. In M. Yovits (Ed.), Advances in computers (Vol. 22) (pp.163–216). New York, NY: Academic Press.

Domingos, P. (2012). A few useful things to know about machine learning. Communications of the ACM, 55(10), 78–87. doi:10.1145/2347736.2347755; http://homes.cs.washington.edu/~pedrod/papers/cacm12.pdf

Dressel, J., & Farid, H. (2018, January 17). The accuracy, fairness, and limits of predicting recidivism. Science Advances, 4, eaao5580. http://advances.sciencemag.org/content/4/1/eaao5580

Duhig, C. (2012). How companies learn your secrets. The New York Times Magazine. http://www.nytimes.com/2012/02/19/magazine/shopping-habits.html

Geitgey, A. (2016). Machine learning is fun! Part 4: Modern face recognition with deep learning. https://medium.com/@ageitgey/machine-learning-is-fun-part-4-modern-face-recognition-with-deep-learning-c3cffc121d78#.kleeml9o7

Grossberg, S. (1973). Contour enhancement, short term memory, and constancies in reverberating neural networks. Studies in Applied Mathematics, 52, 217–257.

Haugeland, J. (1985). Artificial intelligence: The very idea. Cambridge, MA: MIT Press.

Hinton, G. E., & Sejnowski, T. J. (1983, May). Analyzing cooperative computation. In Proceedings of the Fifth Annual Congress of the Cognitive Science Society. Rochester, NY.

Hopfield, J. J. (1982). Neural networks and physical systems with emergent collective computational abilities. Proceedings of the National Academy of Sciences of the United States of America, 79, 2554–2558.

Howley, D. (2015, June 29). Google Photos mislabels 2 black Americans as gorillas. Yahoo Tech. https://www.yahoo.com/tech/google-photos-mislabels-two-black-americans-as-122793782784.html

Koerth-Baker, M. (2016). The calculus of criminal risk: The justice system has come to rely heavily on quantitative assessments of criminal risk. How well they work is a complicated question. http://undark.org/article/of-algorithms-and-criminal-risk-a-critical-review

Kotikalapudi, R., & Contributors (2017). Keras-vis. Github. https://github.com/raghakot/keras-vis

Lindsay, R. K., Buchanan, B. G., & Feigenbaum, E. A. (1993). DENDRAL: A case study of the first expert system for scientific hypothesis formation. Artificial Intelligence, 61, 209–261. doi:10.1016/0004-3702(93)90068-M; https://profiles.nlm.nih.gov/ps/access/BBABOM.pdf; https://stacks.stanford.edu/file/druid:jn714xp6790/jn714xp6790.pdf

Piatetsky, G. (2014). Did Target really predict a teen's pregnancy? The inside story. http://www.kdnuggets.com/2014/05/target-predict-teen-pregnancy-inside-story.html

Samuel, A. L. (1959). Some studies in machine learning using the game of checkers. IBM Journal of Research and Development, 3, 210–229.

Shafer, G. (1976). A mathematical theory of evidence. Princeton, NJ: Princeton University Press.

Shafer, G. (1985, July). Probability judgment in artificial intelligence. In L. Kanal & J. Lemmer (Eds.), Proceedings of the Workshop on Uncertainty and Probability in Artificial Intelligence (pp. 91–98). Corvallis, OR: AUAI Press. https://arxiv.org/ftp/arxiv/papers/1304/1304.3429.pdf

Valiant, L. G. (1984). A theory of the learnable. Communications of the ACM, 27(11), 1134–1142.

Valiant, L. G. (2013). Probably approximately correct: Nature's algorithms for learning and prospering in a complex world. New York, NY: Basic Books.

Chapter 5

Ananthanarayanan, R., Esser, S. K., Simon, H. D., & Modha, D. S. (2009). The cat is out of the bag: Cortical simulations with 109 neurons, 1013 synapses. In Proceedings of the Conference on High Performance Computing Networking, Storage and Analysis. New York, NY: ACM. doi:10.1145/1654059.1654124; https://people.eecs.berkeley.edu/~demmel/cs267_Spr10/Lectures/RajAnanthanarayanan_SC09-a63.pdf

Carpenter, G. A., & Grossberg, S. (2009). Adaptive resonance theory (CAS/CNS Technical Report No. 2009-008). Boston University. https://open.bu.edu/bitstream/handle/2144/1972/TR-09-008.pdf?sequence=1

Clark, W. A., & Farley, B. G. (1955). Generalization of pattern recognition in a selforganizing system. In Proceedings of the March 1–3, 1955, Western Joint Computer Conference (pp. 86–91). New York, NY: ACM. doi:10.1145/1455292.1455309

Driscoll, L. N., Pettit, N. L., Minderer, M., Chettih, S. N., & Harvey, C. D. (2017). Dynamic reorganization of neuronal activity patterns in parietal cortex. Cell, 170, 986–999.e16.

Givon, L. E., & Lazar, A. A. (2016). Neurokernel: An open source platform for emulating the fruit fly brain. PLoS ONE, 11(1), e0146581. doi:10.1371/journal.pone.0146581; https://www.ncbi.nlm.nih.gov/pmc/articles/PMC4709234

Grossberg, S. (1976a). Adaptive pattern classification and universal recoding: I. Parallel development and coding of neural feature detectors. Biological Cybernetics, 23, 121–134.

Grossberg, S. (1976b). Adaptive pattern classification and universal recoding: II.Feedback, expectation, olfaction, and illusions. Biological Cybernetics, 23, 187–202. In R. Rosen & F. Snell (Eds.), Progress in theoretical biology (Vol. 5, pp. 233–374). New York, NY: Academic Press.

Grossberg, S. (1988). Nonlinear neural networks: Principles, mechanisms, andarchitectures. Neural Networks, 1, 17–61. http://www.cns.bu.edu/Profiles/Grossberg/Gro1988NN.pdf

Harvard Medical School. (2017). Neurons involved in learning, memory preservation less stable, more flexible than once thought. https://www.sciencedaily.com/releases/2017/08/170817122146.htm

Hodgkin, A. L., & Huxley, A. F. (1952). A quantitative description of membrane current and its application to conduction and excitation in nerve. The Journal of Physiology, 117, 500–544. PMC 1392413 Freely accessible. PMID 12991237. doi:10.1113/jphysiol.1952.sp004764

Hopfield, J. J. (1982). Neural networks and physical systems with emergent collective computational abilities. Proceedings of the National Academy of Sciences of the United States of America, 79, 2554–2558.

Karn, U. (2016). An intuitive explanation of convolutional neural networks. https://ujjwalkarn.me/2016/08/11/intuitive-explanation-convnets/

Kohonen, T. (1984). Self-organization and associative memory. Berlin, Germany: Springer-Verlag.

Le, Q. V., Ranzato, M. A., Monga, R., Devin, M., Chen, K., Corrado, G. S., . . . Ng, A. Y. (2012). Building high-level features using large scale unsupervised learning. International Conference on Machine Learning. https://arxiv.org/pdf/1112.6209.pdf

Leonard-Barton, D., & Sviokla, J. (1988). Putting expert systems to work. Harvard Business Review. https://hbr.org/1988/03/putting-expert-systems-to-work

Minsky, M., & Papert, S. (1969). Perceptrons. An introduction to computational geometry. Cambridge, MA: MIT Press.

Minsky, M., & Papert, S. (1972). Artificial intelligence progress report (MIT Artificial Intelligence Memo No. 252). https://dspace.mit.edu/bitstream/handle/1721.1/6087/AIM-252.pdf?sequence=2

Morrison, A., Mehring, C., Geisel, T., Aertsen, A. D., & Diesmann, M. (2005). Advancing the boundaries of high-connectivity network simulation with distributed computing. Neural Computing, 17, 1776–1801. https://pdfs.semanticscholar.org/1bfb/a5de738f12afc279200e92f740f0d02cd964.pdf

Rochester, N., Holland, J. H., Haibt, L. H., & Duda, W. L. (1956). Test on a cell assembly theory of the action of the brain, using a large digital computer. IRE Transactions on Information Theory, 80–93.

Rosenblatt, F. (1958). The perceptron: A probabilistic model for information storage and organization in the brain. Psychological Review, 65, 386–408. doi:10.1037/h0042519

Rosenblatt, F. (1962). Principles of neurodynamics: Perceptrons and the theory of brain mechanisms. Washington, DC: Spartan.

Sardi, S., Vardi, R., Sheinin, A., Goldental, A., & Kanter, I. (2017). New types ofexperiments reveal that a neuron functions as multiple independent threshold units. Scientific Reports, 7, Article No. 18036. doi:10.1038/s41598-017-18363-1; https://www.nature.com/articles/s41598-017-18363-1

Searle, J. (1980). Minds, brains and programs. Behavioral and Brain Sciences, 3, 417–457.

Searle, J. (1990). Is the brain's mind a computer program? Scientific American, 262, 26–31.

Staughton, J. (2016). The human brain vs. supercomputers . . . which one wins? https://www.scienceabc.com/humans/the-human-brain-vs-supercomputers-which-one-wins.html

Werbos, P. (1974). Beyond regression: New tools for prediction and analysis in the behavioral sciences (Doctoral dissertation). Harvard University.

Widrow, B., & Hoff, M. E., Jr. (1960). Adaptive switching circuits. In 1960 IRE WESCON Convention Record (Part 4, pp. 96–104). New York, NY: Institute of Radio Engineers.

Chapter 6

Cooper, F. S., Delattre, P. C., Liberman, A. M., Borst, J. M., & Gerstman, L. J. (1952). Some experiments on the perception of synthetic speech sounds. The Journal of the Acoustical Society of America, 24, 597–606. doi:10.1121/1.1906940; http://www.haskins.yale.edu/Reprints/HL0008.pdf

Esfandiari, A., Kalantari, K. R., & Babaei A. (2012). Hair loss diagnosis using artificial neural networks. IJCSI International Journal of Computer Science Issues, 9, 174–180. https://pdfs.semanticscholar.org/6217/c168b99db35605144169d3efc20ab195a2cf.pdf

Esteva, A., Kuprel, B., Novoa, R. A., Ko, J., Swetter, S. M., Blau H. M., & Thrun, S. (2017). Dermatologist-level classification of skin cancer with deep neural networks. Nature, 542, 115–118. doi:10.1038/nature21056; https://www.nature.com/articles/nature21056.epdf

Geras, K., Wolfson, S., Kim, S. G., Moy, L., & Cho, K. (2017). High-resolution breast cancer screening with multi-view deep convolutional neural networks. https://arxiv.org/abs/1703.07047

Kolhatkar, S. (2018, April 9). At Uber, a new C.E.O. shifts gears. The New Yorker. https://www.newyorker.com/magazine/2018/04/09/at-uber-a-new-ceo-shifts-gears

Kolochenko, I. (2017). How artificial intelligence fits into cybersecurity. CSO. https://www.csoonline.com/article/3211594/machine-learning/how-artificial-intelligence-fits-into-cybersecurity.html

Kubota, T. (2017). Deep learning algorithm does as well as dermatologists in identifying skin cancer. Stanford News. https://news.stanford.edu/2017/ 01/25/artificial-intelligence-used-identify-skin-cancer/

Lee, J. (2013). OK Google: The end of search as we know it. Search Engine Watch. https://searchenginewatch.com/sew/news/2268726/ok-google-the-end-of-search-as-we-know-it

Liu, Y., Gadepalli, K., Norouzi, M., Dahl, G. E., Kohlberger, T., Boyko, A., . . . Stumpe, M. C. (2017). Detecting cancer metastases on gigapixel pathology images. https://arxiv.org/pdf/1703.02442.pdf

Metz, C. (2016). In two moves, AlphaGo and Lee Sedol redefined the future. Wired. https://www.wired.com/2016/03/two-moves-alphago-lee-sedol-redefined- future/

Miller, A. (2018, March 21). Some of the companies that are working on driverless car technology. ABC News. https://abcnews.go.com/US/companies-working-driverless-car-technology/story?id=53872985

Miotto, R., Li, L., Kidd, B. A., & Dudley, J. (2016). Deep patient: An unsupervised representation to predict the future of patients from the electronic health records. Nature Scientific Reports, 6, Article No. 26094. https://www.nature.com/articles/srep26094

Moravčík, M., Schmid, M., Burch, N., Lisý, V., Morrill, D., Bard, N., . . . Bowling,

M. (2017). DeepStack: Expert-level artificial intelligence in heads-up no-limit poker. Science, 356, 508–513. doi:10.1126/science.aam6960; https://arxiv.org/pdf/1701.01724.pdf

Mukherjee, S. (2017). What happens when diagnosis is automated? The New Yorker. https://www.newyorker.com/magazine/2017/04/03/ai-versus-md

Naimat, A. (2016). The new artificial intelligence market. https://www.oreilly.com/ideas/the-new-artificial-intelligence-market

Silver, D., Huang, A., Maddison, C. J., Guez, A., Sifre, L., van den Driessche, G., . . . Hassabis, D. (2016). Mastering the game of go with deep neural networks and tree search. Nature, 529, 484–489. doi:10.1038/nature16961; http://airesearch.com/wp-content/uploads/2016/01/deepmind-mastering-go.pdf

Stanford Encyclopedia of Philosophy. (2014). Speech perception: Empirical and theoretical considerations. https://plato.stanford.edu/entries/perception-auditory/supplement.html

Strickland, E. (2018). Layoffs at Watson Health reveal IBM's problem with AI. IEEE Spectrum. https://spectrum.ieee.org/the-human-os/robotics/artificial-intelligence/layoffs-at-watson-health-reveal-ibms-problem-with-ai

Tromp, J. (n.d.). The number of legal go positions. http://tromp.github.io/go/legal.html

Chapter 7

Clark, A. (1998). Magic words: How language augments human computation. doi:10.1017/CBO9780511597909.011; http://www.nyu.edu/gsas/dept/philo/courses/concepts/magicwords.html

Barsalou, L. W. (1983). Ad hoc categories. Memory & Cognition, 11(3), 211–227.

Behrmann, M., & Haimson, C. (1999). The cognitive neuroscience of visual attention. Current Opinion in Neurobiology, 9(2), 158–163.

Dean, T., Corrado, G. S., & Shlens, J. (2012). Three controversial hypotheses concerning computation in the primate cortex. ftp://ftp.cs.brown.edu/pub/techreports/12/cs12-01.pdf

Elderkin, B. (2018). Will we ever be able to upload a mind to a new body? Gizmodo.

https://gizmodo.com/will-we-ever-be-able-to-upload-a-mind-to-a-new-body-1822622161

Fischetti, M. (2011). IBM simulates 4.5 percent of the human brain, and all of the cat brain. Scientific American. https://www.scientificamerican.com/article/graphic-science-ibm-simulates-4-percent-human-brain-all-of-cat-brain/

Gentner, D. (2003). Why we're so smart. In D. Gentner & S. Goldin-Meadow (Eds.), Language in mind: Advances in the study of language and thought (pp. 195–235). Cambridge, MA: MIT Press.

Guitchounts, G. (2009). Cortex rewiring. The Nerve. 35-41. https://www.bu.edu/mbs/files/2013/01/NerveFall2009-pdf.pdf

Hebb, D. O. (1949). The organization of behavior: A neuropsychological theory. New York, NY: Wiley.

Herculano-Houzel, S. (2009). The human brain in numbers: A linearly scaled-up primate brain. Frontiers in Human Neuroscience. doi:10.3389/neuro.09.031.2009; https://www.frontiersin.org/articles/10.3389/neuro.09. 031.2009/full

Inafuku, J., Lampert, K., Lawson, B. Stehly, S., & Vaccaro, S. (2010). Downloading consciousness. https://cs.stanford.edu/people/eroberts/cs181/projects/2010-11/Downloading Consciousness/tandr.html

Kamil, A. C., & Bond, A. (2006). Selective attention, priming, and foraging behavior. Comparative Cognition: Experimental Explorations of Animal Intelligence. doi:10.1093/acprof: oso/9780195377804.003.0007; https://www.researchgate.net/publication/282230039_Selective_Attention_Priming_and_Foraging_Behavior/figures?lo=1

Kohler, I., & Erismann, T. (1950). Inversion goggles. https://www.youtube.com/watch?v=jKUVpBJalNQ

McCarthy, J. (1989). Artificial intelligence, logic, and formalizing common sense. In R. H. Thomason (Ed.), Philosophical logic and artificial intelligence (pp. 161–190). Dordrecht, the Netherlands: Kluwer Academic. http://www-formal.stanford.edu/jmc/index.html

Medin, D. L. (1989). Concepts and conceptual structure. American Psychologist, 44, 1469–1481.

Pietrewicz, A. T., & Kamil, A. (1979). Search image formation in the blue jay

(Cyanocitta cristata). Science, New Series, 204, 1332–1333. Papers in Behavior and Biological Sciences. 65. http://digitalcommons.unl.edu/cgi/viewcontent.cgi?article=1065&context=bioscibehavior

Stratton, G. M. (1896, August). Some preliminary experiments on vision without inversion of the retinal image. Paper presented at the Third International Congress for Psychology, Munich, Germany. http://www.cns.nyu.edu/~nava/courses/psych_and_brain/pdfs/Stratton_1896.pdf

Tinbergen, L. (1960). The natural control of insects on pinewoods: I. Factors influencing the intensity of predation by songbirds. Archives Néerlandaises de Zoologie, 13, 265–343.

Wason, P. C. (1966). Reasoning. In B. M. Foss (Ed.), New horizons in psychology (pp. 135–151). Harmondsworth, UK: Penguin.

Chapter 8

Abernethy, B. (2008). Anticipation in squash: Differences in advance cue utilization between expert and novice players. Journal of Sports Sciences, 8, 17–34. doi: 10.1080/02640419008732128; http://shapeamerica.tandfonline.com/doi/abs/10.1080/02640419008732128

Abernethy, B., Neal, R. J., & Koning, P. (1994). Visual–perceptual and cognitive differences between expert, intermediate, and novice snooker players. Applied Cognitive Psychology, 8, 185–211. doi:10.1002/acp.2350080302; http://onlinelibrary.wiley.com/doi/10.1002/acp.2350080302/abstract

Burgoyne, A. P., Sala, G., Gobet, F., Macnamara, B. N., Campitelli, G., & Hambrick, D. Z. (2016). The relationship between cognitive ability and chess skill: A comprehensive meta-analysis. Intelligence, 59, 72–83. doi:10.1016/j.intell.2016.08.002

Chase, W. G., & Simon, H. A. (1973). Perception in chess. Cognitive Psychology, 4, 55–81.

Chi, M. T. H., Feltovich, P., & Glaser, R. (1981). Categorization and representation of physics problems by experts and novices. Cognitive Science, 5, 121–152. https://pdfs.semanticscholar.org/16ef/4cc3a80ee7ba8f59e0a55b2ef134c31e1

8b3.pdf

Chi, M. T. H., Glaser, R., & Rees, E. (1982). Expertise in problem solving. In R. Sternberg (Ed.), Advances in the psychology of human intelligence (Vol. 1, pp. 7–75). Hillsdale, NJ: Erlbaum. http://chilab.asu.edu/papers/ChiGlaserRees.pdf

de Groot, A. D. (1946). Het denken van de schaker [The thought of the chess player]. Amsterdam, the Netherlands: North-Holland. (Updated translation published as Thought and choice in chess, The Hague: Mouton, 1965; corrected second edition published in 1978.)

Ericsson, K. A. (2004). Deliberate practice and the acquisition and maintenance of expert performance in medicine and related domains. Academic Medicine, 79(10), October Suppl. http://edianas.com/portfolio/proj_EricssonInterview/articles/2004_Academic_Medicine_Vol_10,_S70-S81.pdf

Fink, P. W., Foo, P. S., & Warren, W. H. (2009). Catching fly balls in virtual reality: A critical test of the outfielder problem. Journal of Vision, 9(13), 14.1–8. doi:10.1167/9.13.14; https://www.ncbi.nlm.nih.gov/pmc/articles/PMC3816735/

Gobet, F., & Simon, H. A. (1996a). Recall of rapidly presented random chess positions is a function of skill. Psychonomic Bulletin & Review, 3, 159–163.

Hayes, J. R. (1981). The complete problem solver. Philadelphia, PA: Franklin Institute Press.

Hirsch, E. (2010). Cotton candy. https://www.poets.org/poetsorg/poem/cotton-candy

Larkin, J. H., McDermott, J., Simon, D. P., & Simon, H. A. (1980). Models of competence in solving physics problems. Cognitive Science, 4, 317–345. https://www.researchgate.net/profile/John_Mcdermott10/publication/6064271_Expert_and_Novice_Performance_in_Solving_Physics_Problems/links/5489c30f0cf214269f1abb55.pdf

McBeath, M., Shaffer, D., & Kaiser, M. (1995). How baseball outfielders determine where to run to catch fly balls. Science, 268, 69–573. doi:10.1126/science.7725104; http://www.bioteach.ubc.ca/TeachingResources/General Science/BaseballPaper.pdf

McPherson, G. E. (2016). Musical prodigies: Interpretations from psychology, education, musicology, and ethnomusicology. Oxford, UK: Oxford University Press. https://books.google.com/books?id=3ATnDAAAQBAJ&dq=10+years+pr

actice+musical+composition

National Research Council. (2000). How people learn: Brain, mind, experience, and school: Expanded edition. Washington, DC: National Academies Press. doi:10.17226/9853

Chapter 2: How experts differ from novices. https://www.nap.edu/read/9853/chapter/5

Sheridan, H., & Reingold, E. M. (2014). Expert vs. novice differences in the detection of relevant information during a chess game: Evidence from eye movements. Frontiers in Psychology, 5, 941.

Simon, H. A., & Chase, W. G. (1973). Skill in chess. American Scientist, 61, 394–403. https://digitalcollections.library.cmu.edu/awweb/awarchive?type=file&item=44582

Simons, D. (2012). How experts recall chess positions. http://theinvisiblegorilla.com/blog/2012/02/15/how-experts-recall-chess-positions/

Weisberg, R. W. (2006). Creativity: Understanding innovation in problem solving, science, invention, and the arts. Hoboken, NJ: Wiley.

Chapter 9

Bombelli, P., Howe, C. J., & Bertocchini, F. (2017). Polyethylene bio-degradationby caterpillars of the wax moth Galleria mellonella. Current Biology, 27, R292–R293. http://www.cell.com/current-biology/fulltext/S0960-9822(17)30231-2

Chomsky, N. (1959). A review of B. F. Skinner's Verbal Behavior. Language, 35, 26–58.

Chomsky, N. (1965). Aspects of the theory of syntax. Cambridge, MA: MIT Press.

Chomsky N. (1975). Reflections on language. New York, NY: Pantheon.

Chomsky, N., & Gliedman J. (1983, November). Things no amount of learning can teach: Noam Chomsky interviewed by John Gliedman. Omni, 6(11). https://chomsky.info/198311__/

Cybenko, G. (1989). Approximations by superpositions of sigmoidal functions. Mathematics of Control, Signals, and Systems, 2, 303–314.

Dipshan, R. (2017). Why artificial intelligence can't compete with humans, and vice versa. LegalTech News. http://www.legaltechnews.com/id= 1202783879709/ Why-Artificial-Intelligence-Cant-Compete-With-Humans-and-Vice-Versa

Dreyfus, H. L. (2007). Why Heideggerian AI failed and how fixing it would require making it more Heideggerian. Philosophical Psychology, 20, 247–268. http://leidlmair.at/doc/WhyHeideggerianAIFailed.pdf

Dreyfus, H. L. (2013). Why is consciousness baffling? https://www.youtube.com/watch?v=Bhz7bRiuDk0

Dreyfus, H. L., & Kuhn, R. L. (2013). Artificial intelligence–Hubert Dreyfus–Heidegger–Deep Learning. https://www.youtube.com/watch?v= oUcKXJTUGIE

Dubey, R., Agrawal, P., Pathak, D., Griffiths, T., & Efros, A. (2018). Investigating human priors for playing video games. Proceedings of the 35th InternationalConference on Machine Learning, in Proceedings of Machine Learning Research, 80, 1349–1357.

Evans, V. (2014). Real talk: The evidence is in, there is no language instinct. Aeon. https://aeon.co/essays/the-evidence-is-in-there-is-no-language-instinct

Frank, R. (2015). Most millionaires say they're middle class. CNBC. http://www.cnbc.com/2015/05/06/naires-say-theyre-middle-class.html

Lachter, J., & Bever, T. (1988). The relation between linguistic structure and associative theories of language learning—A constructive critique of some connectionist learning models. Cognition, 28, 195–247. doi: 10.1016/0010-0277(88)90033-9; https://www.researchgate.net/publication/ 19806078_The_ relation_between_linguistic_structure_and_associative_theories_of_language_ learning-A_constructive_critique_of_some_connectionist_learning_models

Nagel, T. (1974). What is it like to be a bat? The Philosophical Review, 83, 435–450. doi:10.2307/2183914 JSTOR 2183914; http://www.jstor.org/stable/2183914

Pepperberg, I. M. (1999). In search of King Solomon's ring: Studies to determine the communicative and cognitive capacities of grey parrots. Cambridge, MA: Harvard University Press.

Plunkett, K., & Juola, P. (1999). A connectionist model of English past tense andplural morphology. Cognitive Science, 23, 463–490. http://onlinelibrary.wiley.com/doi/10.1207/s15516709cog2304_4/pdf

Rensink, R. A., O'Regan, J. K., & Clark, J. (1997). To see or not to see: The need

for attention to perceive changes in scenes. Psychological Science, 8, 368–373.
Rumelhart, D., & McClelland, J. (1986). On learning the past tenses of English verbs. In D. Rumelhart, J. McClelland, & the PDP Research Group (Eds.), Parallel Distributed Processing (Vol. 2) (pp. 216–271). Cambridge, MA: MIT Press.
Savage-Rumbaugh, E. S. (1986). Ape language: From conditioned response to symbol. New York, NY: Columbia University Press.
Savage-Rumbaugh, E. S., Murphy, J., Sevcick, R. A., Brakke, K. E., Williams, S. L., & Rumbaugh D. L. (1993). Language comprehension in ape and child. Monographs of the Society for Research in Child Development, 58, 1–221.
Searle, J. R. (1984). Minds, brains and science. Cambridge, MA: Harvard University Press.
Terrace, H. S., Pettito, L. A., Sanders R. J., & Bever, T. G. (1979). Can an ape create a sentence? Science, 206, 891–902.
Wallman, J. (1992). Aping language. Cambridge, UK: Cambridge University Press.

Chapter 10

Angelino, E., Larus-Stone, N., Alabi, D., Seltzer, M., & Rudin, C. (2017). Learning certifiably optimal rule lists. In Proceedings of the 23rd ACM SIGKDD International Conference on Knowledge Discovery and Data Mining (pp. 35–44). New York, NY: ACM. doi:10.1145/3097983.3098047
Angwin, J., Larson, J., Mattu, S., & Kirchner, L. (2016). Machine bias: There's software used across the country to predict future criminals. And it's biased against blacks. ProPublica. https://www.propublica.org/article/machine-bias-risk-assessments-in-criminal-sentencing
Bruss, F. T. (2000). Sum the odds to one and stop. Annals of Probability, 28, 1384–1391. doi:10.1214/aop/1019160340
Esteva, A., Kuprel, B., Novoa, R. A., Ko, J., Swetter, S. M., Blau, H. M., & Thrun, S. (2017). Dermatologist-level classification of skin cancer with deep neural networks. Nature, 542, 115–118. https://www.nature.com/articles/nature21056.epdf?author_access_token=8oxIcYWf5UNrNpHsUHd2StRgN0jAjWel9jnR3Zo Tv0NXpMHRAJy8Qn10ys2O4tuPakXos4UhQAFZ750CsBNMMsISFHIKinK

DMKjShCpHIlYPYUHhNzkn6pSnOCt0Ftf6

Gardner, T. (2013). British warship HMS Brilliant torpedoed WHALES during Falklands War after mistaking them for enemy submarines. Daily Mail. http://www.dailymail.co.uk/news/article-2408881/British-warship-HMS-Brilliant-torpedoed-WHALES-Falklands-War.html#ixzz5C7SKCuDF

Guardian. (2014). Daniel Kahneman changed the way we think about thinking. But what do other thinkers think of him? https://www.theguardian.com/science/2014/feb/16/daniel-kahneman-thinking-fast-and-slow-tributes

Harvey, D., & Van Der Hoeven, J. (2019). Integer multiplication in time O(n log n). https://hal.archives-ouvertes.fr/hal-02070778/document

Kahneman, D. (2011). Thinking, fast and slow. New York, NY: Farrar, Straus and Giroux.

Lincoln, N. (2014). Hiring, house hunting, and dating: Making decisions with optimal stopping theory. http://2centsapiece.blogspot.com/2014/12/hiring-house-hunting-and-dating-making.html

Meehl, P. E. (1954). Clinical versus statistical prediction: A theoretical analysis and a review of the evidence. Minneapolis: University of Minnesota Press. doi:10.1037/11281-000

Mukherjee, S. (2017). A.I. versus M.D.: What happens when diagnosis is automated? The New Yorker. https://www.newyorker.com/magazine/ 2017/04/03/ai-versus-md

Parker, M. (2014). Things to make and do in the fourth dimension: A mathematician's journey through narcissistic numbers, optimal dating algorithms, at least two kinds of infinity, and more. New York, NY: Farrar, Straus and Giroux. http://www.slate.com/articles/technology/technology/2014/12/the_secretary_problem_use_this_algorithm_to_determine_exactly_how_many_people.html

Turing, A. M. (1986). Lecture to the London Mathematical Society on 20 February 1947. In B. E. Carpenter & R. N. Doran (Eds.), A. M. Turing's ACE Report and other papers. Cambridge, MA: MIT Press. http://www.vordenker.de/downloads/turing-vorlesung.pdf (Original work published 1947)

Tversky, A., & Kahneman, D. (1973). Availability: A heuristic for judging frequency and probability. Cognitive Psychology, 5, 207–232. doi:10.1016/0010-

Chapter 11

Belani, A. (2017). AI predicts heart attacks better than doctors. NBC News. http://www.nbcnews.com/mach/science/ai-predicts-heart-attacks-better-doctors-n752011

Bostrom, N. (2003). Ethical issues in advanced artificial intelligence. In I. Smit & G. E. Lasker (Eds.), Cognitive, emotive and ethical aspects of decision making in humans and in artificial intelligence (Vol. 2, pp. 12–17). Windsor, Ontario, Canada: International Institute of Advanced Studies in Systems Research and Cybernetics. http://www.nickbostrom.com/ethics/ai.html

Chalmers, D. (2010). The singularity: A philosophical analysis. Journal of Consciousness Studies, 17, 7–65. http://consc.net/papers/singularity.pdf

Evtimov, I., Eykholt, K., Fernandes, E., Kohno, T., Li, B., Prakash, A., . . . Song, D. (2017). Robust physical-world attacks on machine learning models. CoRR, abs/1707.08945. https://arxiv.org/pdf/1707.08945.pdf

Fan, S. (2017). Google chases general intelligence with new AI that has a memory. Singularity Hub. https://singularityhub.com/2017/03/29/google-chases-general-intelligence-with-new-ai-that-has-a-memory/#sm.000005h6u4d3qdkcsd81g6djeb18m

Fernández-Delgado, M., Cernadas, E., Barro, S., & Amorim, D. (2014). Do we need hundreds of classifiers to solve real world classification problems? Journal of Machine Learning Research, 15, 3133–3181; http://jmlr.org/papers/volume15/delgado14a/delgado14a.pdf

Ferrucci, D. A., Brown, E. W., Chu-Carroll, J., Fan, J., Gondek, D., Kalyanpur, A., ... Welty, C. A. (2010). Building Watson: An overview of the DeepQA Project. AI Magazine, 31, 59–79. http://www.aaai.org/Magazine/Watson/watson.php

Flynn, J. R. (2007). What is intelligence? Cambridge, UK: Cambridge University Press.

Future of Life Institute, Asilomar Conference. (2017). The Asilomar Principles. https://futureoflife.org/ai-principles

Good, I. J. (1965). Speculations concerning the first ultraintelligent machine. In F. Alt & M. Rubinoff (Eds.), Advances in computers (Vol. 6, pp. 31–88). New York: Academic Press.

Jiang, J., Parto, K., Cao, W., & Banerjee, K. (2019). Ultimate monolithic 3D integration with 2D materials: Rationale, prospects, and challenges. IEEE Journal of the Electron Devices Society, 7, 878–887. https://ieeexplore.ieee.org/abstract/document/8746192

Kirkpatrick, J., Pascanu, R., Rabinowitz, N. C., Veness, J., Desjardins, G., Rusu, A. A., . . . Hadsell, R. (2016). Overcoming catastrophic forgetting in neural networks. CoRR, abs/1612.00796. http://www.pnas.org/content/early/2017/03/13/1611835114

Kurzweil, R. (2005). The singularity is near. New York, NY: Viking Books. http://hfg-resources.googlecode.com/files/SingularityIsNear.pdf

Legg, S. (2008). Machine super intelligence (Doctoral dissertation). University of Lugano. http://www.vetta.org/documents/Machine_Super_Intelligence.pdf

Marr, B. (2017). 12 AI quotes everyone should read. Forbes. https://www.forbes.com/sites/bernardmarr/2017/09/22/12-ai-quotes-everyone-should-read/#1a8d141558a9

McCarthy, J. (1998). Elaboration tolerance. In Working Papers of the Fourth International Symposium on Logical Formalizations of Commonsense Reasoning. http://jmc.stanford.edu/articles/elaboration/elaboration.pdf

McCarthy, J. (2007). From here to human-level AI. Artificial Intelligence, 171, 1174–1182. doi:10.1016/j.artint.2007.10.009; https://pdfs.semanticscholar.org/3575/9a54f37d0a3612e248706d9f64faac5ca254.pdf

Moravec, H. (1988). Mind children: The future of robot and human intelligence. Cambridge, MA: Harvard University Press.

Moravec, H. (1998). Robots: Mere machine to transcendent mind. Oxford, UK: Oxford University Press.

United Artists. (1983). War games. http://www.imdb.com/title/tt0086567/

Vinge, V. (1983, January). First word. Omni, 6(1), p. 10.

Vinge, V. (1993, Winter). The coming technological singularity: How to survive in the post-human era. Whole Earth Review. https://ntrs.nasa.gov/archive/nasa/casi.

ntrs.nasa.gov/19940022856.pdf

Yudkowsky, E. (1996). Staring into the singularity 1.2.5. http://yudkowsky.net/obsolete/singularity.html

Chapter 12

Bostrom, N. (2014). Superintelligence: Paths, dangers, strategies. Oxford, UK: Oxford University Press.

Copeland, B. J., & Shagrir, O. (2019). The Church–Turing thesis: Logical limit or breachable barrier? Communications of the ACM, 62(1), 66–74.

Driscoll, L. N., Pettit, N., Minderer, M., Chettih, S. N., & Harvey, C. D. (2017). Dynamic reorganization of neuronal activity patterns in parietal cortex. Cell, 170, 986–999.e16.

Dvorsky, G. (2018). New brain preservation technique could be a path to mind uploading. Gizmodo. https://gizmodo.com/new-brain-preservation-technique-could-be-a-path-to-min-1823741147

Goldhill, O. (2017). Humans are born irrational, and that has made us better decisionmakers. https://qz.com/922924/humans-werent-designed-to-be-rational-and-we-are-better-thinkers-for-it

Gould, S. J. (1978). Morton's ranking of races by cranial capacity. Science, 200, 503–509. https://pdfs.semanticscholar.org/7992/a09d112b464fda63a8cae2859877cc2e0cde.pdf

Harvard Medical School. (2017). Neurons involved in learning, memory preservation less stable, more flexible than once thought. ScienceDaily. www.sciencedaily.com/releases/2017/08/170817122146.htm

Jabr, F. (2012). The connectome debate: Is mapping the mind of a worm worth it? Scientific American. https://www.scientificamerican.com/article/c-elegans-connectome

Kirkpatrick, J., Pascanu, R., Rabinowitz, N. C., Veness, J., Desjardins, G., Rusu, A. A., . . . Hadsell, R. (2017). Overcoming catastrophic forgetting in neural networks. Proceedings of the National Academy of Sciences of the United States of America, 114, 3521–3526. https://www.pnas.org/content/114/13/3521.full;

https://deepmind.com/blog/enabling-continual-learning-in-neural-networks

Kolbert, E. (2017). Why facts don't change our minds: New discoveries about the human mind show the limitations of reason. The New Yorker. https://www.newyorker.com/magazine/2017/02/27/why-facts-dont-change-our-minds

Lewis. J. E., DeGusta, D., Meyer, M. R., Monge, J. M., Mann, A. E., & Holloway, R. L. (2011). The mismeasure of science: Stephen Jay Gould versus Samuel George Morton on skulls and bias. PLoS Biology, 9(6): e1001071. doi:10.1371/journal.pbio.1001071

Loudenback T., & Jackson, A. (2018). The 10 most critical problems in the world, according to millennials. Business Insider. http://www.businessinsider.com/world-economic-forum-world-biggest-problems-concerning-millennials-2016-8/#2-large-scale-conflict-and-wars-385-9

May, R. M. (1976). Simple mathematical models with very complicated dynamics. Nature 261, 459–467.

McIntyre, R. L., & Fahy, G. M. (2015). Aldehyde-stabilized cryopreservation. Cryobiology, 71, 448–458.

Mullins, J. (2007). Checkers 'solved' after years of number crunching. New Scientist. https://www.newscientist.com/article/dn12296-checkers-solved-after-years-of-number-crunching

Pask, R. (2007). Checkers in a nutshell. http://www.usacheckers.com/checkersinanutshell.php

Pennachin, C., & Goertzel, B. (2007). Contemporary approaches to artificial general intelligence. In B. Goertzel & C. Pennachin (Eds.), Artificial general intelligence (pp.1–30). Berlin, Germany: Springer.

Popova, M. (2013). French polymath Henri Poincaré on how creativity works. https://www.brainpickings.org/2013/08/15/henri-poincare-on-how-creativity-works

Sandberg, A., & Bostrom, N. (2008). Whole brain emulation: A roadmap (Technical Report No. 2008-3). Future of Humanity Institute, Oxford University. http://www.fhi.ox.ac.uk/brain-emulation-roadmap-report.pdf

Sardi, S. Vardi, R., Sheinin, A., Goldental, A., & Kanter, I. (2017). New types of experiments reveal that a neuron functions as multiple independent threshold units. Scientific Reports, 7, Article No. 18036. doi:10.1038/s41598-017-18363-

1; https://www.nature.com/articles/s41598-017-18363-1

Schaeffer, J., Burch, N., Björnsson, Y., Kishimoto, A., Müller, M., Lake, R., . . . Sutphen, S. (2007). Checkers is solved. Science, 317, 1518–1522. doi:10.1126/science.1144079; https://cs.nyu.edu/courses/spring13/CSCI-UA.0472-001/Checkers/checkers.solved.science.pdf

Schmidhuber, J. (1996). Gödel machines: Self-referential universal problem solvers making provably optimal self-improvements. IDSIA Technical Report. TR IDSIA19-03, Version 5, December 2006, arXiv:cs.LO/0309048 v5; https://arxiv.org/pdf/cs/0309048.pdf

Schmidhuber, J. (2009). Ultimate cognition a la Gödel. Cognitive Computing, 1, 177–193.

Strathern, P. (2000). Mendeleyev's Dream. New York, NY: Penguin.

Sternberg, R. J. (1985). Beyond IQ: A triarchic theory of human intelligence. New York, NY: Cambridge University Press.

Turing, A. M. (1948). Intelligent machinery in mechanical intelligence. In D. C. Ince (Ed.), Collected works of A. M. Turing (pp. 107–127). Amsterdam: North Holland, 1992.

Turing, A. M. (1950). Computing machinery and intelligence. Mind, 59, 433-460.

Wixted, J. T., Squire, L. R., Jang, Y., Papesh, M. H., Goldinger, S. D., Kuhn, J. R., . . . Steinmetz P. N. (2014). Sparse and distributed coding of episodic memory in neurons in the human hippocampus. Proceedings of the National Academy of Sciences of the United States of America, 111, 9621–9626. doi:10.1073/pnas.1408365111

World Economic Forum. (2016). Global Shapers Annual Survey 2016. https://www.weforum.org/agenda/2016/08/millennials-uphold-ideals-of-global-citizenship-amid-concern-for-corruption-climate-change-and-lack-of-opportunity

➜ 찾아보기

AI 겨울 124, 431
개리슨 케일러 280
글렌 셰이퍼 139
나심 탈레브 365~366
너새니얼 로체스터 14, 101
노엄 촘스키 324~327
니코 틴버겐 253~254
니콜로 파가니니 311
닉 보스트롬 36~38, 197~198, 492
대니얼 데닛 340
더글러스 레넛 118, 282
더글러스 호프스태터 31~32
더닐 올리보 398
데드레 겐트너 266~267
데이비드 러멜하트 323, 327~333, 346
데이비드 차머스 403
데이비드 하비 357
도널드 헵 256
듀에인 럼보 323
드미트리 멘델레예프 445~446, 473
드미트리 쇼스타코비치 311
라가벤드라 코티칼라푸디 167
라자고팔 아난타나라야난 200
래칫 듀베이 458
레오폴트 모차르트 29, 311,325, 467~468

레이 커즈와일 403
레이먼드 니커슨 79
레이먼드 카텔 305
레프 비고츠키 262, 264~265
로널드 윌리엄스 180
로드니 브룩스 336
로런스 바살루 268~269
로버트 글레이저 291
로버트 스턴버그 432~433
로스 퀼리언 112
로저 펜로즈 436~437
루이 파스퇴르 468
루이 허먼 323
루트비히 비트겐슈타인 269, 335
르네 데카르트 335, 33, 344
리처드 카루아나 385~387
리카르도 미오토 212
린다 모이 216
린든 존슨 374
마르틴 하이데거 335
마빈 민스키 14, 179~180, 396
마이클 맥비스 313
마커스 듀스만 200
마커스 허터 43
마크 저커버그 23

막스 베르트하이머 256
먹시 보그스 300, 302, 380
메릴 플러드 392
메릴린 애덤스 80
멜빈 드레셔 392
미셸린 치 291, 293
버너 빈지 400
벤 괴르첼 447
벤저민 워프 268
벨몬트 팔리 180~181
볼프강 아마데우스 모차르트 29, 289, 311, 325, 467~468
브라이언 A. 키드 212
샘 로이드 50
세바스천 스런 444
셰인 렉 43
솔 애머럴 274~275
슐레미엘/슐리마젤 효과 281
스테이시 월프슨 214
스튜어트 해머로프 436
스티븐 제이 굴드 466
스티븐 호킹 403
시모어 패퍼트 179~180
아나톨리 카라추바 357
아드리안 드 그루트 294, 296
아론 쿠르빌 349
아르놀트 쇤하게 357
아르키메데스 67~69
아르킬로코스 33
아리스토텔레스 43
아서 뎀프스터 139
아실로마 원칙 403, 405
아인슈텔룽 효과 462
안드레 에스테바 213, 385

알렉산더 버고인 302, 304
알론조 처치 94
알베르트 아인슈타인 12~13, 28~29, 31, 33, 35, 196~197, 264, 412, 430, 452, 465~468, 488
알파고 236, 248, 294, 318, 468
알프레드 비네 44
알프레드 화이트헤드 15~16, 101~102, 105
애비게일 모리슨 200
앤더스 에릭슨 81, 289, 309, 318
앤드류 부커 416
앤디 워홀 340
앨런 뉴얼 15, 54, 101
앨런 튜링 15, 54, 101
에드워드 사피어 268
에드워드 파이겐바움 108~109
에드워드 허시 313
에릭 사티 311
에이브러햄 에이머스 트버스키 59, 77, 121, 278, 281, 362~363, 365, 368
엘리저 유드코프스키 403
오론 섀그리어 456
올리버 셀프리지 101
요리스 판 데르 호벤 357
요슈아 벤지오 349
워런 맥컬럭 99, 129, 151, 11, 185
월터 피츠 99
웨슬리 클라크 180~181
웨인 위클그렌 332
위르겐 슈미트후버 435~436, 454~456, 466
윌리엄 체이스 81, 294, 312
윌리엄 캘빈 20

이보 콜러 204
이세돌 234~236, 294, 468
이열 레인골드 295~296
이츠하크 펄먼 29
일레인 에인절리노 390
일론 머스크 403
임레 라카토슈 62
장 피아제 262, 264~265
제럴드 에델먼 467
제롬 레트빈 86
세임스 매클러랜드 323, 327
제임스 배럿 399~400, 405, 409, 419, 422
제퍼디 215~217, 220, 422
제프리 힌튼 140, 180
조경현 214
조너선 섀퍼 442
조르주 브라크 468
조얼 라흐터 328, 330~333, 339, 346
조지 더들리 212
조지 레이코프 269
조지 밀러 80
조지 불 43
조지 폴리아 103
존 매카시 12. 14, 77, 91, 100~101
존 설 114~116, 196, 334, 407, 437
존 쇼 101, 103
존 스튜어트 밀 43
존 크레이븐 373~376
존 호글런드 136
중국어 방 사고실험 114~116
찰스 다윈 307, 468
찰스 스피어먼 45
카시오 페나친 447

쿠르트 괴델 62, 435, 450, 454~456, 466
쿠르트 코프카 256
쿠옥 레 85~87, 191~192
크지슈토프 J. 게라스 214
클로드 섀넌 14, 100~101
테리 세즈노스키 140
테오도르 시몽 44
토머스 베버 328
토머스 베이즈 163, 371
토머스 쿤 62, 426
티무르 가레예프틱택토 136~137, 141, 143~144, 150, 160, 169, 269
파블로 피카소 468
파스칼 빈센트 349
팔로마레스 374, 376
페드로 도밍고스 146, 163, 166
폴 밀 383~385
폴 워보스 181
폴 펠토비치 291
폴커 스트라센 357
프랜시스 골턴 307
프랭크 로젠블랫 151, 181
프리드리히 아우구스투스 케쿨레 445, 473, 485
피터 웨이슨 278~279, 281
하피 시스템 223
한스 모라벡 25~26, 113, 119~120, 470
허버트 사이먼 15, 23, 54, 91, 101, 278
허버트 테라스 323
헤더 셰리던 295~296
휴버트 드레이퍼스 336~341, 344, 407, 436~437

인공지능(AI)이 처음 개발된 후부터 인류는 인간의 사고 과정을 똑같이 흉내 낼 수 있는 컴퓨터 시스템이 곧 등장할 가능성에 대해 우려해 왔다. 또한 부지불식간에 컴퓨터가 너무 똑똑해져 인간이 컴퓨터의 애완동물로 전락할 수 있다는 생각도 하고 있다. 실제로 자율주행자동차나 인공지능 체스 컴퓨터 등을 보면 인공지능이 점점 더 빠른 속도로 똑똑해지고 있는 것은 사실이다.

하지만 컴퓨터 과학은 아직 일반 인공지능을 만들어내지 못하고 있다. 이 책에서 저자는 일반 인공지능을 어떻게 구현할 수 있는지 설명하면서 인공지능 로봇으로 인한 대재앙이 가까운 미래에 발생하기는 힘들다고 강조하면서, 심리학, 철학, 역사학을 인지과학과 결합해 일반 인공지능 구현에 필요한 지능의 핵심적인 특징에 대해 설명한다.